文學研究叢書・俗文學研究叢刊

在地與新異

——臺灣民俗學與當代民俗現象研究

洪淑苓　著

本書獲科技部人文社會科學研究中心補助出版

推薦序

　　臺灣大學中文系教授洪淑苓，她的碩博士論文《牛郎織女研究》和《關公民間造型之研究》，都屬俗文學中主題式的探討，只是前者為民族故事，後者為歷史人物傳說，而都淵遠流長，廣播全國，甚至及於文化邊裔。也因此，其所閱涉之材料與論題，甚為繁雜；若欲梳理為總緒，建構其論述之態度與方法，並非容易。而淑苓二書出版後，蜚聲兩岸，莫不允為此類型研究之典範。我忝為指導教授，與有榮焉。

　　而今萬卷樓又即將出版淑苓大著《在地與新異——臺灣民俗學與當代民俗現象研究》，可見她近年的學術研究，已由俗文學擴及整個民俗學。民俗學在臺灣，雖有學者默默耕耘，但未及發皇，遑論為顯學。然而淑苓既涉入其中，使我驚異的是，她在此書，已為臺灣民俗學開創了可以依循的藍圖，指出三條可以初步進行的徑路：其一為論述民俗學者的研究論著，其二為民俗文獻的應用研究，其三為當代民俗現象研究。其第一條徑路，論述黃得時、楊雲萍二位本土學者和婁子匡、朱介凡、郭立誠三位大陸來臺學者著作的內涵、特色和貢獻。此外，也觀照王詩琅、林衡道、陳奇祿等本土學人對民俗學的推介。其第二條徑路，舉學者作家筆記叢談，如婁子匡《神話叢話》、林衡道《臺灣夜譚》與《鯤島探源》、黃文博《臺灣掌故與傳說》、林藜《臺灣民間傳奇》等，就其傳說圈、地域化、在地化，觀照其提供研究之新視角；同時對民間刊物《臺灣風物》之內容主題詳加剖析，對同鄉會刊物《山東文獻》挖掘珍貴的民俗資料。其第三條徑路則對臺灣的月老信仰和七夕節慶作全面和深入性的專題研究，以呈現其在現

代社會上的意義。

我們從淑苓初步對臺灣民俗學研究，所進行的三條徑路，已可看出她要以學者著作之內容為「縱剖面之主軸」，以此敘寫臺灣民俗學發展之歷史；她以現存可據的重要文獻和經田野調查所得具體現象，作「橫剖面之解析」，以見當今臺灣重要民俗之面貌。無疑的，淑苓仍是以她嚴謹縝密的治學理念，在為「臺灣民俗學」，篳路藍縷的要開闢出一條康莊大道。所以我認為淑苓的這本新書《在地與新異──臺灣民俗學與當代民俗現象研究》，如同靜安先生《宋元戲曲史》一樣，都具有畫時代的地位。

淑苓性情篤實溫厚，能做學問也能做事，而治事治學均如同其為人。我曾推薦她擔任新成立的臺大藝文中心主任，兩任六年，她擘畫規模，打下深厚的基礎。我在中華民俗藝術基金會董事長任內，淑苓也當過執行長；她還在臺大臺灣文學研究所，做過三年的所長。凡此無不克盡厥職，博得好評。而她也能創作和研究新詩，寫過得獎的作品，發表過獨具慧眼的論文。她真是才學俱佳。

我一向倡導「人間愉快」，而「人間愉快」，其道多方。其中令我極愉快的，莫過於讀到及門弟子寫的好文章和好書，感謝淑苓這本新書，給我莫大的愉快。

二○一九年十二月三日凌晨
曾永義序於臺北森觀寓所

自序

　　自碩士論文《牛郎織女研究》在1988年出版以來，我個人從事民俗、民間文學研究倏忽已逾30年。今天出版這本專書，我不禁回想《牛郎織女研究》雖是主題式的探索，但當時已試圖探索臺灣民俗中的七夕習俗，這或許也是一個民俗研究「在地化」的契機，期許我將完成一本有關臺灣民俗研究的論著。

　　2006年，因為執行臺大的邁向頂尖研究計畫，我開始接觸日治時期即已相當活躍的新文人黃得時、楊雲萍等。有意思的是，他們同時也都對民俗研究充滿興趣，並且加入當時最著名的民俗雜誌《民俗臺灣》的編撰者行列。於是，2006、2007連續兩年，我都沉浸在日治時期的民俗學文獻中，希望藉此理出頭緒，為兩位學者的民俗學貢獻做定位。

　　然後是2009、2010這兩年的科技部專題研究計畫，我把之前對於日治時期民俗學研究的觸角往下延伸，藉著民俗雜誌和民俗學者的遷移，對戰後的民俗學進行專題研究。這兩年的科技部專題計畫，我總共發表了四篇論文，即本書上編的三、四、五章和下編的第二章。後者是2009年的專題研究計畫，係針對《臺灣風物》做研究，也回應1950年代的社會氛圍。雖然有謂《臺灣風物》承接《民俗臺灣》的影響，但《臺灣風物》以一個民間刊物，在猶是政治戒嚴的年代慘澹經營，採記臺灣民俗，凸顯臺灣本土意識，諸多文人學者的心血與努力實不可抹煞。而2010年的專題研究計畫則以戰後遷臺民俗學人為研究對象，如婁子匡、郭立誠、朱介凡等人。每當閱讀到他們到臺灣後，為了蒐集研究資料，常常要轉搭多趟公車去到南港中央研究院，而查

到資料也只能手抄，或是努力在舊書攤「尋寶」，孜孜矻矻的精神實令人動容。

　　經過這幾次的研究計畫，逐漸有完成一本專書的構想。2014年的專題研究選取《山東文獻》雜誌中的民俗書寫研究，可說是爬梳了戰後遷臺族群的庶民記憶，和婁子匡等學者的境遇，得以互相參照。於是，我又整理了先前對於臺灣地方風物傳說研究的論文，再加上近年來對於當代民俗現象的關注，也撰寫了兩篇論文，全部匯集起來，就是對民俗學者、民俗文獻和民俗現象的研究，我把這三個面向命名為民俗學研究的三個進路。

　　還記得為了查找資料，經常在圖書館編號530、540的書架前徘徊，這裡盡是禮俗、民俗學之類的圖書，婁子匡主編出版的民俗學叢書等，更是陳舊，似乎少人翻閱，而我卻興味淋漓地一本一本翻著──那是圖書館尚未電腦化的時代，要先翻閱記載書號的卡片，再到書架前尋覓，往往有意想不到的收穫。而今館藏電腦化了，藏書量似乎也急遽增加，以至於有些叢書整套整套地放入密集書庫。若要查閱，還得轉動鐵製書櫃上的那個輪軸，咿咿呀呀的，推開所屬的那排書號。既曰密集，兩旁書櫃間的距離也很「密集」，我側身其中，常有隱沒書堆的恐懼和幻覺。

　　對民俗的喜愛，出於我的成長環境之影響。童年的我，在臺北市的一座三合院古厝長大，婚喪喜慶、歲時節日、神明與祖先的祭祀、鑼鼓喧天的歌仔戲與布袋戲……，是那樣的烙印，永不磨滅，以至於置身中文系，卻跨越到民俗學的研究。在大傳統與小傳統，雅文化與俗文化之間，我似乎安於這樣的流轉，並在學術之路不斷向前邁進。

　　本書有六篇為科技部專題研究計畫之研究成果，二篇為臺大邁頂研究計畫之研究成果，最末二篇為以往民俗研究的延伸。各篇皆先獲邀於學術會議宣讀，經修訂且審查通過後，正式發表。在此對獎助單位、會議主辦單位與諸多論文審查人，謹表謝忱。而撰寫期間，由多

位研究生助理協助蒐集整理資料，如幼馨、恩慈、玫汝、佩蓉、信全、勝博、道順、廷宇、建志、俞婷、書瑋與政修等，政修協助統整全書格式和校對，尤為辛勞，在此一併致謝。此外，特別感謝曾師永義於百忙之中撥冗賜序，曾師對我的肯定與指導，是最佳的勉勵，也督促我在學術之路持續邁進。

臺灣民俗學自清代發端，至今成為大學院校的民俗學課程，時間上已逾300年，然而至今尚未有一本論述較為完整的臺灣民俗學史。我曾描繪這個願景，但以民俗學涉略廣大，本書仍有未臻理想之處，僅能拋磚引玉，祈請各方專家學者不吝指教。

目次

推薦序 ……………………………………………………… 曾永義　1

自序 ………………………………………………………………… 3

緒論 ………………………………………………………………… 1

　一　臺灣民俗學發展概述 ……………………………………… 1

　　（一）清代到日治時期（1683-1945）…………………… 2

　　（二）戰後初期到中期（1945-1970年代）……………… 7

　　（三）在地化與多元開放時期（1980年代起）………… 12

　二　臺灣民俗學的研究進路 ………………………………… 19

　　（一）探討民俗學者的研究貢獻，了解時代與民俗的
　　　　　變遷及發展 ……………………………………… 19

　　（二）從文獻資料梳理民俗的內容與議題 …………… 23

　　（三）觀察當代民俗現象，尋繹民俗傳統的變異與創新 … 25

　附錄　臺灣民俗學之相關研究者列舉簡表 ……………… 27

上編　民俗學者及其在地關懷

第一章　黃得時對民間文學與古蹟文化之研究與貢獻 ·· 37

　一　前言 ……………………………………………………… 37

　二　黃得時參與的文學活動與民間文學觀 ………………… 39

　三　黃得時編著《臺灣的孔廟》對孔廟古蹟文化的關注 …… 44

　　（一）黃得時對孔子學說與孔廟釋奠禮的闡發 ………… 44

（二）《臺灣的孔廟》一書的篇章結構與内容特色 ……… 49

四 黃得時著《臺灣遊記》對名勝古蹟的鄉土之愛 ……… 56

　（一）特重與鄭成功有關的古蹟與傳說 ……………… 57

　（二）介紹孔廟、民間寺廟與信仰 …………………… 60

　（三）兼顧文史記載與地方傳說、民俗 ……………… 63

五 結語 ……………………………………………………… 66

第二章　楊雲萍的民俗文化觀與民俗研究之特色 ……… 69

一 前言 ……………………………………………………… 69

二 楊雲萍參與的民俗刊物與相關活動 ………………… 71

三 楊雲萍的民俗文化觀 ………………………………… 75

　（一）注重臺灣文化的主體性，務求理解、愛與謙遜 …… 75

　（二）提倡及時整理研究，先了解民俗再求改善 ……… 81

　（三）關注並肯定女性風俗研究的意義 ……………… 84

四 楊雲萍的民俗研究與文物收藏之特色 ……………… 87

　（一）立足於地方文史研究，表現鄉土之愛 ………… 87

　（二）爬梳文史材料，兼納民間傳說 ………………… 89

　（三）採錄民俗，予以詮釋或批評社會風氣 ………… 93

　（四）收藏民俗文物，研究庶民生活 ………………… 96

五 結語 ……………………………………………………… 103

附錄　楊雲萍先生古印文選錄 ………………………………… 105

第三章　戰後遷臺學人對臺灣民俗之研究及其
　　　　相關著作成果——以婁子匡、朱介凡為例 ···· 109

一 前言 ……………………………………………………… 109

二 戰後臺灣民俗研究及遷臺學者的參與概況 ………… 109

三 婁子匡對臺灣民俗的研究 …………………………… 112

（一）《臺灣民俗源流》 ………………………………… 113

（二）《臺灣俗文學叢話》 ……………………………… 116

（三）《臺灣人物傳說》 ………………………………… 121

四　朱介凡的臺灣民俗研究 …………………………… 126

（一）《中國歌謠論》 …………………………………… 126

（二）《中國民俗學歷史發微》 ……………………… 128

（三）《中華諺語志》 …………………………………… 130

五　婁子匡、朱介凡合編之《五十年來的中國俗文學》 …… 133

六　結語 …………………………………………………… 135

第四章　朱介凡及其對諺語的研究 ……………… 137

一　前言 …………………………………………………… 137

二　朱介凡對諺語研究的歷程 ………………………… 139

（一）啟蒙期（1912-1930）：母教、童年與家庭生活
的啟發 ………………………………………………… 140

（二）奠基期（1930年代）：武昌與北平的讀寫歲月 …… 141

（三）發展期（1940-1948）：「王曲時代」的蒐錄工作 … 142

（四）成熟期（1949-2011）：在臺灣完成多種論著 ……… 145

三　朱介凡對諺語研究的觀念與方法 ………………… 148

（一）研究觀念 ………………………………………… 148

（二）研究方法 ………………………………………… 151

四　朱介凡對諺語研究的成果 ………………………… 155

（一）《中國諺語論》 …………………………………… 155

（二）《中華諺語志》 …………………………………… 160

五　結語 …………………………………………………… 168

附錄　朱介凡交遊與相關學者生平簡介一覽表 ………… 170

第五章　郭立誠的治學進路及其對女性、臺灣民俗
的關注 ································· 175

一　前言 ··· 175

二　郭立誠對民俗研究的治學態度與研究方法 ············· 175

（一）承自「五四」精神，以及堅持、勤勉的治學態度 ·· 177

（二）自度度人的研究方法 ······························ 180

三　對中國民俗研究的貢獻 ································· 186

（一）有關北平風土民俗的研究 ······················ 186

（二）對古典文獻中民俗題材的掘發 ················· 189

（三）開拓醫藥習俗的研究 ····························· 195

四　對女性民俗的關注 ···································· 199

五　對臺灣民俗的重視與研究 ····························· 206

六　結語 ··· 211

下編　方法、文獻與民俗新異現象

第一章　臺灣民間傳說的傳說圈、區域性與在地化
──以人物傳說與地方風物傳說為例 ·········· 215

一　前言 ··· 215

二　歷史人物的傳說圈 ···································· 216

三　市井人物傳說的區域性 ································· 221

四　神仙人物傳說的在地化 ································· 226

五　結語 ··· 230

附錄一　林藜《臺灣民間傳奇》中的人物傳說舉隅 ·········· 232

附錄二　《臺灣廟宇文化大系（貳）天上聖母卷》中的
媽祖顯聖傳說舉隅 ······························· 235

第二章　一九五○年代臺灣民俗刊物的內容取向及其意涵──以《臺灣風物》雜誌暨其卷一至卷九為例 …………………… 241

一　前言 ……………………………………………………… 241

二　《臺灣風物》的概況 ……………………………………… 242

　（一）創刊宗旨、發展與分期 …………………………… 242

　（二）別具特色的封面插圖 ……………………………… 244

　（三）文章分類、欄位、專題與作者群 ………………… 248

三　一九五○年代《臺灣風物》的內容取向 ………………… 252

　（一）歷史類 ……………………………………………… 253

　（二）民俗類 ……………………………………………… 256

　（三）民間文學類 ………………………………………… 260

　（四）地方研究類 ………………………………………… 263

四　《臺灣風物》與一九五○年代的臺灣社會 ……………… 266

五　結語 ……………………………………………………… 273

第三章　民俗、記憶與認同──從《山東文獻》看外省族群的懷鄉意識與身分建構 ………… 275

一　前言 ……………………………………………………… 275

二　從《山東文獻》看同鄉刊物的功能與意義 …………… 276

　（一）加強同鄉情感，落實鄉土教育 …………………… 278

　（二）以「復興中華文化」抵抗「文化大革命」 ……… 280

　（三）建構庶民文化與集體記憶 ………………………… 281

三　《山東文獻》民俗敘寫的類型與選例 ………………… 281

　（一）名勝古蹟傳說 ……………………………………… 282

　（二）風物特產 …………………………………………… 284

（三）飲食習俗……………………………………285

（四）婚喪禮俗……………………………………287

（五）年節習俗……………………………………289

（六）民間歌謠輯錄………………………………291

四　民俗敘寫、知識建構與集體記憶………………292

（一）藉由書寫／閱讀，建構民俗知識……………292

（二）藉由共鳴與召喚，建構集體記憶……………295

五　「山東人」、「在臺灣」的認同與建構……………299

（一）離亂經驗與懷鄉：命運共同體的情感鏈結………300

（二）返鄉及其後：身分認同的位移與再建構………304

六　結語……………………………………………310

附錄　徵引《山東文獻》篇目一覽表………………314

第四章　月老信仰與現代社會——以新北市萬里情月老廟、桃園市中壢月老宮為例………319

一　前言……………………………………………319

二　傳統型的月老信仰——從臺北霞海城隍廟月老祠談起…319

三　信仰、網路與文創——走訪新北市萬里情月老廟………321

（一）建廟宗旨、祭儀設計構想……………………322

（二）文創構想下的結緣品…………………………323

（三）從景觀加強「愛情」意象與象徵……………324

（四）現場訪查與網路媒體分析……………………325

四　立神像、補桃花金與網路文宣——走訪桃園市的
中壢月老宮………………………………………326

（一）月老宮的環境………………………………326

（二）月老宮的起源………………………………327

（三）桃花燈、七夕的祭典與「補桃花金」………328

（四）祈求姻緣的祭拜儀式 ……………………… 329

（五）強化「順其自然」的姻緣觀 ……………… 330

（六）月老宮之影片、網站、臉書分析 ………… 332

五　新式月老信仰的特色與反思 ………………………… 335

（一）新北市萬里情月老廟的特色 ……………… 335

（二）桃園市中壢月老宮的特色 ………………… 337

（三）比較與反思 ………………………………… 339

六　結語 ……………………………………………………… 341

附錄　臺北霞海城隍廟、新北市萬里情月老廟與桃園市

中壢月老宮相關照片 ……………………………… 343

第五章　城市、創意與傳統節日文化——臺北、
　　　　仙台的七夕活動觀察與比較 ………………… 351

一　前言 ……………………………………………………… 351

二　臺北七夕：融合月老信仰，加強情人節主題 ………… 352

（一）霞海城隍廟與林家花園的七夕連結活動 ………… 353

（二）霞海城隍廟與大稻埕地區的七夕連結活動 ……… 356

三　仙台七夕：以商業聯手創造節日文化 ………………… 359

（一）仙台七夕的發展歷史 ……………………… 359

（二）2014年仙台七夕的觀察與體驗 …………… 362

四　比較與結語 ……………………………………………… 366

附錄　臺北七夕與仙台七夕相關照片 …………………… 368

結論 ……………………………………………………………… 375

引用書目 ………………………………………………………… 381

一　臺灣文獻叢刊 ………………………………………… 381

二　專書‧‧‧381

三　單篇論文（期刊與專書論文）‧‧‧‧‧‧‧‧‧‧‧‧‧‧‧389

四　學位論文‧‧‧‧‧‧‧‧‧‧‧‧‧‧‧‧‧‧‧‧‧‧‧‧‧‧‧‧‧‧‧‧‧‧‧‧‧‧‧397

五　報紙‧‧‧398

六　電子資料‧‧‧‧‧‧‧‧‧‧‧‧‧‧‧‧‧‧‧‧‧‧‧‧‧‧‧‧‧‧‧‧‧‧‧‧‧‧‧399

本書各章出處與說明‧‧‧‧‧‧‧‧‧‧‧‧‧‧‧‧‧‧‧‧‧‧‧‧‧‧‧‧‧‧‧401

緒論

一　臺灣民俗學發展概述

　　本書是以臺灣的漢人民俗為研究範圍，藉由民俗學者的研究論著、民俗文獻資料、民俗現象與議題，梳整傳統習俗在臺灣的承傳與演變，挖掘臺灣民俗的在地化、變異與創新的特質。全書分為上、下編，凡十章，上編為針對民俗學者的論著與貢獻之研究，下編為針對臺灣民俗的文獻資料與當代現象之研究。

　　民俗可區分為物質民俗與非物質民俗，或說是有形與無形的文化資產，它來自於民眾的日常生活與歲時節慶，本就是口耳相傳，代代相承，使民眾的物質生活與精神世界更為豐富。民俗學包含的內容，根據吳瀛濤《臺灣民俗》的目錄來看，舉凡歲時節日習俗、生命禮俗、日常生活習俗、民間工藝、戲劇、音樂、遊戲、地方傳說、民間故事、民間笑話等，都是民俗學關注的事物。[1]可見民俗學的研究範圍廣闊，既可以宏觀地觀照民眾的生活圖像，也可以針對某一現象或事物，深入研究其中蘊藏的文化意義。

---

[1] 吳瀛濤《臺灣民俗》目錄包含歲時、祭祀、家制、生育、冠笄、婚嫁、喪葬、俗信俗習、衣食住、工藝製造、音樂、戲劇、遊戲、猜謎、地名、民俗薈談、地方傳說、民間故事、民間笑話、山地傳說等二十章，參見吳瀛濤，《臺灣民俗》（臺北：眾文圖書公司，1969年）。王文寶《中國民俗學發展史》也提到，舉凡與民眾生活有關的生產（農、漁、工各行各業的生產）習俗、生活（包含生命禮俗、歲時節日等）習俗、文化活動（包含民間文學、民間表演藝術等）、組織制度（包含村落、家族、姓氏等）、信仰與迷信（包含圖騰崇拜、神靈信仰、禁忌占卜等）等民俗事象物，都可包含在民俗學之中。參考王文寶，《中國民俗學發展史》，第一章〈緒論〉（瀋陽：遼寧大學出版社，1987年），頁1-9。

　　民俗學的概念從西方傳入，其源頭可溯自18世紀，德國格林兄弟（Brüder Grimm）開始採集童話和民間傳說[2]，而後英國學者湯姆斯（W. J. Thomas）在1846年提出folklore一詞（通譯為民俗學），開啟了民俗的學術研究。這類現代新型的民俗學概念，在1919年五四新文化運動以後，隨著國外新思潮的介紹才在中國學術界興起。然而古代府志、方志以及文人筆記都曾採錄各地的風土民情，具有「化民成俗」、「采風問俗」的意味，也具有記載、研究民俗的意味[3]。但以現代新型「民俗學」的觀念進行調查與研究，則是晚近的事情。以下就從社會背景、民俗議題與民俗學者等面向敘述臺灣民俗學的發展概況[4]。

（一）清代到日治時期（1683-1945）

　　康熙二十二（1683）年，臺灣列入清代版圖[5]，蔣毓英[6]、高拱乾[7]等修纂的官志《臺灣府志》已有「風俗志」卷，記載風土民情[8]。清

---

2 兄為雅各布・格林（Jacob Grimm, 1785-1863）、弟為威廉・格林（Wilhelm Grimm, 1786-1859）。格林兄弟採集流傳於德國的童話和民間傳說，藉以研究德國語言、文化，也形成日耳曼民族的認同意識。參見胡萬川，〈民族、語言、傳統與民間文學運動——從近代的歐洲到日治時期的臺灣〉，原載《民間文學與作家文學研討會論文集》（1998年11月），後收入胡萬川，《民間文學的理論與實際》（新竹：國立清華大學出版社，2004年），頁65-110。又，李玉雯，《格林兄弟的民族意識》（臺中：中興大學歷史所碩士論文，2008年）。

3 參見陶立璠，《民俗學概論》（北京：中央民族學院出版社，1987年），頁3-6。

4 以下凡引述人名，已故者於第一次引述加註生卒年，以明其時代。時人、當代學者則從略，必要時方加註出生年，以求行文簡潔。對相關研究者，亦於註解處加上學經歷與著作簡介，並製作簡表附於本章末，以便瀏覽。

5 以下有關臺灣歷史之敘述，參考吳密察，《臺灣史小事典》（臺北：遠流出版公司，2001年三版）；黃秀政、張勝彥、吳文星編著，《臺灣史》（臺北：五南圖書出版公司，2011年二版）以及相關研究。

6 蔣毓英，生卒年不詳，1684-1689年出任臺灣首任知府。

7 高拱乾，生卒年不詳，1692年出任臺廈兵備道。

8 《臺灣府志》為官方編纂，康熙28（1689）年，由蔣毓英初編《臺灣府志》十卷。康熙35（1696）年，高拱乾根據蔣志增補，刊行《臺灣府志》。其後歷經宋永清、周元文、劉良璧、范咸、余文儀編修，宋志未刊行，總共七個版本，實際刊行六個版

代文人的筆記，如郁永河（1645-？）《裨海紀遊》、黃叔璥（1682-
1758）《臺海使槎錄》等，也都有採錄原住民風俗或記載漢人歲時禮
儀與信仰習俗的卷帙[9]。這類文獻，可謂民俗學的雛型。

進入日治時期（1895-1945），日本殖民政府為統治臺灣，啟動相
關調查與研究，而本土人士為保存民族文化，也積極投入民俗與民間
文學的研究。

日治時期的臺灣民俗學，據黃得時（1909-1999）〈光復前之臺灣
研究（代序）〉指出，1901年有「臨時舊慣調查會」、「臺灣慣習研究
會」的成立，由日本殖民政府發動官方的調查研究，製作《蕃族調
查報告書》等文件，以及學者的踏查，如片岡巖[10]《臺灣風俗志》
（1921）、伊能嘉矩（1867-1925）《臺灣文化志》（1928）以及鈴木清
一郎[11]《臺灣舊慣、冠婚葬祭と年中行事》（1934）等[12]。然而當時本

本。高志共十卷，卷七「風土志」內容包含漢人風俗、土番風俗、氣候、歲時、風
　信、潮汐與土產。乾隆29（1764）年最後刊行的余志有廿六卷，卷十三至十六為「風
　俗」卷，包含漢人的習尚、歲時等，以及番社風俗、番語、番曲、番俗通考。高拱
　乾，《臺灣府志》，參見臺灣文獻叢刊65（臺北：臺灣銀行經濟室編印，1960年）；余
　文儀，《續修臺灣府志》，臺灣文獻叢刊121（臺北：臺灣銀行經濟室編印，1962年）。
9　康熙36（1697）年，郁永河撰成《裨海紀遊》，分上、中、下三卷，上卷收錄十二
　首「臺灣竹枝詞」，下卷收錄二十四首「土番竹枝詞」，對漢人習俗與原住民風俗，
　多有描繪。康熙62（1723）年，黃叔璥完成《臺海使槎錄》，共八卷，分為《赤嵌
　筆談》（第一卷至第四卷）、《番俗六考》（第五卷至第七卷）、《番俗雜記》（第八
　卷）三部分。卷二有「習俗」，記漢人婚喪喜慶、歲時與信仰習俗；卷三有「物
　產」，敘述各類花草蔬果，有采風尋奇的意味；而《番俗六考》、《番俗雜記》更是
　針對平埔族的風土調查。郁永河，《裨海紀遊》，臺灣文獻叢刊44（臺北：臺灣銀行
　經濟室編印，1959年）；黃叔璥，《臺海使槎錄》，臺灣文獻叢刊4（臺北：臺灣銀行
　經濟室編印，1957年）。
10　片岡巖，生卒年不詳，1911-1922年於臺南地方法院檢察局擔任通譯。
11　鈴木清一郎，在臺灣擔任警察。生卒年不詳。《臺灣舊慣、冠婚葬祭と年中行事》
　於1934年出版，據其序文，當時已在臺灣生活二十餘年之久。見鈴木清一郎著、馮
　作民中文譯本，《增訂臺灣舊慣習俗信仰》（臺北：眾文圖書公司，1989年），頁7。
12　黃得時〈光復前之臺灣研究（代序）〉，見片岡巖著、陳金田譯，《臺灣風俗誌總》
　（臺北：眾文圖書公司，1994年複印版），頁1-23。

土人士也亟思以發揚臺灣民俗來捍衛民族文化，鄭坤五（1885-1959）、賴和（1894-1943）、楊雲萍（1906-2000）、黃得時、廖漢臣（1912-1980）等，都是代表人士。《臺灣藝苑》的專欄「臺灣國風」、《三六九報》的專欄「黛山樵唱」、《第一線》的「故事」特輯等，都是他們發表的園地。而李獻璋（1914-1999）的《臺灣民間文學集》（1936）係廣泛蒐羅這些作品而編輯出版，可說是當時本土文人、作家的集體代表作[13]。

日治時期對臺灣民俗的重大衝擊是日本殖民政府的皇民化政策。1937年中日戰爭爆發，為配合日本國內「國民精神總動員」而展開了皇民化運動，1941年更成立「皇民奉公會」積極推動各種改革，包括宗教舊俗改革運動、國語運動、改姓名運動、志願兵制度等四項。所謂宗教舊俗改革，例如以日本國家神道信仰取代臺灣傳統信仰，要求臺灣人敬拜日本的「天照大神」；推動「正廳改善運動」，要求臺灣人把家中牌位、神像燒掉，在正廳改奉「神宮大麻」──由日本伊勢神宮所頒布的神符於正廳；實施「寺廟整理」，不准燃放鞭炮、金紙，裁併寺廟以降低傳統信仰的影響力等。但這些改革的效力有限，臺灣人民有的順從，有的則陽奉陰違，因為要放棄或改變傳統的信仰、習俗、生活方式和文化，並非臺灣人所樂意的。[14]

無疑的，皇民化運動造成臺灣民俗的危機，因此《民俗臺灣》的創辦，是眾所矚目的事件。1941年7月，由日人金關丈夫（1897-1983）、池田敏雄（1916-1981）與臺人黃得時、陳紹馨（1906-1966）等合作，發行《民俗臺灣》雜誌，對臺灣本地民俗展開調查研究，或是由學者撰寫民俗筆記，其內容種類豐富，包含臺灣民間傳

---

13 《臺灣民間文學集》收錄千餘首歌謠、廿三篇故事，來源與過程，參見賴和，〈賴序〉、李獻璋，〈自序〉，見李獻璋，《臺灣民間文學集》（臺北：臺灣新文學社，1936年）。

14 蔡錦堂，〈日據末期臺灣人宗教信仰之變遷──以「家庭正廳改善運動」為中心〉，《思與言》，29卷2期（1991年12月），頁65-83。

說、故事、信仰、遊戲、工藝、語言、禮俗、遊記等文章，而立石鐵臣（1905-1980）的版畫插圖尤其令人印象鮮明。但因為戰況吃緊，《民俗臺灣》於1945年1月停刊，總共發行43期，44期文稿已籌備，但未及刊印。《民俗臺灣》共刊載826篇文章，其中臺灣人作品有309篇，占37%，尚有使用筆名的臺灣人未計入，因此比例應該更大。而刊登二篇以上的作者包括楊雲萍、朱鋒（本名莊松林，1909-1974）、廖漢臣、黃得時、陳紹馨、江肖梅（1899-1966）以及黃鳳姿（1928-？）等四十餘人[15]。

　　然而，《民俗臺灣》雖屬民間刊物，但當時已進入日本殖民政府提倡「大東亞共榮圈」的時期，《民俗臺灣》的宗旨是為了保存臺灣民俗文化，抑或只是配合政策，建構「大東亞民俗學」，也引起不同的評議。肯定者，例如曾經參與其事的日籍學者國分直一（1908-2005）、池田敏雄、臺灣學者黃得時等，他們認為日籍學者金關丈夫等發起創辦《民俗臺灣》，對臺灣民俗的態度是友善的，對於即將因皇民化政策而消失的臺灣民俗，有保存和記錄的意義與功能。而反對者，例如日本學者川村湊，他在1996年發表〈「大東亞民俗學」の虛實〉，認為金關丈夫仍有種族主義的傾向，並不能把臺灣民俗和日本民俗放在平等比較的位置，此由雜誌所刊載的文章大多具有異國情調趣味和殖民地主義色彩可證。川村湊特別批判的是《民俗臺灣》1943年12月號刊登的座談會紀錄〈大東亞民俗學的建設與《民俗臺灣》的使命〉，他認為這是金關丈夫配合殖民政策而提出「大東亞民俗學」觀念的重要例證。[16]

---

15 參見張炎憲，〈臺灣史研究與臺灣主體性〉，張炎憲、陳美蓉、黎中光編，《臺灣近百年史論文集》（臺北：吳三連臺灣史料基金會，1996年），頁444-445。

16 參見吳密察，〈《民俗臺灣》發刊的時代背景及其性質〉，收入吳密察策畫，石婉舜、柳書琴、許佩賢編，《帝國裡的「地方文化」——皇民化時期的臺灣文化狀況》（臺北：播種者出版公司，2008年），頁49-82。

　　歸納而言，對《民俗臺灣》的看法，大多數研究者是採中立或肯定的態度，但也有研究者提醒《民俗臺灣》所具有的殖民主義成分，對《民俗臺灣》的評價仍必須有所保留[17]。以民俗學的發展來看，這份結合日人與臺籍人士的民俗刊物，其研究方法以及作者群，都影響了戰後出刊的《公論報》「臺灣風土」副刊和《臺灣風物》雜誌；由此而形成《民俗臺灣》、《公論報》「臺灣風土」副刊和《臺灣風物》三個刊物與社群的延續關係[18]。無論如何，《民俗臺灣》是討論臺灣民俗學不得不正視的刊物與社群。

　　從另一方面來說，歷經上述三個民俗刊物的作者群，他們的民俗研究志業並不因戰爭結束而停頓，有不少研究者是跨越日治時期到戰後初期，為編寫、研究臺灣民俗而努力不懈。例如楊雲萍對臺灣文史與傳說素有專研[19]、黃得時對民間歌謠與通俗文化的研究[20]、王詩琅

---

17 上引吳密察的論文，其結語則引述川村湊的另一篇論文〈殖民地主義と民俗學／民族學〉的觀點，「這些民族學者、文化人類學者之追從殖民政策，並不只是由於學者個人的資質或性格，這也是因為民俗學／民族學這種『近代知識』必然帶有『殖民主義』或『原罪』之故。」他提醒：「不過，當川村湊以這樣的思想高度來檢討《民俗臺灣》所具有的殖民主義成分的時候，將《民俗臺灣》視為臺灣民俗學開端的臺灣人，是否也應該檢討我們是否已經克服了其中的殖民主義？」見吳密察，〈《民俗臺灣》發刊的時代背景及其性質〉，頁81。又，張炎憲亦認為，《民俗臺灣》的日本編輯不可能有臺灣觀點，臺灣人作者縱使有，也不敢明言。參見張炎憲，〈臺灣史研究與臺灣主體性〉，頁445。

18 參考林美容，〈臺灣民俗學史料研究〉，收入中央圖書館臺灣分館編，《慶祝建館八十週年論文集》（臺北：中央圖書館臺灣分館，1995年），頁625-643。其後的研究者也多肯定《民俗臺灣》在此方面的貢獻，如戴文鋒，《日治晚期的民俗議題與臺灣民俗學——以「民俗臺灣」為分析場域》（嘉義：中正大學歷史所博士論文，1999年）。

19 楊雲萍（1906-2000），臺北士林人。日本大學預科二年制畢業，文化學院文學部創作科三年制肄業，日治時期即活躍於文壇與文化界。戰後1947年受聘為臺灣大學歷史系教授，專攻南明史與臺灣史。著有《南明研究與臺灣文化》（臺北：臺灣風物雜誌社，1993年）等。詳參林春蘭，《楊雲萍的文化活動及其精神歷程》（臺南：臺南市立圖書館，2002年）。

20 黃得時（1909-1999），臺北縣（今新北市）樹林人。臺北帝國大學東洋文學科（今臺灣大學中文系）畢業。日治時期即開始創作新文學，參與文藝、文化運動。曾任

（1908-1984）對艋舺歲時習俗與民間故事的研究等[21]，都可列為代表。

（二）戰後初期到中期（1945-1970年代）

民俗的發展與研究，往往牽涉到時代轉變、政令問題，而民俗學者則在其間表達己見，為維護民俗而努力。

1945年，二次大戰結束，而後國共內戰，國民政府遷移臺灣（1949）。國民政府帶來的中國文化思潮，使戰後初期的臺灣社會進入「去日本化」、「再中國化」的文化重建時期[22]。部分本土人士傾向堅持「臺灣本土性」或「臺灣主體性」，如何協調「去日本化」、「再中國化」與「臺灣本土性」的爭鋒、抗衡，也使得民俗文化面臨轉斷裂、傳承、融合與再建構的問題。

可注意的是，在這樣的過程中，民俗學者表現的，不只是意識形態、政治認同的差別，而是「民俗本位」的思考，民俗來自民間，應以民眾的傳統、慣習、喜好和需求為準則，而非僅是現代化、科學化乃至政治化的考量。

就社會背景和民俗議題來看，1950年代的反共戰鬥政策下，政府倡導節約簡樸的新生活、新文化，傳統民俗也受到限制。1952年8月

《新民報副刊》主編，後任教於臺灣大學中文系。著有《評論集》（新北市：新北市文化局，1993年），收錄〈中國國民性和文學特殊性〉、〈臺灣歌謠與家庭生活〉、〈歌仔戲往何處去——談臺灣地方戲劇的盛衰〉等共廿九篇。

21 王詩琅（1908-1984），臺北艋舺人。受私塾教育，日治時期即開始新文學創作，曾接觸左翼思想，從事社會運動，1931年因故入獄，此後以寫作為志業。1937年，曾代理楊逵主編《臺灣新文學》。戰後，1947年，曾擔任《民報》編輯、《和平日報》主筆等職位。1948年起，先後任職臺北市文獻委員會、臺灣省文獻委員會，自公職退休後，又擔任《臺灣風物》雜誌社編輯，對於臺灣民俗、鄉土文獻之整理與研究，以及兒童文學等，頗有貢獻。著有民間故事集《鴨母王》、《孝子尋母記》、《艋舺歲時記》等。參見蔡易澄，《王詩琅研究——黑色青年與戰後再出發》（臺南：成功大學臺灣文學系，碩士論文，2012年）。

22 參見黃英哲，《「去日本化」「再中國化」：戰後臺灣文化重建（1945-1947）》（臺北：麥田出版社，2007年）。

22日，政府發布「改善民俗綱要」十要點，採取一連串措施，如統一普度的日期，禁止迎神賽會，減低焚燒冥紙錫箔，婚喪禮儀、宴客時禁止鋪張浪費、取締神棍斂財等，甚至要利用拜拜集會時，對民眾宣傳反共抗俄的政令。這些禁令，雖然戳中民間鋪張浪費、愛面子等陋習，但實際成效仍然有限[23]。民俗學者楊雲萍對此相當反感，他認為當局者根本不了解臺灣民俗，不是出於親身閱歷與實地體驗，只是紙上談兵，而且以為只要用取締的強硬手段，就可以達到「改善民俗」的目的。在楊雲萍看來，這根本是錯誤的想法和政令，因此《臺灣風物》推出專輯，以回應並且暗批政令的不當之處。楊雲萍強調的就是民俗來自民間，必須親自體察，順應民情，才能談到「改善民俗」[24]。

由上述案例不難看到民俗學者對於政令的回應和批判。和政治、經濟、法律等學門比較起來，民俗學似乎不屬於學術主流，但民俗學者並不畫地自限，反而竭盡所能為民俗發聲。

進入1960年代，臺灣民俗的發展呈現轉型的現象。這一方面和政府的政策有關，另方面則是學者自行展開的本土民俗文化調查。

1966年，中國大陸掀起文化革命運動。面對此文化浩劫，臺灣政府為保有中華民國政府的合法性與中華文化的正統性，乃於1967年設立中華文化復興委員會，推行「國民生活須知」、「國民禮儀規範」，其中涉及的祭祀、婚喪禮儀等規範，和傳統民俗有著密切關聯。而為響應中華文化復興委員會的政策，1968年，內政部訂定「改善民間祭典節約辦法」，仍然秉持「改善民俗」、「節約祭典」的精神，對婚喪祭典給予重新規範，並明訂獎懲辦法，希冀各縣市村里切實執行。這項辦法，直到1979年才廢止。中華文化復興委員會的國民生活規範和內政部的改善民俗政策可說是以新生活、現代文明來規範傳統民俗，

---

23 參見劉祐成，《戰後臺灣「改善民俗運動」之探討（1945-1990）》（臺中：逢甲大學歷史與文物管理所碩士論文，2010年），頁78-120。

24 楊雲萍，〈藍鹿洲的臺灣民俗改善論〉，《臺灣風物》2卷6期，1952年9月，頁6。

不僅要改善奢華風氣，達到節約簡樸，也要強化中華文化道統在臺灣的象徵地位，對於臺灣的鄉土性、本土性相對是壓抑的[25]。

然而我們卻也看到，早在1964年，許常惠（1929-2001）與史惟亮（1926-1977）共同提倡「民歌採集運動」，開始對臺灣全省的民俗音樂進行田野調查，範圍包括漢人（福佬、客家）民歌與原住民音樂。成果非常豐富，漢人民歌與民俗音樂就有歌仔戲、南管、北管以及車鼓、牛犁、採茶等小調與民間歌謠，也發掘了陳達、陳冠華等民間歌手。許常惠、史惟亮的調查研究，激發研究者對臺灣鄉土音樂的研究興趣，奠定臺灣民族音樂學研究的基礎[26]，也是民俗學的重要里程碑。

1970年代，因1971年退出聯合國等事件，激起臺灣社會深刻的自我反思，尋求本土的定位。政府開始施行「本土化政策」，以「革新保臺」為方針，進用臺籍青年才俊，並在強調「經濟奇蹟」的十大建設之外，加上文化建設的十二大建設，例如於各縣市廣設文化中心，將本土性、鄉土性逐漸落實於臺灣本地的時空，以地方性的視角施行文化建設[27]。此外，1970年代，文學界、文化界也掀起鄉土文學運動的思潮，作家、藝術家以本土題材創作，召喚熾熱的鄉土情感與本土思想[28]，則建構屬於臺灣的本土文化已經蓄勢待發。

戰後民俗學呈現斷裂與延續的局面，可看到本土人士試圖延續臺灣民俗的研究，而隨政府遷臺的學者也帶來以往民俗學的研究成果，並與本地民俗研究的陣營協力合作。例如1948至1955年，陳奇祿（1923-2014）主編《公論報》「臺灣風土」副刊，無論是本土學者或

---

25 參見劉祐成，《戰後臺灣「改善民俗運動」之探討（1945-1990）》，頁146-159。
26 參見邱坤良，《昨自海上來：許常惠的生命之歌》（臺北：時報文化公司，1997年），頁314-329。
27 參見劉祐成，《戰後臺灣「改善民俗運動」之探討（1945-1990）》，頁167-147。
28 參見陳芳明，《臺灣新文學史》（臺北：聯經出版公司，2011年），第18-19章。

遷臺學者皆投稿發表，顯現民俗學振興、延續與傳播的意義[29]。

　　在本土學人方面，譬如林衡道（1915-1997）、陳奇祿、劉枝萬（1923-2018）、施翠峰（1925-2018）等，都具有日治教育或留日背景，在1945年以後，這群學者加入臺灣民俗的研究領域，分別對臺灣古蹟與傳說、原住民藝術、寺廟與道教信仰、民間故事等，發表諸多相關文章與專著，例如林衡道為史蹟與傳說研究專家[30]，陳奇祿曾主編《公論報》「風土副刊」，為原住民研究專家[31]，劉枝萬為道教與臺灣民間宗教研究之先驅[32]，施翠峰擅長編寫民間故事以及研究民俗等[33]。

---

29 劉韋廷，〈陳奇祿與〈臺灣風土〉副刊——戰後（1948-1955）臺灣本土民俗知識出現與延續〉，《成大歷史學報》52期，2017年6月，頁139-170。

30 林衡道（1915-1997），畢業於日本仙台的東北帝國大學，曾居於上海，戰後返回臺灣，受聘為臺灣省文獻委員，從事相關調查研究，文章多發表於《臺灣文獻》，後亦結集出版，著作頗豐，著有《臺灣公路史蹟名勝之導遊》（臺北：青文出版社，1975年）、《臺灣史蹟源流》（臺北：文化建設委員會，1984年）等書。參考林衡道，《林衡道先生訪談錄》，國史館口述歷史第10冊（臺北：國史館，1986年）。

31 陳奇祿（1923-2014）為臺大人類學系教授，曾就讀日本東京第一高等學校，1944年進入上海聖約翰大學，1948年畢業後返回臺灣，任《公論報》國際版主編，並兼〈臺灣風土〉主編。1951年《臺灣風物》創刊，陳奇祿也曾參與《臺灣風物》的編輯。著有《臺灣土著文化研究》（臺北：聯經出版公司，1992年）、《臺灣排灣群諸族木彫標本圖錄》（臺北：南天書局，1961年）等。參考陳奇祿口述、陳怡真撰，《澄懷觀道：陳奇祿先生訪談錄》（臺北：允晨文化公司，2004年）。

32 劉枝萬（1923-2018）曾留學日本，受日本民俗學家直江廣治之影響，投入漢人民間信仰與考古學的研究。曾任職南投縣文獻委員會，後轉任中央研究院民族學研究所研究員。著有《中國民間信仰論集》，中央研究院民族學研究專刊22（臺北：中央研究院民族學研究所，1974年）、《臺灣民間信仰論集》（臺北：聯經出版公司，1983年）。參考劉枝萬口述、林美容、丁世傑、林承毅訪問記錄，《學海悠遊——劉枝萬先生訪談錄》（臺北：國史館，2008年）。

33 施翠峰（本名施振樞，1925-2018）在日治時期即可以日文創作，戰後進入省立師範學院（國立臺灣師範大學前身）勞作美術科就讀，後取得美國西太平洋大學碩士。施翠峰擅長美術，亦勤於蒐集、編寫民間故事以及研究民俗，曾任教於國立藝專、中國文化大學與日本高崎藝術大學。著有《風土與生活》（臺中：中央書局，1966年）、《思古幽情集（神話傳說篇）》（臺北：時報出版公司，1975年）、《臺北市寺廟神祇流源》（臺北：臺北市政府民政局，1985年）等。參見施翠峰，《施翠峰回憶錄》（新北市：新北市文化局，2010年）。

　　另方面，自中國大陸遷移臺灣的學者中，董作賓（1895-1963）、臺靜農（1902-1990）、婁子匡（1907-2005）等，都是1920年代參與北京歌謠學會，投入民俗研究及民間文學採集的研究者。1945年以後，這些學者隨政府遷臺，董作賓、臺靜農任教於臺灣大學中文系[34]，婁子匡則繼續從事民俗研究，他投稿《公論報》臺灣風土副刊和《臺灣風物》，與臺灣本土民俗學者交流，又創辦東方文化書局，複印出版大批的北京大學民俗叢書，也著有《臺灣民俗源流》等書[35]。

　　遷臺學者中，亦有在大陸時期係初步從事民俗研究，來臺灣後更加茁壯的朱介凡（1912-2011）、郭立誠（1915-1996）等。朱介凡在歌謠、諺語方面有相當的成就，他編著的《中華諺語志》共十大冊（另附索引一冊），可稱為大工程[36]。婁子匡和朱介凡還合著了《五十年來

34　董作賓（1895-1963），河南河陽人。北京大學研究所國學門畢業，1949年，隨國民政府遷臺，任教於臺大中文系，專治甲骨文研究與教學。早期著有歌謠調查研究集《看見她》（北京：北京歌謠學會，1924年）。臺靜農（1902-1990），安徽霍邱縣人，北京大學研究所國學門肄業。1946年來臺，後任臺灣大學中文系教授及系主任，於文學、藝術、經史等多種領域皆有涉略。臺靜農於1924年在家鄉蒐集當地民歌二千餘首，後由婁子匡選輯113首，列入北京大學民俗叢書第13冊，出版《淮南民歌集》（臺北：東方書局，1970年）。董、臺之生平，參見國立臺灣大學中國文學系主編，《國立臺灣大學中國文學系系史稿》（1929-2014）（臺北：國立臺灣大學中國文學系編印，2014年）。

35　婁子匡（1907-2005），浙江紹興人。童年即醉心於民間文藝，就讀浙江紹興中學時，已搜錄《紹興歌謠》、《紹興故事》二冊，後收入國立中山大學民俗叢書，1927年出版。婁子匡與中國民俗學發展有密切關連，參與北京大學歌謠研究會、中山大學《民俗週刊》的編撰工作，1932年夏，與顧頡剛、周作人、江紹原、鍾敬文等人在杭州創辦中國民俗學會。婁子匡於1949年來臺，立即與臺灣民俗學者多所往來，勤於撰寫民俗文章，也積極整理各類民俗著作。例如1971年春，編校《中山大學民俗叢書》31種，由自資的東方文化書局附印出版。1970年至1980年間，他又編纂《國立北京大學中國民俗學會叢書》，共181種，包含中國大陸和臺灣學者的絕版舊著與新著，提供豐富的民俗學史料。參見郭英三，〈婁子匡先生及其民俗學論著之研究〉（嘉義：中正大學中文所碩士論文，2009年）。

36　朱介凡（1912-2011），湖北武昌人，擔任軍職，從事記者、主編以及創作，在抗戰期間即開始從事諺語採錄工作，來臺之後，業餘仍努力於民俗研究與諺語整理，著

的中國俗文學》[37]，廣泛介紹民俗、神話、傳說、歌謠等的研究成果。郭立誠在民俗、信仰的研究上頗有成績，尤其女性民俗研究上，有開創的貢獻[38]。與此背景類似的，尚有阮昌銳（1937-），幼年隨家人來臺，臺灣大學畢業，出國留學，學成後從事臺灣原住民調查研究與漢人民俗研究，著有關於婚姻習俗、臺灣民間信仰的研究論著[39]。

（三）在地化與多元開放時期（1980年代起）

1980年代，是臺灣社會轉型的關鍵年代，1987年解嚴，帶來開放、多元的思潮，本土意識興盛，社會更加多元。

相對於1950-1960年代的改善民俗政策，解嚴之後的民俗文化政策，和文化建設委員會（簡稱文建會）的成立與政策制定，有密切關係。1981年11月，陳奇祿出任行政院文建會首任主委，提出「文化白皮書」，以保存古蹟、民俗等方面作為施政重點，修訂「古物保存法」為「文化資產保存法」，並安排文藝季、民間劇場等活動，尤其是民間劇場邀請各鄉鎮之民俗技藝團體至臺北表演，氣氛活絡，在在

有《中國歌謠論》、《中國兒歌》（臺北：純文學出版社，1977年）、《中華諺語志》（臺北：臺灣商務印書館，1989年）全套十冊，附索引一冊。

37 婁子匡、朱介凡，《五十年來的中國俗文學》（臺北：正中書局，1963年）。

38 郭立誠（1915-1996），河北武清人，北平大學女子文理學院歷史系畢業，1939年曾參與北京東嶽廟及其廟會的調查報告。戰後來臺，曾任花蓮師範、臺東師範及師大附中教師，《漢聲》雜誌社顧問，著有《中國婦女生活史話》（臺北：漢光出版公司，1983年）、《中國藝文與民俗》（臺北：漢光出版公司，1984年）等。

39 阮昌銳（1937-），出生於河南，1945年以後隨家人來臺。臺灣大學考古人類學系畢業，美國印第安那大學民俗學碩士，曾任中央研究院民族所助理研究員、政治大學民族社會學副教授、省立博物館研究員。阮昌銳曾跟隨人類學者凌純聲從事花蓮阿美族馬太鞍部落調查研究，參與李亦園的南澳泰雅族研究計畫。著有《中國婚姻習俗之研究》（臺北：臺灣省立博物館，1989年）、編著《臺灣民間信仰》（臺北：交通部觀光局，1998年）等。參見阮昌銳口述，陳迪華、黃淑惠、許淑容著，《將學術還原社會：阮昌銳教授的臺灣民俗與原住民研究》（南投：國史館臺灣文獻館，2013年）。

顯現臺灣本土文化的特色[40]。

　　至1994年，文建會主委申學庸提出「社區總體營造」的理念，這是取自日本「造町」、英國「社區建造」（community building）與美國「社區設計」（community design）的三個概念，尤其強調社區生命共同體意識、社區參與。特別是，參考日本學者宮崎清提出的五大議題——「人」、「文」、「地」、「產」與「景」，從社區的歷史人文、產業經濟與景觀等，打造社區文化[41]。

　　「社區總體營造」實際推動者為當時的副主委陳其南，這項政策鼓勵了各社區成立文史踏查的社群，以便深入了解當地的歷史文化，建構在地的認同；也促進了各縣市的民俗觀光活動，除了傳統的民俗節日，也有自創的文化祭、文化節活動。這些都直接或間接推動了民俗再興與創新，例如有關民間工藝的美濃紙傘，有關節日遊藝與地方飲食的規畫和發展也有很多案例，例如推廣宜蘭縣玉田鄉的舞獅、飲酒和菜脯料理等[42]。

　　對民俗的維護與發展，代表官方主導力量與影響的《文化資產保存法》尤其值得注意。據《文化資產保存法》，「文化資產」指具有各種價值經指定或登錄而成的事物，分為兩類，（1）「有形文化資產」含古蹟、歷史建築、紀念建築、聚落建築群、考古遺址、史蹟、文化景觀、古物（國寶、重要古物、一般古物）與自然地景等九類；（2）

40　參見臺灣大百科全書，薛琴，〈文化建設委員會〉，網址http://nrch.culture.tw/twpedia.aspx?id=14105，2019年3月10日查詢。又，《文化白皮書》（臺北：行政院文化建設委員會，1998年）。

41　參見臺灣大百科全書，蘇昭英，〈社區總體營造〉，網址http://nrch.culture.tw/twpedia.aspx?id=3972，2019年3月10日查詢。又，黃煌雄、郭石吉、林時機，《社區總體營造總體檢調查報告書》（臺北：遠流出版社，2001年）。

42　參見陳其南，〈土地、理想與歷史的營造〉，仰山文教基金會編，《全國社區總體營造博覽會紀事》（宜蘭：宜蘭縣立文化中心，1997年），頁3-6。從該書目錄，亦可略窺各縣市社區的成果，例如〈美濃，重返美濃——每一隻油紙傘都等待張開〉，頁109-116；〈玉田，弄獅、飲酒、菜脯香〉，頁221-228。

「無形文化資產」則分為傳統表演藝術、傳統工藝、口述歷史、民俗、傳統知識與實踐等五類[43]。除了「民俗」項目，其他如傳統表演藝術、傳統工藝等，也都和民俗學研究有關。《文化資產保存法》是政府單位規劃與執行的依據，2012年文建會升格為文化部，對於《文化資產保存法》更為重視，促使民俗的發展走向創意、創新[44]。

在民俗學方面，1980年代也展開了新局面。以施合鄭民俗文化基金會為主體的《民俗曲藝》雜誌，可以當作一個範例。1980年11月《民俗曲藝》創刊，由邱坤良主編[45]，初期以刊載臺灣民間音樂、戲曲、廟會、皮影戲、歌仔戲的田野調查資料為主，本土的意義不言而喻[46]。1989年，王秋桂擔任施合鄭民俗文化基金會總幹事與《民俗曲藝》總編輯，亦將田野調查、民俗研究的主題與範圍擴大，使《民俗曲藝》雜誌更具有學術刊物的規模。此期間，王秋桂亦兼任《中國時報・民俗週刊》主編（1988-1989）、《國語日報・兒童民俗週刊》（1989-1991）。王秋桂擅長以西方理論、人類學的方法切入民俗學研究，對於傳統戲曲、宗教儀式、民間傳說與西方漢學等，皆有相關論著。王秋桂近年投入金門學的研究，亦將獨到觀點挹注於金門民俗文

---

43 「文化資產保存法」於1982年制定，2005年修訂一次，至2016年進行全文修訂，目前有11章、113條。參見《文化資產保存法》，2016年7月27日修正，全國法規資料庫，網址https://law.moj.gov.tw/LawClass/LawAll.aspx?PCode=H0170001，2019年3月10日查詢。

44 有關《文化資產保存法》與民俗學的關聯，參見林承緯，〈民俗學與無形文化資產——從學科理論到保存實務的考察〉，《文化資產保存學刊》20期，2012年，頁69-88。

45 邱坤良，現任臺北藝術大學戲劇學系教授，曾任國立藝術學院院長、文建會主任委員。專研臺灣劇場研究、劇本創作、傳統戲曲史、儀式、宗教研究與藝術行政，著有《舊劇與新劇——日治時期臺灣戲劇之研究（1895-1945）》（臺北：自立晚報文化出版部，1992年）、《飄浪舞臺——臺灣大眾劇場年代》（臺北：遠景出版公司，2008年）等。

46 何聖芬，〈《民俗曲藝》之分析〉，《文訊》37期，1988年，頁104-113。

化的研究。[47]

　　此外，1980年代也有曾永義教授對宜蘭老歌仔的調查與研究，進而梳整臺灣歌仔戲的發展史，提出「精緻歌仔戲」的觀念，也是對於臺灣本土民間藝術的發掘和維護。曾永義長年從事戲曲與民俗藝術的研究與推廣，曾參與文建會「民間劇場」的策畫與執行（1983-1986），1990年起兼任中華民俗藝術基金會執行長、副董事長、董事長（1990-2008），對臺灣的民俗表演藝術有廣泛而深入的研究，例如曾有「五洲園」、「小西園」布袋戲團的調查研究計畫案等。而他的《說俗文學》有多篇關於民間故事研究的範例，如〈從西施說到梁祝〉，歸納民間故事發展的模式，建立研究方法，也深深影響後學者[48]。

　　後續對於臺灣歌仔戲、布袋戲的調查與研究者，則有林茂賢、林鶴宜、蔡欣欣、陳龍廷、吳明德等[49]。

---

47 王秋桂，清華大學榮譽教授，現任金門大學閩南文化研究所客座教授。曾任教於台大外文系、普林斯頓大學、新竹清華大學、東吳大學等，著有〈元宵節補考〉（《民俗曲藝》65期〔1990年5月〕，頁5-33）等論文，編著、出版《民俗曲藝》叢書83種等，與陳慶浩合編的《中國民間故事全集》工程浩大，其中第1冊為《臺灣民間故事》（臺北：遠流出版公司，1989年）。詳參金門大學閩南文化研究所，教師介紹，網址https://www.nqu.edu.tw/edusf/index.php?act=blog&code=list&ids=64。2019年7月1日查詢。

48 曾師永義，中央研究院院士，臺灣大學名教授，現任世新大學人才講座教授，著有《臺灣歌仔戲的發展與變遷》（臺北：聯經出版公司，1988年）。〈從西施說到梁祝〉，收入曾永義，《說俗文學》（臺北：聯經出版公司，1980年），頁159-172。後亦有俗文學、民間文學之相關著作，如《俗文學概論》（臺北：三民書局，2003年）。參見筆者，〈曾永義的民俗藝術文化之調查與研究〉，收入王安祈、李惠綿主編，《醉月春風翠谷裏——曾永義院士之學術薪傳與研究》（臺北：萬卷樓圖書公司，2017年），頁61-70。

49 簡介如下：林茂賢，靜宜大學臺文系教授，著有《歌仔戲表演型態研究》（臺北：前衛出版社，2006年），林茂賢亦有民俗調查研究論文，如〈臺灣媽祖傳說及其本土化現象〉，《國家與教育》第1期（2007年3月），頁86-123等；林鶴宜，臺大戲劇系教授，著有《從田野出發：歷史視角下的臺灣戲曲》（臺北：稻鄉出版社，2007年）、《東方即興劇場歌仔戲「做活戲」（上、下編）》（臺北：臺大出版中心，2016年）；蔡欣欣，政治大學中文系教授，著有《臺灣歌仔戲史論與演出評述》（臺北：

進入1990年代，人類學、民族學領域的學者對漢人習俗的調查與研究，也逐漸累積起來，而中文系學者則展開大規模的民間文學調查與研究。

人類學、民族學學者，譬如林美容，任職中央研究院民族所，對於臺灣民間信仰、媽祖信仰、曲館等，皆有研究著作[50]。又如黃美英、張珣對於媽祖信仰、民間宗教、民俗醫療的研究，也都有相關研究[51]。

此外，中文系學者也以傳統文獻加上實地訪查所得，出版民俗研究論著，如徐福全對臺灣諺語的研究[52]，李豐楙著對王爺信仰、廟會的關注[53]，林明德對飲食文化的研究等[54]。

另一方面，胡萬川、金榮華、陳益源等多位學者，在臺灣各縣市

里仁書局，2005年)、《臺灣歌仔戲史論——文本、傳播與展演》(臺北：政大出版中心，2018年)；陳龍廷，臺灣師大臺文系教授，著有《臺灣布袋戲發展史》(臺北：前衛出版社，2007年)；吳明德，彰化師大臺文所教授，著有《臺灣布袋戲的表演‧敘事與審美》(臺北：學生書局，2018年)。

50 林美容，曾任中央研究院民族所研究員，現任慈濟大學宗教系教授，著有《祭祀圈與信仰圈——臺灣的民間信仰與社會組織》(臺北：聯經出版公司，1998年)。近來則出版《魔神仔的人類學想像》(與李家愷合著)(臺北：五南圖書出版公司，2014年)。

51 簡介如下：黃美英，暨南大學歷史系兼任講師，著有《臺灣媽祖的香火與儀式》(臺北：自立晚報文化出版部，1994年)、張珣，中央研究院民族所研究員，著有《文化媽祖：臺灣媽祖信仰研究論文集》(臺北：中央研究院民族學研究所，2003年)。

52 徐福全，曾任臺灣科技大學人文學院教授，南華大學生死學系教授，著有《福全臺諺語典》(臺北：自印，1998年)、《臺灣民間傳統喪葬儀節研究》(臺北：自印，1999年) 等。

53 李豐楙，政治大學宗教研究所教授，曾任職於政治大學中文系、中央研究院中國文哲所，著有《臺灣節慶之美》(宜蘭：傳統藝術中心，2004年)、《臺南縣地區王船祭典保存計畫——台江內海迎王祭》(宜蘭：傳統藝術中心，2006年) 等。

54 林明德，曾任教於輔仁大學中文系、彰化師大國文系，著有《味在酸鹹之外：臺灣飲食踏查》(臺北：中華飲食文化基金會，2016年)、《多音交響美麗島：臺灣民俗文化的入門書》(臺北：五南圖書出版公司，2019年)。

如臺中、臺南、澎湖、桃竹苗、金門等，蒐集傳說、歌謠、故事以及地方傳說，並將成果編輯為叢書出版，亦有多種學術研究論著，例如胡萬川有苗栗、臺中、彰化、雲林等縣市的民間文學調查[55]，金榮華有桃竹苗地區、金門、澎湖等地的民間故事調查[56]，陳益源有澎湖、嘉義、雲林、彰化、金門等地的民間傳說調查等[57]。

　　民俗學的研究，尚須教學上的推動與傳承，上述學者大多在其任教的大學系所開設有民俗學方面的課程。而瀏覽各大學院系課程網頁，人類學系、文化創意產業相關系所、臺文系、中文系以及各校通識教育中心，都有民俗學、民間文學、俗文學的相關課程，授課與研究學者則有林瑋嬪、王見川、李世偉、林承緯、謝貴文、戴文鋒等[58]，出

---

55 胡萬川將多年論著結集出版，包括《民間文學的理論與實際》、《台灣民間故事類型》（臺北：里仁書局，2008年）。參見林培雅，〈四十年來臺灣民間文學的調查、研究情況〉，《臺灣文學研究學報》3期（2006年10月），頁33-52。又，江寶釵，〈開闢一片活水田——訪胡萬川先生，談民間文學〉，《文訊》155期（1998年9月），頁69-72。

56 金榮華編有《台灣桃竹苗地區民間故事》（臺北：中國口傳文學學會，2000年）、《台灣漢族民間故事》（臺北：中國口傳文學學會，2011年）等。參見劉秀美，〈民間文學家——金榮華教授及其學術研究〉，《全國新書資訊月刊》26期（2001年2月），頁34-38。

57 陳益源著有《臺灣民間文學採錄》（臺北：里仁書局，1999年）等，近來編有《臺灣與各地保生大帝之信仰研究》（臺北：里仁書局，2019年）等。參見羅景文，〈穩重而又聰慧的實踐者——陳益源教授的治學主張與行政服務理念〉，《國文天地》309期（2011年2月），頁106-110。

58 簡介如下：林瑋嬪，臺灣大學人類系教授，著有〈臺灣廟宇的發展：從一個地方庄廟的神明信仰、企業化經營以及國家文化政策的影響談起〉，《國立臺灣大學考古人類學刊》62期（2005年，頁56-92）等；王見川，南臺科技大學通識教育中心助理教授，著有《漢人宗教民間信仰與預言書的探索》（臺北：博揚文化事業公司，2008年）等；李世偉，東華大學臺灣文化系副教授，著有《臺灣宗教閱覽》（臺北：博揚文化事業公司，2002年）等；林承緯，臺北藝術大學建築與文化資產研究所教授，著有《臺灣民俗學的建構：行為傳承、信仰傳承、文化資產》（臺北：玉山社，2018年）；謝貴文，高雄科技大學文化創意產業學系教授，《神、鬼與地方：臺南民間信仰與傳說研究論集》（高雄：春暉出版社，2017年）；戴文鋒，臺南大學文化與

身中文系者尤多，如曾子良、丁肇琴、江寶釵、鹿憶鹿、鍾宗憲、高莉芬、謝明勳、劉惠萍、彭衍綸、楊玉君、吳明德、唐蕙韻、黃文車、柯榮三、簡齊儒以及筆者等，也都有相關課程與著作[59]。而可喜的是，近年來，也有更多青年學者加入[60]。

民俗學的關涉，除官方政策、學者研究之外，學術體制以外的民間研究者、作家、記者等，也有不少熱心人士積極投入民俗的採錄、編寫與報導，例如黃文博、劉還月、謝宗榮、李秀娥等，皆有相關著

自然資源學系教授，著有《永康的歷史遺跡與民間信仰文化》（臺南：永康市公所，2010年）等。

59 簡介如下：曾子良，海洋大學、大同大學通識教育中心教授，著有《臺灣歌仔四論》（增訂版）（臺北：國家出版社，2009年）等；丁肇琴，世新大學中文系教授，著有《五嶽民間傳說之研究》（臺北：國家出版社，2015年）等；江寶釵，中正大學中文系教授，編著有《嘉義市閩南語歌謠集》（嘉義：嘉義縣立文化中心，1998年）等；鹿憶鹿，東吳大學中文系教授，著有《臺灣民間文學》（臺北：里仁書局，2009年）等；鍾宗憲，臺灣師大國文系教授，著有《現代視野下的生活民俗研究》（臺北：洪葉文化公司，2018年）等；高莉芬，政治大學中文系教授，著有《蓬萊神話──神山、海洋與洲島的神聖敘事》（臺北：里仁書局，2008年）；謝明勳，中正大學中文系教授，著有《古典小說與民間文學──故事研究論集》（臺北：大安出版社，2004年）等；劉惠萍，東華大學中文系教授，著有《圖像與神話──日、月神話之研究》（臺北：文津出版社，2010年）；彭衍綸，東華大學中文系教授，著有《風傳人間‧物說春秋──臺灣地方風物傳說的踏查與闡述》（臺北：里仁書局，2017年）等；楊玉君，中正大學中文系教授，著有〈「歌仔」的飲食主題與修辭〉（《成大中文學報》45期，2014年6月，頁339-371）等；唐蕙韻，金門大學華文系副教授，著有《金門城邱家文書》（金門縣：金門縣文化局，2014年）；黃文車，屏東教育大學中文系教授，著有《閩南信仰與地方文化》（高雄：春暉出版社，2013年）；柯榮三，雲林科技大學漢學應用研究所副教授，著有《時事題材之臺灣歌仔冊研究》（臺北：國立編譯館，2008年）；簡齊儒，臺東大學華文系副教授，著有《民間風景：臺灣傳說故事的地方敘述》（臺北：里仁書局，2014年）等。筆者個人與此相關之著作有《臺灣民間文學女性視角論》（臺北：博揚文化事業公司，2013年）。

60 例如溫宗翰、洪瑩發、楊玉君共同執行之「民俗亂彈」網站，網址：http://think.folklore.tw/；而臺灣淡南民俗文化研究會、靜宜大學臺灣研究中心、中正大學媽祖文化研究中心等單位，於2014年起，每兩年辦理一次「臺灣民俗研究青年學者學術研討會」，以鼓勵青年學者投入臺灣民俗與民間信仰研究。

作[61]。

　　以上，從時代變遷下的社會文化背景切入，評述當時的民俗議題與現象，也初步爬梳相關學者的研究脈絡，可深刻了解，民俗是社會文化的重要環節，它不僅關乎庶民百姓的生活風貌，也是官方用以整定社會秩序、學者用以傳達思想觀念的憑藉，同時也是民間學人或作家希望記錄與保存的寶貴資產。民俗學代表一個時代中，官方、學者與素民之間的層層關係，而無論是刊物、文章、論著、田野筆記，都是研究民俗內涵的材料，雖然略嫌龐雜，但也是臺灣民俗學兼容並蓄的特質。時至今日，21世紀臺灣的民間社會仍然充滿活力，民俗文化更為蓬勃興盛，更值得投入學術的研究。

二　臺灣民俗學的研究進路

　　民俗學涉略廣博，如何有效掌握研究方法、內容與成果，可從三個面向考慮。第一，藉由民俗學者的治學方法與研究成果，了解時代與民俗的變遷及發展；第二，研讀相關文獻資料，如報刊、雜誌、地方文獻誌、專題叢書等，梳理民俗的內容與議題；第三是實際觀察當代民俗現象，比較當代民俗與民俗傳統，尋找其中的差異與創新。

（一）探討民俗學者的研究貢獻，了解時代與民俗的變遷及發展

　　首先，簡要勾勒本書所論五位民俗學者的研究成果，以理解他們

---

61 黃文博，曾任國小校長，著有《臺灣風土傳奇》（臺北：臺原出版社，1989年）等；劉還月，曾任記者，著有《臺灣民間信仰小百科》（共五冊）（臺北：臺原出版社，1994年）等；謝宗榮，耕研居宗教民俗研究室主持人、輔仁大學進修部宗教系兼任講師，著有《臺灣的民俗信仰與文化資產》（臺北：博揚文化事業公司，2015年）；李秀娥，曾任真理大學宗教系兼任講師，著有《圖解臺灣民俗節慶》（臺中：晨星出版公司，2015年）。

對於臺灣民俗學的貢獻，並從中了解時代與民俗的變遷、發展。

民俗學者秉持對民俗的熱愛，如同楊雲萍說，是基於「理解、愛與謙遜」的態度[62]，才對鄉土民俗進行研究，探究民俗學者的學思歷程，往往也同時揭示了民俗學者強韌的生命力與深刻的心靈世界。因此筆者陸續以專家研究的模式，擇取五位具代表性的民俗學者加以研究[63]。

由於各大學院校的臺灣文學系所相繼成立，活躍於日治時期的民俗學者及其時代的民俗學，已有不少學人投入研究[64]；對於跨時代和跨地遷移的學者，以及戰後民俗學，反而注意者較少。而本土學人中，黃得時、楊雲萍二位先生可說是跨時代的民俗學者之代表，他們年少時都醉心於新文學創作，而基於對臺灣民俗文化的珍愛，也加入民俗調查研究的行列。這份關注民俗的心意，從日治時期延續到戰後，並且迭有著作出版，可謂卓有成就。而戰後遷臺的民俗學者，如婁子匡、朱介凡、郭立誠等，都具有1920-1940年代參與民俗研究的背景，其後因世變之故而中斷，但渡海來臺之後，仍不放棄，積極和本地民俗學者接觸，投稿發表文章。而且他們除了延續本來的研究主題，也拓展到對臺灣民俗的研究，落實了民俗研究具有「在地化」特質的精神。他們見證了民俗學和時代變動的關係，也為臺灣民俗學增

---

62 此語見於楊雲萍對《民俗臺灣》創立宗旨的回應短文〈研究と愛〉，《民俗臺灣》1卷2期，1941年5月29日，頁43。

63 在眾多民俗學者，僅選取五位研究，必然有所不足，因此在本章緒論中，亦盡可能以註解方式引介民俗學者的生平與成就，如王詩琅、林衡道、陳奇祿、劉枝萬、施翠峰、阮昌銳等。

64 以學位論文為例，例如林正儒，《伊能嘉矩的臺灣研究與知識建構》（臺北：臺灣師大臺灣史研究所，2014年）；蔡蕙如，《日治時期臺灣民間文學觀念與工作之研究》（臺南：成功大學中文系博士論文，2008年）；卓英燕，《王詩琅臺灣民間文學作品之研究》（花蓮：花蓮教育大學民間文學所，碩士論文，2005年）；戴文鋒，《日治晚期的民俗議題與臺灣民俗學——以《民俗臺灣》為分析場域》（嘉義：中正大學歷史所博士論文，1999年）等。

加新的成果。

黃得時、楊雲萍是跨時代的民俗學者，他們印證了日治到戰後初期，臺灣民俗學的起落與振興。而婁子匡、朱介凡、郭立誠是跨地遷移的民俗學者，代表中國傳統民俗、民俗學延續到臺灣的脈絡，也和臺灣本土的民俗學融合。若說臺灣是移民社會，則這五位學者的學經歷與著作，大抵可以交織出日治到戰後的臺灣民俗學圖像。以下就敘述上編這五章的要旨。

第一章〈黃得時對民間文學與古蹟文化之研究與貢獻〉——本章首先爬梳黃得時在日治時期的文學活動，他曾參加重要的社團，如「臺灣文藝協會」等，亦參與創辦《先發部隊》、《第一線》、《民俗臺灣》等，發表有關臺灣風土、民俗、歌謠、諺語、戲曲等文章。戰後，黃得時對孔廟、古蹟以及寺廟文化相當關注，撰有《臺灣孔廟》、《臺灣遊記》等書。黃得時為日治時期新文學的領導人物之一，對於臺灣民間歌謠、布袋戲、歌仔戲等，皆有研究，從他身上，可看到同輩學者對中國文化有孺慕之情，深具民族意識，但又特別強調臺灣本土的觀念，形成多元文化意識的交融。

第二章〈楊雲萍的民俗文化觀與民俗研究之特色〉——本章從楊雲萍所參與的民俗活動及著作中，探討其民俗文化觀念與民俗研究的特色。楊雲萍曾參加日治時期《民俗臺灣》、戰後《臺灣文化》、《公論報》「臺灣風土」副刊及《臺灣風物》刊物的撰稿與編輯工作，對於民俗研究，堅持臺灣文化的主體性，強調研究者須有理解、愛與謙遜的態度，深入了解民俗始能談到改革。此外，楊雲萍對女性民俗研究也相當關注，曾在《臺灣風物》推出「女性風俗特輯」。楊雲萍的民俗研究係立足於地方文史研究的根基，勤於爬梳文史材料，並兼納民間傳說，由此而表現鄉土之愛。而他收藏古印、錢幣等民俗文物，透露了他對庶民生活的研究熱忱。

第三章〈戰後遷臺學人對臺灣民俗之研究及其相關著作成果——

以婁子匡、朱介凡為例〉——戰後遷臺學人對於臺灣民俗的研究，有三種類型，引用臺灣本地的資料、撰寫單篇文章以及出版有關「臺灣民俗」的專書。本章首先評述婁子匡從事民俗研究的歷程，而後聚焦分析其《臺灣民俗源流》、《臺灣俗文學叢話》、《臺灣人物傳說》的內容特色與學術意義。又，探討朱介凡的《中國民俗學歷史發微》、《中國歌謠論》以及《中華諺語志》三書中，和臺灣民俗學相關的部分，由此了解朱介凡如何融會他在大陸時期與來臺後的民俗研究成果。婁子匡、朱介凡合編《五十年來的中國俗文學》，各章都涵括了後十年的臺灣俗文學，而有「早期臺灣的笑話書」、「臺灣歌謠」、「臺灣謎學」與「臺灣俗曲的特色」等。從婁子匡、朱介凡二人的交遊也可窺見遷臺學者與本土學者融洽的學術交流情形。

第四章〈朱介凡及其對諺語的研究〉——朱介凡曾任軍職、記者、編輯，曾拜師民俗學專家黎錦熙、顧頡剛，於1940年代開始蒐集各地諺語。1948年來臺後，仍持續諺語的蒐羅、保存，相關著作有《中國諺語論》、《中華諺語志》等。本章較前章對婁子匡與朱介凡的研究，更聚焦於朱介凡，詳細論述其諺語研究的發展歷程，並分析其如何蒐集材料、建立研究觀點，以及如何旁徵博引來詮釋諺語。尤其是《中華諺語志》，可視為他在諺語研究的總整理，其中更博採臺灣本土學人的研究資料，如連橫《臺灣語典》、吳瀛濤《臺灣諺語》，甚至廖漢臣蒐錄、未能編纂成書的諺語，也散見於朱介凡的《中華諺語志》。而《中華諺語志》也特立專章敘錄臺灣的傳統諺語，如編號524.16即有與臺灣風土相關的諺語，達85頁之多，可見朱介凡對各地諺語，以及彙整臺灣諺語的苦功夫。

第五章〈郭立誠的治學進路及其對女性、臺灣民俗的關注〉——本章首先剖析郭立誠的治學進路，肯定其勤於利用古代文獻與筆記叢談，從中鉤沉資料，以建立民俗學的研究方法。其次則析論其對於歲時漫談、禮俗溯源、禁忌與迷信、民間信仰等研究的成果。尤其突出

的是，郭立誠對於女教、婚嫁、生產、做月子、育兒等女性民俗的研究，更具有開創性的啟發與貢獻。本章亦聚焦於郭立誠後期的著作，挖掘其對臺灣民俗的關注，譬如《中國人的鬼神觀》、《中國藝文與民俗》等書中，皆有相關篇章論及臺灣的歌謠、俗曲、民俗信仰等。郭立誠的研究方法起初是以穿插、比較，或者是引用研究文獻的方式兼顧到臺灣民俗，但後來也有較為完整的文章，如〈詩可以觀——漫談臺灣童謠〉就是相當扎實的論文。

（二）從文獻資料梳理民俗的內容與議題

有關民俗學者的研究成果與貢獻，已見上編的五章，接下來針對如何運用相關文獻資料研究民俗加以論述。

民俗文獻資料，可視為民俗知識生產的載體，可從中挖掘民俗知識的傳播情形，以及官方、民間如何建構民俗文化。在尚未有科學化、大規模的調查研究之前，學者、作家、素人的筆記雜談，或是經過輯錄的主題式專書，可以視為經由個人或群體的記憶，以文字書寫的方式記載民俗。這或許帶點個人或編輯群體的情感色彩，但經過閱讀與傳播，也形成保存、發揚民俗的方式之一。此外，報紙、雜誌這類媒體，在刊行當時也許具有休閒、娛樂的作用，但由知識分子來掌握編輯方向，所刊的民俗文章，無疑也有維繫民俗文化的功能，並寄託其對民間社會與民族文化的觀念，是相當值得重視的研究材料。本書下編的前三章，即是針對民俗文獻的研究，各章要旨如下。

第一章〈臺灣民間傳說的傳說圈、區域性與在地化——以人物傳說與地方風物傳說為例〉——本章運用各種民俗筆記雜談與主題叢書，並以「歷史人物的傳說圈」、「市井人物傳說的區域性」、「神仙人物傳說的在地化」三個論點，剖析臺灣民間傳說的類型與特質。首先以柳田國男的「傳說圈」概念，分析歷史人物鄭成功、嘉慶君的傳說故事，顯現和主角人物生存的時空距離愈遠，其附會的傳說也愈多；

而主角人物生平活動的核心地區傳說較貼近人物生命情調，外圍地區則益加增添神奇色彩。市井人物傳說如周成、黃祿嫂、廖添丁等的傳說，所涵蓋的「區域性」範圍比較小，但這些人物傳說為當地居民熟知，產生特殊的情感，直接反映庶民價值觀。神仙傳說如各地媽祖顯聖傳說，一則扣緊媽祖廟的建築空間，也和當地民生的需求有密切關聯，代表同樣都是從媽祖信仰而來，但卻逐漸「在地化」，凸顯了神與人互動的親切情味。

第二章〈一九五〇年代臺灣民俗刊物的內容取向及其意涵——以《臺灣風物》雜誌暨其卷一至卷九為例〉——《臺灣風物》雜誌創刊於1951年12月，至今仍持續發行。本章透過這份刊物卷一至卷九的卷帙（1951年12月至1959年12月），研究1950年代臺灣民俗刊物的內容取向，以及當時的知識分子如何藉由民俗刊物，表達他們對民俗、本土文化的關懷。1950年代《臺灣風物》的文章涵蓋了民俗、民間文學、地方文史知識等，藉由整理舊籍、撰寫自身民俗經驗與記憶、採記當代風俗以及藉民俗議題以批判時政，展現民俗學知識的建構模式，並提示了身為民俗學人如何回應當局的民俗政令。尤具意義的是，該刊物的知識社群，有本土人士，也有戰後遷臺學人，可見「以民俗為本」的觀念，使兩方面的學者願意投注心力，為延續、開拓民俗研究而努力。

第三章〈民俗、記憶與認同——從《山東文獻》看外省族群的懷鄉意識與身分認同〉——二次世界大戰後，大批「外省人」遷移臺灣，他們藉由組織同鄉會，或是發行共同的刊物來聯絡情感。《山東文獻》季刊為山東名人孔德成（1920-2008）、屈萬里（1907-1979）等聯合創辦，1975年6月創刊，2003年3月停刊，前後長達28年，共計出版112期，資料豐富，可供深入研究。該季刊中的民俗書寫，包含地方名勝與傳說、家鄉飲食、生命禮儀、歲時習俗等主題，可說召喚了同鄉親友的集體記憶，也建構了傳統民俗文化的知識。整體而言，

從戰後到戒嚴時期，《山東文獻》中的民俗文章，傳承了山東人的記憶與經驗，尤其面對中國大陸的文化革命運動，《山東文獻》無疑有維護傳統文化、家鄉民俗的自覺。然而1987年開放返鄉探親後，離鄉與返鄉的情境前後對照，也凸顯了在臺灣的山東人／外省人面臨身分認同的複雜性。

（三）觀察當代民俗現象，尋繹民俗傳統的變異與創新

民俗的發展，固然有維繫傳統的必要，但民俗常因時因地而制宜，甚至有變異、創新的趨勢。尤其，在1980年代以後，臺灣社會多元開放，地方營造、文化創意的觀念興起，對當代民俗發展實有鼓舞的作用。本書下編最後兩章即針對當代的月老信仰、七夕活動，予以觀察和剖析。

第四章〈**月老信仰與現代社會──以新北市萬里情月老廟與桃園市中壢月老宮為例**〉──民間信仰中，月下老人主掌姻緣，因而受到庶民百姓的崇信。但月老的神位卻經常設置於大廟的後殿，少有獨立或醒目的位置。然而隨著近年來月老信仰愈加興盛，臺灣也開始出現以月老信仰或是祈求姻緣為主的宮廟。本章以北臺灣新興的兩座宮廟──新北市萬里情月老廟、桃園市中壢月老宮為例，探討其建廟經過、對傳統習俗的沿襲與創新，以及如何藉由網路來經營。這兩座新興宮廟，採取新穎的祭拜習俗與儀式，例如自創心形杯筊、七彩姻緣線、桃花燈等，或是利用網路部落格、臉書粉絲團專頁、微電影等加強宣傳，使月老信仰進入網路時代，刷新了月老信仰的傳統習俗，其背後蘊義，值得推敲。

第五章〈**城市、創意與傳統節日文化──臺北與仙台的七夕活動觀察與比較**〉──本章以亞洲的兩個城市──臺灣的臺北、日本的仙台為例，對其七夕活動進行觀察與比較，探索現代城市生活與傳統節日習俗的關係。臺北的七夕活動，以大稻埕、霞海城隍廟為中心，有

煙火節、音樂會、浴衣祭等活動。近年並擴及新北市板橋林家花園，以月老信仰來加強兩處七夕活動的連結。仙台七夕習俗源自中國七夕，但二戰後轉型為觀光商業活動，除了煙火盛會，尤其注重「七夕竹飾」，以維持傳統的七夕習俗和節日氣氛。此外，必備的大型彩球（くす玉）係1946年由森權五郎創造，受到歡迎與模仿，此後製作彩球成為仙台七夕的競賽焦點。臺北、仙台的七夕活動顯示，現代都市對傳統節日的改造具有創新、變異的特質，且其訴求往往和觀光、商業結合，傳統儀式、舊有習俗都不是首要考量。這些新造的活動，宛如「被發明的傳統」，可以吸引民眾參與，但是否可以持久而成為「傳統」，則有待持續觀察。

　　以上，透過臺灣民俗學的發展概況，可具體了解本書各章涉及的時空背景與社會意義。本書題名《在地與新異——臺灣民俗學與當代民俗現象研究》，乃以「在地與新異」囊括全書旨趣，意謂傳統民俗流傳到臺灣，歷經時空流轉，必有「在地化」的轉化過程，因而形成變異、創新的局面。這在民俗學者的研究歷程，或其終極關懷，都不難獲得印證。而民俗現象的新異，不代表評價的褒貶，因為民俗發展的特性也就在於，既承襲傳統又因時因地制宜，和傳統保有流動的關係，否則民俗就會面臨失傳或僵化的危機。

　　民俗不僅是代代相傳的生活模式或是個人的喜好寄託，也是一個族群的集體記憶，落實在物質生活與精神世界。民俗學採錄這些內容，也給予歸納、結構化和深層分析，以作為社會文化的反思。以下就請進入本書的研究議題，一起探勘民俗學豐富多樣的內涵。

附錄　臺灣民俗學之相關研究者列舉簡表

一　清代到1970年代之研究者（依出生年代排序）

姓名	主要經歷	相關著作舉隅
蔣毓英（？）	清代臺灣首任知府（1684-1689）。	初編《臺灣府志》
高拱乾（？）	清代臺廈兵備道（1692）	增補《臺灣府志》
郁永河（1645-？）	清代秀才，奉命來臺採硫礦（1696-1697）。	《裨海紀遊》
黃叔璥（1682-1758）	清代首任巡臺御史，奉命來臺治理（1722）。	《臺海使槎錄》
片岡巖（？）	日治時期臺南地方法院檢察局通譯（1911-1922）。	《臺灣風俗志》
伊能嘉矩（1867-1925）	人類學家、民俗學者，日治時期「臨時臺灣舊慣調查會」幹事（1900）。	《臺灣文化志》
鈴木清一郎（？）	日本警察，1934年撰成臺灣舊慣之書，已在臺灣生活二十餘年。	《臺灣舊慣、冠婚葬祭と年中行事》
鄭坤五（1885-1959）	作家、教師，漢文雜誌《臺灣藝苑》編輯，《三六九小報》顧問。	《臺灣國風》（臺灣民間褒歌輯評）
董作賓（1895-1963）	甲骨學專家，臺灣大學中文系教授、中研院史語所所長。	《看見她》（歌謠研究集）
金關丈夫（1897-1983）	解剖學、人類學者，日治時期臺北帝國大學教授、《民俗臺灣》發起人之一。	《臺灣先史時代に於ける北方文化の影響》
賴和（1894-1943）	作家、醫生，擅長新舊文學創作，參與日治時期臺灣文化運	〈辛酉一歌詩〉（楊清池彈唱、賴

姓名	主要經歷	相關著作舉隅
	動，開創臺灣新文學，有「臺灣新文學之父」、「彰化媽祖」的尊稱。	和記錄並作註）
江肖梅（1899-1966）	作家、教師、雜誌編輯，擅長新舊文學創作。	《臺灣民間故事》
臺靜農（1902-1990）	作家、臺灣大學中文系教授、系主任。	《淮南民歌》
立石鐵臣（1905-1980）	日本畫家，在臺灣出生。《民俗臺灣》編輯、插畫者、臺大史學系南洋史學研究室講師（1947）	《臺灣畫冊》
陳紹馨（1906-1966）	人類學家、社會學家，曾任職臺北帝國大學土俗人種室、臺灣大學文學院教授，《民俗臺灣》發起人之一。	《臺灣的人口變遷與社會變遷》
楊雲萍（1906-2000）	作家、歷史學家，《民俗臺灣》編輯、作者，《臺灣風物》發起人之一、主編，臺灣大學歷史系教授。	《臺灣史上的人物》、《臺灣文化與》
婁子匡（1907-2005）	民俗學家，北大民俗叢書、《歌謠周刊》作者，參與創立中國民俗學會，創辦東方文化書局。	《臺灣民俗源流》、《五十年來的中國俗文學》
王詩琅（1908-1984）	作家，日治時期參與社會運動。《民報》編輯、臺北市文獻委員會、臺灣省文獻委員會之委員、《臺灣風物》編輯。	《鴨母王》、《艋舺歲時記》
朱鋒（本名莊松林，1909-1974）	民俗學家，日治時期加入臺灣文化協會、參與「臺南文化劇	《南台灣民俗》

姓名	主要經歷	相關著作舉隅
	團」的抗日社會運動。《民俗臺灣》、《臺灣風物》作者、臺南市文獻委員會委員。	
黃得時（1909-1999）	作家、報刊主編，參與日治時期臺灣新文學運動，有「臺灣文學活字典」之稱，臺灣大學中文教授。	《臺灣遊記》、《台灣歌謠之形態》
廖漢臣（1912-1980）	記者、民俗學家，日治時期參與創辦《先發部隊》，戰後任職臺灣省文獻會。	《台灣的年節》
朱介凡（1912－2011）	軍人、記者、諺語專家。	《中國歌謠論》、《中華諺語志》
李獻璋（1914-1999）	民俗學家、歌謠專家。	《臺灣民間文學集》、《媽祖信仰の研究》
林衡道（1915-1997）	臺灣省文獻委員會委員	《臺灣公路史蹟名勝之導遊》、《臺灣史蹟源流》
郭立誠（1915-1996）	教師、民俗學家，參與1930年代北平東嶽廟調查研究。	《中國生育禮俗考》、《中國婦女民俗史話》
池田敏雄（1916-1981）	日治時期臺灣民俗研究者，《民俗臺灣》編輯、作者。	《華麗島民話集》、《臺灣の家庭生活》
陳奇祿（1923-2014）	人類學家，臺灣大學人類學系教授。《公論報》「臺灣風土」副刊主編、《臺灣風物》編輯。	《臺灣土著文化研究》

姓名	主要經歷	相關著作舉隅
劉枝萬（1923-2018）	中央研究院民族學研究所研究員	《臺灣民間信仰論集》
施翠峰（本名施振樞，1925-2018）	畫家、民俗學家，國立藝專、中國文化大學教授。	《思古幽情集（神話傳說篇）》、《臺北市寺廟神祇流源》
黃鳳姿（1928-）	萬華人，池田敏雄之妻，《民俗臺灣》作者。	《七娘媽生》
史惟亮（1926-1977）	記者、教師、作曲家、音樂學家，1977年投入民歌採集運動。	《臺灣山地民歌研究報告》
許常惠（1929-2001）	作曲家、音樂學家，有「臺灣音樂教父」之稱。	《臺灣高山族民謠集》、《臺灣福佬系民歌》
阮昌銳（1937-）	省立博物館研究員	《中國婚姻習俗之研究》、《臺灣民間信仰》

二　1980年代及其後之研究者（依本章正文引述排序）

邱坤良	作家、戲劇學者，國立藝術學院院長、文建會主任委員、臺北藝術大學戲劇學系教授，《民俗曲藝》主編。	《舊劇與新劇──日治時期臺灣戲劇之研究（1895-1945）》、《飄浪舞臺──臺灣大眾劇場年代》
王秋桂	人類學者，臺灣大學外文系教授、清華大學榮譽教授，金門大學閩南文化研究所客座教授，《民俗曲藝》主編。	主編、出版《民俗曲藝》叢書83種，《中國民間故事全集》（與陳慶浩合編）
曾永義	作家、戲曲學家，中央研究院	《臺灣歌仔戲的發展與變遷》、

	院士、傑出人才講座教授、臺灣大學名譽教授、世新大學特聘講座教授、中華民俗藝術基金會執行長及董事長。	《俗文學概論》
林茂賢	臺中教育大學臺灣語文學系副教授	《歌仔戲表演型態研究》
林鶴宜	臺灣大學戲劇學系教授	《東方即興劇場歌仔戲「做活戲」（上、下編）》
蔡欣欣	政治大學中文系教授	《臺灣歌仔戲史論——文本、傳播與展演》
陳龍廷	臺灣師大臺文系教授	《臺灣布袋戲發展史》
吳明德	彰化師大臺文所教授	《台灣布袋戲的表演・敘事與審美》
林美容	中研院民族所研究員、慈濟大學宗教系教授。	《祭祀圈與信仰圈——臺灣的民間信仰與社會組織》
黃美英	暨南大學歷史學系兼任講師	《臺灣媽祖的香火與儀式》
張　珣	中研院民族所研究員	《文化媽祖：臺灣媽祖信仰研究論文集》
徐福全	臺灣科技大學人文學院教授、南華大學生死學系教授。	《臺灣民間傳統喪葬儀節研究》
李豐楙	中央研究院中國文哲所研究員、政治大學中文系教授、宗教研究所講座教授。	《臺南縣地區王船祭典保存計畫——台江內海迎王祭》
林明德	輔仁大學中文系教授、彰化師大國文系教授、中華民俗藝術基金會執行長及董事長。	《多音交響美麗島：臺灣民俗文化的入門書》
胡萬川	清華大學中文系教授、靜宜大學中文系教授。	《民間文學的理論與實際》、《臺灣民間故事類型》
金榮華	文化大學中文系教授、中國口傳文學學會理事長。	《台灣桃竹苗地區民間故事》、《台灣漢族民間故事》

陳益源	成功大學中文系教授	《台灣民間文學採錄》、主編《臺灣與各地保生大帝之信仰研究》
林瑋嬪	臺灣大學人類學系教授	〈臺灣廟宇的發展：從一個地方庄廟的神明信仰、企業化經營以及國家文化政策的影響談起〉
王見川	南臺科技大學通識教育中心助理教授	《漢人宗教民間信仰與預言書的探索》
李世偉	東華大學臺灣文化系副教授	《臺灣宗教閱覽》
林承緯	臺北藝術大學建築與文化資產研究所教授	《台灣民俗學的建構：行為傳承、信仰傳承、文化資產》
謝貴文	高雄科技大學文化創意產業學系教授	《神、鬼與地方：臺南民間信仰與傳說研究論集》
戴文鋒	臺南大學文化與自然資源學系教授	《永康的歷史遺跡與民間信仰文化》
曾子良	海洋大學、大同大學通識教育中心教授。	《臺灣歌仔四論》（增訂版）
丁肇琴	世新大學中文系教授	《五嶽民間傳說之研究》
江寶釵	中正大學中文系教授	編著《嘉義市閩南語歌謠集》
鹿憶鹿	東吳大學中文系教授	《臺灣民間文學》
鍾宗憲	臺灣師大國文系教授	《現代視野下的生活民俗研究》
高莉芬	政治大學中文系教授	《蓬萊神話──神山、海洋與洲島的神聖敘事》
謝明勳	中正大學中文系教授	《古典小說與民間文學──故事研究論集》
劉惠萍	東華大學中文系教授	《圖像與神話──日、月神話之研究》
彭衍綸	東華大學中文系教授	《風傳人間‧物說春秋──臺灣地方風物傳說的踏查與闡述》

楊玉君	中正大學中文系教授	〈「歌仔」的飲食主題與修辭〉
唐蕙韻	金門大學華文系副教授	《金門城邱家文書》
黃文車	屏東教育大學中文系教授	《閩南信仰與地方文化》
柯榮三	雲林科技大學漢學應用研究所副教授	《時事題材之臺灣歌仔冊研究》
簡齊儒	臺東大學華文系副教授	《民間風景：臺灣傳說故事的地方敘述》
洪淑苓	臺灣大學中文系教授	《臺灣民間文學女性視角論》
黃文博	國小校長	《臺灣風土傳奇》
劉還月	記者、民俗研究者。	《臺灣民間信仰小百科》（共五冊）
謝宗榮	耕研居宗教民俗研究室主持人、輔仁大學進修部宗教系兼任講師。	《臺灣的民俗信仰與文化資產》
李秀娥	理大學宗教系兼任講師	《圖解臺灣民俗節慶》

上編
民俗學者及其在地關懷

第一章
黃得時對民間文學與古蹟文化之研究與貢獻

一　前言

　　黃得時先生（1909-1999；以下省略敬稱），曾任報紙副刊編輯主任、臺灣大學中文系教授。幼時曾學習漢文，小學入日制公學校。臺北州立第二中學（今成功中學前身）畢業。曾進入日本早稻田大學就讀半年，因不適應寒冷氣候而返鄉，翌年，入學臺北高等學校文科甲類（今之臺灣師大前身）。1933至1937年，就讀臺北帝國大學。自帝大畢業，旋即擔任《臺灣新民報》中、日文副刊編輯主任，後歷文化部長及社論委員。1944年《臺灣新民報》被迫停刊，黃得時離開編輯崗位。至1945年，臺灣光復，《臺灣新民報》改名《臺灣新生報》，黃得時乃重任副總編輯一職，直至1947年4月，方結束11年之報業主編生涯。

　　1945年11月15日，教育部派員接收臺北帝國大學，黃得時與林茂生、陳紹馨等協助接收文政學部、圖書館。此後歷任臺灣大學教務長、中文系教授，1980年轉任淡江大學日本研究所教授，改為臺大兼任教授，直到1983年完全退休。期間曾兼任東吳大學、輔仁大學教授。指導研究生論文，並發表多篇有關中日文學的學術著作。同時，亦擔任臺北市文獻會委員、中華文化復興委員會委員，積極參與各項研討會。曾獲得國科會胡適講座教授，獲聘為教育部學術審查委員，1986年獲贈臺大榮譽教授，具有崇高的學術地位。

　　1999年2月18日，黃得時逝世，享年91歲[1]。黃得時的一生，積極參與文學活動，人脈廣闊，藏書豐富，因此有「臺灣文學活字典」、「臺灣研究的先驅」、「臺灣文學史開荒者」之譽[2]。重要著作有《臺灣歌謠之研究》（手稿）、《晚近臺灣文學史》、《臺灣的孔廟》、《臺灣遊記》及《評論集》等。黃得時曾將其手稿、剪報、歌仔冊藏本等資料捐贈給國立臺灣文學館，該館亦於2011年12月至次年2月間，舉辦「臺灣文學的活字典──黃得時捐贈展」以示紀念。

　　有關黃得時的研究，除了一般報刊雜誌的採訪報導外，以單篇論文居多，大多肯定其首開風氣之先，撰述臺灣文學史的意義，例如呂興昌〈重新發現黃得時〉：「從黃先生在臺灣文學史主體性思考與建構的表現，從他對民間文學的肯定與推動，從他對原住民文學的重視，均已使他可以屹立於臺灣文學史。」（《文學臺灣》31期，1999年7月，頁23-28）陳芳明〈黃得時的臺灣文學史書寫及其意義〉：「黃得時初步完成的臺灣文學史，其歷史意義與政治意義並不只是局限在日據時期。他的史觀所放射出來的影響，也對戰後的臺灣文學史書寫產生了積極的作用。」（收入其《殖民地摩登：現代性與臺灣史觀》，麥

1　本文有關黃得時之生平與著作，參考呂興昌，〈黃得時生平年表〉，《文學臺灣》31期（1999年7月），頁39-43；以及呂興昌，〈黃得時生平著作年表初編〉，呂氏主持，臺灣文學研究工作室網站（http：//ws.twl.ncku.edu.tw/）。又，江寶釵主編，《黃得時全集》整理編輯計畫91年度期末報告（臺南：國立臺灣文學館，2002年12月），亦綜合黃英哲著〈黃得時年譜〉（日文，黃得峰中譯）與呂氏所編年表，增補而成「黃得時年表初編」，見其期末報告，頁78。後，《黃得時全集》於2012年12月出版，收有〈黃得時生平及著作年表簡編〉，見江寶釵主編，《黃得時全集11──論述卷五》（臺南：國立臺灣文學館，2012年），頁691-719。

2　黃武忠，〈臺灣文學活字典：懷念黃得時教授〉，《聯合報》副刊，1999年4月12日；呂興昌，〈重新發現黃得時〉，《文學臺灣》31期（1999年7月），頁23-28；都尊稱黃得時為「臺灣文學活字典」；鍾肇政稱他是「臺灣研究的先驅」，見其〈灣文學研究的先驅：黃得時〉，自由時報副刊，1999年4月12日；葉笛稱他是「臺灣文學史開荒者」，見其〈臺灣文學史的拓荒者──黃得時〉，《文學臺灣》31期（1999年7月），頁31-33。

田出版社，2004年6月，頁161-187）也有專論其民間文學方面的成果的，如胡萬川〈黃得時先生與民間文學〉（《文學臺灣》31期，1999年7月，頁35-36）、蔡蕙如〈從建構到評述──試論黃得時的歌謠觀〉（《臺灣民間文學學術研討會暨說唱傳承表演論文集》，清華大學臺文所主編，國立臺灣文學館出版，2004年，頁93-113）前者較簡，後者詳論1930年代臺灣文人對歌謠的研究，肯定黃得時的成就與影響最大；另有碩士論文：李泰德《文化變遷下的臺灣傳統文人──黃得時評傳》（臺北：師大國文所碩士論文，1999年6月），係以生平與作品相聯結的方式，對黃得時進行評論。至於江寶釵主持的《黃得時全集》整理編纂計畫（臺南：國立臺灣文學館，2001-2003年），則以整理編輯為主要工作內容；《黃得時全集》共11冊，於2012年12月由國立臺灣文學館出版。江寶釵曾發表〈黃得時的二三事（一九三七以前）〉（《北縣文化》83期，2004年12月，頁22-30），以及〈在葉子的喧聲裡蕭穆站起一棵樹──黃得時生平暨其著作（1909-1999）概述〉（見《黃得時全集11》，頁674-690），都是偏向傳記的研究。

　　由以上所列舉，可知對於黃得時的研究，只有蔡蕙如〈從建構到評述──試論黃得時的歌謠觀〉係針對民間文學，以黃得時熱情參與研究民俗與民間文學活動的情形而言，顯然這方面的研究太少。就筆者所見到的材料來說，黃得時參與日治時期民俗雜誌《民俗臺灣》的創立，以及戰後仍持續撰寫民俗、民間傳說、古蹟文化方面的文章，都應該加以整理爬梳，抉發其研究的成果與貢獻。以下將以民間文學與古蹟文化為範圍，以《臺灣的孔廟》、《臺灣遊記》二書及其他相關文章為範圍，探討黃得時對臺灣民間社會的關懷與貢獻。

二　黃得時參與的文學活動與民間文學觀

　　黃得時在日治時期的文學活動即十分活躍，他曾參加「臺灣文藝

協會」（1933）、「臺灣文藝聯盟」（1934）、「臺灣文藝家協會」
（1940）、「啟文社」（1941）等社團活動。這些文藝社團中，「臺灣文
藝家協會」由日人西川滿創辦，黃得時與張文環、楊雲萍、龍瑛宗等
人被列名為臺北準備委員名單中；但因這些臺籍文人不認同西川滿的
主張，於是在次年即由黃得時、張文環、王井泉等組織「啟文社」，
發行日文的《臺灣文學》，與西川滿《文藝臺灣》分庭抗禮。由此可
以略窺黃得時及其同輩作家的民族意識，在日本統治下，仍堅持臺灣
文學與文化的主體性，不願被收編為日本文學的一支。

　　上述的文學社團雖以新文學創作為主，但也有兼顧民間文學的情
形，顯現當時臺籍文人對民間文學的關注，似乎和新文學運動是並行
不悖的。以黃得時而言，他參與創辦《先發部隊》、《第一線》、《民俗
臺灣》半月刊、《臺灣文學》季刊等文藝雜誌等，也經常在其刊物上
發表有關臺灣風土、民俗、歌謠、諺語、戲曲等文章。例如他曾在
「臺灣文藝協會」發行的《第一線》創刊號中，發表〈卷頭語：民間
文學的認識〉（1935年1月6日）顯現他對於民間文學的關注；在當時
日本殖民統治的時空下，也可以看出他試圖以民間文學來保護傳統民
族文化的用心。其後也分別發表民間文學與民俗文化類的文章，如
〈牛津大學所藏臺灣歌謠書〉（刊於《臺灣新民報》，1936年）、〈國姓
爺北征中的傳說〉（收於李獻璋所編《臺灣民間文學集・故事篇》，
1936年6月）、〈保生大帝と傳說〉（《民俗臺灣》1卷4號，1941年9月10
日）、〈娛としての布袋戲〉（《文藝臺灣》3卷1號，1941年10月20日）、
〈敬惜字紙と聖蹟亭〉（《臺灣文學》3卷1號，1943年1月31日）、〈盃
珓考〉（《民俗臺灣》4卷9號，1944年9月1號），這些文章都可以代表
黃得時對於臺灣民間文學和民俗文化的研究成果[3]。

3　這裡可附帶提出一點，黃得時在1937年以日文編寫《水滸傳》，並在《臺灣新民
　　報》連載長達五年之久（1937年12月5日-1942年12月7日）；《水滸傳》是中國通俗小
　　說，也是一般民眾熟悉的演義故事，在日本殖民政府全面禁止漢文（1937年4月1
　　日）之後，黃得時以日文來介紹《水滸傳》，對於保存民間文化也是很有貢獻的。

　　戰後的黃得時仍持續發表他對民俗、民間文學的研究成果。例如他發表於《臺北文物》的「古往今來話臺北」系列一至六（1卷1期-3卷1期，1952年12月1日-1954年5月1日），即揉和了文史資料與民間傳說、諺語，內容豐富生動；他對白蛇故事的研究〈白蛇傳之形成及人蛇相戀在日本〉也獲刊登在《漢學研究》8卷1期（1990年6月），代表這是一篇謹嚴的學術論文。

　　黃得時為民間文學、藝術，有實際奔走之功，也有扎實豐富的文章著作。推究他的民間文學觀，具有如下的內涵：

　　一、呼籲重視並採錄民間文學：黃得時在其〈卷頭語：民間文學的認識〉，以歐洲、中國大陸已經積極展開民間文學的採錄工作，因此大聲呼籲採集臺灣的民間文學：

> 由來民間文學、沒有寫在文獻上、大概只用口口相傳。是以如無從早搜羅起來、不久之間、就要消蹤滅跡。況兼在這個新舊思潮交流的過渡時代之臺灣。……要之、我們應該知道祖先傳來的遺產之民間文學的搜羅整理和研究，是我們後代人該做的義務之一啦！[4]

　　二、鄉土文學與民間文學的概念重疊：黃得時目前所見最早的一篇討論民間文學的文章是〈談談臺灣的鄉土文學〉，文末自註：「一九三二、七、十四於臺北高校圖書館」，發表刊物不詳。此文所謂的鄉土文學，其實就是民間文學，範圍包括先住民的歌舞、臺灣人（廣東人、福建人）的歌仔（山歌、小唱、兒歌）與歌仔戲。這代表黃得時的民間文學概念是很寬廣的，所以他既研究民間的歌謠「歌仔」，也把歌仔戲納入鄉土文學的範疇，認為它以臺灣話來演，比「亂彈」、

4　見《第一線》創刊號（1935年1月6日），臺灣文藝協會出版，頁1。

「四平」戲更能夠使人了解,因此風靡大眾,但它欠缺精采的劇本與臺詞,是可以改進的地方[5]。類似的,黃得時對於布袋戲也是從反映民眾生活與情感的角度著眼,認為布袋戲是臺灣的鄉土藝術,最具大眾娛樂效果,木偶的表情,帶動觀眾的情緒,從小孩到婦女都愛看;布袋戲又具有社會教化的意義,故臺灣俗語云:「奸臣無死,看戲的不願散。」[6]

　　三、對歌謠的深入研究:黃得時在民間文學方面的研究,最重要的貢獻即在於對臺灣歌謠的研究。黃得時在1950年曾發表〈關於歌謠的蒐集〉,將臺灣歌謠從清末到日治時期的發展做了整理;1952年發表〈臺灣歌謠之形態〉,從形式分析福佬歌謠七字仔和雜念仔的結構;1955年發表〈臺灣歌謠與家庭生活〉,就歌謠的內容分類,探討其中所反映的懷胎、生子、結婚、治家與蓋棺的習俗與觀念,勾勒出臺灣民間的生活。到1976年則將前述論文加以彙整,完成《臺灣歌謠之研究》[7],全書除緒論、結論外,正文凡五章,內容相當完備;1968年,又發表〈臺灣歌謠研究概述〉,可視為他對歌謠研究的回顧,表達成熟的定見。據蔡蕙如〈從建構到評述──試論黃得時的歌謠觀〉云:

> 因此我們可看出黃得時對歌謠的定位,一方面來自中國傳統詩歌的觀念,主張歌謠是反映個人心志。另一方面則受時代潮流的影響,認為它是具有族群、文化性的,是屬於大眾的。傳統歌謠觀與時代潮流的交錯推動下,打破了一般文人學士對歌謠

5　收入黃得時,《評論集》(臺北縣:臺北縣立文化中心,1993年6月),頁64-69。

6　黃得時,〈娛としての布袋戲〉,《文藝臺灣》3卷1號(1941年10月20日),頁62。

7　「臺灣歌謠之研究」嘗試將民間歌謠加以分類,共分有緒論、第一章關於歌謠的蒐集、第二章從唱者本位的分類研究、第三章從型態分類研究、第四章從內容分類研究、第五章與詩經和樂府比較研究、結論。參見江寶釵主編,《黃得時全集9──論述卷三》,頁432-613。

　　　　僅是村夫鄙婦吟詠不登大雅之堂的認知，凸顯了歌謠多元的重
　　　　要性。[8]

由此可知黃得時對於歌謠研究所採用的方法、觀念，都非常有條理，
全面觀照，也凸顯民間歌謠的重要意義與價值。

　　四、兼及對民俗、古蹟的重視：民俗學與民間文學一向是相互涵
攝，民俗學研究民俗，也兼及口頭文學、民間文學的採集和研究；民
間文學雖以神話、傳說、故事、曲藝、謠諺等為研究對象，但也有涉
及民俗的探討，因此兩者實不易完全劃分。這只要看黃得時等人創辦
的《民俗臺灣》極可得到印證。該雜誌刊載的文章可說五花八門，既
有生活習俗、節日習俗的記載，也有歌謠、故事的採錄，同時也有對
於文物、寺廟、古蹟的介紹；似乎凡是與臺灣民間社會有關的文學、
藝術、民俗、宗教、古蹟等，都是可以接受的範圍。

　　如同上文曾提到，黃得時在《民俗臺灣》曾發表〈保生大帝と傳
說〉、〈敬惜字紙と聖蹟亭〉（盃珓考），即涵蓋了傳說故事、古蹟與民
俗、信仰與民俗，可見他關注的範圍不限於只有民俗或民間文學，而
是以臺灣人的社會為大範疇，研究和人民生活有關的一切事物與思想
觀念。例如在〈敬惜字紙と聖蹟亭〉一文中，黃得時介紹在臺灣特有
的字紙爐，亦稱敬字亭、敬聖亭、惜字亭等，那是特別為焚燒廢棄紙
張的爐亭，表現「臺灣人對於文字的敬惜已超越了單純的尊敬，更進
一步有被宗教化之情形。」因為人們尊敬造字的倉頡為聖人，連帶也把
其所造之文字敬為「聖蹟」，不可隨便拋棄或污染有文字的紙張。在文
章中，他還舉了兩個例子，說明臺灣人和外國人的差別，就在於臺灣
人懂得敬惜字紙。此文以歷史溯源、民間俗語、文獻資料與己身的經

8　收入《臺灣民間文學學術研討會暨說唱傳承表演論文集》（臺南：國立臺灣文學
　　館，2004年），頁101。

驗與所知，簡明扼要地交代了敬惜字紙與聖蹟亭的風俗習慣，生動地勾勒出臺灣社會的一個面向，觸及生活習俗，也具有愛惜物資、崇文尊聖的思想[9]。

　　以下將透過《臺灣的孔廟》、《臺灣遊記》二書，更進一步看戰後黃得時對古蹟文物、民俗文化的整體關注。

三　黃得時編著《臺灣的孔廟》對孔廟古蹟文化的關注

　　黃得時對於古蹟文化的關注，首推其對孔廟的研究。祭孔大典在古代是官方祭典，在臺灣則逐漸演變為由民間組織推動，政府只居於督導的地位。自明鄭以來，孔廟是傳授儒學之地，也就是一般民眾受教育啟蒙的地方。尤其在日治時期，在殖民政權刻意壓抑中國文化的情形下，孔廟乃成為臺灣民眾接觸、傳承漢文化的所在，在民間具有深刻的影響力。到了戰後，孔廟與其文物制度，又成為推廣社會教化的重要基地，因此黃得時對於孔廟投注相當大的注意。究其根柢，原因有二，其一，黃得時認同儒家思想，推崇孔子，曾發表多篇闡揚孔子思想的文章；其二，承襲日治時期以來，臺灣仕紳對於儒家思想暨孔子的尊崇，尤其其父黃純青先生被推為重建臺北孔廟的發起人之一，是黃得時引以為傲的事，經常在文章中提起。

（一）黃得時對孔子學說與孔廟釋奠禮的闡發

　　黃得時所發表和孔子思想或孔廟有關的文章，除了最早發表的〈孔子的文學觀與其影響〉對孔子的文藝思想表示不予贊同外，其餘都顯現對孔子學說的讚揚。最早發表的〈孔子的文學觀與其影響〉，作於1934年6月27日，刊於《臺灣文藝》創刊號（1934年11月5日發

9　黃得時，〈敬惜字紙亭と聖蹟亭〉，《民俗臺灣》1卷5號（1941年11月5日），頁22-24。引文參考中文本，林川夫主編，《民俗臺灣》（臺北：武陵出版社，1990年）。

行，頁20-21），這篇文章認為孔子的文學觀以倫理道德為尚，又以《論語・陽貨篇》的「詩可以興，詩可以觀，詩可以群，詩可以怨。」的話來證明，孔子認為「學詩的目的顯然是在乎倫理上的修養，非是關於詩而陶醉於詩的境地。」結論說：「要之，孔子對於文藝抱一種偏見。這種偏見隨儒教的隆盛而隆盛。致使純文藝作品終難產生。」相對於批評孔子的文學觀，黃得時認同的是歐美文學，自由的文學觀。日治時期的黃得時是新文學的推動者，希望改革傳統文學的固陋，以歐美的新思潮、現代文化為前導，創作新文學；莫怪乎他有如此的態度。但是除了文學觀之外，黃得時對於孔子的教育觀、道德思想，卻是十分肯定與推崇。

　　譬如推廣孔孟學說的孔孟學會，其代表刊物《孔孟月刊》創立（1962年9月）後，黃得時即加入其「論語研究會」，並多次發表文章。在〈孔子與青年〉一文中，黃得時列舉《論語》中的七處記載，證明孔子並不是那麼嚴肅，難以親近，相反的，孔子十分愛護青年人，願意和青年人做朋友；譬如《論語・先進篇》記孔子與子路、曾點、冉有、公西華四個學生同坐，命學生各言其志時，孔子特別贊同曾點的志願；黃得時詮釋道：「這是因為孔子除了同意曾點悠然超越物外，懷著與天地同化的態度之外，還讚成曾點志願跟青年人一起到郊外作春遊那種愛好青年的特質，才發出這種感嘆。」[10]可謂黃得時獨到之見。又如〈略述孔子對真善美聖的看法〉與〈從論語看孔子的教學法〉二文，係針對孔子的人性論與教育觀深入探討，二文亦有前後的關聯，代表黃得時整理孔子學說的心得，試看前文的總結：

　　　　孔子對於人性之中的「求真」，看做有上智、下愚、或生知、
　　　　學知、困學、困而不學的區別；對於「求善」，把人性看做可

10　黃得時，〈孔子與青年〉，《孔孟月刊》1卷8期（1963年4月），頁8-10。

善、可惡、無善、無不善；對於「求美」，把藝術看做是宣揚
道德的工具，一切的價值，取決於道德標準；對於「求聖」，
重視現世的的幸福安祥，一概不談死後的事情，但卻也不忽視
鬼神的祭祀。孔子是一位了不起的教育大師，他的教育原理、
以至教學方法，都是根據上記的觀點展開的。甚至他的一切言
行，亦離不開上述的看法。[11]

在後文則歸納孔子的教學法有十項：一、重視求善的道德教育，二、
證實人格感化的效果，三、採取推己及人的步驟，四、確立有教無類
的理念，五、實行因人施教的方法，六、推廣啟發開導的教育，七、
鼓勵省察自責的工夫，八、明示學思並重的意義，九、認清環境影響
的利害，十、提倡安貧樂道的生活[12]。此二文取材廣泛，條理清晰，
文字順暢，深入淺出地介紹了孔子的思想。

　　其次，對於孔廟之文物制度，黃得時先後發表〈臺北孔子廟與其
釋奠儀式〉[13]、〈臺北孔子廟碑文彙釋〉[14]二篇文章，詳細敘述臺北孔
廟的建制始末、建碑經過和碑文的內容。此二文的內容已納入《臺灣
的孔廟》書中，但從其一再提起臺北孔廟由民間自動捐款興建，釋奠
禮儀完備，可見其對這等情狀是引以為榮的，把孔廟和孔子思想視為
是民族文化的瑰寶。試看其〈臺北孔子廟碑文彙釋〉的序言：

　　　　臺北孔子廟是民國十六年（日本昭和二年，公元一九二七年）
　　　　六月開始重建，至十八年大成殿落成，其後工程，時停時繼，

---

11 黃得時，〈略述孔子對於真善美聖的看法〉，《孔孟月刊》4卷3期（1965年11月），頁
　　1-4。

12 黃得時，〈從論語看孔子的教學法〉，《孔孟月刊》4卷3期（1965年11月），頁23-26。

13 黃得時，〈臺北孔子廟與其釋奠儀式〉，《孔孟月刊》3卷9期（1965年5月），頁11-
　　14。

14 黃得時，〈臺北孔子廟碑文彙釋〉，《臺灣風物》26卷3期（1976年9月），頁150-160。

至二十八年次第完成，蔚為目前所見之巨觀，離現在將近四十年前。如果拿歷史來論，臺北孔子廟當然比不上創設於二百九十一年（康熙二十四年，公元一六八五年）前的全臺首學之臺南孔子廟。但是由於臺北孔子廟係位於首都之臺北市，加上近年來，觀光事業日益發達，所以臺北孔子廟業已成為臺北市的觀光勝地之一。凡是到臺北來觀光的人士，莫不以參謁這座至聖先師之文廟為榮。尤其是臺北市人文薈萃，對於每年九月二十八日所舉行的釋奠，不斷有人貢獻種種改進的意見，終於把歷來所穿滿清式的長衫長褂，全部改為明朝服裝，音樂也一律恢復為古代的雅樂。因此，一年一度的釋奠，洋溢著古色古香的氣氛，吸引了國際人士的讚揚，對於發揚中華固有文化，莫不寄予絕大的敬意。日本最有名的孔子廟、東京的湯島聖堂，於去年十一月秋祭，曾邀請臺北市孔子廟的祭祀人員以及禮生樂生佾生等一共九十五人，前往該聖堂祭孔，給與日本學術界很大的感動。[15]

這段文字最後提到日本東京的孔廟湯島聖堂，黃得時也曾在一九五八年參訪過，而後來也撰文介紹：〈釋奠典禮在日本──祀孔中心「湯島聖堂」興建經過〉[16]。

　　黃得時對於孔子思想的闡發，也兼及對臺灣儒學以及日本儒學的研究。前者如〈清代教育與臺灣之儒學〉[17]，後者如〈日本江戶時代的儒家派系〉[18]、〈儒學在日本思想上之地位〉[19]與〈斯文會與湯島聖

15 同前註，頁150。

16 黃得時，〈釋奠典禮在日本〉，《孔孟月刊》2卷3期（1963年11月），頁2-3。

17 黃得時，〈清代教育與臺灣之儒學〉，《孔孟月刊》4卷9期（1966年5月），頁13-16。

18 黃得時，〈日本江戶時代的儒家派系〉，《孔孟月刊》8卷8期-9卷2期（1970年4月-10月）。

19 黃得時，〈儒學在日本思想史上之地位〉，《孔孟月刊》9卷4期（1970年12月），頁14-15。

堂──一百年在日本弘揚孔子學說之中心〉[20]。這類文章讓我們看到黃得時對於儒學、教育以及文化傳播的重視，特別是有關日本儒學的介紹，在在顯現黃得時在日文文學與文化的素養。〈日本江戶時代的儒家派系〉一文長達五千餘言，詳細介紹明治維新以來，日本儒學的發展，對於各家各派與代表人物及著作，瞭若指掌，而其為文宗旨則是：

> 原來，明治維新的元勳，都曾在幕府末期，受過很嚴格的漢學薰陶，對於儒學造詣，也極為高深，幾乎每個人都會作極好的漢詩和漢文。所以由於這篇研究的完成。既可明瞭明治維新之所以成功的一大因素，是由於儒家思想。又可以糾正那些認為明治維新的成功，是從全盤西化而來的錯誤觀念。[21]

而〈斯文會與湯島聖堂──一百年在日本弘揚孔子學說之中心〉一文所介紹的「斯文學會」，成立於日本明治維新十三年（1880），正是日本學人針對維新運動將完全棄絕儒家文化而發起的搶救儒家文化的文學組織。文中又記載昭和十年（1935）四月二十八日前後數天，斯文學會在湯島聖堂舉行儒道大會與演講會，廣邀中央機構、朝野名流及各地學術團體，共一百三十八人；其中也有臺南孔子廟代表參加。此外，也邀請孔家代表孔德成先生（註：當時只有十四歲），與北平、上海、天津、河南等地的官員學者代表，滿州、朝鮮、臺灣三地，也有代表參加，臺灣代表是臺北帝國大學教授今村完道，臺北市文人魏清德、新竹市文人鄭養齋三位。孔德成先生並未親自出席，僅致贈賀

---

20 黃得時，〈斯文會與湯島聖堂〉，發表時間與刊物皆不詳；與〈日本江戶時代的儒家派系〉同被收入陳立夫編：《孔子學說對世界之影響》第二輯（臺北：復興書局，1972年11月），頁390-428；84-163。
21 見陳立夫編，《孔子學說對世界之影響》第二輯，頁163。

詞；而魏清德則在大會上發表演說。從文章的最後部分來看，黃得時此文乃根據斯文學會所刊印的〈斯文六十年史〉而作[22]，並將一些重要的文辭翻譯為中文，為我們提供孔子思想在日本的影響的研究資訊。

如是，黃得時對孔子思想的推介，並注意到孔子思想的傳播與影響，以及對孔廟與其祭儀的重視，應該是他撰寫《臺灣的孔廟》的重要動力。

（二）《臺灣的孔廟》一書的篇章結構與內容特色

在《臺灣的孔廟》前言中，黃得時表示此書係接受臺灣省新聞處長鍾振宏的委託，希望能夠廣為宣揚臺灣孔廟的盛況，當然也有宣導政績的作用，以復興中華文化為標的，前言云：

> （前略）可知臺灣居民對於孔子崇敬的熱誠，洵不愧為海外鄒魯矣。尤其近年來，為響應中華文化復興運動，又在臺中和高雄新建了兩座孔子廟，對於弘揚儒家思想有莫大的幫助。……臺灣省政府新聞處鍾處長振宏有鑑於是，以為如此盛況，如無筆之於文字，廣為宣揚，誠為美中不足矣。於是特囑本人撰寫「臺灣的孔廟」一書。本人認為事關孔子之事，當義不容辭，便貿然答應。[23]

但以一人一時之力，想要對全省四十多座孔廟做詳盡之介紹，絕無可能，因此黃得時改以編著的方式，廣採各地孔子廟的概觀、簡介、紀

---

22 斯文會亦曾刊行《湯島聖堂復興記念儒道大會誌》，（財團法人斯文會刊行）。本文於會議上宣讀時，承講評人王見川教授告知並提供資料影本，謹此致謝。

23 黃得時編著，《臺灣的孔廟》（臺中：臺灣省政府新聞處，1980年9月），前言，頁1-2。以下於正文直接標註頁碼。

念刊等書面資料，予以編撰[24]。此書於1980年9月由臺灣省政府新聞處出版，全書分為三大章，共120頁，約10萬字。書前有10頁彩圖，第一頁為孔子像，餘九頁每頁上下二幅為各地孔廟照片，應係翻印自其他相關書籍。此書雖然不像近年觀光、旅遊書籍印得那麼精美，也沒有派記者去實地拍攝採訪，但基本上也顯現黃得時對孔廟文化的關注，所以願意編輯撰稿。

1 章節篇目與各地孔廟特色

此書除前言與結語外，各章節篇目如下：

第一章　孔子之生平與道統　一、孔子世家　二、歷代孔子大事記　三、孔子世系表　四、中華文化道統承續概述

第二章　孔子廟之體制與釋奠　一、大成殿、兩廡及崇聖祠祀位圖　二、櫺星門與泮池　三、明倫堂　四、臥碑　五、先總統及清代皇帝所賜匾額　六、釋奠之由來與演進　七、釋奠儀節　八、崇隆釋奠與崇尚禮樂　九、大成樂章與佾舞

第三章　臺灣各地之孔子廟　一、臺南市孔子廟　二、臺北市孔子廟　三、臺中市孔子廟　四、彰化孔子廟　五、高雄市孔子廟　六、宜蘭市孔子廟　七、屏東市孔子廟　八、日月潭孔子廟　九、澎湖縣孔子廟　十、新竹孔子廟　十一、屏東孔子

---

24 例如在黃得時編著《臺灣的孔廟》之前，已有林欽賜編，〈臺北聖廟沿革〉，出自《瀛洲詩集》（昭和八年，臺北光明社），收入王見川、李世偉等編《臺灣宗教資料彙編：民間信仰、民間文化》，冊26（臺北：博揚文化事業公司，2009年），頁20-24；及黃贊鈞，〈臺北聖廟沿革〉，原刊於《人海回瀾》2卷3期（1951年8月），現收入王見川、李世偉等編，《臺灣宗教資料彙編：民間信仰、民間文化》，冊26，頁671-682。承王見川教授提供資料影本，謹此致謝。

廟　十二、苗栗孔子廟　十三、埔里孔子廟十四、嘉義孔子廟
十五、舊城孔子廟　十六、被誤認為道教之孔子廟

第一章取材於《史記・孔子世家》及其他相關文獻，大致是資料性的
陳述。第二章介紹孔廟的整體建制，並附相關圖表與樂譜。第三章介
紹各地孔廟，簡要敘述其歷史與特色。在行文之中，黃得時經常表示
自己的看法，例如介紹明倫堂：「後世所謂『明倫堂』即等於府學中
的教室，各縣挑選來的生員就在此接受府學中的學官的教授。」但黃
得時以為：

> 目前臺灣所有的孔子廟之中，高雄的孔子廟的明倫堂，規模最
> 為宏大、廣闊，幾乎與別處的整個孔子廟大小相等。其實現代
> 興建孔子廟，無需興建明倫堂。因為目前大學專科以至中學，
> 極為普遍，沒有招收生員在明倫堂受教的必要。因此，明倫堂
> 都被別的機關占用，等於有名無實，甚為可惜。不如把明倫堂
> 的經費，改為建設圖書館，或文化活動中心，更能發揮其效
> 能。（頁44）

可見其務實的觀點。

　　又如，黃得時認為孔廟乃是神聖之地，應該審慎管理與維護。他
對於有些民間寺廟以祭祀孔夫子為名，就被列為道教類、民間的孔子
廟，十分不以為然，認為政府單位應該妥善管理才對。其言曰：

> 有的儘管為了奉祀孔子而建：但卻是採用民間俗信的方式：跟
> 其他宗教或民間信仰的神像混在一起，神前擺有籤筒任人抽
> 籤，或燒金銀紙落擲盃筊等，不成體統。這些有名無實的孔子
> 廟，有損傷孔子的尊嚴。本來孔子的學說和主張，不是宗教。

> 孔子也不是教主,也不是神明,哪裡可以用奉祀一般神明的方
> 法來拜拜孔子呢?這種不合規格的孔子廟最好不准設立,以保
> 持孔子廟的純粹性。(頁65)

又,在結語也表示:

> 現下的制度,孔子廟和一般寺廟一起,在中央政府歸內政部,
> 在縣市政府歸民政局管轄。因此也難怪一般群眾,產生一種錯
> 覺,把孔子廟和一般寺廟一樣的看待,不給與特別的崇敬和地
> 位。所以,我提議:一般寺廟歸內政部管轄,是可以的。獨孔
> 子廟應該在中央政府歸教育部社會司,在縣市政府,歸教育局
> 管轄,這樣涇渭分明,才能表示孔子廟的特色,確立孔子的權
> 威。(頁119)

以現在的管理情形來看,各地孔廟大多隸屬民政局或文化局[25],沒有
隸屬教育局者,蓋因教育局所掌業務和各級學校關係較密切,負責規
畫正規的教育課程,若將孔廟納入其管理範圍,未必合適。因此孔廟
管理仍和宗教禮儀的管理放在一起,屬民政局。而新起的文化局,是
否可以承擔起這樣的權責,有待觀察。

　　第三章是此書的重心,在敘述性的資料以外,黃得時也有評點和
補充。例如介紹臺南孔廟,提示其特色有四:三百年前興建完工;歷
史最久,祠別最多;重修續修達十九次;廟內石碑二十二基。至於著
名的「全臺首學」的匾額是何人所書?黃得時引李冕世與蘇梅芳「臺
南市重要史蹟研究報告」之一的幾種說法,贊同是康熙四十二年知府
蔣元樞重修孔廟時,立此匾額的可能性最大。(頁77)又如,介紹臺

---

25 例如:臺北市孔廟屬民政局、臺南市孔廟屬文化觀光處、高雄市孔廟原屬民政局後
　改隸文化局、高雄縣孔廟屬民政處。

中市孔廟：「臺灣各地所有的孔子廟，均創建於清代。……獨臺中市
孔廟，係光復後新建。其廟貌之巍峨，牌坊之雄偉，宮牆之崇高，明
堂之深奧，均為全省之冠，大有後來者居上之概。……採用宋代宮殿
式建築，以取其渾厚、雍穆、樸實而壯觀。平面配置，係參照曲阜孔
廟布置，而將規模縮小而成。」（頁93）臺中市孔廟於1976年9月竣
工，新建的高雄市孔廟則早它一個月完工；高雄市孔廟在清朝時代已
有，位置在左營舊城區，因為殘破不堪，所以聚資另建，新址在左營
區蓮池畔。黃得時形容其風景優美，蓮花盛開時，滿室馨香，為最好
之讀書處；「其風光之明美秀麗，本省所有的孔子廟，無與倫比。今
後如能充實設備，必能成為最理想的文教中心。（頁99）又如日月潭
文武廟的建立也很特別，係因1932年，臺灣電力公司借日月潭水力發
電，淹沒當地耕地水田一百八十公頃，其中有龍鳳宮、益化堂二廟，
經政府與住持和居民協商後，決定遷至潭北山腰保安林另建文武廟，
合祀孔子、關公。1945年以後，因應當地觀光事業的發達，乃有籌畫
重建，歷時三年，於1971年底完工。該廟工程宏偉，木石材料名貴，
雕工精細，居全臺孔廟之冠。（頁107）²⁶

　　以上，對各地孔廟的介紹、標舉特色，以及提出建言，雖不免有
藉文獻資料紙上談兵的現象，但大致都能點出要點，提出真誠的建
議。

2 對臺北市孔廟記述最詳

　　黃得時對臺北市孔廟記述最詳。這一方面是因為借助於前文提及
的兩篇文章，但更應該是因為他就居住在臺北市，而其父又曾參與發
起修建之事，因此著墨甚多，描述詳盡。據其所述，臺北市孔廟舊有
官建孔廟，光緒7年至10年（1881-1884）興建完成，「地當文武街

---

26 日月潭文武廟於2000年「九二一」大地震時，曾因地震而有部分崩塌。筆者於2009
　年2月春節期間前往日月潭旅遊，經過文武廟，見其已大致完成修建。

（今城中區文武里）。即今之臺北市立女子師範專科學校（案：2013年改制為臺北市立大學）及第一女子高級中學地帶，與奉祀武聖關羽之武廟（今臺北地方法院南側）比鄰。」日人統治臺灣後，將文武廟拆毀，興建國語（日語）學校（後改為臺北第一師範學校，即後來的臺北市立女子師範專科學校）、第一高等女校（今之北一女前身）與法院。日人又在國語（日語）學校內，另建五坪左右之小堂，每年孔子誕辰，僅供學生禮敬致祭。

　　在日治時期，地方士紳有鑑於孔廟與祭典的沒落，於是商議新建孔廟之事。可分為幾個階段[27]：（1）倡議期：1917年1月，臺北市瀛社詩人與大正協會會員，提議恢復舉行釋奠典禮，組織崇聖會，以掌其事。當時顏雲年副會長竭力提倡重建孔廟，惜因時局處境不佳，未克實現。（2）初建期：到1925年1月，又有中醫師葉鍊金倡言建孔廟，得到辜顯榮、陳培根、黃贊鈞、吳昌才、洪以南、謝汝栓、黃純青、陳天來、李聲元等九位紳士支持，以辜氏為首，倡導募捐，決定殿宇規模及募款方法。2月，「臺北聖廟建社籌備會」成立，共推辜顯榮為主理，李種玉、陳培根、黃純青、楊仲佐、鄭奎壁、陳天來、蔡彬淮、連雅堂等八位任常務理事，另五十餘名為董事，置主任一名，辦事員數名，綜理募捐及建廟事宜。經臺北州知事許可，積極籌建。同年3月，陳培根獻地二千餘坪，辜顯榮亦購田獻地一千餘坪，充為建廟基地。8月，選定廟址，位大龍峒，西鄰保安宮前園，東接素園（陳培根之別墅）。經多年努力，在1930年8月興建完成。農曆8月27日，舉行陞座及慶祝聖誕釋奠典禮，蔚為空前盛況。（3）停頓期：1930年12月，因募款頓挫，經費拮据，工程停頓五年之久。（4）復建期：1935至1939年，因黃贊鈞慨捐一萬餘元，並獲臺北州各界熱烈響應，因此終告完工。但又因經費不繼及戰爭因素，呈現沒落蕭條之狀。（5）發揚期：戰後，重新組織崇聖會，1945年，由市長游彌堅為

27　各期命名為筆者所擬。

主任委員。釋奠典禮改為國曆9月28日舉行。1946年起，向臺北市政府申請補助祭孔大典經費。1951年2月，崇聖會奉令撤銷。同年3月，尊孔仕紳再組「臺北孔廟管理委員會」，由吳三連出任主任委員。經費仍有賴辜振甫捐助。（6）現況期：1972年7月，辜振甫與陳錫慶響應政府復興中華文化之號召，將之捐獻給國家，由臺北市政府接管。隸屬民政局，設「臺北孔廟管理委員會」統籌其事。（頁78-88）

　　黃得時詳細的敘述，使我們了解臺北孔廟的發展史，也看到當時的社會賢達極力維護孔廟文化的用心。此外，在記述臺北孔廟的建築特色時，黃得時的解說也很有趣，例如大成殿屋頂上有一種動物浮雕叫「鴟鳥」[28]，它本性兇猛，成熟後會反過來吞食其母，被視為不祥的鳥類。但是「相傳鴟鳥飛過當年孔子傳道授業之處，竟然被感化而頓悟前非，佇足慕道。廟簷上飾以鴟鳥，正象徵了孔子無所不包的人格和有教無類的精神。」又如，孔廟內的楹柱、門窗都不刻寫文字的原因：「除了表示不敢在『夫子門前賣文章』之外，似乎暗示孔子的實踐哲學，不僅傳授知識，更注重人格道德之培養與實踐，由此烘托出孔子身教重於言教，與嫌惡空談與標語式的教學風格。」（頁87-88）

　　整體來看，黃得時相當醉心於孔廟文化，就以他對臺北孔廟的期許為例，也可了解他對孔廟的功能的期許。黃得時云：

　　　　今後除加強維護孔廟外，倘能善予利用富麗堂皇之明倫堂，配
　　　　合孔孟學會，禮樂學會等推展、啟發孝悌忠信之儒家思想，另
　　　　一方面，亦宜向觀光客介紹孔子思想與學說，相信對復興中華
　　　　文化，定多裨益。（頁89）[29]

28　參見連雅堂，《雅言──臺灣掌故三百篇》：「祀典之廟與眾不同，有欞星門、有雷鼓、有螭陛；而文廟大成殿之上置有銅鳥，則鴟鴞也。」（臺北：實學社，2002年8月新版）頁126。承王見川教授提供補充意見，謹此致謝。

29　這段話還有三句：「而此民族精神堡壘，勢將成為破除邪說，加速反攻復國勝利成功之保證。」這是符合當時的時代背景之言，今天看來當然是不太合適的。

這裡面包含兩個意見，一藉孔廟的空間，辦理相關活動以推廣孔子思想，二是以孔子思想為觀光的文化財，吸引觀光客。這兩點都和「復興中華文化」掛鉤，也是為了符合當時的宣傳口號，但我們卻不能輕易說這是「八股」，因為連同黃得時其他談孔廟與孔子思想的文章來看，也可以看到他認為參觀孔廟建築，參加或欣賞祭孔大典，都是很有意義的事。換言之，有關孔廟及其文化在他心中都具有獨特的地位，因此他才處處推展這些觀念。以今日鼓吹文化創意產業，或者全球興起中文熱、東方熱以及中國大陸到世界各地廣設孔子學院來看，黃得時的見解並無過時，反而與時俱進，證明他的眼光對的。

四　黃得時著《臺灣遊記》對名勝古蹟的鄉土之愛

除《臺灣的孔廟》一書外，另一本可以整體呈現黃得時對臺灣鄉土熱愛之情的，是他的《臺灣遊記》。《臺灣遊記》作於1967年，著書的動機有二：激發青年學子的鄉土愛，以及希望有益於推展觀光事業，如同其序文云：「用極其自然而扼要，深入而淺出的筆法，把有關鄉土的智識配合課本，隨時隨地，插進他們（書中人物）的對話中，叫他們不知不覺之間，獲得了深刻的印象，激起激烈的鄉土愛。」「觀光事業，不應單單以外國人為對象，也應多多考慮本國人興趣之所在。這本小小的著作，對於本省觀光事業，相信不無貢獻。[30]」

本書以小說筆法，創造了一家四口，由父親林敏中（中學史地科教員）帶著就讀初中一年級的女兒瑞華和小學五年級的兒子光雄，利用暑假，三人一同環島旅行，而母親李彩霞則留在家中，等待父子三

---

30 黃得時，《臺灣遊記》（臺北：臺灣商務印書館，1967年12月臺一版），頁1-2。以下於正文直接標註頁碼。

人平安歸來。黃得時藉由書中人物的旅遊活動，列出臺灣各地的名勝古蹟和學術文化機構，對於當地的環境、文物、歷史等都有細膩的描寫，也不時點出該地方具有的文化意義。全書共六小冊，合編在一冊，係商務版人人書庫四十開版、特字號的系列；合計449頁，約22萬4千字[31]。第一冊介紹臺北市；第二冊擴展到淡水、基隆以及桃園、新竹；第三冊則以臺中為範圍，以中部橫貫公路為主軸，末兩章則移至雲林；第四冊南下到嘉義、臺南；第五冊為高雄、屏東、墾丁、鵝鑾鼻等地；第六冊則走南迴公路，先到臺東，次遊綠島、蘭嶼，又至花蓮，欣賞太魯閣風光，接著沿蘇花公路上蘇澳，到宜蘭，過礁溪、望龜山島，最後回到臺北。這趟環島之旅總共花去二個星期的時間，充分利用了鐵路與公路，也從臺南搭飛機往返澎湖；但綠島與蘭嶼二地，書中藉由颱風來襲，巧妙地避開二地的旅遊，改由主角的友人敘述該二地方的風土人情。

　　這本書的文筆淺近，粗具小說的形式，以中學教師和中小學生為主要人物，看似兒童讀物[32]，實則內文引用相當多的文史資料與統計數據，可能比較適合中學生補充史地知識的課外讀物，或者一般人參考之用。由於其內容豐富，記敘全臺灣的風景名勝，及文史知識的闡發以及灌注民族文化觀念，我們可以提出幾點觀察，以俾了解黃得時對於臺灣各地名勝古蹟的描寫，與其中透露的鄉土之情。

（一）特重與鄭成功有關的古蹟與傳說

　　黃得時曾說他一生的最大心願是寫一部有關鄭成功的長篇小說[33]，

31　以如此龐大的篇幅，以及內文中諸多的史地資料、數據，不知費時多久才完成？目前尚未發現相關文字說明。

32　例如江寶釵主編，《黃得時全集》即將《臺灣遊記》編入第5冊「創作卷五：兒童文學（上）」，頁344-729。

33　黃得時：「作為一生的事業，希望能完成長篇小說《鄭成功》」，《臺灣文學》春季特輯號第二卷第一號，頁200-204。轉引自「黃得時年表初編・1942年33歲」，江寶釵

因此他搜集相當多的史料文獻。這部小說雖未完成，但黃得時在《臺灣遊記》書中，對與鄭成功有關的古蹟與傳說，特別重視，描述詳盡。例如在參觀臺北公園（新公園，今稱二二八和平紀念公園）的五座亭閣時，其中一座「大木亭」，即因鄭成功字名大木而命名，書中利用父子二人的對話，點出對鄭成功的崇敬：

> 光雄恍然大悟，點點頭說：「原來『大木』，就是鄭成功的字名，怪不得他日後能夠像大木那樣，做出反清復明的那種轟轟烈烈的大事業來。」（冊1，頁301）

而後又引亭上的對聯：

> 「瑞華！你念念看！」父親叫瑞華。
> 騎鯨海上憶英風，重看一旅中興，更無遺憾留天地；
> 焚服世間傳偉業，願種十圍大木，長有奇材作棟樑。
> 「這對聯的意思，稍微深一點，無非是表達鄭成功偉大的勳業，詳細的意思，等到你們長了以後，自然就會明白的。」
> （冊1，頁31）

「騎鯨海上憶英風」這幅對聯由梁寒操所寫，簡要寫出鄭成功的生平事蹟與精神。而因為崇敬鄭成功，所以書中人物在經過臺北劍潭、桃園鶯歌、鳶山以及臺中鐵砧山的國姓井時，也都講解了與鄭成功有關的傳說[34]。但根據歷史，鄭成功並未到達北臺灣，因此黃得時

主編《黃得時全集》整理編輯計畫期末報告（臺南：國立臺灣文學館，2002年12月），頁76。

34 劍潭傳說：「鄭成功曾經帶兵要渡河，而水神作怪，故意令潭水泛濫，鄭成功把所佩的寶劍向潭中投去，潭水馬上退乾，讓軍隊渡過。後來，每到月夜，那口寶劍會

也藉書中的父親之口加以澄清：「當然不是真的。鄭成功於明永明王15年（1661）來臺灣，翌年就死了。他除了臺南以外，什麼地方也沒有去過。可是臺灣到處都有他的遺蹟。這是因為一個人成為英雄或偉人之後，後人就會把這種神祕的事情附會上去。劍潭也是其中的一個例子。」（冊1，頁77）可見黃得時雖然記載了傳說，但仍然秉持歷史考證的精神，辨明史實與傳說。

　　隨著書人物遊歷到臺南，該地區有擁相當多的鄭成功史蹟，因此對於赤崁樓、延平郡王祠等，都有詳盡的介紹。在赤崁樓部分，除了述說荷據歷史之外，焦點自然放在鄭成功的事蹟。書中此處提到臺南市政府將此樓闢為「市立歷史博物館」，在「文昌閣」，陳列的是明代的史料，而一進閣門，觸目便是丈來高的鄭成功畫像，書中形容：

> 他手撫寶劍，英俊威武地站在安平「熱蘭遮城」前面，兩目炯炯有神，氣概非凡地眺望祖國的英姿。旁邊有一幅草書的五言絕句，是鄭成功仕明季隆武帝時所親書。上面寫道：禮樂衣冠第，文章孔孟家。南山開壽城，東海醞流霞。筆勢蒼勁有力，遊人到了這裡，無不停足注視的。（冊4，頁40-41）

在延平郡王祠部分，首先透過環境觀察，以祠廟的雄偉象徵鄭成功的偉大，如：「他們遠遠便望見那豎立在王祠前面的一座水泥華表，高

浮出水面來，發出靈光，因此就以『劍潭夜光』或『劍潭幻影』的名勝，聞於全省。」黃得時《臺灣遊記》，冊1，頁77。鶯歌石傳說：「據民間傳說：當年鄭成功征討臺灣北部時，軍隊經過這裡，有一塊好像鶯哥鳥的巨石，忽然吐出霧來，大軍迷失了方向，最後用砲轟擊，把巨石的嘴打缺了，霧也隨著消失。鳶山的得名，同鶯哥石的故事相同。」黃得時《臺灣遊記》，冊2，頁59。國姓井傳說：「全軍也因為沒有水可以解渴，士氣不振，鄭成功只好向蒼天祝禱，然後拔劍插入地中。就這麼一插，泉水果然湧出來了。……據傳說，飲了這水能避瘴癘時疫。」黃得時《臺灣遊記》，冊3，頁16-17。

高地正象徵鄭成功的崇高顯赫的人格和功業。」或者：「他們隨便參
觀了一遍，但覺這座王祠建築整整齊齊，收拾得乾乾淨淨，令人興起
了一股肅然起敬之心」；而又藉由祠廟管理員介紹建廟與重整經過，
指出經欽差大臣沈葆楨奏請，清廷才在光緒元年諭旨准建延平郡王專
祠，點出「可見忠臣義士，是千秋典範，永垂人心，就是敵人（案：
指清廷）也不能不尊崇景仰他。」（冊4，頁43-44）本書對於鄭氏家
族的記載，也旁及於鄭經、鄭克塽，例如鄭經井係鄭經開鑿的井水，
五妃廟部分則寫出鄭克塽降清自盡前，和五個妃子赤忱淒苦的對話。
此外，也以文學的筆觸，寫出睹物思人，懷古念聖的幽情。例如，寫
到後殿監國祠的一棵三百年老梅樹，相傳是鄭成功手植，日治時期為
之立牌書曰「鄭延平郡王遺愛古梅」，書中此處感慨道：

> 可惜這株樹齡三百歲的老梅，已部分枯死了，現在老幹上長出
> 了新枝，每到冬天，梅花如雪，芳香不染，令人想像到當年鄭
> 成功的崇高偉大的人格，並將永遠活生生地留在人間。（冊4，
> 頁46）

以上，這些傳說與景物的描寫，在在表達黃得時對於鄭成功的景仰，
如同書中一開始，父子三人到臺灣省立臺北博物館（今之臺灣歷史博
物館）參觀時，藉由小男孩光雄說道：「把荷蘭人從臺灣趕出去的鄭
成功真偉大，不愧是一位民族英雄。」（冊1，頁25）在全書中，鄭成
功的事蹟與傳說，確實充實了他的英雄形象。

（二）介紹孔廟、民間寺廟與信仰

　　《臺灣遊記》書中廣泛介紹臺灣各地的自然風光與人文景觀，對
於孔廟、民間信奉的神祇以及廟宇，也都有生動的介紹。
　　孔廟部分，本書提到臺灣孔廟一共有十二所，介紹的是臺北市和

臺南市的孔子廟，書中認為臺南市孔廟係全臺歷史最久的孔廟，而臺北孔廟則完全由民間興建。在介紹臺北孔廟時，以其「有教無類」的匾額，為書中的光雄解說孔子有教無類的精神；也介紹孔廟釋奠之禮與習俗：

> 參加奠釋的人一律都穿白色長衫黑色的馬褂，古色古香，肅穆而隆重。尤其是由國民學校同學作「佾生」所表演的「佾舞」，真的好看極了。還有釋典當天，大家爭著拔取祭祀用的牛、羊、豬身上的毛。這是因為大家相信把這種毛拿回去放在小孩子的身上，小孩子會聰明伶俐，喜歡讀書，將來會有很大的成就。（冊1，頁88）

由此可見，其重點不是在於介紹祭孔大典的繁重過程，反而是以參與典禮的人的服裝、「佾舞」為焦點，傳達典禮古雅而生動的氣氛。拔取祭祀的牛、羊、豬身上的毛，人稱拔智慧毛，得之可變聰明的說法雖屬傳說，但黃得時記下此習俗，也可感覺他對民俗的趣味性是肯定的。

在介紹臺南孔廟時，著重的是其歷史悠久，設立國學，教化人才之功。首先說明孔廟係於明永曆十九年由鄭成功部將陳永華所倡建，翌年正月落成，由嗣王鄭經親自舉行釋奠禮，並設置國學，本省儒學從此昌明。後來清人改為「臺灣府學」，廟的規制完備，鐘鼓祭器俱全。書中描述其環境幽雅潔淨，一塵不染，「真不愧是聖人的殿堂」。臺南孔廟帶給書中父子三人很好的印象，他們甚至覺得「臺北市孔子廟的規模也並不怎麼大。」（冊4，頁50-51）可見黃得時對臺南孔廟歷史和環境的喜愛。

民間寺廟部分，譬如臺北迪化街的霞海城隍廟與萬華的龍山寺，黃得時都能簡要寫下各寺廟的特色，「龍山寺是以建築宏麗出名，而

這座城隍廟是以迎神賽會出名」，因此城隍廟的五月十三日祭典，有各種藝閣和樂團的遊行表演，參加的民眾曾多達三十萬人，以致有「五月十三，人看人」的俗諺（冊1，頁90）。龍山寺的建築富麗堂皇，它周邊的小吃也很著名，包括肉粳、魚粳等，還有「錦蛇湯」，因此黃得時也順便介紹，並且說這些小吃是「平民的食府，群眾的廚房。」（冊1，頁93）此外，書中也介紹了中和圓通寺與木柵指南宮，對於指南宮部分較詳，除了敘述建廟歷史，也談到指南宮所祀主神呂洞賓的生平與傳說。（冊2，頁46-50）

　　媽祖廟是臺灣民間信仰的一大重鎮，《臺灣遊記》自然也不能錯過。書中走訪了鹿港、北港、大甲、彰化（南瑤宮）和澎湖的媽祖廟。黃得時在記敘這些媽祖廟時，除了記下建廟經過外，也都會把相關的傳說記錄下來，例如鹿港媽祖宮和媽祖顯聖助清兵平定林爽文之亂有關（冊3，頁73）；天后宮和施琅攻打明鄭守將劉國軒有關，傳說媽祖顯聖，將媽祖宮後的一口井由鹽井水變成甘泉，供清軍使用（冊5，頁4）。同時，他對各媽祖廟的特色瞭若指掌，書中云：「臺灣的媽祖宮，香火最盛的，當算北港、臺南、彰化。如論殿宇的壯麗，規模的宏大，鹿港舊媽祖宮，可謂全臺之冠。」（冊3，頁73）可注意的是，書中透過父親林敏中的口中說出北港朝天宮最古老也是最正宗，最熱鬧、最有名[35]，盛況非凡：

　　　　農曆三月二十三日媽祖誕辰，自正月起，遠道的進香客，便紛紛的來到。據說有三十萬人，年年都是這樣的。又相傳全臺灣的媽祖廟雖多，但以這裡的最為靈驗。……在臺灣民間，特別在婦人方面，認為一生之中，能夠到北港媽祖廟進香，等於基督徒到「耶路撒冷」，回教徒到「麥加」的聖地去朝聖一樣的

---

35 提到大甲鎮瀾宮時，則只帶出「貞節媽」（林春娘）的節孝事蹟，沒有談到它和北港朝天宮的關係。黃得時《臺灣遊記》，冊3，頁21。

光榮。可知這座媽祖廟，在臺灣的民間信仰上，有多麼崇高的
地位了。（冊3，頁79）

在這裡，把媽祖廟進香和基督教徒與回教徒的朝聖聯想在一起，而且
是婦女的心願，可說詮釋得非常巧妙。

（三）兼顧文史記載與地方傳說、民俗

　　《臺灣遊記》書中父子三人在環島之旅中，對於各地流傳的民間
傳說、習俗等，都具有高度的興趣，由父親林敏中講述給瑞華、光雄
姐弟聽。

　　譬如遊歷到高雄，林敏中首先講述了高雄地區的開拓史，包括地
形和產業特色，歷經二次大戰轟炸後重建的港都新貌，以及當時高雄
港的繁榮情形（冊5，頁9-15）。走訪到西子灣後面的「壽山」，林敏
中說，此山原名「打狗山」，後來改稱「高雄山」、「麒麟山」、「埋金
山」，日治時期的1923年，因為當時的日本太子裕仁在他生日那天曾
到過此地，因此日本官吏就把它改為「壽山」；「埋金山」之名，是因
為明朝時有個姓林的海盜，逃到山上，埋了許多金子（冊5，頁17-
18）。又到了半屏山，林敏中首先解釋半屏山地形的由來，乃由於它
是石灰岩組成的，可以做水泥，因此被開採，形成現在的模樣。然
後，他講了兩個半屏山的傳說，一個是半屏山想和玉山比高，最後因
幫忙用蝦鬚堆高的螞蟻大喊：「快送蝦鬚來相添！」，「相添」二字和臺
語的「燒天」二字語音相近，觸怒了玉皇大帝，就派雷公用電襲擊，
把半屏山劈成兩半，一半飛到福州去，一半留在原來的地方。後人就
稱它為半屏山。這個故事讓兩個孩子聽得入神，因此他繼續又說了個
傳說，古時候有個仙人用山上的泥土做成小丸子，賣給附近的人。一
個銅錢可買丸子三枚，兩個銅錢買五枚。所有的人都是先用一個銅錢
買三枚，吃完了再用另一個銅錢買三枚。多年以後，有一天有個人竟

然用兩個銅錢買五枚，仙人覺得這個人不貪小利，誠實可靠，就收他為徒弟，從此也不再做泥丸來賣了。可是整座山已因為仙人多年來製泥丸，到最後只剩下半壁了。半屏山就是因此得名（冊5，頁25-26）。

　　這是黃得時在寫作《臺灣遊記》各章節的模式：先介紹當地的開發史，其次再引用一些文史資料的記載或數據，然後「因地制宜」，隨機講述當地的傳說或特殊習俗，使得此書既具有史地書籍的參考價值，也有掌故軼聞、傳說故事的新鮮感和趣味性。除了高雄一例，介紹臺南的篇章，也是如此（參見前文「特重與鄭成功有關的古蹟與傳說」部分）。我們可以再看幾個比較小的例子。

　　書中人物來到新竹，父親林敏中就提到「竹風蘭雨」的俗語，然後介紹了城隍廟裡的大頭鬼、長舌鬼、活判官、小鬼等神像，以及廟前的攤販密集，食客非常擁擠（冊2，頁66-67）。又如來到臺中市，特別以「水果城」稱之，也介紹了第一市場，「一如臺北市的圓環，花樣多得很：賣藥的、看相的、擺棋譜的、對麥克風唱歌宣傳的、賣當歸鴨的、還有布幔圍著的日本式小食堂，和婦女擺的檳榔攤子，多的是。」（冊3，頁64）又如來到臺南，古蹟之外，也以約1200字的篇幅，介紹臺南著名的中正路夜市、水果攤與成功路的「擔仔麵」，仔細描繪其中人潮的流動，物品的琳瑯滿目，十分生動。尤其是「排排坐矮凳，慢慢吃水果」的水果攤，以及「擔仔麵」五花八門的佐料，最令書中父子三人讚不絕口。當父親敏中說「擔仔麵」沒有四川「擔擔麵」的辣，但比它香得多，弟弟光雄甚至形容是「香得一塌糊塗！」（冊4，頁36）就算書中人物來不及去的地方，黃得時也以對話或問答的方式，導引出相關的地方特產或習俗。例如來到士林遊玩參觀後，車子發動要向北投出發時，瑞華突然問道：「爸爸！我們怎麼不去『桃林』呢？您說『士林桃』最有名，味道好甜。還有一塊『反經石』，把指南針放在上面，它能夠指北為南。不去看多可惜。」而父親林敏中除了應和、補充之外，也跟她說是因為時間所限，無法一

一去參觀，因為臺灣的古蹟名勝實在太多。

　　《臺灣遊記》既然名為「遊記」，當然要有旅遊的趣味，藉由描寫這些傳說、生活習俗，顯然是有加分作用的，可以提高旅遊的興趣，在文史知識之外，得到更多活潑生動的印象。

　　綜合而言，《臺灣遊記》試圖對於臺灣歷史、文化與民俗、民間文學給予全面的觀照。它既介紹了鄭成功的史蹟與傳說，也溯及荷蘭人在臺灣的一些足跡。對於清朝在臺灣的治理情形以及日治時期的文化、教育，也有多處提及。關於這些，黃得時所表露的，是對於異族統治的反抗，抱持著漢人的民族思想；如同書中的父親敏中對孩子說：「你們要知道：鄭氏時代是自己人管理自己人之外，無論在其前的荷蘭時代，或是在其後的滿清及日本時代，都是受異族的統治，所以始終遭受壓迫和歧視的臺灣人之民族意識，是非常強烈的。」（冊1，頁17）

　　又如，對於教育的重視，在介紹芝山岩故事提到，清光緒21年（1895），臺灣依馬關條約割讓日本後，這年六月，日本首任首督樺山資紀抵臺，立即頒布命令，在士林芝山岩的惠濟宮設立「國語（日語）傳習所」。但「臺灣同胞原是在祖國文化教育的薰陶下成長的。當他們得到必須學習日語的消息，大家紛紛起來準備反抗，後來，日本人用盡了各種威脅利誘，甜言蜜語的方法，才有人勉強應徵而入該所學習日語的，在那時的臺灣也不過只有三十一人而已。」（冊2，頁5-6）此外，在書中人物參觀師範大學（今之國立臺灣師大）時，黃得時也提到日治時期，臺灣人可以就學的管道非常少，高等學校只有這一所，而且只收男生不收女生（冊1，頁63-66）。是故，可以了解《臺灣遊記》為什麼也會介紹各地的大學，除師範學院外，還介紹了臺灣大學、政治大學、世界新聞專科學校（今之世新大學）、東海大學、中興大學、成功大學，也提到淡江理工學院、臺北醫學院、大同工學院等校（案：以上三校皆已升格為大學）；這些大學院校的校園

風景優美，學風各有不同，但卻在在反映出戰後臺灣文教界的興盛。
一般的觀光指南大概不會介紹這麼多所大學，可見黃得時的用心。

五　結語

　　黃得時與臺灣文壇互動密切，他是日治時期臺灣文學運動的領導
者之一，與吳新榮、楊雲萍、龍瑛宗、張文環等人推動臺灣新文學，
擔負報刊編輯的重要工作。戰後，他的撰作以臺灣文史掌故與地方風
物為多，同時對於歌仔戲、通俗文學、兒童讀物等邊緣文學，也相當
關心。黃得時一生的文學事業，頗能代表臺灣本土學人參與文學運動
的歷程與成果：他們對中國文化有孺慕之情，深具民族意識，但又特
別強調臺灣本土的觀念，形成多元文化意識的交融。這是十分寶貴的
人文心靈體驗，成為臺灣文學的集體記憶和文化積累。就民間文學與
古蹟文化而言，黃得時持續不斷的參與熱情，可謂具體實踐對斯土斯
民的關愛。他在《第一線》創刊號的卷頭語呼籲各界重視民間文學，
可謂拉開了民間文學運動的一個序幕；他在歌謠研究方面的成就，被
同為民俗學家的婁子匡、朱介凡編著的《五十年來的中國俗文學》與
朱介凡的《中國歌謠論》屢次引述；[36]他對於孔廟禮制與掌故傳說的
熟悉，恰可顯現他對於社教功能與民間文學的鑽研功夫；至若《臺灣
遊記》更是創意之作，熔小說、遊記、史地知識、民俗趣譚、古蹟文
化於一爐，既可啟發讀者的愛鄉土之情，也可以達到推動休閒觀光的
目的。

　　以上，可知黃得時在教學與研究之外，對民間文學與古蹟文化之
研究上投注的心力，無論文章的短長，他的筆法都是謹慎的，而且處

---

36 引自蔡蕙如，〈從建構到評述──試論黃得時的歌謠觀〉一文之結論。收入《臺灣
　　民間文學學術研討會暨說唱傳承表演論文集》（臺南：國立臺灣文學館，2004年）。

處透顯對這些事物的眷愛與期許。如果說，黃得時在撰述臺灣文學史有開拓之功，那麼他本身在臺灣民間文學與文化上，也占有一席之地。

第二章

楊雲萍的民俗文化觀與民俗研究之特色

一　前言

　　楊雲萍先生（1906-2000；以下省略敬稱），名友濂，以筆名雲萍行世，臺灣大學歷史系教授，也是早期臺灣文學運動的重要人物。自幼受祖父薰陶，奠定深厚的國學基礎。1921年，以優異成績破例考進一向為日人專屬的臺北一中，不久即開始創作，嶄露頭角，以詩、小說聞名。1925年，與友人江夢筆創辦第一本臺灣中文白話文雜誌《人人》（共出版二期），翌年曾赴日留學，1931年畢業於文化學院文學部，中日文學造詣精進。次年返臺，投入南明史、臺灣史的研究。曾加入《民俗臺灣》的作者群。戰後，任職臺灣省編譯館委員等職。1947年，臺灣大學直接以教授資格聘請，在歷史系講授南明史、臺灣史等課程，此後獻身教育，作育英才，直到1977年方告退休，前後達30年之久。期間並參與創辦、編輯《臺灣風物》、《臺灣文化》等刊物。楊雲萍於2000年去世，他兼有教授、詩人、小說家、臺灣史專家、藏書家、民俗專家的多重身分，留給門生故舊與後輩學人深刻的追思。

　　有關楊雲萍資料的整理與研究，比較大型的計畫有三個：一、臺大「楊雲萍文庫」，為楊雲萍之藏書與文物，臺大總圖書館為之設立「楊雲萍文庫」，供讀者查閱；二、《楊雲萍全集》編譯、出版計畫，由國立文化資產保存研究中心、國立臺灣文學館委託成功大學歷史系

執行（林瑞明主持，2001-2003年；鄭梓主持，2004年），而後有許雪姬主編的《楊雲萍全集》八冊出版[1]；三、楊雲萍文書檢索系統，中央研究院臺灣史研究所為之設立數位典藏，供查閱其文書資料。

　　後人對楊雲萍的研究，大都注重其史學方面的成就，特別是南明史、臺灣史的研究[2]，其次則以作家的角色看待他，研究他的詩與小說之創作藝術與主題思想[3]。或者，以楊雲萍參與的文化活動為研究範圍[4]。這些研究成果中，並無專門針對楊雲萍的民俗觀念與著作加以探討。楊雲萍的文學活動涉及新詩與小說創作、文藝社團，因此研究者大都注意到他在這方面的成就；至於民俗學方面的成果，學者大約只當作是歷史材料來處理。這對於一位熱心參與民俗刊物編纂，本身又有收藏歌仔冊、古錢幣、古印章的學者而言[5]，實有所不足。因此本章將從楊雲萍參與的有關民俗之活動及著作中，探討其民俗文化觀念與民俗研究的特色。

1　許雪姬主編，《楊雲萍全集》（臺南：國立臺灣文學館，2011年）。在此之前，林瑞明曾提供該計畫之紙本期中、期末報告書，筆者曾委由助理葉恩慈影印，以俾研究參考與引用，謹此致謝。

2　例如許雪姬，〈楊雲萍教授與臺灣史研究〉，《臺大歷史學報》39期（2007年6月），頁1-75。

3　例如趙天儀，〈日治時期臺灣新詩──以楊雲萍與《山河》詩集為例〉，《笠》250期（2005年12月），頁108-122；林瑞明，〈楊雲萍及其小說〉，收入《楊雲萍、張我軍、蔡秋桐合集》（臺北：前衛出版社，1991年），頁65-66。

4　例如葉石濤，〈楊雲萍與《人人》雜誌〉，氏著，《走向臺灣》（臺北：自立晚報社，1990年）；林瑞明，〈楊雲萍的文學與歷史〉，《文學臺灣》45期（2003年1月），頁298-335；林春蘭，《楊雲萍的文化活動及其精神歷程》（臺南：成功大學史語所碩士論文，1995年）；2002年由臺南市立圖書館出版為專書。

5　楊雲萍逝世後，其門生故舊將其生平著作與藏書、古玩等資料，捐贈給臺大圖書館，命名為「楊雲萍文庫」，其中有歌仔冊四百七十多種；另外也有其搜藏的古錢幣七千餘枚與各式印章，其中甚至有糕餅鋪、茶莊等商號的印記，顯現其兼重文人風雅與庶民趣味。

二　楊雲萍參與的民俗刊物與相關活動

　　首先，對楊雲萍參與的民俗刊物與相關活動，依時間先後予以描述，以俾對其歷史發展有清晰的印象[6]。

　　楊雲萍在1941年11月曾擔任「臺灣文藝家協會役員」民俗理事的職務；1941年7月，金關丈夫、中村哲、陳紹馨、黃得時、池田敏雄等創立《民俗臺灣》；楊雲萍對《民俗臺灣》原先略有質疑，而後加入。據林春蘭《楊雲萍的文化活動及其精神歷程》指出，相對於研究者重視新的科學知識，楊雲萍更強調：

> 「民俗」與「舊慣」是具有歷史的傳統，還有，不能草率地一掃而罷。見到那些微不足道的「風俗舊慣」即將湮滅，應該抱著憐惜與愛惜之心才是。（楊雲萍，〈文脈と語氣〉，《臺灣日日新報》昭和16.6.15，第3版）[7]

由此可見楊雲萍珍惜臺灣民俗資源的熱忱。在獲得金關丈夫的友善回應後，楊雲萍也加入撰稿，在同年十月發行的一卷四號，發表〈排算八字と析字法〉；12月，他也主編了第六期「士林專輯」。1942年3月9日，《民俗臺灣》雜誌社主辦民俗座談會，楊雲萍與金關丈夫、立石鐵臣、池田敏雄四人，至臺中新高會館主持座談會，張星健、巫永福、葉榮鐘、楊逵等人皆出席。

　　該社亦組織「民俗採訪の會」，於各地實地訪查，而後分別撰文記

6　以下有關楊雲萍生平，參考臺大總圖書館「楊雲萍教授藏書暨手稿資料展」數位典藏資料，「生平年表」部分，網址：http://www.lib.ntu.edu.tw/manuscript/yangup/information_002.htm，2008年2月10日查詢。

7　林春蘭，《楊雲萍的文化活動及其精神歷程》（臺南：臺南市立圖書館，2002年），頁128-129。

錄。5月10日,第一次「民俗採訪の會」於臺北市大龍峒訪查,由大龍峒區長田川培環(舊姓陳)、吳槐帶領,從孔子廟出發,觀覽保安宮、旗竿、樹仔公、石敢當、樹人書院、陳維英舊宅等地物,參加者除楊雲萍外,尚有黃純青、陳逸松、陳逢源、張文環、小見山榮一、小見山章子、三神信一、名取登美、梅村五郎、長谷川博重、曹永和、黃廷煌、陳春貴、岩田富雄、海島洋人、宮川政義、上田英之助、吳瀛濤、黃啟瑞、黃啟木等,以及編輯部的中村哲、陳紹馨、黃得時、池田敏雄等。隨後,於6月出刊的二卷六號,分別刊載了楊雲萍〈迂古先生舊宅〉、張文環〈地相學〉、黃廷環〈樹仔公石と敢當〉等文章[8]。同年11月8日的第五回「民俗採訪の會」於臺北市萬華訪查,楊雲萍也曾參與;1943年2月4日,楊雲萍在第七回民俗採訪會演講,演講紀錄〈考證雜話〉發表於2卷3期(1943年3月)。1943年4月,開始在該刊發表〈臺灣關係文獻解題〉的系列文章,共六篇。

《民俗臺灣》每月發行一期,最後一期於1945年1月出版,實際發行43期;44期文稿雖已籌備,但未及刊行。其編輯群以臺北帝大的日本教授為中心,以建立臺灣民俗學為目的,雖然不能脫離日本殖民政府「大東亞共榮圈」的政策方針,但實地著手記錄保存臺灣民俗,則是值得肯定的。戰後《民俗臺灣》雖然停刊,但楊雲萍、黃得時、陳紹馨等臺籍文人,仍繼續從事民俗研究的工作,或者也把他們原先所寫的日文翻譯為中文再重新發表,則《民俗臺灣》的中介位置,也是深具意義的。

二次大戰結束,日本戰敗,臺灣由國民黨政府接收。1946年6月16日,半官方半民間的組織「臺灣文化協進會」成立,由游彌堅任理事長,許乃昌任總幹事,蘇新任宣傳組主任,陳紹馨任研究組主任,楊雲萍擔任理事及編輯組主任。9月15日,該會發行《臺灣文化》創

8　日文版《民俗臺灣》2卷6期(1942年6月),頁42-45。

刊號，總共發行六卷廿七期[9]。原由蘇新主編，自二卷三期至四卷一期（1947年3月至1949年3月），由楊雲萍主編；自五卷一期（1949年7月）由陳紹馨接手編輯，改為季刊、學術性刊物。楊雲萍在一卷三期即開始撰寫「近事雜記」專欄，每期一篇，至四卷一期（1949年3月）共十九篇。這些文章以針砭時政為主旨，亦有觸及民俗文化者。其後，楊雲萍曾任臺北市文獻委員會委員、臺灣省觀光事業管理局歷史古蹟維護專家委員會委員、臺灣省政府民政廳改善民俗研究委員會委員、臺北市政府孔廟管理委員會指導委員及臺北市政府文獻委員顧問等，都是因為他熟悉臺灣文史與民俗文化，而為各界所仰望，委以重任。

　　1948年，李萬居主持的《公論報》特闢「臺灣風土」副刊，由陳奇祿主編，每週出刊一次，自1948年5月10發行第一期，1951年9月至1953年2月，因陳奇祿出國而改由方豪代理主編（自1951年10月5日出版的143期至1952年5月16日出版的157期，計共15期），而後陳氏返國，又於1954年2月1日接編第158期，至1955年5月3日第195期終刊[10]。《公論報》「臺灣風土」副刊上的文章，常有翻譯自日治時期的著作，來源駁多，但仍具有銜接日治前後的民俗研究成果的重大意義[11]。楊雲萍自1948年5月10日第一期起，迄1955年5月3日第195期，大約總共發表一一五篇[12]。這些文章，涵蓋楊雲萍對臺灣文史資料的評詮，也

9　《臺灣文化》發行自1946年9月至1950年12月，共26冊。參見許雪姬，〈楊雲萍教授與臺灣史研究〉，頁20。

10　柯榮三，〈公論報「臺灣風土副刊」──婁子匡抵臺後首次發表民俗學研究的刊物〉，收入陳益源、高國藩主編，《東亞文化研究》第八輯：「紀念婁子匡先生百歲冥誕之民俗學國際學術研討會專號」（香港：東亞文化出版社，2006年8月），頁351-389。

11　參見劉惠萍，〈戰後臺灣民俗研究的回顧與省思〉，收入陳益源、高國藩主編：《東亞文化研究》第八輯，頁189-218。

12　據《楊雲萍全集》編譯出版計畫期中報告之「楊雲萍年表」統計，其中第7期與第9期都各有2篇文章，分別計入，共有一一三篇；見林瑞明，《楊雲萍全集》編譯、出

有關於民俗文化的篇章。

　　創刊1951年12月的《臺灣風物》，和楊雲萍也有密切關聯。受到日治時代末期《民俗臺灣》的影響，戰後由陳漢光發起成立《臺灣風物》，陳自兼發行人，楊雲任主編，宋文薰、曹永和、賴永祥等協助編輯，以民俗習慣的採集、整理和記錄為重點。《臺灣風物》自創刊後的一、二卷由楊雲萍擔任主編，預定每月出版一期，但也未能如願；自20卷1期之後，改為季刊發行，至今（2019）已歷六十多年，初期經費來源並不充裕，後得到林本源中華文教基金會贊助，比較穩定發展仍持續出刊，是戰後民間最悠久的民俗刊物。

　　《臺灣風物》的命名，楊雲萍說已不記得是誰想出來的，「只記得是從公論報副刊『臺灣風土』想出來的」[13]，刊物內容以民俗習慣的採集紀錄和隨筆為主，鼓勵當時民間研究者，共同參與；而大部分的編輯、撰稿、助編者，是來自《民俗臺灣》的班底，再加上少數幾位大陸來臺的學者（如毛一波、屈萬里、董作賓等）。在楊雲萍與陳紹馨、吳新榮、吳槐、廖漢臣、莊松林、戴炎輝、黃得時、曹永和等的努力下，《臺灣風物》承繼《民俗臺灣》的特色，也得自公論報「臺灣風土」副刊的啟發，扮演薪火相傳的角色，貫串了日治時代到戰後臺灣的民俗研究[14]。楊雲萍自1卷1期到2卷8／9期（合刊），每期都為封面插圖作說明，共九篇[15]；自1卷1期起至2卷3期，有〈備忘小錄〉四篇，書寫有關臺灣民俗者；第3卷起，也就是1953年起至1979

版計畫期中報告書（臺南：成功大學，2003年6月）。但柯榮三之統計為一一五篇。其中的差異為，柯文多出20、44、124、131、167期，但未錄132期，且7、9期都只列算一次。

13　楊雲萍，〈「臺灣風物」創刊前後〉，《臺灣風物》35卷1期（1985年3月），頁13。

14　詳參許雪姬，〈楊雲萍教授與臺灣史研究〉，頁57-61。

15　1951年12月的創刊號為一卷一期，次年起即屬於二卷，似乎希望是每月出版一期，但仍未達理想，故第二年共出版二卷一至九期，但八、九期為合刊，故有九個封面和文字說明。

年之間，楊雲萍的文章大多發表在《公論報》「臺灣風土」版，偶有發表在《臺北文物》、《臺北縣文獻叢輯》、《臺灣文獻》，《臺灣風物》僅見三篇[16]。1980年12月，始復密集刊稿，至1991年12月，以「楊氏習靜樓藏臺灣古印選存」、「楊氏習靜樓藏臺灣古書契偶存」為主題，分別刊載了五十輯的古印與二十則的古書契。

　　以上，可看到楊雲萍所參與的民俗刊物及相關活動。除了編輯、撰稿這類案頭工作外，楊雲萍參加《民俗臺灣》所辦的民俗採訪會，則具有實地採訪調查的意義，為民俗學所必須具備的工夫。而搜集古印、古文書，除了是歷史學家的興趣，可以從中爬梳民間史料；也可說是民俗學者的癖好，可以從中窺探庶民生活的百態。楊雲萍也搜購民間說唱的小冊子歌仔冊，為數可觀，而且種類繁多，著名的長篇《三伯英台新歌》55集，也都搜購齊全。由此也可知，楊雲萍對臺灣的民俗文化實有著廣大而深厚的關注。

三　楊雲萍的民俗文化觀

　　接著，對楊雲萍參與的民俗研究活動與發表的文章，探討其對民俗文化的整體觀念。

（一）注重臺灣文化的主體性，務求理解、愛與謙遜

　　楊雲萍為臺灣史研究的先驅，他對臺灣史料的掌握以及其個人對

---

16 據許雪姬的推測，楊雲萍主編《臺灣風物》第二卷八／九期合刊後，即辭去編務的原因有二：一是既編又寫，且刊物經費不固定，實為兩難；二是與社方編輯理念不合，因此不再任主編。蓋二卷七期曾預告下期將增印「自由中國詩壇」副刊，由呂無畏主編，並以「恭祝蔣總統六六華誕特輯」為專題，此與楊雲萍理念不合，因此出版二卷八／九期合刊後，二卷十至十二期即因故停刊，至三卷一期起，由郭薰風任社長及主編。許雪姬，〈楊雲萍教授與臺灣史研究〉，頁60。或許即因後面的原因，三卷以後，楊雲萍供稿極少。

臺灣的深刻情感，形成他強烈的臺灣意識，也因此他在從事民俗研究時，特別重視臺灣文化的主體性，無論是日治時期還是戰後。譬如日治時期，楊雲萍參與《民俗臺灣》之前，對《民俗臺灣》創刊所提出的質疑，就頗能看出他對於研究臺灣民俗的基本主張，在面對「日本化／去臺灣化」的憂慮時，強烈主張必須尊重臺灣民俗的主體性，不能只淪為外來研究者的好奇對象或冰冷的實驗對象。

　　前文曾述及楊雲萍參與《民俗臺灣》的緣起，但欲明白《民俗臺灣》的創立背景，則須先了解「皇民化運動」。1936年9月，臺灣第17任總督小林躋造上任。小林一上任，就提出「皇民化」、「工業化」、與「南進化」三大治臺方針；1940年11月，改由長谷川清出任臺灣總督，並於翌年四月成立皇民奉公會，積極推展皇民化運動。而皇民化運動對臺灣民俗的影響是，日本殖民政府企圖從信仰、民俗、生活等各個層面，改革、禁制臺灣人的舊習，使成為符合日本殖民理想的日本人；這些改革包括打破舊慣陋習、整頓寺廟、革新冠婚葬祭儀式，提倡神社參拜、正月慶祝新曆化、不燒金紙等等。這些運動對臺灣民俗帶來很大的衝擊。金關丈夫、國分直一、池田敏雄等日本學人即因不滿意這樣的現象，因此與臺灣學人陳紹馨、黃得時等共同發起創立《民俗臺灣》，希望藉此保存臺灣民俗，並鼓勵臺灣人自己來研究臺灣民俗。《民俗臺灣》的研究範圍本以臺灣民俗為主，1941年12月7日，太平洋戰爭爆發後，《民俗臺灣》為配合殖民政府的南進政策，拓建「大東亞共榮圈」的思想，《民俗臺灣》也將民俗採集範圍擴至華南及南洋一帶，以期發展大東亞民俗學。這樣的刊物當時不免使人懷疑彼等仍然是附和官方的政策宣導，譬如楊雲萍最初的反應即是如此。此外也有推動皇民化者認為它足以引起臺灣人的文化鄉愁，應該禁止。因此《民俗臺灣》面對的其實是多方面的壓力，在贊同者與反對者之外，仍然有被當局查禁或資金不足的憂慮。但以後來學者的研究看，大多數都可以接受其表面上與當局妥協，實則仍有功於臺灣民

俗之保存與研究的說法[17]。

　　1941年5月,《民俗臺灣》創刊之際,主編金關丈夫曾發給各界一篇題為〈《民俗臺灣》發刊に際して〉的「趣意書」文章,說明《民俗臺灣》的宗旨。但這遭到楊雲萍為文抗議,在《臺灣日日新報夕刊》發表〈研究と愛〉(1941年5月29日)一文。金關丈夫立即做出善意的回應,以〈民俗への愛:楊雲萍君に答ふ〉(1941年6月1日)一文在同報刊上回覆。其後,楊雲萍又發表〈文脈と語氣:金關丈夫先生に答ふ〉,這幾篇文章都被收入、刊登在《民俗臺灣》第2、3號,以「論諍」的專欄為題,冠以副標題「本誌發刊の趣意書を繞る論諍の始末」,以便讀者了解[18]。

　　楊雲萍〈研究と愛〉一文篇幅不長,茲錄其中譯如下:

> 研究事物時,理應冷靜地、客觀地、科學地追求其真理是自不待贅言的。但這並不意指冷峻高姿態或者機械式的方法。不,倒不如說我們只有在偉大的學者及科學家當中方可感受到愛與謙遜並發現其人類愛。
>
> 一直以來被賦閒一旁,得不到大眾關注的「臺灣研究」,近來好不容易才邁向新機運。使吾人暗自欣喜不已。例如「文學」、「民俗」等為主題的「臺灣研究」。只是,吾人心中略感不平的是,這些研究者之中,有人抱持著冷峻高姿態,亦或是機械式的態度、手法。甚至連「白話文」也不知,「臺灣話」也不懂,竟斷定「白話文」的作品很多都是模倣的東西。或者

17　參見楊麗祝,《歌謠與生活——日治時期臺灣的歌謠采集及其意義》(臺北縣:稻鄉出版社,2000年),頁198-206;林春蘭,《楊雲萍的文化活動及其精神歷程》(臺南:臺南市立圖書館,2002年),頁125-134;許雪姬,〈楊雲萍教授與臺灣史研究〉,頁12-15;及本書緒論,頁4-6。

18　詳見許雪姬,〈楊雲萍教授與臺灣史研究〉,頁12-15。

才正要研究「臺灣舊習」，卻說對舊習之「消逝並不會感到很
可惜」。

短短一文不能道盡吾人之意，僅僅期望這些「學者」以及「研
究者」諸位，能夠再都秉持著善意的理解、愛及謙遜。[19]

「白話文」這一點係針對島田謹二無視於二○年代臺灣白話文新文學
運動成果的反駁[20]；「消逝並不會感到很可惜」之說則針對金關丈夫在
〈《民俗臺灣》發刊に際して〉的「趣意書」所說的：「我等並非可惜
臺灣舊慣之湮滅，但彼等之記錄研究乃我等之義務」[21]。金關所說
「並非可惜臺灣舊慣之湮滅」的話，最引起爭議，然據林春蘭的分析
與引申，認為在這點上，「金關的解釋是民俗研究有其更積極的意
義，不僅在防止舊慣的湮滅；還強調『對於臺灣民眾的愛，理解民俗
的熱誠，我等決不落人後』；而最初的編輯原則與設計，便是基於糾
合更多對臺灣民俗有感情，與關心的人士，希望從而醞釀出真正的
『研究家』出現。而『真正有能力擔當得起這方面的研究更非本島人
不可。(《臺灣日日新報》昭和16.6.1，第3版)』」[22]

　　整體來看，楊雲萍所發出的抗議，除反映個人的意見外，也可以
代表當時臺灣學人的集體焦慮，唯恐在日人的主導研究下，臺灣文化
將面臨被滅亡的命運。林春蘭《楊雲萍的文化活動及其精神歷程》又
分析道：

---

19 《民俗臺灣》1卷2期，(1941年5月29日)，頁43。中譯引自林瑞明：《楊雲萍全集》
　　編譯、出版計畫期末報告書(臺南：成功大學，2004年6月)，頁69-70。
20 據林春蘭之分析，《楊雲萍的文化活動及其精神歷程〉，頁127。
21 《民俗臺灣》1卷2期(1941年5月29日)，頁42。中譯轉引自林春蘭，頁126。
22 此係林春蘭據金關丈夫〈民俗への愛：楊雲萍君に答ふ〉一文所答內容而作的引申，
　　『　』內的文字為金關丈夫〈民俗への愛〉的中譯。參見林春蘭，《楊雲萍的文化活
　　動及其精神歷程〉，頁128。

在「日本化／去臺灣化」的概念定義下的臺灣人，便面臨到屬
於自我族群特殊的地理、歷史、文化的傳承問題。因此，《民
俗臺灣》的創刊，究竟對臺灣民俗持何種態度，是溫情與敬
意？抑或只是解剖檯上無生命的研究對象？成為臺灣知識分子
首要釐清的問題關鍵。

這不僅是楊雲萍個人的疑惑，同時也是大多數知識分子的普遍
態度。這場論爭不但釐清《民俗臺灣》的研究立場，金關丈夫
謙遜的研究態度及其苦心，贏得臺灣知識人的理解與參與，此
一脈絡更成為戰後臺灣民俗研究的先河。[23]

是故，楊雲萍勇於質疑的態度，可說給金關丈夫一個澄清的機會，也
是得到一種保證與雙方的共識：在《民俗臺灣》對臺灣民俗的採訪與
研究上，無論是被研究的對象 —— 臺灣民俗或是擔任研究者的角
色——臺灣人，才是最重要的主體，所謂的「善意的理解」、「愛」與
「謙遜」，正是指臺灣民俗需要被尊重與理解，而不是只是觀光獵
奇，或作為殖民政策的馴化案例。

　　透過這次論爭，使我們了解楊雲萍對於臺灣民俗研究的堅持，乃
在於主體位置的堅持，絕不容許殖民政策假學術研究之名，使臺灣民
俗與文化成為無辜的祭品。

　　楊雲萍的這種理念，在戰後的表現亦不曾改變。面對戰後「中國
化／去日本化」的潮流，楊雲萍經常呼籲，重新認識臺灣的文學家及
其成就，了解臺灣歷史，保存臺灣歷史古蹟等等。在他的觀念中，臺
灣不是沒有文學文化，也不是只有被日本殖民的痕跡，臺灣人一樣具
有中華民族的民族意識，也同時具有開闊的世界觀和知識。例如1945
年12月2日，楊雲萍在《民報》發表〈我們的「等路」——臺灣的文

---

23 林春蘭，同前註，頁129、131。

藝與學術〉[24]，該文指出臺灣的文人因日本殖民統治，被掠奪語言的大部分，失去表現的手法（指中文的寫作）；但卻也因為「日語」的媒介，「得接觸世界的一流的文學」，因此自信在文學鑑賞上，比一部分的祖國的人們更正確些。又如，1946年11月，蘇新主編的《臺灣文化》1卷2期，推出「魯迅逝世十週年特輯」，楊雲萍撰〈記念魯迅〉一文，也是認為臺灣青年早已透過日語的媒介，認識了魯迅以及其他世界最高文學和思想接觸。剪報〈一個誤會〉，也是指出「日本人統治臺灣，企圖思想壓迫……可是『石壓筍斜出』，終於壓不住全臺灣人的思想。」若因此「就結論臺灣幾乎就對於中國和世界的思潮隔絕，臺灣已沒有思想，學術的演進，那是一個誤會。」又指出，若從表面上看，以為經過日本人統治，臺灣人已沒有大中華民族意識，那也是一個誤會。本文的結論是要提醒「一部分新來的外省同胞，不明白『實際』只在『誤會』之上，排起『指導者』的架子」，所能的到的結果，只是徒然而已[25]。

對於保護臺灣歷史的古蹟，楊雲萍更大聲呼籲，保護古蹟要及時，否則，「他日」是做不出「古蹟文物」的。試引其〈古蹟古物的保護〉一文：

> （前略）鄭氏以來，反抗異族的許多義士仁人的遺蹤，乃至荷蘭時代，日本時代的古蹟，有的可使後人的我們歌泣感興，有的可使後人的我們悲憤驚惕。假如這些史蹟遺蹤不趕急妥為「保護保存」，只一任生滅，恐怕「他日」真是要做不出「古蹟古物」來？……日人時代，日人對於「古蹟古物」，也做過

---

24 1945年10月，楊雲萍應邀擔任《民報》「編輯顧問兼論說委員」，且主編其副刊「學林」文藝欄。此文即發表在「學林」上。

25 發表年代、刊物不詳，見林瑞明，《楊雲萍全集》編譯、出版計畫期中報告書（臺南：成功大學，2003年6月），頁40。

一些「保護」的工作，雖然，他們多以他們的立場，來選擇決定「古蹟古物」。……現在，我們決定要「保護」的「古蹟古物」的立場，當然和日人是迴乎不同的。我們的眼光要遠大，我們的態度要客觀，我們要根據學術的調查檢討，來「選擇決定」，……所以我們一方面希望當局制定「保護古蹟古物」的單行法規，一方面又要希望當局設立一個「調查檢討」本省「古蹟古物」的「學術性」機關。

文章的結尾很感性：

日前，我到淡水海濱，在夕陽蒼莽下，看到劉銘傳先生所修築的砲台，想起先生當年抗法的英勇和辛苦，看到Sen Deminge城的舊址想到……。[26]

由楊雲萍的文章，可略窺戰後初期的臺灣文人對臺灣歷史、文化、古蹟等的深刻關懷，以及大聲疾呼的熱忱。

　　整體而言，楊雲萍不僅是臺灣史研究的先驅，他對臺灣文學、民俗文化也有濃厚的情感，因此才能持續不斷的發表相關文章。

（二）提倡及時整理研究，先了解民俗再求改善

　　楊雲萍對民俗研究的重視，還表現在提倡及時搜集採錄，並對改善民俗與保護民俗的問題提出審慎的看法。

　　在楊雲萍主編的《臺灣風物》2卷7期推出「歌謠特輯」，由楊雲萍執筆，以「本社同人」署名的卷頭語〈臺灣歌謠的整理〉指出，

---

26 1948年8月24日，發表於《臺灣風土》第16期。收入楊雲萍《臺灣的文獻與文化》（臺北：臺灣風物雜誌社，1980年），頁29-31。

一，歌謠的整理為目前亟需努力的事：「現在的臺灣，有許多要做的事情。歌謠的整理，也是這些要做的事情之一。」二，雖有前人採錄成果，但未臻完善：他介紹了從清代以來，臺灣歌謠整理的情形，包括清末文人、日治時期的日本學者與臺灣文人，都各有其成果，「只是，這些成就之中，有的搜集未廣，有的註解未詳；有的校勘稍疏，有的記錄不備」；三，訂定整理歌謠的四個要點：（1）未記錄的歌謠趕快記錄，以便保存。（2）已記錄的，當廣搜各種板本，抄本予以校勘。（3）詳註特殊字句的意義和發音。（4）要正確記下曲譜；四，須靠集體的力量：「臺灣歌謠的整理，不是一人，或一小團體所能勝任的，本社同人，願與諸同志共勉之，以期臺灣歌謠的保存、傳布、研究乃至創作，得有新的進展和成就。」[27]由此也可見楊雲萍對歌謠整理的歷史有相當的了解，而且極為重視，希望可以承繼日治時期的研究成果，搜羅更多的材料，作更精細的研究。

其次，看《臺灣風物》2卷6期的專輯「民俗改善問題特輯」。1952年8月22日，政府在報刊發布「取締迎神賽會注意事項」十要點，《臺灣風物》因此推出此專輯。楊雲萍發表〈藍鹿洲的臺灣民俗改善論〉一文，表面上以清代藍鹿洲（鼎元）對臺灣民風的批評與改善建議來附和政府「改善民俗」的政令，其實頗有微言大義。

藍鹿洲奉令到臺灣平定朱一貴之亂，翌年（雍正2年，西元1724）他撰就〈與吳觀察論治臺灣事宜書〉。在此書中，藍氏對於臺灣的陋俗，如：豪奢之俗、訴訟之多、賭博盛行、不種棉苧、不種蠶桑、民多游惰等等，提出指斥，但他主張教導人民耕種、續紡，令其節儉成風，達到「民可富而俗可美」的境地。楊雲萍對藍氏之說的看法是：

---

27 《臺灣風物》2卷7期（1952年10月），頁4。

這些見解，固不是藍氏的獨創。不過，藍氏之作如是主張，是值得欽佩的。他知道「風俗」之美惡的根本原因，而想到「治本」的方法、和那些僅靠「取締」而要「改善」民俗者，固有不同也。

是的，因為藍氏的見解，主張，「多得諸閱歷」而「不徒紙之談」，故沒有朝說暮改的必要，也因此他對於臺灣民俗之改善的言論，如上文說過：在現在還有值得我們注意和研討的地方。[28]

可見楊雲萍對當時的「取締迎神賽會注意事項」十要點是反感的，他認為當局者根本不了解臺灣民俗，不是親自去採訪體驗的親身閱歷，只是紙上談兵，而且以為只要用取締的強硬手段，就可以達到「改善民俗」的目的。在楊雲萍看來，這根本是錯誤的想法和政令。在另一篇文章中，楊雲萍以其子楊恭威的筆名「黃威」假設三個，自問自答。這三個問題，一個是建議當局新思考一些風俗習慣的內容和動機，譬如農曆7月15日放水燈、照路燈、開鬼門關、豎燈篙，自有其含義與功用，不要動輒禁止、取締。第二個是對固有之陋習取締後，該如何替代？回答是，辦體育競賽。第三，對民俗之採訪、記錄與研究有何高見？答曰「不消說，要加強民俗之研究與記錄，對於貴社，尤有深厚的期待。[29]」在這篇自問自答的文章中，楊雲萍一方面表示對「改善」民俗的審慎看法，一方面也隱含對當局不尊重、理解臺灣民俗，略有微詞；最後，乃以扛起採訪紀錄、研究民俗的責任作結。

28　《臺灣風物》2卷6期（1952年9月），頁6。

29　見許雪姬引述，〈楊雲萍教授與臺灣史研究〉，頁59。許氏為中研院臺史所研究員，楊雲萍之學生，又擔任《楊雲萍全集》編譯、出版計畫的協同主持人，因此才能指出楊雲萍借用「黃威」之名，發表己見的事。

（三）關注並肯定女性風俗研究的意義

楊雲萍對於民俗研究，尚有一項突出的觀念，也就是對於女性題材的關注。以往對於風俗習慣的研究，並不會特別鎖定與女性有關的主題；至於民間文學的研究，大部分的焦點也放在英雄、俠盜這幾類男性人物身上[30]。以臺灣學界來看，在1970年代女性主義與相關研究蔚為風潮之前，1950年代的楊雲萍卻已表現出他重視女性風俗研究的觀念。

楊雲萍主編的《臺灣風物》2卷8／9期推出「女性風俗特輯」。該期的封面也配合使用一幅「婦女圖」，出自東京東陽堂發行的「風俗畫報」第98號「臺灣征討圖繪」第一編。楊雲萍在〈封面插圖說明〉說：

> 原圖附記云：「臺北府ニテ最意モ氣ナル婦人ノ圖。」（「在臺北府，最具『意氣』的婦女之圖。」），「意氣」云者，姿態漂亮，俏皮，而且服飾講究之謂也。為光緒二十一年（公元一八九五年，日本明治二十八年），隨著日本侵略軍，到過臺灣的日人畫家所作，所繪似無大錯；可以看到當時臺北一帶上流階級婦女之衣飾一斑。不過，確否「最意氣」的，現在已經沒法得予以保證了！[31]

---

30 有關女性民俗的研究，在1930年代，顧頡剛編《孟姜女故事集》、劉經菴編《歌謠與婦女》、董作賓編《看見她》，李獻璋《臺灣民間文學集》也特別收錄「婦女歌謠」之類的資料，這幾本著作都可謂開風氣之先；但這樣的女性研究成果，卻一度沉寂，直到1970年代以後女性主義在臺灣社會再次興起熱潮，學界對女性議題的關注才再次活絡起來，1990年代多個女性主義討論學術會議可以說明這個潮流現象。參見本人著作，《民間文學的女性研究・緒論》（臺北：里仁書局，2004年），頁1-26。而楊雲萍在1950年代即能特別注意女性風俗的研究，可見其關注女性題材的獨特眼光。

31 《臺灣風物》2卷8／9期（1952年10月），扉頁。

此圖之婦女著清朝服飾，長衫長褲，露出鞋尖，狀似纏足。手持摺扇，梳髻，面容有幾分像日本人；可能日本畫家一時還是把她染上一點點日本風。但也可見編者的別出心裁。在楊雲萍執筆，掛名「本社同人」的卷頭語〈女性與風俗〉，說明製作這個專輯的用意：

（一）HavelockElis 的名著《男性與女性》第五版的序言中，提到 Vicomte J. A.的話：「男女兩性雖是差異的，然而卻是相等的」云云，而表示熱烈的贊同。……我們將要檢討「女性與風俗」的問題，決不是由於男性的「優越感」，也不是由於「好奇心」；我們是無條件承認男性和女性是「相等」的。不過，女性和男性是「差異」的，卻也是一儼然的事實。此「差異」的地方，就是「女性與風俗」的問題之值得我們再鄭重提出的理由。

（二）（前略）誰也知道：所謂「風俗」、「習慣」，大半是發生於家庭，或是和家庭有關的；已如上述；女性是家庭的中心，那麼「女性」與「風俗」，殊有重要而密切的關係，自不待言。

（三）「女性」與「風俗」重要而密切的關係，不僅是由於女性是家庭的中心而已，也有因於女性自己之特殊性。例如分娩的風俗、習慣；雖然有些原始民族；男性也要參加「分娩」（「假分娩」），不過，畢竟這是少數例外。又如服飾的風俗，習慣；雖然男性也有一些「服飾」，但比較的簡單，不如女性之五花八門。從女性自己的特殊性說：「女性與風俗」的問題，也是值得我們之檢討。

（四）已在上文說過：我們要檢討一下「女性與風俗」的問

題，並沒有絲毫「優越感」，或是「好奇心」；此當為世上之太
太小姐們所諒解；不過，如不諒解，無已，且待男性會「分
娩」，男性要搽粉抹紅的時候，再來出一期「男性風俗」的特
輯罷。[32]

楊雲萍從差異性與特殊性入手，避開男女不平等、女性被男性壓抑的
議題，和女性主義者爭取女權的思想不同，但以風俗的層面觀察女性
的特殊性，也相當具有意義。依目錄看，本期專輯文章收錄高麗雲
〈臺灣女性的髮型〉、池田敏雄〈臺灣省人婚姻習俗語彙〉、A.P.〈有
關女性俚諺〉、正希〈臺灣婦女罵人的口頭語〉、呂訴上〈女相歌訣十
則〉、鹿野忠雄著、宋文薰譯〈紅頭嶼的兩種鸚鵡螺製裝飾品〉及婁
子匡〈漫談臺灣養女〉等七篇。擔任主編的楊雲萍雖無文章，但卷頭
語也已說明了他製作此輯的想法，由此可知他在民俗研究上，對女性
民俗的重視。結尾第（四）項所說，語似開玩笑，但由其再次強調並
非好奇、擺出男性優越感，也可了解其用心。

楊雲萍對女性題材的注意，在其他篇章也可得到印證。譬如他為
臺灣省文獻博覽會策畫文獻館展場，在碑文拓本之類的展品中，即特
別介紹「保護婣媒嫺之碑」與「解放婣媒嫺之碑」二幅拓文，並謂：
「當時的臺灣（「保護婣媒嫺之碑」，道光二十年勒石；「誠解放婣媒
嫺之碑」，光緒元年勒石；劉氏詩作於咸豐二年），『錮婢』的問題，
是一個很嚴重的社會問題，這些碑的拓本，是給予研究臺灣社會史，
或是婦女問題的專家以不少的材料。[33]」女婢制度的存在，關乎婦女
的生活史與社會的風俗習慣，楊雲萍雖不特別研究婦女史，但他仍注

---

32 同上，頁4。

33 楊雲萍，〈博覽會文獻館舉要〉，收入其《臺灣的文獻與文化》（臺北：臺灣風物雜
誌社，1980年1月），頁99。楊雲萍云，此碑原在臺南，但1941年太平洋戰爭後，不
知尚存否。臺大歷史學系有拓本。

意到此類材料，也為女性風俗研究，提示一個方向。

四　楊雲萍的民俗研究與文物收藏之特色

　　楊雲萍在1943年曾出版《民俗學の周邊》，內容包括五篇文章：
〈閩南地方に於けるこの鹿山教育資料〉、〈臺灣府縣志に見えたる臺
灣の民俗に就いて〉、〈博士の一舊花集〉、〈福州歌謠と臺灣〉及〈臺
灣舊慣調查會に就いて，その他〉[34]。這五篇文章，〈福州歌謠と臺
灣〉曾以中文重新發表，其他四文則目前尚未能得知其發表處所與內
容。但楊雲萍其他的單篇民俗研究文章，也非常豐富，我們仍可整理
出幾點特色。

（一）立足於地方文史研究，表現鄉土之愛

　　楊雲萍〈研究と愛〉一文中強調，研究需要善意的理解、愛與謙
遜。而他為《民俗臺灣》一卷六號主編「士林特輯號」，在「卷頭
語」提出〈研究と對象〉說：

> 研究並不會因對象而有價值小大與高低之分。因為研究的對象
> 是塊稀世的寶石，所以其研究價值就會既大又高，因為研究的
> 對象是到處都是土塊，所以其價值就會又小且低的這種事情是
> 不存在的。
> 不用說，因為對象的不同，所以研究的手段和技術也會有所差
> 異，然那終究只止於手段和技術。更進一步說。因為無論哪種
> 對象，都可以藉由研究它而發現學問的真理之故。

---

34 楊雲萍年表記載，1943年11月，有《山河集》、《臺灣文化の研究》與《民俗學の周
　邊》三書，前二書由清水書店出版，末者由東都書籍株式會社於1943年出版。另參
　考許雪姬，〈楊雲萍教授與臺灣史研究〉，頁41。

> 紅毛的一詩人是這麼吟詠的。

>> Flower in the crannied wall,

>> I pluck you out of the crannies;-

>> Hold you here, root and all, in my hand,

>> Little flower—but if I could understand,

>> What you are, root and all, and all in all,

>> I should know what God and man is.

>> ("The Holy Grail and Poems." By Alfred Tennyson,

>> 1870）

> 哀哉！如同在有裂縫的殘壁間發現小花似的，究竟我以臺灣的
> 一方寸地作為研究的對象，我們到底能知道什麼，又能洞悉什
> 麼呢……？[35]

這篇卷頭語代表他在編寫「士林特輯號」時，以「臺灣的一方寸地」
（士林）為研究對象時，一方面覺得無論對象小大，都是值得去研
究；一方面又充滿「我們到底能知道什麼，又能洞悉什麼呢」的謙虛
態度。楊雲萍為士林人，他在《民俗臺灣》發表的第一篇地方文史研
究就是他的生長地士林，可見這是出於一份鄉土之愛，把平日他累積
的有關家鄉的文史知識，親身聞見以及實地訪問，整理出來，寫成
〈士林先哲傳記資料初輯〉。內文一共記敘二十四詩人儒士，引用各
種文獻史料外，有的則以採訪方式記載。其引用的文獻，除了《臺灣
通志》、《臺灣通史》、《臺灣列紳傳》這類常見的書目外，也有族譜、
家譜、各家族祭祀公業的事業報告書附錄之稽古集、生忌辰表等民間
的文書資料，可謂相當用心、投入，務使士林先哲得以發揚光大。

---

35 中譯見林瑞明：《楊雲萍全集》編譯、出版計畫期末報告書，頁96。

（二）爬梳文史材料，兼納民間傳說

　　楊雲萍是個史學家，他對史料的處理與運用，並不限於正式的史書材料，也參考很多筆記軼聞、地方傳說，甚至在閱讀與書寫人物傳記時，都顯現了對於民間傳說的信任感。

　　在其所著《臺灣史上的人物》開宗明義的第一篇〈顏思齊〉，楊雲萍藉由回憶祖父為孫子講故事的場景，帶出顏思齊這號人物：

> 已經是三十多年前的事了。一個晚上，──現在我還記得，那是一個月光如水的晚上……。先祖父爾康先生講臺灣一位「海上英雄」的故事，給我們孩子聽。
>
> 他說這位「英雄」，步海如平地，他橫行東海，南海，他劫富濟貧，曾到過日本；後來曾留下數百萬黃金；埋在「諸羅山」中，貯做「復明反清」的費用。……直到現在，還沒有一個人得把這巨量的黃金發掘出來。
>
> 「不過，」祖父繼續說：「假如有『福氣』的人，一定可以得到這巨量黃金……。哈哈。」
>
> 你道這位「英雄」就是誰呢？──那就是顏思齊![36]

由於這個童年記憶十分鮮明，所以「臺灣歷史上的人物，第一個留在我的腦袋裡的，竟不是鄭成功，不是劉銘傳也不是唐景崧；卻是這位『海上英雄』顏思齊。」及至他讀了連雅堂的《臺灣通史》，看到連氏也提到顏思齊在臺灣故老心中的地位，不禁「感慨系焉」。也因此顏思齊在他印象中，重要的事蹟不是出兵日本、撫恤土番等大事，而是他「整航出掠」的「海上英雄」形象。而這個印象顯然來自祖父那

---

36 楊雲萍，〈一　顏思齊〉，收入其《臺灣史上的人物》（臺北：成文出版社，1981年），頁1-3。

一番精采生動的講故事！

　　事實上，楊雲萍在記述臺灣人物傳記時，每多採用江日昇的《臺灣外記》，而此書往往被視為小說體的著作，雖不無可信之史料，但仍多雜傳說軼聞，但楊雲萍仍常常參照使用。譬如他在〈鄭芝龍〉、〈何斌〉[37]等篇，都引用《臺灣外記》，而且據以引申、議論。例如〈監國夫人〉一文中，甚至還引用《臺灣外誌後傳》（又名：《五虎掃平妖氛》）第四十八回，陳夫人殉節時，百姓目睹而傷心流淚的情節；和《臺灣外記》猶帶有史傳性質比起來，《臺灣外誌後傳》已經是一部通俗小說了，但楊雲萍仍然採納其說，作為輔證，可見他對於傳說軼事、通俗文學裡的資料也都可以接受，並且藉以闡發其意義。這也可以說是楊雲萍以史學家的嚴謹態度之外，更有情感與見識，因此可以與民間文學共鳴，而不會斥為子虛烏有。

　　楊雲萍記述歷史人物，還有個突出的現象，即特別看重女性人物。除前引〈監國夫人〉外，以下再引《臺灣史上的人物》中的幾則資料：

　　例一，〈朱術桂〉，引林癡仙《無悶草堂詩存》的詩作〈過竹滬弔寧靖王〉，記述寧靖王朱術桂事蹟。但此詩的重點卻是在歌詠殉國的五妃，其詩云：

> 列祖在天心定痛，一靈出世淚還揮。遺骸終古留孤島，大義當年感五妃。五妃甘為君王死，一門紅粉光青史。卻憶燕都社稷亡，宮人費氏遙堪比。殉國偏多美婦人，貪生轉屬奇男子。……[38]

---

37 楊雲萍，〈二　鄭芝龍〉、〈五　何斌〉，收入其《臺灣史上的人物》，頁4-6、12-13。
38 楊雲萍，〈一九　朱術桂〉，收入其《臺灣史上的人物》，頁49。

從詩的重點來看，楊雲萍肯定的是五妃事蹟，寧靖王倒在其次了。也可知楊雲萍敘述歷史人物的傳記與傳說故事，都會注意到男性名人身旁的女性，並給予崇高的評價。

例二，〈沈葆禎〉，除了記沈葆禎事蹟，對於沈妻林氏，也要特別以括弧夾註的方式，點出林氏勇敢的事蹟：

> 沈葆禎，字翰宇，一字幼丹；福建之侯官人。……太平軍楊輔
> 清率眾來攻，與妻林氏（記得她是林則徐的愛女。）守城，終
> 得援兵解圍（妻林氏的血書求援的故事，是很有名的），所謂
> 「獨伸大義於天下」。[39]

「（記得她是林則徐的愛女。）」、「（妻林氏的血書求援的故事，是很有名的）」兩處括弧和夾註文字，極為感性、動人，可見楊雲萍對林氏的觀感和評價。

例三，〈鄭其仁〉，鄭其仁傳記。乾隆51年林爽文之亂，臺南鄭其仁（字彭年）率眾反抗。薛氏續修《臺灣縣志》卷三〈鄭其仁傳〉記其後來的情形：「其仁夜踰竹圍遁，賊尾諸後，其妻林氏大懼其仁之被害也，暴發心疾。翌日莊人載以往東港之鳥樹林塭；未至病劇，回首三呼彭年而卒。」楊雲萍引文至此，加入自己的推想：

> 據其仁卒年推算之，此時的其仁，年僅三十二，他的妻子林氏
> 年紀，當較少，或相差不遠罷。一位年輕的人妻。（她一定是
> 一摯情玉貌的人妻。）三呼自己的夫君而逝……。（中略五小
> 段）據鄭兼才等呼籲鄭其仁宜入祀「忠義祠」的「牒」裡面所
> 說：其仁死時，是「身無完膚」的。……他葬在府治小北門之

---

39 楊雲萍，〈八一　沈葆禎〉，收入其《臺灣史上的人物》，頁203。

洲仔尾；愛妻林氏附焉。[40]

由「摯情玉貌」的臆想，不難感受到楊雲萍對林氏這位女性人物的憐惜與敬愛。

例四，〈蔡牽〉，談的是海盜蔡謙的事蹟。楊雲萍認為蔡謙即蔡牽，但卻首先引許仲元著《三異筆談》卷一〈吳婢念舊〉條，以一個吳姓女婢的傳聞故事，側寫蔡牽其人其事。此吳姓女婢本為汪大豐之族母所僱女婢，性情婉順，族母死後，囑附其子善遣之。其子遵母命而行，厚賜之，護送返家。然因父母已亡，家貧，兩兄又以二百金賣至遠方，此後音訊遂絕。久之，汪家之僕王某為海盜所擄，海盜之婦出言相救，始知其即為吳姓女婢，因蔡牽捐金購買，乃為其妻。婦人以舊事稟告蔡牽，蔡乃贈王僕金銀與旗幟一面，謂此後執此旗海道無阻。從楊雲萍摘錄的資料中，看出楊雲萍對此吳姓女婢有另眼相看之意，因為她不只性情婉順，也曾規勸海盜，她死後，留給後人一些遐想。略舉引文與楊雲萍最後的感歎如下：

（吳婢）謂：「兩兄匪人，蕩我貲，復計陷我。此間大出海，捐千金購我，頗厚我。然所為不道，我微諷之，渠亦自危，然以群夥牽制不能決，行當與之俱燼矣。」

（蔡牽）「自知無救，乃首尾舉砲自裂其船，沉於海」，「其妻子夥黨數十人，俱落水死」。（「聖武記」，「縣志」）「其妻」，當是「婢吳」，──那個「婉順」的婢人。[41]

---

40 楊雲萍，〈四八鄭其仁〉，收入其《臺灣史上的人物》，頁125-126。

41 楊雲萍，〈四九蔡牽〉，收入其《臺灣史上的人物》，頁127-128。

末句在破折號之後增添「那個『婉順』的婢人」，可見楊雲萍對其人的嘉許之意。

　　類似這些女性人物的事蹟，有的僅見於列女傳、后妃傳或正傳的幾句附言，有的則不見載於正史，但在地方志乘、野史筆記等材料中，卻時有所聞，因此引起楊雲萍的注意與感觸。楊雲萍感性溫馨的贊語，其實也已超越史家的筆法，而具有文學家的情懷；也可以旁證前文所論，楊雲萍對女性風俗研究的關注，肯定女性的生命意義。

　　以上，皆可看出楊雲萍廣納文史、傳說等各種材料，行文旁徵博引，帶有軼史傳說的色彩，形成其獨特的撰述風格。

（三）採錄民俗，予以詮釋或批評社會風氣

　　楊雲萍對於舊有習俗的態度，是先行了解，試圖為之詮釋，然後再提出保存或改善的意見。

　　發表於《民俗臺灣》2卷3號的〈臺風瑣話〉，即以三個習俗為例，先說明習俗的內容，然後加以思考、解釋其因；依其語氣來看，認為這些習俗都是有道理可講的，合情合理，並不是迷信盲目的。他舉的例子是（1）已婚婦女死去時，必須由外家（娘家）為棺材「封釘」。推究其因，乃因古時無醫生開立的死亡證明書，故須由娘家的人認定，才能封棺。（2）端午節做粽子給小孩吃，大人會先將粽角剝掉再拿給小孩。如果沒有這麼做，小孩臉上易長瘡起疙瘩。推究之，乃因為粽角是最容易腐壞的地方，不宜給小孩吃。（3）把曬好的衣服拿下來，如果沒有先摺疊的話，就不可穿上，否則會有不祥之事。推究其因，這也可能是因為想要藉摺疊，發現小蟲，把它弄走。從本文的前言、舉例之後的小結與文末結語部分，可了解楊雲萍的基本態度：

　　　　我認為和大家一樣，臺灣的舊習很多需要改革。只是這些舊習
　　　有一部分似乎也各有其典故、傳統和生活。

> 因此，我們應該在判定、論斷之前，設身處地思考其緣由。
> 如上，主要是以「效用」的觀點來探究了臺灣風俗中的某些例
> 子。但是，這種想法並不見得一定是完善的，倒不如說我們應
> 該在風俗習慣當中找出它的美，它的悲憫或者是它的悲淒。及
> 至現在我尚不能及於此。[42]

開頭「舊習需要改革」的說法，是緣於當時日本殖民政府正進行皇民
化運動，要改革臺灣人的一些「舊慣」。但楊雲萍更希望在改革以前，
先用理解的態度（如同其在〈研究と愛〉一文所提出的）去了解民俗。
而且不只是發掘它的效用，更要發掘其美、悲憫或悲淒動人的地方。

有關理解民俗的典故、來龍去脈，楊雲萍〈傍神作福〉（《公論
報》臺灣風土副刊30期，1948年12月21日）、〈路橋姑〉（發表年代、
處所不詳）與〈蟹與柿〉（《公論報》臺灣風土副刊36期，1949年2月8
日）等篇，都對一些民俗做了解釋，他認為「這些事情，是值得注意
的；而值得注意的，不是在這些事情的是不是、錯不錯；而是在這些
事情卻是一個事實。……，固有其歷史文化的來因去果者存也。[43]」
像這樣不問「對與錯」的態度，和一般民眾一樣，對傳說「信以為
真」，卻和歷史家的考辨精神很不一樣。但這才符合民俗學的精神，
接受民俗事象的存在，為其解釋來龍去脈，而不加以否定。

比較特別的是〈中秋風雨〉（《公論報》臺灣風土副刊20期，1948
年9月21日），此文因當時中秋節那天風雨大作，因此有感而發。文中
敘述了中秋節吃柚子的習俗與傳說，謂「刉」（剝、切）柚子必在
「戶定」（門檻）上，因為古來「刉柚仔」是在「殺賊頭」，尤其在門

---

42 中譯見林瑞明，《楊雲萍全集》編譯、出版計畫期末報告書，頁98。

43 〈傍神作福〉寫的是農民養豬吃肉的習俗，〈路橋姑〉寫的「路橋姑」這個小廟的
故事，〈蟹與柿〉寫的是民間「同食的禁忌」的習俗。見楊雲萍，《臺灣的文獻與文
化》，頁133-143，引文見頁135。

檻上「刣」，可避「盜賊之厄」；又，吃過如斯的柚仔，可使「目睭
光」。但此文的目的不僅於此，因為文章一開頭，就先說中秋必有
月，如果中秋無月，但有雲、有雨、有風，都會使人「為之淒然、愴
然了。」到第四段，更談到「譬如我國的老百姓，向來是安其分的，
守其己的……可是，在『行憲』之下，他們還要受虧，而且不是偶爾
的，不只有『雲』，還有『雨』，有『風』，他們是要為之淒然、愴
然，甚至為之憤然了。因為說起『行憲』，就要想到『民主』，想到
『民主』，就要說起『行憲』的。」明顯與當時的現實社會有關，似
乎是累聚了自戰後以來對政治的不滿，藉機說出了臺灣人民的悵然、
淒然、愴然，與憤然。試引其中幾段文字：

> 是的，現今盜賊這麼多，下自「鼓上蚤」時遷之類的小偷，上
> 如要把全地球據為己有的什麼「計劃」的「計劃者」之流的
> 「大盜」止，真是更僕難數，「刣柚仔」之要，無有過於今日
> 者。

> 是的，現在眼之盲者，曷可勝計哉！他們只看到一些什麼「首
> 長」、「委員」、「董事」之類，就以為天下只有這些人，才是
> 「人」，甚至只看到坐在「汽車」裡邊的「人」，就以為這些人
> 才是「人」……。我希望：吃吃中秋節在門檻上「刣」的「柚
> 仔」！

> 我們知道，古來歲時節令的各種習俗有的是怎樣深刻，有的是
> 怎麼富於諷刺，而有的在於裡面是怎樣包含著悲憤和哀
> 愁……。[44]

---

44 見楊雲萍，《臺灣的文獻與文化》，頁129-131，引文見頁131。

從引文不難了解楊雲萍夾敘夾議的筆法，其痛快率直的語氣背後，可說蘊含深沉的悲憤和哀愁。使我們在體會民俗的趣味之外，更進一步思考楊雲萍所謂民俗的悲淒成分。

（四）收藏民俗文物，研究庶民生活

楊雲萍收藏的民俗文物有古錢幣、古文書、古印與歌仔冊[45]。楊雲萍有向書商訂購書籍的習慣，也喜歡逛集郵社，搜購一些古物，收藏過程想必耗時間、耗心力，但也可以感覺楊雲萍對民俗文物的喜好。而基於歷史學家的角色，楊雲萍搜集古錢幣，也從古錢幣中，考查了古代中國與越南的文化交流，發表〈越南錢幣與中國〉[46]。古文書亦具有歷史研究的價值，但除了少數官府文件之外作大多是民間文書，泛及買賣契約、地方公約等，從其關涉的內容，也可以了解民間社會的一些風俗習慣。楊雲萍曾選輯一些古文書影印，略加解說，以〈楊氏習靜樓藏臺灣古書契偶存〉為題，刊載於《臺灣風物》，凡二十輯（37卷1期-41卷3期，1987年3月-1991年12月）。[47]

古印與歌仔冊兩種收藏，則顯現了楊雲萍在史學家的身分之外，對民俗的濃厚趣味。古代文人雅好刻石，但多用作書畫的落款，或者撰刻詩詞名言，以表現個人胸襟或閒情逸趣；因此收藏者頗多。但民間的印石，則以實用為主，不是用於文書契約，代表商家店號，就是用於翻印宗教符籙或物品商標，但也往往隨時間而淘汰，進不了博物館或私人收藏。但楊雲萍卻有獨到的眼光與審美趣味，大量收藏民間古印；並且整理印文，予以披露介紹。至於歌仔冊，本是民間的通俗讀物，類似歌詞唱本，在當時也許流行一時，但很快也就汰舊換新，

---

45 除古文書捐贈中研院臺史所外，餘皆捐贈臺大圖書館。

46 收入郭廷以編，《中越文化論集》（臺北：中華文化出版事業委員會，1956年），頁287-296。

47 因其牽涉歷史材料者較多，故此處暫略引例。

讀者莫不追趕最新的出版品。這屬於一般民眾的閱讀趣味，楊雲萍卻不囿於學者的身分，廣泛收集，可說恰恰呼應他重視歌謠研究的觀念，且能以身作則，實際搜集研究材料。這兩種收藏，都充分顯現楊雲萍不只是個埋首於故紙書堆中的學者，也是個能夠敏銳注意民俗文物，在生活中處處發現研究材料的學者。以下再就其古印與歌仔冊收藏加以介紹。

1　古印章中的庶民生活圖像

楊雲萍曾選輯一些古印印文，略加解說，以〈楊氏習靜樓藏臺灣古印選存〉為題，刊載於《臺灣風物》，每輯一、二印，凡五十輯（30卷4期-37卷2期，1980年12月-1987年6月）。這些古印的形式不一，有神符印、廟印、商號印、文書契印、護封印、藏書印等，內容則反映了清朝以來，臺灣民間的生活百態。例如反映宗教信仰、開發歷史、商號特色等，以下略引數例說明（古印名稱下，摘錄自楊雲萍解說文字）：

（1）宗教信仰類

太上老君印　　文曰：「日，六丁」，「太上老君勒令」，「月，六甲」[48]。木質，清末。臺灣「紅頭師（司）公（道教士）」所用的印。蓋於「符仔」（符書）之類，以驅邪鎮怪，保平安。（古印選存（七））（《臺灣風物》31卷4期）

媽祖廟印（一）　文曰：「慈惠宮，天上聖母，恭迎公記」。木質，清末。「媽祖」（天上聖母）的信仰，在臺灣

---

48 從印文的形式看，這裡應左右並讀為「日、月」，「六丁、六甲」，代表太上老君主掌日月以及丁甲的神職。此點在會議當時承蒙許學仁教授指點，謹此致謝。

民間，其影響的深且廣，最近我又有一次體驗的
機會。一日（五月）我被邀在臺南顯宮里「鹿耳
門天后宮」的「民俗活動」學術演講。演講中，
會場外，人山人海。……「公記」云云此種印，
似不是用在「平安符」之類的，而是用在「事務
上」（如執照等）的。（何謂恭迎？待考）（古印
選存（十九）（《臺灣風物》33卷2期）

這二方印文來看，太上老君為道教之神，因為臺灣民間道教信仰的興
盛，因此有道教士（俗稱紅頭司公）專門為民間作法驅邪，他們用畫
符錄的方式來寄託神能，最後在符紙上蓋印，確保神明的庇佑[49]。而
臺灣民間的媽祖廟更是香火鼎盛，每到媽祖誕辰等節慶，媽祖廟的法
會盛大隆重，信徒潮湧[50]，楊雲萍以他親身的經驗說是「人山人海」，
並不誇張。這個「恭迎公記」的印章，如楊雲萍所推測的，不是用在
「平安符」而是為了事務之用，應該就是為迎媽祖或媽祖出巡的法會
所刻，因此用「恭迎」字樣，而用「公記」，表示係經過眾議而決定
的事務。這個印文使我們想像，在盛大的媽祖法會中，除了迎神，也
要安排信眾出入、物流等問題，因此可能有像組織委員會之類的公益
團體來討論眾人之事，由此呈現一個繁盛熱鬧但又井然有序的廟會
圖像。

（2）開發歷史類

　墾首印　文曰：「元字號，四簍墾首，張秀欽記」。木質，清。
　　　　　清代，得當局「給墾」，從事土地墾的人，或合

---

49 參見吳瀛濤，《臺灣民俗》（臺北：古亭書屋，1970年），頁41。
50 參見吳瀛濤，《臺灣民俗》，頁11、56、65。

　　　　　　組的號，為「墾戶」。其代表稱「墾首」，或「墾
　　　　　　戶首」。「四篸」地方，未考，似不多見。（古印
　　　　　　選存（十三））（《臺灣風物》32卷3期）

督墾印　　文曰：「隆恩庄，督墾翁印」。壽山石，清。以「隆
　　　　　　恩」為名的地方，可考者，一在蘇澳，一在三峽
　　　　　　地方。「督墾」，職督導墾拓荒地，臺灣的詳情待
　　　　　　考。（古印選存（十五））（《臺灣風物》32卷4期）

這兩方印文代表先民開發臺灣的歷史痕跡，經楊雲萍的簡要說明，可
知墾首、督墾者所扮演的角色。蓋草徠初闢，篳路藍縷之際，除個人
勤勉努力外，尤需眾人互助合作，被命為墾首、督墾的人，則具有統
領督導的職責。可以想見，這類的印文背後，寓含著動人的開墾故事。

（3）商號特色類

北港牛墟印　文曰：「瑞益」，「飛」（大字，殘缺），「北港舊牛
　　　　　　墟」（牛，墟殘缺）。木質，清（？）。清代臺灣，
　　　　　　牛為主要「能源」。余氏「續修臺灣府志」云：
　　　　　　「水牛，自內地來，研蔗煮糧。黃牛近山多有，
　　　　　　取而馴習之，用以耕田駕車。」（卷十八）牛的
　　　　　　功用很大，因此牛的買賣必在「牛墟」。「墟」設
　　　　　　「墟長」，官給戳記，買賣契字，須蓋戳記。此
　　　　　　印大概不是官給的戳記，而是私人商號的印信。
　　　　　　可能蓋在牛背上的。「印泥」用「紅膏」。（痕跡
　　　　　　可檢。）……有關往日牛墟的資料不多，此種印
　　　　　　信，似未見著錄。（古印選存（三））（《臺灣風
　　　　　　物》31卷1期）

商號印　文曰：「源美」，帶圖。壽山石，清。「源美」號，可
　　　　能在臺北市（待考）。此種帶印的圖，多蓋在
　　　　「包封紙」。以前「包封紙」，只用白包紙，比較
　　　　現在有天壤之別。不過，現在講究的「包裝
　　　　紙」，令人有點「暴殄天物」之感，亦時勢也。
　　　　（古印選存（二十五））（《臺灣風物》34卷1期）

商號印　文曰：「玉芳」，帶圖。壽山石，清。「玉芳號」，在臺
　　　　北市迪化街。號的下字作「芳」字的，大多是紙
　　　　業行號、迪化街有不少紙行，有的兼售筆墨或一
　　　　些書刊，如「苑芳」。余少時（已經過了六十多
　　　　年了），從「苑芳」買到有光紙的「管子」、「淮
　　　　南子」、「隨園詩選」之類。「玉芳」為迪化街的
　　　　老舖，聽說，現在的子孫亦多經營紙業。（古印
　　　　選存（二十六））（《臺灣風物》34卷1期）

商號印　文曰：「麗泉」，「住在实咖坡，武夷奇種，衣箱街
　　　　兌」。下梅花圖。木質，清。「麗泉」乃茶行名，
　　　　「实咖坡」即「新加坡」（Singapore），「衣箱
　　　　街」乃新加坡的街名。此印得於臺北文山的舊
　　　　家。文山為北部臺灣出產名茶的地方。此印當是
　　　　文山茶戶為新加坡的「麗泉」茶行，作包裝時所
　　　　使用的。（古印選存（二十九））（《臺灣風物》34
　　　　卷4期）

以上商號類的印文，最能透顯庶民生活的樣貌。「北港牛墟印」，為民
間買賣牛隻的印記，而且是蓋在牛背上的，楊雲萍說印章上的紅膏印

泥「痕跡可檢」，實在是個有趣的附註。「源美」、「玉芳」兩商號印，則屬於包裝紙上的印文，代表商店的標記。楊雲萍在解說印文時，也順帶記下了他所知道或所經歷過的生活印象，使我們也藉此了解早期社會的民生日用之情形。而「麗泉」茶行之印，出於楊雲萍的舊宅，恰位於茶葉產區的文山一帶。這個印文，透露了當時文山茶戶和新加坡茶行的貿易情形，為茶葉的貿易史添加一筆實錄。由以上所引，可供我們想像從清末以來，直到1930年代（楊雲萍先生的少年時代）臺灣民間生活的圖像。

2 歌仔冊收藏的特點

　　歌仔冊（或稱歌仔簿）是清代以來閩南及臺灣社會流行的通俗讀物，它記載一些「歌仔」的唱詞，形式分為短篇的歌謠、中篇的勸世歌與長篇的故事歌等，內容則包括歷史故事、民間故事、時事新聞及民俗事象等，屬於說唱文學（曲藝）的一支。說唱（曲藝）是社會大眾的通俗娛樂，從說唱的內容中，一般民眾吸收了典故與常識，了解民族的歷史、民俗與文化，達到寓教於樂的效果[51]。

　　楊雲萍對這類通俗讀物的重視與研究，可由他的一次演講得到印證。楊雲萍手稿中，曾留存一則雜記，只有「臺灣歌仔簿に就いて──臺大東洋文學會講演のノート」的題目及參考書目：「白話文學史」（胡氏）、「中國民間文學概論」（楊氏）、「中國俗文學史」（鄭氏）、「且介亭雜文」（魯氏）、「文學年報」第二期、「台湾の歌謠と各□物語」（平澤氏）、「台湾民間文學集」（李氏）、「福州歌謠甲集」（魏氏）、「海桑吟」（梁氏）、「歌謠與婦女」（劉氏）[52]；雖然演講大

---

51 參見曾師永義，《臺灣歌仔戲的發展與變遷‧歌仔戲的形成》（臺北：聯經出版公司，1988年），頁44-45；曾子良，《臺灣閩南語說唱文學『歌仔』之研究及閩臺歌仔敘錄與存目》（臺北：東吳大學中文所博士論文，1990年），頁10-40。

52 參見林瑞明編，《楊雲萍全集》編譯、出版計畫期中報告書（臺南：成功大學，2003年6月），頁148。

綱與內容未可得知，但從所附的參考書目來看，這些書的作者（除
「文學年報」第二期）胡適、楊蔭瀏、鄭振鐸、魯迅、平澤丁東、李
獻璋、魏應麒及劉經菴[53]，都是白話文學、民間文學及歌謠的重要作
家作品，可見楊雲萍對於歌仔冊的研究係從白話文學、民間文學這一
個理路下來的，而且試圖和1920、1930年代的歌謠研究成果互相參照，
肯定歌仔冊的價值。這個演講雜記之外，尚有兩份書目，題作「臺灣
歌謠購求書目」，作於庚辰年（1950）11月15日和16日，各記下歌仔
冊81本及22本的書名[54]。1950年已是戰後的民國39年，臺北帝大已經
改制為臺灣大學，這兩份書目似乎不太可能是在「臺大東洋文學會」
演講的備用資料；我們也不太清楚這103本歌仔冊是其初期所收藏的
總數，或是這一年所作的部分書目整理；但從其編目由ABC到Z等標
目[55]，仍可見其整理得相當仔細。無論如何，演講與書目整理的雜記
資料，都可窺見楊雲萍本身對歌仔冊的喜愛與重視。

　　臺大總圖書館獲贈楊雲萍收藏的四百七十多種歌仔冊，依內容分
類約有幾類：一是歷史故事，如《鄭國姓開臺灣歌》、《西歐大戰歌》
等；二是民間故事，如《孟姜女配夫新歌》、《三伯英臺歌集》、《周成
過臺灣》等；三是勸世歌謠，如《勸世理化人生必讀書》、《僥倖錢開
食了》等；四是社會新聞，如《臺南運河奇案》、《臺灣博覽會歌》等；
五是男女相褒，如《茶園相褒歌》、《男女坐火車相褒歌》等；六是民
間禮俗，如《食新娘茶講四句》；可說五花八門，應有盡有，頗能反
映日治時期到光復初期（1920-1940年代）臺灣庶民娛樂的面向。

　　楊雲萍收藏的歌仔冊不僅數量極多，版本也非常完整、珍貴。其
特點包括：（1）從清代到民國六十年代竹林書局的版本都有。其中清

53　《海桑吟》的作者梁氏，待考。

54　參見林瑞明編，《楊雲萍全集》編譯、出版計畫期中報告書，頁138-141。

55　但這26個英文字母並非全部都有，中間也有跳過者。楊雲萍分類、排列的標準是什
　　麼，頗耐人尋味。

代版本18冊，最早的版本是道光7年（1827）《初刻花會歌》；（2）擁有1937年（昭和19年）梁松林編輯、周協隆書店印行的《三伯英臺新歌》55集，相當完整；（3）涵蓋幾個知名出版社，包括廈門會文堂、上海開文書局、臺北黃塗印版所、臺北周協隆書店、臺中瑞成書店、臺南州嘉義玉珍書店漢書部及捷發漢書部，以及戰後的新竹竹林書局；（4）獨到的眼光，除了傳統的「歌仔」題材，也收藏了記述電影故事的歌仔冊，如1932年（昭和7年）麥田編輯、捷發漢書部印行的《電影荒江女俠》一至五冊。以一個私人的力量擁有這麼豐富的收藏，實為不易。對照1950年楊雲萍自行整理的103本書目，這四百多種歌仔冊，冊數已增加三倍以上，可見其堅持的信念與毅力，為民間歌謠的傳唱，保留珍貴的紙本成果。而其親友將之捐贈圖書館，也可廣為學界利用，使研究者可方便取得資源，進行各項研究，增進對臺灣文學與民間文學的研究成果[56]。

五　結語

　　楊雲萍以知識分子的身分而關注民間文學與民間文化，這個態度令人欽佩。和他差不多同時期的臺灣學者如黃得時、李獻璋、鄭坤五等人，也都是一方面投入新文學運動，一方面推動民間文學的採集與編寫，把個人對文學的熱情與社會的關懷結合在一起。

　　楊雲萍對臺灣歷史與文化有著深刻的關懷與建言，因此在他從事民俗研究時，首先要強調的就是臺灣文化的主體性。楊雲萍對於臺灣民俗學的投入是有目共睹的，《民俗臺灣》、《臺灣風物》等刊物，都有他付出的心血與成果，就其民俗學論著來看，他經常從自己的觀察

---

56 例如本人執行國科會專題研究計畫，即多次利用楊雲萍所藏歌仔冊資料，發表論文，如：〈孟姜女歌仔冊的敘事特點與孟姜女形象——以臺大楊雲萍所藏資料為範疇〉，《民間文化論壇》2006年第5期（北京：學苑出版社，2006年12月），頁54-62。

和體會，寫下對臺灣民俗的意見，由前文諸例，我們看到他是帶著感情的色彩去研究民俗，充分體現他自己所主張的理解、愛與謙遜。

楊雲萍著作繁多，跨越文史領域，他對臺灣歷史人物的品評，除了使學上的考證，也兼採軼史傳說，更能夠刻繪人物的內在生命，增添情感與人格的光彩。

楊雲萍對民俗的熱情與民俗研究的理念，尤其值得後代學者參考。他積極且持續地搜集古錢幣、古文書、古印與歌仔冊，不僅為怡情養性之用，更成為其學術研究的素材，以人棄我取的精神，從不為人所重視的材料中，挖掘出研究議題，建立自己的史學風格。此外更值得一提的是，他對婦女史以及庶民生活史研究的開創眼光。這兩個範疇的文獻材料，本就和民俗學、民間文學有大量的重疊之處，因此楊雲萍更顯現他跨越文史、出入雅俗之間的才情，他搜集的古印，蘊藏有關庶民食、衣、住、行的生活內涵，豐富而生動；有心研究者，或可以據此而寫出一部庶民生活史，就像楊雲萍透過古錢幣，研究中越交流史一樣。至於他的歌仔冊收藏，雖然他自己沒有留下這方面的討論文章，但他所留給後人的，卻是一部臺灣文學與民間文學的寶貴資料庫。就這兩點而言，楊雲萍不只是位史學家、民俗學家，也是位專業的收藏家，提供後人研究的途徑；我們更可以這麼說，他是位學術的先行者，啟發後人研究的方向，對臺灣民俗與民間文學有重要的貢獻。

附錄　楊雲萍先生收藏古印文選錄

圖片來源：臺大圖書館特藏組，楊雲萍文庫數位典藏「古印」類。[57]

1　太上老君印（〈楊氏習靜樓藏臺灣古印選存〉七）

2　媽祖廟印（〈楊氏習靜樓藏臺灣古印選存〉十九）

57　圖片引自臺大圖書館特藏組，楊雲萍文庫數位典藏，網址http://cdm.lib.ntu.edu.tw/
cdm/landingpage/collection/ypyang，2019年11月26日授權下載，特此致謝。原圖為印
譜及手寫稿，為求清晰，節錄印譜部分。印文及相關說明，參見本章，頁97-101。

3 督墾印（〈楊氏習靜樓藏臺灣古印選存〉十五）

4 北港牛墟印（〈楊氏習靜樓藏臺灣古印選存〉三）

5 商號印（源美）（〈楊氏習靜樓藏臺灣古印選存〉二十五）

6 商號印（玉芳）（〈楊氏習靜樓藏臺灣古印選存〉二十六）

7 商號印（麗泉）（〈楊氏習靜樓藏臺灣古印選存〉二十九）

第三章
戰後遷臺學人對臺灣民俗之研究及其相關著作成果
—— 以婁子匡、朱介凡為例

一　前言

　　因二次大戰結束以及大陸與臺灣兩岸分治的因素，1945年以後，有大批的大陸學人遷移臺灣。這些學人當中，不乏民俗學專家以及對民俗學有興趣的研究者，他們遷移到臺灣，一方面延續原有對中國民俗研究的成果，一方面也開始和臺灣本地的民俗學界有所往來，並投入臺灣民俗的研究。本章將以婁子匡、朱介凡二人為例，觀察其戰後遷移臺灣，所關注與投入的臺灣民俗研究議題，並評論其相關著作的成果。

　　戰後的臺灣社會，在文化重建的面向上，有「去日本化」的訴求，也有「再中國化」的時代意識，而臺灣民俗文化的發展與定位，也是各界人士所關心的議題。因此，戰後民俗學界的學人交流以及對臺灣民俗的研究成果，對於臺灣民俗學，具有什麼樣的意義，也將是本章探討的重點。

二　戰後臺灣民俗研究及遷臺學者的參與概況

　　有關臺灣民俗研究的發展歷史，本書緒論第一節論述頗詳。簡要言之，清末的方志、筆記，已具有雛型，至日治時期，則有官方、日

本學者與臺籍人士的調查研究報告、民俗雜誌或民間文學合集等。[1]

日治後期,由日人金關丈夫、池田敏雄與臺人黃得時、陳紹馨等合作出版的《民俗臺灣》,是一份相當重要的民俗雜誌,該社結合了日人與臺籍人士,其作者群、研究方法,都影響了戰後出刊的《公論報》臺灣風土副刊和《臺灣風物》雜誌。[2]

戰後初期的民俗代表刊物《公論報》「臺灣風土」副刊與《臺灣風物》,所參與的編輯、作者群,除了本土人士楊雲萍、黃得時、王詩琅、陳漢光、林衡道、陳奇祿等人之外,也有大陸遷臺學人如婁子匡、朱介凡等。此二份刊物可說為戰後的民俗學者提供良好的交流園地。[3]

再看另一個面向,1945年以後,大陸來臺的學人,一方面帶來既有的民俗研究觀念與成果,另一方面也開始加入對臺灣民俗的研究,和本土學者一起拓展了臺灣民俗研究的成果。例如毛一波(1901-1996)、屈萬里、董作賓等,都是史學、經學、文字學研究的學者而兼有民俗研究的興趣,而董作賓曾參與早期的民俗學運動,編著《看見她》,來臺之後,也曾在《臺灣風物》發表〈福州歲時記〉[4];此外,婁子匡更是中國民俗學會的重要人物,他不僅在臺灣複印北大、中山大學的民俗叢書,也積極地發表新的民俗學研究論文。而軍旅出身的朱介凡的中國歌謠、諺語研究等,以及北大出身的郭立誠,她的

1 參考黃得時,〈光復前之臺灣研究(代序)〉,見片岡巖著、陳金田譯,《臺灣風俗誌》(臺北:眾文,1994複印),及本書緒論,頁2-7。

2 參考林美容,〈台灣民俗學史料研究〉,中央圖書館臺灣分館編,《慶祝建館八十週年論文集》,頁625-643,及本書緒論,頁7-12。

3 參見羅雅如,《《公論報》「台灣風土」副刊與戰後初期臺灣研究》,(臺北:臺灣師大歷史系碩士論文,2008年);筆者對《臺灣風物》與1950年代臺灣社會的研究,參見本書下編第二章。

4 以上各學者的民俗文章,見《臺灣風物》2卷2、3期。如董作賓,〈福州歲時記〉,《臺灣風物》2卷2期(1952年2月),頁2-3;續篇見《臺灣風物》2卷3期(1952年5月),頁4-5。

中國民俗與女性民俗研究，也都有相當不錯的成果[5]。

　　概括而言，大陸遷臺學人對於臺灣民俗的研究，可區分為三個表現途徑，其一是在文章中，引述、採用臺灣本地的資料，或者就本地的民俗現象加以討論和研究，其二則是直接以臺灣民俗、民間文學為研究題材撰寫文章；第三，將前述單篇文章又結集成書，冠以「臺灣民俗」等書名，則研究成績就更為明顯，有聚焦的效果。

　　第一類文章，譬如郭立誠〈茶與禮俗〉[6]，談茶和習俗的關係，其中一段提到茶在臺灣訂婚、結婚禮俗中的應用和重要性；〈從「拜張巡」看移民的痕跡〉[7]，係從臺灣各地信奉保儀大夫的信仰，上溯到唐代張巡、許遠的故事。

　　第二類單篇文章，例如朱介凡的〈臺灣的瘟神〉[8]、〈臺灣禮俗之特彩〉[9]，〈說臺灣風土諺〉[10]等，都是很好的例子；而郭立誠除了書寫中國古代習俗外，在她的《中國生育禮俗考》一書中，也有一章專談〈臺省的生產育習俗〉[11]。婁子匡在《公論報》臺灣風土副刊、《臺灣風物》與《臺灣文化》等，也發表了多篇與臺灣相關的文章。

　　第三類，特別是婁子匡，他的《鄭成功傳說》、《臺灣民間故事》、《臺灣俗文學叢談》、《臺灣民俗源流》、《臺灣人物傳說》等，都可凸顯他在這方面的成就。

　　這三類文章中，第一類文章多而細瑣，重點也不在於臺灣民俗的研究，因此可以暫存不論；第二類與第三類文章，才比較能夠看出其

5　對這三位學人的研究，有郭英三，《婁子匡先生及其民俗學論著之研究》（嘉義：中正大學中文所碩士論文，2009年）。而筆者對朱介凡、郭立誠的研究，參見本書上編第四、五章。

6　郭立誠，《中國民俗史話》（臺北：漢光文化事業公司，1983年），頁100-104。

7　郭立誠，《中國民俗史話》，頁243-246。

8　見《臺灣風物》17卷5期（1967年12月），頁25。

9　收入朱介凡，《中國謠俗論叢》（臺北：聯經出版公司，1978年），頁29-80。

10　見《臺灣文獻》31卷2期（1980年6月），頁1-30。

11　見郭立誠，《中國生育禮俗考》（臺北：文史哲出版社，1971年），頁133-151。

主題與重點。因此，下文將以婁子匡、朱介凡的相關著作為例，討論其內容與重點，並進一步探究其在民俗學暨臺灣民俗學上的意義。

三　婁子匡對臺灣民俗的研究

　　婁子匡（1907-2005）在大陸時期就已經相當活躍，1949年來臺灣之後，除了向民俗研究的刊物投稿，他自己也曾接辦《自立晚報》，並在副刊上設立「風物志」，專門刊登民俗研究的文章。而後在1950年11月，《自立晚報》因故停刊，隨後又轉手他人經營，此事讓婁子匡受到頗大的打擊，但又迅速於1951年春季成立東方文化書局，從影印、販售竹林書局的閩南唱本開始，此後又相繼影印複刊中山大學民俗叢書、北大歌謠周刊、北大民俗叢書，以及「亞洲民俗・社會生活專刊」等[12]。婁子匡在民俗學上的成就不凡，但直到百歲仙逝，並沒有太多人研究他對民俗學的貢獻，使他在臺灣的後半生，顯得相當沉寂。幸有陳益源曾訪問婁子匡，撰寫〈中國民俗研究論著的守護神〉一文[13]，而後也為婁子匡籌辦「紀念婁子匡先生百年冥誕之民俗學國際學術研討會」，並出版《東亞文化研究第八輯・紀念婁子匡先生百年冥誕之民俗學國際學術研討會專號》[14]。而後，郭英三完成他的碩士論文《婁子匡先生及其民俗學論著之研究》[15]，有關婁子匡的生平與著作才有一個清晰的輪廓出現。

12　郭英三，《婁子匡先生及其民俗學論著之研究》，頁59-73。

13　陳益源，〈中國民俗研究論著的守護神〉，收入其《民俗文化與民間文學》（臺北：里仁書局，1997年）。

14　高國藩、陳益源主編，《東亞文化研究第八輯・紀念婁子匡先生百年冥誕之民俗學國際學術研討會專號》，香港：東亞文化出版社，2006年8月。又，這是臺灣學界第一次為婁子匡舉辦研討會，據主辦人陳益源教授說明，本是為慶祝百歲婁先生百歲華誕，遺憾的是婁先生在同年8月5日凌晨病逝。

15　郭英三，《婁子匡先生及其民俗學論著之研究》，於2009年6月完成。

據郭英三的研究，在婁子匡的民俗研究中，運用情節類型與母題的研究方法進行有關鄭成功的研究，其所開展的面向和獲得的結論，在傳說與故事研究上可說具有重大的貢獻。而1951年整理出版的《臺灣民間故事》則是戰後初期一部很有歷史意義與學術價值的臺灣民間故事集，因為這部書距1936年李獻璋編輯的《臺灣民間文學集》，不過15年，距日人撤離臺灣，不過6年；往下也開啟了江肖梅，以及更後面的陳慶浩、王秋桂兩位對民間故事的整理與出版[16]。

因此本章將著重婁子匡著作中，和臺灣民俗相關者，如《臺灣民俗源流》、《臺灣俗文學叢話》、《臺灣人物傳說》等，予以述評，分析其內容特色與學術意義。

（一）《臺灣民俗源流》

《臺灣民俗源流》分為五章；壹前言、貳歲時節令、參傳統信仰、肆喜慶婚喪及伍後記；歲時節令部分，共介紹了十個節令：春節、元宵、清明節、端午節、七夕、中元節、中秋節、重陽、冬至與尾牙以及過年；傳統信仰部分介紹十三個主題：敬天尊祖、天公信仰、孔子與文昌、鄭成功與王爺、身後成神的類型、水仙、財神、保生大帝、註生娘娘、保佑開發的眾神、城隍爺、神畫以及祖先崇拜；婚喪喜慶部分，含四個主題：婚喪喜慶都要求個吉利、民間都重「早生貴子」、夫婦之道，人倫之始以及人生的最終點，喪與葬[17]。文前有

---

16 詳參郭英三，《婁子匡先生及其民俗學論著之研究》第四章，頁127-153；第二章，頁64-65。又，郭英三在此論文中詳述婁子匡生平事蹟，也剖析其各個時期的事業經驗與民俗著作；對於婁子匡來臺以後的民俗研究著作，曾介紹了其中與臺灣相關的著作之寫作背景與內容，也特別推崇婁子匡的鄭成功研究在傳說與故事研究方法上的貢獻。筆者認為，這本碩士論文對婁子匡的鄭成功研究分析甚佳，而有關婁子匡對於臺灣民俗的著作，則尚有補充論述的空間。

17 婁子匡，《臺灣民俗源流》（臺北：東方書局複印，1970年），北大民俗叢書64冊。本書為《臺灣民俗源流》與《龍津集》合刊。

「大陸移民來臺路徑圖」、民俗活動照片26禎以及農曆曆書剪貼影本一幅。據後記云，此書係受臺灣省政府新聞處處長周天固先生之囑咐而撰成，在其旨趣上，則從臺灣民俗和大陸民俗的血緣關係入手，表示：「中原的民俗自然而然的傳播到臺灣，是毫無疑問的，如果再加證明，閩南和粵東的民俗，大量的甚至加強了的民俗行事，處處時時都能見之於臺灣，……更有誰能說中原、閩粵、臺灣的民俗是沒有源流關係的？」[18]因此，書中所述的各項民俗，大多一邊敘述臺灣的狀況，一邊穿插古代典籍的記載或大陸各省的習俗。此書不是學術論文的格式，沒有註腳，也不強調論證過程，但以其生花妙筆，娓娓道來民俗的種種面向與細節，可讀性甚高，也顯現了婁子匡的博學多聞，以及深厚的民俗學功力。

本書特別突出的是，各篇章中對於臺灣民俗的觀察非常仔細，因此雖名為臺灣民俗「源流」，但對於現況的「流」的層面，反而有較多篇幅的敘述。本書具有三個特點：一、常可見到「細說」臺灣民俗的情形；二、引用臺灣民間歌謠、諺語，以印證或加強說明；三、除了說明習俗的傳統，也常有觀照現狀之處，並對現代社會的現象加以議論。以下試舉幾個例子。

第貳章「六、中元節乃孝義之節」介紹中元節的來源，出於道教，後又和佛教的盂蘭盆節結合。婁子匡認為這個節日是本於「敬天尊祖」的倫理文化，但祭祖是民間本有的思想，卻無法兼顧到五倫之一的朋友關係，而佛、道教的宗教的形式，恰好可以藉機祭祀「祖先的朋友」，因此中元節可說是「孝、義之節」。而中元節的風俗能夠興起流傳，則因戰爭和災難的緣故，人們藉以祭拜孤魂野鬼，或是不便公開祭祀的忠義之士。在這一節當中，婁子匡以將近2000字的篇幅敘述臺灣中元節的各種行事，從七月初一「開鬼門」開始，到「放水

---

18 婁子匡、許常樂同撰，《臺灣民俗源流》（臺中：臺灣省政府新聞處，1971年）；又收入婁子匡，《臺灣民俗源流》，國立北京大學民俗叢書第64冊；後記引文見頁76-77。

燈」儀式，舉凡供品的種類、祭壇的擺設、法事的程序，都十分詳盡，占全文的2/3強，可見其詳（頁19-23）。又如第參章「四、人生的鐘點，喪與葬」介紹喪禮習俗，也是以細說的方式介紹臺灣民間的喪葬習俗，包含「買水」、安靈儀式、腳尾飯、「哭路頭」、「買大厝」、作七、出殯、下葬、撿骨等事項，約5000字，占全文5/7強（68-75）。可見其「細說」臺灣民俗的功夫。

第貳章「今之春節，舊之元旦」介紹春節習俗，除概述兩段外，引用一首臺灣民謠以印證，即；「初一早，初二早，初三睏到飽……」這首歌謠（頁7-11）又如第貳章「七、中秋節詩情畫意」，說到臺灣中秋節要吃「米粉芋」，並引用「食米粉芋，有好頭路」（頁24）；第肆章「三、夫婦之道，人倫之始」介紹婚禮習俗，談到嫁妝中的「子孫桶」，引用諺語：「子孫桶，過戶碇，夫妻家和萬事成。」「子孫桶，捨入房，百年偕老心和同。」（頁64）類此手法，在在顯現婁子匡對臺灣民間歌謠、諺語的嫻熟度，因此信手拈來，處處充滿以謠諺印證民俗的樂趣。

至於對於傳統習俗在現代的轉變之議論，可用第肆章「三、夫婦之道，人倫之始」婚禮習俗介紹的這一節為例。本節第一段以「夫婦之道，人倫之始」說明婚姻的意義，第二、三段則感慨：

> 不過，到後來重人倫過了頭，認為娶新婦是為了整個家庭的，嫁女兒是嫁給那家整個家庭的，於是講究「門當戶對」，需要「父母之命，媒妁之言」。男女當事人的自由意志則全在一筆抹煞之列。……但大體上來說，現在的婚姻制度，實已進入男女自主的時代。法庭上就給他和她以絕對的保障。……所以，前年由內政部擬訂的「禮儀規範」中那張「結婚證書」格式，就有這麼一句「茲經雙方同意，並報告家長」，算是想了個折衷的辦法。（頁61）

接著，才開始詳細敘述婚禮習俗。而後再回到對現代婚禮的敘述，相對於傳統婚禮的層層過程，婁子匡說現代人辦婚禮是「畢其功於一役」，把從前分做幾天忙的，在一天半天忙完。沒有人用轎子迎娶，新人的禮服也都是西式的。而行禮後的喜筵，也和古禮有所扞格：

> 行禮完畢，便開喜筵，中間那一席，成了舊時以新婚夫婦為主的合卺宴，亦成了「待曉堂前拜舅姑」之家宴，新人上坐，兩老、眾尊親下陪，於是有些老先生對此就常有「尊卑顛倒」的感慨。而這短短四、五小時內的所有行事，綜合了舊時交拜天地祖先時莊嚴和鬧房的詼諧，有些老先生對此也不免有「莊諧失秩」的嘆息。但上面這種情形，實是現在最流行的結婚儀式。亦有更簡單的，如不開喜筵，僅以茶點招待。或逕至法院結婚，不束邀來賓等。亦有別開生面，在空中結婚，或登山結婚的。鄉下人家，且不一定會去租禮堂，自行於稻埕上搭起涼棚，開筵請客，但結婚儀式也總離不開上面所說的範圍。（頁68）

可見身處現代社會，民俗學者婁子匡也觀察了現代社會習俗的演變，「有些老先生」，不知何許人也，說不定就是婁子匡「夫子自道」；但從末段看，民俗學者一方面描繪現實狀況，時而寄寓感慨，另方面卻也不得不接受現況，因此也把現代社會出現的各種簡單的、別開生面的或新創的結婚儀式記錄下來，成為民俗資料，而不加以主觀的批評，有留待後人論斷的意味。

（二）《臺灣俗文學叢話》

《臺灣俗文學叢話》除前言、代跋之外，收錄婁子匡的兩個長篇文章,〈臺灣俗文學研究〉和〈臺灣俗文學與聊齋〉，前者還分上、

下。書的扉頁題：「悼念／臺灣俗文學人／江肖梅先生逝世五年」，次頁登錄五人合影的照片一張，包含蔡苑清、江肖梅、婁子匡、陳定國及香山，題註：民國五十四年春[19]。從前言可知，這是有感於「我年來多承臺灣的民俗學和民俗文藝的學人們的協助，致力於臺灣民間文學資料的蒐集、整理、迻譯和研究」的因素，特別是江肖梅於民國四十三年編的《臺灣民間故事集》給他的幫助和啟示，因此才會特別用來悼念江肖梅。而前言中也提到，大陸和臺灣的血緣文化關係深遠，因此他特別從他所編輯整理的101個臺灣民間故事之中，選取12個故事來做例證。由此也可以了解，本書的副題為何是「中原、臺灣民譚比較研究」（見書前的圖書目錄），而這樣的視角自然也包括了第二篇把聊齋和臺灣民間故事放在一起對照比較的做法。

　　由於婁子匡長期投入的民俗學，因此本書顯現出婁子匡擅於勾稽資料的工夫，尤其經常可以找出早期文獻中的相關記載，譬如「怪兄弟」故事，江肖梅已編入《臺灣民間故事集》，婁子匡則舉出民國二十年《俗文學集鐫》第一輯已有同型故事，並再上溯到明代屠本畯《憨仔雜俎》也有七個怪兄弟故事；而清光緒年間，英國女記者克萊露到中國旅行時曾蒐集到這類故事，她用英文譯成「五兄弟」；日本的《主婦與生活》雜誌也曾介紹過這一本英文譯成日文的「中國五兄弟」（頁2-11）。又如「嗇翁臨終」故事，係因朱峰寄來一篇富翁臨終的故事給婁子匡看，因此婁子匡有舉了一個大陸同型的故事，同時追溯這類故事在明代馮夢龍的《廣笑府》已有收錄（頁29-31）。

　　其次，對於臺灣和大陸各地同類故事的比較研究，婁子匡也提供了範例。例如邱罔舍故事，臺灣的「戲弄賣蛋人」故事主角邱罔舍，大陸華中一帶流傳的故事則變成徐文長，江蘇蘇州，又變成祝枝山；而清代的小說《醒世姻緣》中，狄希陳也有類似的行為（頁47-50）。

19 婁子匡，《臺灣俗文學叢話》（臺北：東方書局，1970年）。《北大民俗叢書》52冊。

白賊七故事,臺灣的林瑞芳搜集了「寒暑寶衣」故事,婁子匡補充了大陸嚴殊炎所編的《民間笑話》也收了一則張三和「火龍丹」的故事（頁47-50）；白賊七欺騙自己的叔叔和嬸嬸,大陸華中一帶則是徐文長欺騙自己的妻子和岳母（頁50-54）。又如虎姑婆故事,婁子匡從民國四十九年（1950）間賣座居冠的台語電影「虎姑婆」講起,為這個故事找到出處,係江肖梅搜集,涂麗生記述的臺灣民間故事;而婁子匡也詳列了大陸各地流傳的類似故事,這些故事中的吃人精,除了老虎,也有狐狸精、狼、熊、貓、豬、㺚、獴、瓜麻、野人等,而流傳的地區包括福建廈門、浙江、四川、山西、廣西、河南、湖南等各省的縣市,資料非常豐富（頁91-102）。

第三,進一步把故事與世界各地的同型故事作對照和比較,譬如「電母的由來」,臺灣認為是雷公電母,愛爾蘭卻是雷母電公,陰陽屬性不同;而電光閃爍,臺灣民間故事是說雷公錯劈孝順媳婦之後,天神加派電母閃電照明,但世界各地則有不同的解釋,婁子匡舉例,西伯利亞和芬蘭人認為那是一條火蛇;在印度有人以為是閃光的劍,有人以為是天馬在和星宿相鬥,馬蹄冒出火花;也有人說是雷兄追著電妹,她的面上的光芒就是電;猶太人說那是上帝的鞭,或是上帝的使者;印地安人說電從火出;非洲人把電光看成:見不到的舞女在跳舞的時候,她手裡拿的火炬（頁74）。

婁子匡在整理、比較這些民間故事的異同時,曾提出兩點有關方法論上的看法,一是以轉播律、巧合律來說明同型故事在不同地方出現的原因;二是把臺灣和中國大陸的民間故事和世界民故事做比較。

就第一點而言,對大多數的故事,婁子匡基本上認為臺灣的民間故事多源自大陸,因此有轉播（傳播）的關係;但婁子匡也列舉阿美族和雅美族的兩個笑話,「如果從民族學的觀點來說,可能和大陸的故事少有轉播的關係,但是從民俗文藝的發展,除了轉播律之外,還有巧合律,所以我認為埋葬遺屍、點石成金這兩個故事,如果不是大

陸轉播而來，便是兩地的巧合了。[20]」

　　至於第二點，則是當他和德國民俗學者合作翻譯介紹臺灣民間故事時，給予他的研究靈感，因此他曾說：「暑中較閒，我曾把那書底存稿擇要重溫，它引著我底思路轉進到臺民間故事和中國大陸以至世界各地的民間故事作比較的研究。我隨意檢出我那手頭的資料；我信手寫下去那些臺灣的民間故事的來龍去脈，不僅和大陸底是息息相關；而且和世界又不無蛛絲馬跡可找呢！[21]」

　　筆者認為，轉播（傳播）律之說，從移民的歷史來看，是可以理解和接受的；這在同樣流傳於閩南、臺灣的白賊七故事、邱岡舍故事尤為明顯。巧合律之說，因為是面對臺灣原住民的故事，和漢人的血緣、文化關係都較遠，所以必須提出這樣的解釋。當然，這也是面對世界各地民間故事的一種態度，皆係起源於人類共通的心靈想像。而與世界各地民間故事的比較，則是婁子匡等學者在類型與母題研究上的體悟，也是促使他和國際學者對話的一種途徑。

　　婁子匡的轉播律、巧合律之說，對早期的民俗學、民間故事研究來說，的確是發掘了其中的發展規則，但這兩個規則，以今天的研究角度看來，也還有補充之處。據彭衍綸《臺灣民間故事〈臺灣白賊七趣話〉及其相關問題研究》的引述，姜彬主編的《中國民間文學大辭典》指出民間故事的流傳，有「同源說」、「同境說」與「相互影響說」三種，而賈芝〈關於民間文學的比較研究法〉也曾指出其中的盲點：「故事隨人而走，但憑傳播，沒有交融或地區化，故事是難以在另一民族扎根的。[22]」參照其說，轉播律近似「同源說」，亦即認為同

---

20 婁子匡，〈結語〉，同上註，頁66-69。

21 婁子匡，《臺灣俗文學叢話》，出自其〈臺灣俗文學研究・下〉的引言，同上註，頁73。

22 參閱彭衍綸，《臺灣民間故事〈臺灣白賊七趣話〉及其相關問題研究》第五章（臺北：政治大學中文所碩士論文，1997年），頁145。

一型的故事必然有一個源頭故事，經由傳播而在其他地方也可找到類似故事；而巧合律則近似「同境說」，認為每個民族的民俗、民間故事都是自己特有的，而之所以產生雷同之處，則是因為原始時代的「殘留物」──因為原始人的信仰、風俗、思想大致相同，所以才產生相同或相似的習俗與故事。然而，相互影響、交融、地區化的機制也不容小覷，我們在轉播律的規則下，其實還應該看到故事的大同小異之處，找出故事被地區化、本土化的痕跡；在巧合律的規則下，也可更仔細探索民俗的普遍性與地區化的特色。

《臺灣俗文學叢話》另收有〈臺灣俗文學與聊齋〉，係以十個臺灣民間故事和《聊齋志異》裡的故事比較。本篇的〈前言〉提到撰稿的動機，係因蘇尚耀用白話文選譯《聊齋志異》，邀婁子匡發表意見，於是婁子匡翻閱《聊齋志異》，發現了兩者大堪比較探討，所以才撰寫此文（頁103-104）。在〈結語〉部分，婁子匡歸納出臺灣民間故事與《聊齋志異》的四種關係：同型同式、同型異式、異型同式、異型異式但思維相同；為何二者之間有此關聯，婁子匡認為可從兩方面來推敲，一是《聊齋志異》影響了臺灣或大陸的民間故事，二是反過來，臺灣或大陸的民間故事影響了蒲松齡的創作。第一種想法有兩個線索，一個是可能臺灣上一代的民眾非常喜愛《聊齋志異》，因此部分民間故事是由蒲氏的創作所演化；另外也可能大陸沿海地區的居民，曾把《聊齋志異》演成民間故事，再由大陸傳入臺灣；第二種想法，原來這些故事早已在明末清初即流傳於臺灣或大陸沿海地帶，而經蒲松齡之手寫入《聊齋志異》，或者只流傳於臺灣，那就得懷疑蒲松齡或與他有關的人氏曾來到臺灣蒐錄這些資料，而加以利用了（頁153）。

據此可知，婁子匡把臺灣民間故事和《聊齋志異》作比較，實是出於偶然的聯想，但又有意外的收穫，兩者在題材上竟有如此相似之處。但是婁子匡忽略了，蒲松齡的創作，本就有許多取材於民間傳

說，因此筆者認為「巧合律」是可能的，而且以異型同式、異型異式但思維相同的故事最符合此說。前者譬如臺灣的紙妻故事和《聊齋志異》的鬼妻故事；後者譬如臺灣的「聽香」習俗和《聊齋志異》的「鏡聽」故事，都是民俗上常見的故事和思維。而若是要推敲「轉播律」，若說蒲氏或與蒲氏相關的人曾經來到臺灣，似乎需要更複雜的考證，只能從民間故事與《聊齋志異》兩者的傳播來推論。不管是大陸或臺灣的居民熟讀、喜愛《聊齋志異》，而把其中篇章改為民間故事口頭敘述，再經流傳、採錄，也就有可能成為我們後來所看的同類或相似的故事。這一類，譬如臺灣的栽桃故事和《聊齋志異》種桃故事，臺灣的酒友故事和《聊齋志異》狐友故事，不僅同型同式，連故事的情節轉接，細節描述都有相當類似的地方，可見真的有可能像婁子匡所說的，好像有一個人拿著《聊齋志異》說故事，只不過把文言改成白話，人物與相關事物改換一個名稱而已。

（三）《臺灣人物傳說》

　　《臺灣人物傳說》有兩冊，從序文附記的年代看，第二冊50篇在前，因此序文註明寫於1968年初夏[23]；第一冊66篇在後，序文註明寫於1970年春[24]。這116位與臺灣相關的人物，包含民間人物與歷史，而文章最初都刊載於《大華晚報》每週五刊出的「人物」欄。在兩冊的〈序文〉中，婁子匡說明了他取材的標準和撰文目的：

> 　　本書把臺灣有關人物之長遠活在人們心裡的好人，不分男女、不拘籍貫，只要是臺灣民間所愛戴的先賢，我便一位一位的話

---

23 婁子匡，《臺灣人物傳說II》（臺北：東方書局，1970年）。《亞洲民俗・社會生活專刊》66。

24 婁子匡，《臺灣人物傳說》（臺北：東方書局，1975年）。《亞洲民俗・社會生活專刊》10。

說他們或她們。我所說的以口傳的俗文學材料為主要成分，說來不夠齊全的，那就向文獻資料去找尋，也就是把活生生的口傳的，自然是人們覺得新鮮喜愛的，再加上前人留下鴻爪雪印，這也會把它看成珠璣可珍了。

這本書裡話說的人物，差不多全都是好人，他們都是死去以後，還有或多或少的人們紀念或報答，這不只是親屬關係的中國底倫理觀念所形成的。這本書裡的神話，就可以證明有些「神」是由「人」昇化而成的，或是說說某人行善，結果昇化成神，雖或難以完全除掉神奇、怪誕的說法，查不出祂底來歷根源的，其玄妙的成分減去了好多。即使還保留一些迷信的成分，可是或多或少的接近事實。

我們追溯過往，代代躍出英俊人物，也就代代增加神明，一個國家、一個民族，英才輩出，由於報答和紀念，因而神明增多，豈不是國家民族興盛的跡象嗎？……讀者反映良多，又和不少先賢的後裔結了翰墨姻緣，從而又得更多活生生的資料。敝帚自珍，重校原稿，得五十篇，鑴以問世，是為序。[25]

兩冊《臺灣人物傳說》所收的人物，類型上還可細分為：一、民間神祇，如媽祖、南鯤身王爺、青山宮張滾等；二、明鄭人物，如魯王、鄭成功、陳永華、鄭成功之母、寧靖王與五妃、何斌等；三、清代過臺灣之仕宦，如劉銘傳、藍鼎元、沈斯庵、陳夢林、孫元衡、沈葆楨、李茂春、胡鐵花等；四、清代臺灣名人，如鴨母王、朱一貴、嘉義王得祿、新竹張純甫、霧峰林石、臺南許南英、胡南溟、吳尚新、

---

25 同註24，頁1-3。第一冊的序文與此雷同，只有「得五十篇」改作「得六十篇」。

臺北陳維英等；五、日治時期名人，如連橫、林獻堂、李春生、黃純青；六、日治時期到戰後的名人，如張深切、吳新榮、呂訴上、江肖梅等；七、民間傳說的人物，如鄭家姑爺楊瑞璉、萬華馬悄哥、黃仔祿嫂、邱罔舍、林金蓮、張阿火、張百萬、畫家滄海仙、義賊曾切、醜女變美女的金枝等。

這些人物傳記與傳奇故事，有三個現象值得注意。

第一，有關臺南一帶的人物與事蹟特多。不管是歷史人物或民間人物，婁子匡都能摘要敘述，並點出人物的重要性或傳奇性。譬如〈風雲人物何斌〉寫何斌獻圖助鄭成功取臺灣，又說到鄭成功得臺後，史乘已無何斌的記載，但民間都傳說何斌的住宅即是後來吳尚新的吳園，亦即今之臺南社教館；而何斌的墓，則位於臺南縣車路墘鄉的製糖廠，內有一古墓，上鐫「明漳郡光澥何公墓」字樣即是（第一冊，頁22-24）。〈萬福庵說到阮駿〉說的是臺南是民族路上的萬福庵，又名阮夫人寺，但大都數人都不知其詳；婁子匡考證出阮夫人即被封為明忠義公阮駿的夫人，阮駿（季友），浙江紹興人，為鄭成功之水師先鋒，在舟山一役敗戰殉難。後阮夫人攜子來臺灣投靠鄭軍，受到充分照顧，居於臺南鎮北坊，即今之民族路。後阮夫人捨宅為寺，也就是萬福庵。楊英《從征實錄》、薛志良續修《臺灣縣志》皆載有其事（第一冊，頁28-30）。又如〈四幅戰畫看曾元福〉，寫臺澎總兵曾元福，文章首先介紹臺南市忠義路四巷到民權路二巷的曾氏大宅，再以曾氏後人曾欽波所保有的四幅戰畫說起曾元福奉命征伐閩、贛、浙三省的太平軍的戰績。曾元福的事蹟史料甚少，僅連橫《臺灣通史》、林豪《東瀛紀事》略有記錄；曾家所存的這四幅畫，因此非常珍貴（第一冊，頁70-72）。此外，〈臺南名士許南英〉（第一冊，頁100-102）、〈固園主人黃氏昆仲〉（第一冊，頁103-105）、〈夢蝶園主人李茂春〉、〈吳園主人吳尚新〉（第二冊，頁84-87）、〈鄉土史家石陽睢〉（第一冊，頁121-124）、〈堅強人物林芹香〉（第一冊，頁148-

150）、〈堅貞沉遠的連雅堂〉（第二冊，頁137-140）等，都是臺南名
人故事。

其次，對於和俗文學有關的人士也有不少的篇章。例如〈金馬獎
導演張深切〉，因為張深切曾將邱罔舍故事拍成閩南語電影，所以婁
子匡特別想認識他，可惜緣慳一面，張深切已於婁子匡撰文前一年病
逝（第一冊，頁121-124）。〈吳新榮與「南瀛文獻」〉（第一冊，頁
127-132）、〈社會學家陳紹馨〉（第一冊，頁133-138）二文則概略介
紹其二人在俗文學上的成就；而〈俗文學守護人江肖梅〉，因為與江
肖梅結識，因此敘說甚詳。文章首先說明他和江肖梅的交誼，兩人雖
只見過三次面，卻是一見如故，每次見面晤談，都有欲罷不能之感；
而後說明江肖梅在整理臺灣民間故事方面的成就，從日治時期到戰後
初期，江氏的貢獻是非常大的。婁子匡在文章最後兩段說：

> 臺灣光復，這位愛國愛鄉的同工，便如心所願的蒐錄本省民間
> 故事，陸續出版到七集之多，這個成就，可以和福建民間故事
> 蒐錄和印行者謝雲聲同工互相媲美，因為他們二位同把本身所
> 在的省分，所流傳的故事，搜羅得比任何人更多。我何幸能在
> 臺灣獲得如許寶貴的篇什！何幸而得見如此忠勤守護俗文學、
> 鍥而不捨長達三十年不變的同工。
>
> 三十年的貢獻是非常可觀的。兩年之前，江氏病逝日本，噩耗
> 傳來，泫然失去一位臺灣俗文學守護之人，從此每年在他的逝
> 世之日，淒然地麼麼於不見良友。（第二冊，頁168-170）

可見婁子匡對江肖梅的肯定和懷念。江肖梅之外，婁子匡也和另一位
戲劇家呂訴上熟識，婁子匡是從呂訴上所著中日文劇本《現代陳三五
娘》，因而想要認識呂訴上。他肯定呂訴上著作豐富，而且擅於把俗

文學、民間故事的資料運用到戲劇中；而呂訴上也開始和中國民俗學合作，曾當選理事，代表學會訪日。呂訴上逝世，因故骨灰骸供在廣州街寓所，未能入土為安，婁子匡為他感到遺憾（第一冊，頁197-199）。

　　第三個特點，對民間人物的介紹頗多。除了〈鴨母王朱一貴〉（第一冊，頁40-42）、〈捉狹鬼邱罔舍〉（第二冊，164-167）這兩個較為人熟知的民間人物外，也有例如〈勤工致富的張秉鵬〉（第二冊，頁55-58）、〈第一賢，馬悄哥〉（第一冊，頁64-66）、和〈第二好，黃仔祿嫂〉（第一冊，頁67-69）三篇，寫的是萬華的名商人張秉鵬、馬振則和黃仔祿急公好義的故事。萬華一帶流傳這樣的諺語：「第一好，張德寶；第二好，黃仔祿嫂；第三好，馬悄哥」，或者說：「第一賢，馬悄哥」。此三人自福建移民來臺，落腳於艋舺，張經營船行、馬經營益興商號，黃經營樟腦工廠和料館，死後由妻子繼續經營，生意更加興隆，因而使得後人特別懷念黃仔祿嫂。又如〈救濟貧人的義賊曾切〉（第二冊，頁161-162），曾切劫富濟貧的行徑，很像廖添丁傳說的事蹟。婁子匡撰寫民間人物傳說，除少數人物外，用意大都在肯定人物的忠孝節義，上引幾篇即是；又如〈長留懿範的許吳超〉，寫的是雲林縣四湖鄉的許吳超老太太，她年輕即守寡，但勤儉持家，教子有方，終能振興家業，子孫滿堂（第二冊，頁153-160）。

　　婁子匡這兩冊《臺灣人物傳說》寫於1960-1970年代，尚屬戒嚴時期，而能以「臺灣人物」為名，凸顯「臺灣」二字，而不是冠以「中國」，應該也是在時代氛圍和政令意識之間游走，尤其先發表在報刊，讓社會大眾認識臺灣文史與地方人物，窺見歷史與傳說的面貌，可說相當有意義。

四　朱介凡的臺灣民俗研究

　　朱介凡（1912-2011），湖北武昌人，軍校高等教育班二期畢業。曾任軍職、記者、編輯，1942年，拜師黎錦熙，受教諺語研究；次年拜師顧頡剛，請益民俗學、俗文學方面的研究。1948年12月隨空軍渤海大隊先行遷臺。遷臺後，曾任軍職，並為中國文藝協會、中國民俗學會等理事。朱介凡勤於筆耕，包含文學創作如散文、小說、傳記以及民俗學研究，都有專書出版。他對於中國諺語、歌謠等民俗史料的蒐羅、保存，尤有貢獻，相關著作有《中國歌謠論》、《中國兒歌》、《中國民俗學歷史發微》、《中華諺語志》等。

　　朱介凡1949年初到臺灣，除了拜訪婁子匡、齊如山、齊鐵恨、董作賓、臺靜農等學者，也開始與本地民俗學家聯繫，陳紹馨、廖漢臣、吳槐等，後來也結識了楊雲萍、黃得時、吳守禮及呂訴上等[26]。而他在撰寫歌謠、諺語或民俗研究的文章時，也不時將觸角延伸到臺灣的資料。在他徵集諺語的時候，林海音主編的《聯合報》副刊，還連續三年（1954-1956）提供版面刊登，也引起讀者熱烈迴響，投書提供家鄉的諺語資料給他。以下透過他的三部著作討論。

（一）《中國歌謠論》

　　《中國歌謠論》是朱介凡花了五年的時間整理寫成的，也是他編完《中華諺語志》之後，繼續在俗文學上努力研究的成果[27]。根據書末的統計，本書選錄歌謠計1362首，其中臺灣就有66首，占36個區域之第8名（頁706）。書中有關臺灣歌謠的研究，有兩點值得注意。

26　朱介凡，《中國諺語論》（臺北：新興書局，1964年），第一章導論第一節之「六、到臺灣來」，頁17-19。

27　朱介凡，《中國歌謠論》（臺北：正中書局，1984年）。但《中華諺語志》因資料龐大，直到1989年才出版。

　　第一，推崇新階段的歌謠採集工作與相關活動。前者指的是1967年起，史惟亮和許常惠發起的民歌採集運動；史、許二人採錄了臺灣南部與東部流傳的民間歌謠，如屏東陳達、花蓮阿美族、布農族等民間歌手與原住民音樂等；此外，也有游國謙自1970年以來六年間，與歌唱家劉福助合作採錄到的臺灣歌謠。後者的歌唱活動，指的是年度由臺北市政府等單位舉辦的民歌比賽大會，以及中廣電臺舉辦的客家山歌比賽，都引起大眾熱烈的迴響，也讓朱介凡、黃得時等人表示讚賞（頁30-38）。

　　按，這都是1968-1970年之間的事；也正是臺灣70年代，鄉土運動、本土運動興起的時候。朱介凡雖沒有特別指出這一點，但也記錄下這有意義的民歌活動。

　　第二，收錄一些臺灣光復前後的「謠」。這些唸謠，分別引自蔡苑清、曹甲乙、方鳳揚等人，也有朱介凡自行蒐集的，包括反映被日本殖民的心情，諷刺日本人，以及有趣的童謠。例如：

　　第一憨，種甘蔗，隨人磅（頁688）

　　人插花，伊插草；人抱嬰，伊抱狗；／人未嫁，伊先走；人做轎，伊坐糞斗；／人睏眠床，伊睏屎窖仔口（頁688）

　　小弟弟別生氣，別生氣，明天帶你去看戲，／我坐椅子你坐地，我吃香蕉你吃皮（頁690）

這類歌謠的蒐錄，顯現朱介凡來臺灣之後，仍然隨時注意本地歌謠的採集情形。當然，由於時代的因素，本書也收錄戰前與戰後大陸一些地區流傳的歌謠，可以略窺民眾對於國民黨與共產黨的各種觀感。

(二)《中國民俗學歷史發微》

《中國民俗學歷史發微》分為上下兩冊，為朱介凡晚年將以前發表的一些文章和一些隨筆札記結集出版，其中有多篇關於臺灣民俗或者記述民俗學相關人與事的文章[28]。

有關臺灣民俗研究的，例如〈臺灣「做十六歲」習俗〉引述玉夫所述的臺灣「做十六歲」習俗，朱介凡說它像古代冠禮，但又不像（頁402-403）；〈醬菜、牡蠣〉記1980年之際，臺北街頭的兩種小販賣醬菜和賣牡蠣的已經絕跡了，因此他追記這兩種小販的叫賣型態（頁405-406）；〈林有來七字調〉記1984年，竹林書局創辦人林有來病逝，朱介凡簡介林有來的唱戲、印行歌冊唱本的經歷（頁438）等。但這些都是隨筆短篇，並不深入。

〈神籤探索起步〉一文較長，也比較有研究的心得。文章首先略述籤文、卜卦的民俗，而後提及1962年9月，以臺灣警備總部政治部副主任之職銜，向全國寺廟發文徵求神籤，因而保存一套寺廟籤文，於1994年2月參加「寺廟與民間文化研討會」發表本文，其後亦將神籤全數贈送中央研究院民族學研究所收藏。此文第三節以後才進入研究的主題，從「三臺灣十四所寺廟神籤概見」到「六分析及建議」，對於臺灣寺廟神籤的類型、形式、內容、特色等，仔細分析，舉凡籤文運用的典故、習慣用語、祈求項目、解籤模式等，都予以舉例解說。文中亦貼上幾座寺廟的籤條影印（頁493-552）[29]。在文章的最後，朱介凡提出六點建議，大體是指廣泛蒐集寺廟神籤，包括臺灣，兼及大陸的寺廟，並可在神籤之外，附帶搜集寶卷、善書、道情、俗曲等文獻資料，以全面研究和寺廟有關的民俗文化。

---

28 朱介凡，《中國民俗學歷史發微》（臺北：渤海堂公司，1995年）。

29 文末云，此文原載《中國民族學通訊》第30期（1993年12月31日），臺北中國民族學會出版。

　　有關民俗學與學人訊息的，如〈中國民俗學會在臺北的首次集會〉（頁67-68）、〈民俗學大師婁子匡與海內外同道〉（頁116-117）、〈北京戒嚴，朱介凡、王秋桂在臺北士林訪婁子匡〉（頁127-128）三篇都和婁子匡有關，第一篇記1949年7月3日中國民俗學會首度在臺灣召開大會，地點在臺北市中山堂，出席者有婁子匡、李濟、董作賓、齊鐵恨、勞榦、芮逸夫、屈萬里、陳紹馨、陳國鈞、林衡道及朱介等；篇幅雖短，但具有史料價值。第二篇記婁子匡與林衡道多次代表中國民俗學會到德國慕尼黑、土耳其伊斯坦堡、英國劍橋、日本、韓國等地，參加國際民俗學會，結識多位外國民俗學者；兩岸相通以後，也與鍾敬文、薛汕（黃谷農）、仲富蘭等通信。而1991年5月，朱介凡自己到了北京探望病中的鍾敬文，還帶去婁子匡的口信。第三篇記1989年5月20日，朱介凡偕王秋桂往士林拜訪婁子匡，告以中國民俗學會上週六在清華大學臺北辦事處舉行改組後的理監事會，公推婁子匡為名譽理事長[30]。

　　此外，朱介凡也提到了其他的學者。如〈臺灣幾位民俗學家遺下的藏書〉一文，係有感於1980年的前後十年，民俗學者呂訴上、陳漢光、廖漢臣、吳瀛濤相繼猝然逝世，因此對於他們豐富的藏書不知所向感到憂心。這篇文章也特別提到，這四位學者知道他正和婁子匡合撰《五十年來的中國俗文學》，也都慨贈資料，尤其呂訴上，不但主動提供珍藏的孤本、手抄本，有兩次甚至親自用包袱包了親自送來（頁131-132）。又，〈「民俗臺灣」〉首先簡介日治時期的《民俗臺灣》雜誌，也提到1956年秋他自己曾為臺北的《民間知識》特刊，撰寫了〈懷民俗臺灣〉一文介紹該雜誌，因此1960年12月，金關丈夫仉儷來臺訪問，該社同仁於臺北聚會，也邀請朱介凡參加（頁142-

---

30 此篇之題目，係因這一年4月15日中共前總書記胡耀邦病逝，北京大學貼出大字報，各校醞釀悼念活動，而後發展成學生抗議活動；5月20日當時北京天安門抗議群眾激增，所以北京當局下令戒嚴。朱介凡在文末提及此事並有所感慨。

143）。此外，也介紹了陳慶浩和王秋桂編輯的《中國民間故事全集》，又分別提到這兩位的民俗學、俗文學研究成果，文見〈陳慶浩和王秋桂〉（頁119-126）。

以上諸篇，可以看到朱介凡和臺灣民俗學界的交遊情形。

（三）《中華諺語志》

朱介凡對於諺語採錄、編纂及研究的成果，都呈現在《中華諺語志》這套書。他曾廣泛蒐集地方志中的諺語材料，並佐以民間故事與傳說，在1967-1981年，憑一己之力完成《中華諺語志》，原稿凡三十五冊，共7339頁（索引除外），正可視為他在諺語研究的總整理，內容豐富而詳盡，成為俗諺研究的重要參考資料。這套書從蒐集材料到出版，歷數十寒暑而成，也歷經許多波折，終於有志竟成，由臺灣商務印書館出版，書前有黎錦熙、陳紀瀅、朱建民、夏承楹和楊家駱的序文；而〈自序〉最能看出朱介凡從事諺語研究的歷程與觀念，配上〈壽堂諺語工作年表〉，可深入了解朱介凡諺學的歷程。〈凡例〉和〈中華諺語志全書大綱〉，有助於讀者一目了然。

這套書正文共十冊，外加索引一冊，全書分為五大部：人生、社會、行業、藝文與自然，下分32大類，275小類，1789細類。人生部占最大篇幅，有四冊之多；自然部占二冊半；社會部占二冊；行業部占一冊；藝文部最少，約半冊。每類依圖書十進分類法賦予類號；不分十部而分五部，係緣於諺語之存在，情態如此[31]。

這雖是一套等同諺語辭典的工具書，但如同朱介凡說：「按本書內容，實當賦予另一書名：『中國人思想、德行與生活型式』」，就可知朱介凡的目的不僅止於此，他幾乎是把這套書當作一套庶民生活文化史看待。書中對於各個諺語的解釋，也都發揮考究精神，溯源、釋義之外，也經常引用相關論著加強解釋。

---

31 朱介凡，《中華諺語志》（臺北：臺灣商務印書館，1989年），冊1，頁69。

　　《中華諺語志》在臺灣完成與出版，因此採用臺灣諺語與學人的研究成果，也成為全書的一大特色。朱介凡曾云該書的諺語原始資料大半在「王曲採諺」和「臺灣採諺」檔冊[32]，所謂臺灣採諺，除了在報刊上徵稿，獲得大陸遷臺的居民讀者提供其家鄉諺語外，最能凸顯的是，輯錄與編纂臺灣民俗學家的諺語集錄成果，以及臺灣民眾提供的臺灣諺語。於此，《中華諺語志》所採用的包括連橫《臺灣雅言》、吳瀛濤《臺灣諺語》、廖漢臣《臺灣諺語》、周榮杰《臺灣諺語詮編》等專著，也從民俗雜誌與報刊輯錄，如《民俗臺灣》雜誌、公論報「臺灣風土」副刊、《臺灣文獻》雜誌、《臺灣風物》雜誌以及臺南、宜蘭、花蓮等地方的文獻、通訊等。因此，在諺語詞條底下，經常可發現引自上述資料的諺語與解釋[33]，不然，就是徵引臺灣民俗學者的話，如莊松林、陳紹馨、吳槐等。

　　除了徵引這些既有的諺語採集資料，朱介凡也隨時整理臺灣當代社會的現象，作為詮釋諺語的依據和例證。例如編號124.74「德行」類，「心堅，即是佛」條下，舉的例子是身障作家鄭豐喜與劉俠（第二冊，頁434）；編號137.72「醫術」類，列出醫療方面的諺語，介紹幾位中醫師的故事，其中也有臺灣民間中醫師周金英的故事（第3冊，頁1056）。而編號520「地理風土及其故事傳說」以及524.16即是有關臺灣的風土諺語，達85頁之多（第9，4722-4806），試引幾個例子：

　　　1. 第一好，過番；第二好，過臺灣。
　　　　廖漢臣述。……昔時，閩粵移民，都視南洋為最好移住地，
　　　　而臺灣次之。（第10冊，頁4724）

---

32 朱介凡自藏稿本《王曲採諺》甲、乙、丙、丁、戊、己集，1939年10月至1949年2
　　月採集；《臺灣採諺》一至十四集，1949至1981年採集。見《中華諺語志》冊10，
　　頁5066。
33 但有的會註明書名，有的則僅記人名。

2. 雙溪石頭鼓，內湖偉查某

　　吳槐述。石頭鼓，大石也。偉，美也，因訛如水。士林之雙
　　溪，溪水清冽，流稍急，溪澗中多巨石。內湖昔多美女。
　　（第10冊，頁4764）

3. 淡水這號天，雨傘倚門邊

　　吳瀛濤「臺灣諺語」。臺灣北部多雨。連橫「臺灣語典」：
　　「淡水為今之臺北，……長年陰翳，罕晴霽。」（第10冊，
　　頁4733）

4. 無田無園，淨靠鹿耳門。

　　莊松林、曹甲乙、吳瀛濤述。……唯鹿耳門土地稀少，居民
　　無法農耕，只好靠漁海為生。或喻說清寒人缺多面收入，生
　　活基礎甚脆弱。三百年來，這一帶地形，滄海桑田的變易頗
　　多。（第10冊，頁4786）

此外，臺灣風土諺語中，也有原住民部分，係收錄泰耶魯（泰雅）族
人顏晴雲所記錄的「泰耶魯諺語初輯」一百條（第10冊，頁4795-
4806）。這些諺語的詞條與詮釋，有的註明出處，如第3則，出自吳瀛
濤的《臺灣諺語》，並引連橫《臺灣語典》加以補充說明；有的未註
明出處，但書某某人述，應該是朱介凡和這些民俗學界的友人晤談時
記下的資料，而後加上自己的註釋和見解，這些註解涵蓋臺灣地理環
境、社會人文，也可見朱介凡博覽群書，對於臺灣文史知識下了不少
的工夫。這些努力的成績，益發凸顯朱介凡的諺語採集和研究的價值。
　　朱介凡從大陸遷移臺灣，卻未間斷諺語採錄，他在臺灣採錄的工
作與成果均已融入這套書中。就學術發展的意義而言，代表朱介凡得
自於黎錦熙與顧頡剛的啟發，其學術源頭是1930年代的民間文學採集

運動，但隨時代變遷，而能跨越兩岸，與臺灣這邊的民俗學家與諺學家交流，並融合了兩岸諺語採錄的成果，將之並陳於讀者面前，可以參看、比較。

五　婁子匡、朱介凡合編之《五十年來的中國俗文學》

　　婁子匡、朱介凡在民國五十年（1961）元月完成編輯工作，而在五十二年（1963）合編出版《五十年來的中國俗文學》[34]，對臺灣俗文學資料的敘錄，著墨甚多。本書分為導論、神話、傳說、故事、笑話、歌謠、諺語、謎語、俗曲、說書、鼓詞、彈詞、寶卷、附錄及後記；婁子匡負責神話、傳說、故事、笑話和後記，其餘由朱介凡撰寫。而既然以五十年為範圍，也可看到各章都涵括了後十年的臺灣俗文學，例如傳說章有「臺灣山地傳說的調查研究」，故事章有「臺灣民間故事的英譯」，笑話章有「早期臺灣的笑話書」，歌謠章有「臺灣歌謠」，謎語章有「臺灣謎學」，俗曲章有「臺灣俗曲的特色」。在這些章節中，對於臺灣學者的研究成果十分肯定，大多會特別介紹；對於臺灣民俗、俗文學或民間文學的豐富與可貴，也處處加以讚揚。譬如談到神話研究，特別介紹張光直對於創世神話的研究（頁65-68），也提到許丙丁的《小封神》「把臺灣省臺南是流傳的神話和神廟、神器以及民間的通俗小說裡的事物混在一起，寫成一本長篇的章回神話小說，於是另闢了一條神話和笑話混合的寫作的新途徑。」（頁63）而有關原住民傳說的調查與研究，則列舉從民國四十年以來歷年的調查研究計畫，並推介林衡立、陳奇祿、陳國鈞、李卉、許世珍等學者的研究成果（頁78-83）。

---

34 婁子匡、朱介凡合編，《五十年來的中國俗文學》（臺北：正中書局，1963年臺初版）。

　　此外，本書對於研究議題也具有先見的眼光，像電影、俗曲這類早期較少被人注意的研究材料，本書都已詳加介紹，例如提到臺語電影，特別記述民國四十五年（1956）以後，臺語電影開始盛行，由民間故事改編成電影的劇目與演出記錄，進而肯定臺語電影把民眾熟悉的民間故事搬上大銀幕，其實具有「把故事流傳的區域和對象大大地擴展了」的功能（頁93）；而俗曲唱本，則是現在逐漸受到學界重視的歌仔冊，在「臺灣俗曲的特色」這一節，簡要地點出日治時期歌仔冊封面和封底的廣告文辭所反映的人心思想，對於玉珍書局、「大哭調」以及歌仔藝人汪思明的唸唱作品也都有所提點（頁224-228）；這兩類的材料，對於後來的俗文學、民間文學研究都有很大的啟發。

　　從婁子匡撰寫的〈後記〉來看，這是中華民國五十年文藝史的其中一部，因此具有其時代意識，從學術研究不應受地域性之限制著眼，強調大陸與臺灣的不可分，而這本書正包含了婁子匡本人前四十年投入大陸與臺灣的俗文學研究之心力，以及後十年在臺灣繼續擴大蒐羅、整理和研究的成果。另一方面，也試圖釐清、批判當時大陸民俗學界的沉寂現象，顧頡剛、鄭振鐸、鍾敬文的表現與遭遇令人傷感，而部分學者改竄民間故事，或曲解故事主題，也使得婁子匡更加傷感（頁345-351）。而朱介凡在〈附錄〉中，則記述了參與編輯的過程，有董作賓、方師鐸、王素存等人對他的鼓舞和肯定，也惠借資料；呂訴上更是提供十幾種的「梁山伯祝英台」唱本，以及其他珍貴材料（頁338-344）。加上〈後記〉最後感謝名單，列出齊如山、臺靜農、何容、黃得時、吳守禮、朱鋒等46位專家學者，其中有大陸遷臺學人，也有臺灣本土人士，可說相關的民俗學者、語言學者、國學專家、文學研究教授、作家、報刊主筆等，都一齊貢獻心力，以便完成一部五十年來的中國俗文學史。

　　婁、朱兩人合編的《五十年來的中國俗文學》，是時代意識下的產物，書中以中國文化為論述的主軸，將民間的、通俗的文學與文化

一一敘述，並交代出各方學者整理與研究的成果。就學術研究而言，它是文化中國脈絡下的成果，由大陸遷臺的婁子匡與朱介凡總其事，也獲得臺灣本土人士的支持。民俗是文化的一環，透過此書的編撰合作與資料支援，我們看到戰後初期民俗學者對於民俗文化的維護之意；而臺灣俗文學成為此書中每一章必要的部分，有其操作上的考量，也有其重要性，顯現的意義是，如同「入境問俗」、「入境隨俗」之語，民俗研究本就有「在地化」特質，大陸遷臺的民俗學者，在其本有的研究基礎和成果上，也無法忽略腳下這塊土地的歷史與文化，而必須加入臺灣民俗研究，和本地的學者有所交流、互動，才得以延續他本身學術研究的活力。

六　結語

　　如同所有的戰爭，除了災害，戰爭也可能改變居住的環境和人文。二次大戰之後，戰爭為臺灣帶來移民潮，當大陸學人踏入臺灣這塊土地，面臨文化的衝擊與心理的轉折，他們如何重建自身的文化傳統，是堅持「復興」舊傳統，還是與新環境融合，都是重重的考驗。

　　就民俗研究而言，在政令的主導下，以中國民俗為正宗，似乎是天經地義之事。這不僅是配合政令，也必須考慮到，當時各省移民的生活背景不盡相同，但統攝在「中國」概念下，中國民俗也就成為一種鄉愁的慰藉。戰後臺灣許多文化社團其實都有本土人士，也有大陸來臺人士；這在戰後初期的文化界屬平常之事。但有意義的是，民俗採錄與研究，提供了這兩個族群的對話空間。緣是之故，在1950-1970年代，大陸遷臺的民俗學人藉由「中國文化」來追溯臺灣民俗的源流，可說具有保持自己學術研究以及文化歸屬的脈絡的作用，使之不會中斷、落空；而臺灣民俗，在褪去日本殖民的陰影後，依傍在「中國文化」的脈絡系統下，可說是達到「去日本化」的一種途徑；

而逐漸興起的臺灣民間故事、臺灣民間歌謠等概念，也正在醞釀一種主體性的訴求，直到1970年代的本土運動、鄉土運動的推波助瀾，而在1980年代有了更具體的成果。

　　大陸遷臺學人如婁子匡、朱介凡等，和本地學人的積極合作、交流，可以代表1950-1970年代不同族群的學人在民俗學上的融合。而其更具體的貢獻是，開拓民俗學、俗文學的研究成果。婁子匡對於民間故事的分析比較，特別是在類型與母題研究方法上，為我們提供了方法學和實際研究上的成果；而朱介凡的諺語研究，旁徵博引和整理編註的工夫，至今也無人出其左右。對照於大陸學界近年來頗多針對民俗學者的研究成果加以推崇及研究，例如對鍾敬文重新評價，肯定他是民俗研究的先導者；可見邁入21世紀，回顧與整理上一個世紀的民俗學者的研究成果，界定其在民俗學史上的價值與地位，已經是逐漸展開的人文工程。則在臺灣民俗學史的領域中，也應含納戰後遷臺學人的研究成果，並給予中肯的評定。

第四章

朱介凡及其對諺語的研究

一　前言

　　朱介凡（1912-2011），字依萍，譜名成章，別署壽堂。民國元年（1912）生於湖北武昌，民國100年（2011）逝世於臺北。軍校高等教育班二期畢業。屢任軍職，曾兼任《中國日報》與《掃蕩報》戰地記者、《蜀東新聞》編輯，公餘仍經常蒐集民俗資料。1942年，拜師黎錦熙，受教諺語研究；次年拜師顧頡剛，請益民俗學、俗文學方面的研究。1946年擔任《正義報》副社長，《中國大辭典》編纂處編纂。在這段期間，朱介凡經常利用到軍校、研習班講習的機會，向學員介紹民間諺語，也藉此跟來自各地的學員蒐集其家鄉的諺語，因此儲存大量的諺語札記和材料，奠定其日後研究的基礎。

　　1948年12月，因臺海兩岸局勢動盪，朱介凡隨空軍渤海大隊先行到臺灣。遷臺後，歷任軍職，並為中國文藝協會、中國民俗學會等理事，勤於筆耕，包含創作如散文、小說以及民俗學研究。1965年自軍中退休。1968年以後，更專心致志於諺語的研究，1981年終於完成鉅著《中華諺語志》。1991年，朱介凡將其日記、信函、札記等文件，捐贈中研院近代史研究所，以供外界研究[1]。

　　朱介凡著作豐富，各類創作如散文、小說、新詩、傳記等，以及

---

[1]　該批檔案包括日記60冊（1929-1968）、信函、照片359張、壽堂讀書札記、講稿、太行山內外敵前後作戰史料、深秋集2-16卷、秋暉隨筆、秋暉論道集等；另贈朱介凡夫人（姚青）及其子女的日記文章。參見中研院近史所檔案館網頁介紹。http://archives.sinica.edu.tw/main/directory56-1.html。2011年6月25日查詢。

民俗學研究如諺語、歌謠、民俗文化評論等，約有三、四十種專書；對於中國諺語、歌謠等民俗史料的蒐羅、保存，尤有貢獻。他在民俗學方面的著作如《中國諺語論》、《中國歌謠論》、《中國兒歌》、《中國民俗學歷史發微》、《中華諺語志》等書，以及與婁子匡合著《五十年來中國俗文學》，都是值得後人參考、研究的著作。

　　朱介凡不是學院中的教授、學者，只因對民俗、歌謠、諺語有興趣，就傾盡畢生之力蒐集與研究相關問題，並立志著述，終於完成鉅著。他的這種精神可說和民間文學旺盛的生命力呼應，是一位具有真材實料的民間學者。他和婁子匡（1907-2005）、郭立誠（1907-2005）等，都是由大陸遷移臺灣、傳承1930年代民俗學研究的耕耘者，婁子匡的成就已受到學界肯定，已有相關的學術研討會及學位論文[2]，而郭立誠，也有單篇的論文研究[3]；朱介凡的歌謠、諺語研究論著，引用者眾[4]，但以他為學術研究對象的，目前僅搜得一篇學術論文，係王光榮的〈論朱介凡民俗研究的視野〉[5]，簡要敘述朱介凡對民俗研究的成果，肯定其具有巡視歷史、洞察現實的視角，但因篇幅甚短，深度有限。其餘所見也多是採訪稿、一般的介紹文章；譬如曾子良採訪；黃婪孌、高皓庭整理的〈訪朱介凡先生談諺語之蒐集與研究〉[6]，文中

2　「紀念婁子匡先生百歲冥誕之民俗學國際研討會」，2005年8月20-21日，臺南：成功大學中文系主辦。另有碩士論文一本，郭英三，《婁子匡先生及其民俗學論著之研究》（嘉義：中正大學中文所碩士論文，2009年）。

3　例如筆者曾發表〈論郭立誠的民俗研究及其對女性民俗的關注〉，《第十二屆亞細亞民俗學會年會暨東亞端午節民俗學術研討會論文集》（臺南：成功大學中文系，2012年7月），頁289-109；修訂稿詳參本書上編第五章。

4　例如檢索國家圖書館「臺灣博碩士論文系統」，在參考文獻中列出朱介凡著作的，達474條之多，可見舉凡諺語、兒歌、故事、民俗學、飲食文化等的研究，朱介凡的著作都有參考的價值。

5　王光榮，〈論朱介凡民俗研究的視野〉，中南民族大學學報（人文社會科學版）22卷1期（2002年1月），頁107-109。

6　曾子良採訪；黃婪孌整理；高皓庭整理，〈訪朱介凡先生談諺語之蒐集與研究〉，《國文天地》16卷6期總186期（2000年11月），頁53-59。

藉由朱介凡的現身說法，扼要地介紹研究諺語的概念和方法，而《文訊》雜誌曾多次採訪朱介凡，介紹其諺語研究的成果，計有宋雅姿〈浮生若夢盡付笑談──專訪朱介凡〉[7]、張放〈時代浪潮的作家風範──讀朱介凡《壽堂雜憶》雜感〉及〈讀朱介凡先生新書〉[8]、張玉芳〈道地的諺語研究家──專訪朱介凡先生〉[9]以及馮季眉：〈以一己之力做國家級的事──朱介凡先生研究諺語六十年〉[10]。《文訊》多次採訪報導，可見在文壇與文化界對於朱介凡的重視，直至2011年10月1日朱介凡以百歲高齡辭世，《文訊》雜誌立即於2011年12月號刊登兩篇悼念的文章[11]。然而，對於朱介凡的民俗學成果，仍須由學術界加以整理、研究，才能彰顯其人貢獻畢生之力於歌謠諺語研究的苦心。有鑒於此，本章以諺語研究為焦點，概觀其諺語研究的歷程，並探討其在諺語研究的方法、架構與貢獻，以期對這位從大陸遷移到臺灣，數十年不忘諺語研究的專家給與適當的評定。

二　朱介凡對諺語研究的歷程

在《中國諺語論》與《中國歌謠論》二書的自序中，朱介凡曾概略述及他如何踏上諺語、歌謠的研究之路。其後，在《朱介凡自選

7　宋雅姿，〈浮生若夢盡付笑談──專訪朱介凡〉，《文訊》263期（2007年9月），頁14-22。

8　張放，〈時代浪潮的作家風範──讀朱介凡《壽堂雜憶》雜感〉，《文訊》173期（2000年3月），頁35-36；張放，〈讀朱介凡先生新書〉，《文訊》261期（2007年7月），頁19。

9　張玉芳，〈道地的諺語研究家──專訪朱介凡先生〉，《文訊》37期（1988年8月），頁119-122。

10　馮季眉，〈以一己之力做國家級的事──朱介凡先生研究諺語六十年〉，《文訊》92期總130期（1996年8月），頁89-91。

11　郭嗣汾，〈千秋萬世名，寂寞身後事──哭悼介凡大哥〉、隱地，〈百年諺語第一人──朱介凡的三個心願〉，《文訊》314期（2011年12月），頁48-51、52-54。

集》，除書前的〈小傳〉外，也有若干散文記述他的人生經歷；到
1999年，朱介凡更將畢生經歷，總匯為《壽堂憶雜》，以此呈現他個
人的回憶與時代的印象。而《中華諺語志》亦收錄「壽堂諺語工作年
表」[12]，簡要記載其歷年工作情形。透過這些傳記資料，我們可以略
窺朱介凡在諺語研究上的歷程，以及他如何成為一個諺學專家。

（一）啟蒙期（1912-1930）：母教、童年與家庭生活的啟發

　　首先看遠因，來自於童年家庭生活的啟蒙。在童年生活中，母親
教導認字，為他唱兒歌、說笑話、諺語，講故事、傳說等，是朱介凡
求學也是民俗學啟蒙的開始[13]。而後上私塾，以第三位塾師沈老先生
對他的教導最有效用，因為這位沈先生總是在正課之後，為學生講歷
史故事、傳說故事，啟發朱介凡的讀書興趣[14]。而朱家的環境和往來
的親友，也帶給朱介凡快樂而充滿禮俗意味的童年生活。朱介凡出生
於商人之家，他的祖父在上海開雜貨鋪，專為武漢的商家採辦日用百
貨。朱家從祖父到父親這兩代都是單傳。朱家經濟優渥，也很注重傳
統禮俗，例如在朱介凡十歲時家人曾為他舉行「做十歲」的儀式[15]；
大房的曾祖母過世，朱家舉行非常隆重的喪禮，朱介凡還充當重孫，
擔任引導亡魂的角色[16]。而身邊的高叔叔（其祖父的表外甥）、紅鼻子
哥哥（祖母娘家親戚），也經常在過年時出現在他身邊，前者帶他逛
街看花燈，後者則為他說一些鄉下的事物[17]。另有一位女傭艾婆，也
經常給朱介凡教唱兒歌[18]。這些人事與經驗，或多或少都在朱介凡心

---

12 朱介凡，《中華諺語志》（臺北：臺灣商務印書館，1989年），頁105-126。

13 朱介凡，《中國諺語論》（臺北：新興書局，1964年），頁2；以及朱介凡：《中國歌
　　謠論》（臺北：中華，1984年4月），頁6。

14 朱介凡，〈我的童年〉，《朱介凡自選集》（臺北：黎明文化事業公司，1983年），頁56。

15 朱介凡，〈我的童年〉，頁57。

16 朱介凡，《壽堂憶雜》（臺北：文史哲出版社，1999年），頁28-29。

17 朱介凡，〈我的童年〉，頁52-53。

18 朱介凡，《中國諺語論》，頁2。

中種下喜好民俗的種籽。此外，朱介凡自述自幼就不像其他兒童一樣喜好玩耍，反而喜歡觀察周遭事物，馳騁想像力。縱使手上有零錢，也不是買吃的，反而拿去買小曲唱本、民間故事這類的「閒書」[19]。可見，朱介凡的性情近於文藝，是日後投入創作的根源，他對「閒書」的喜好，也是日後他鍾情於民俗研究的起點。這些童年瑣事，志趣的培養和啟蒙，在接受宋雅姿採訪時，朱介凡也曾述說類似的記憶，〈浮生若夢盡付笑談——專訪朱介凡〉記載：

> 朱介凡本名成章，出身商人家庭，一生最大興趣卻在寫文章。「雖然寫起稿來不那麼斐然成章，但打死我。也不想做生意人。」他自幼即受良好庭訓。「進私塾之前，母親就教我認字塊，大約總認上了四、五百個字。」字塊是上海商務印書館印行的，方形卡片正面印單字，背面印圖畫，看圖識字。六、七歲上私塾，習三字經。「私塾忙時，我就開始買閒書了。」……「撿他幾個錢就夠買書了。我用五、六十文錢買了《劉子英打虎》之類的江漢地區民間故事。」[20]

（二）奠基期（1930年代）：武昌與北平的讀寫歲月

　　朱介凡開始蒐集諺語資料，是在1930年春。但以他自己的說法，這只是緣法所至，是諺語自己來找他，他並無意覓求；不過，這也可算是朱介凡諺語研究的第一步。當時他由山東煙臺回到武昌，住豹頭堤街小樓，房東陳老太太平日說話總愛引用諺語，生動有趣，引起朱介凡的興趣，隨手記錄下來，每天可得十幾二十條諺語。另外，也從他母親口裡蒐集。1933年，朱介凡轉往北平。直到1937年對日抗戰之

---

19 朱介凡，《壽堂憶雜》，頁16-17。

20 宋雅姿，〈浮生若夢盡付笑談——專訪朱介凡〉，頁20。

前，在北平的這段讀寫歲月，是朱介凡展開諺語研究第二步的契機。1935年，朱介凡利用北平圖書館、安東市場書攤，或借閱或購買，勤讀各種報刊書籍以及現代作家寫的章回小說，也從文獻資料中輯錄各地諺語。從書面資料中輯錄諺語，是朱介凡諺語研究的新開展。而在採錄口說材料上，朱介凡也更加積極。當時與朱介凡夫婦同住的還有其岳母、內弟夫婦，一家人圍桌吃飯，談談說說之間輒引用諺語，朱介凡每每因此停箸提筆，及時記載。關於這一點，朱介凡曾說：「自此開始，關乎諺語的採集，我就這樣抱著有聞必錄的主義。這是擱置不得的，事過境遷，再怎麼想，也想不起剛才講了一句什麼諺語。因為，當時無心說出嘴。」而這第二步的工作，已經使朱介凡決心投入諺語研究。此時雖尚未與民俗學界接觸，但在抗戰前，朱介凡已編了「武漢諺語錄」、「俗語輯抄」，共得資料一千五百多條[21]。

（三）發展期（1940-1948）：「王曲時代」的蒐錄工作

自此之後，朱介凡有意研究諺語，但他認為前人已有相當成就，恐難超越，且身邊友朋勸阻者多而贊同者少，因此朱介凡就抱持著「三年興趣主義」，打算先廣泛收集材料，等到三年一到，就結束這工作。未料1940年春，朱介凡在武漢，女兒秋影夭折，朱介凡哀傷之餘，越發決心鑽研諺語研究，且除採錄外，也打算開始研讀理論，撰寫研究的文章。朱介凡詳讀北京師大教授黎錦熙（1890-1978）的《國語運動史綱》，對於黎氏十分佩服，因此在1942年，適黎來到長安，主持教育部新修洛川、同官、中部等縣志的計畫，於是正式拜師於黎的門下，從其學習編纂方志、大辭典，也從中蒐集諺語資料；並獲得黎錦熙的肯定。次年五月，朱介凡透過老友劉克讓，寫信並附詳細自傳給顧頡剛（1893-1980），想拜其為師，學民俗學、俗文學。此

---

21 朱介凡，《中國諺語論》，頁4。

事黎錦熙雖不太同意，但仍時常跟朱介凡說，他與顧頡剛都十分關切
朱介凡的諺語工作，但勉勵他要擴大為群體的工作，由眾人提供四方
的口傳諺語資料，才能使諺語的採集不斷提升，臻於完美[22]。而黎錦
熙也在重慶出席教育部國語推行委員會三屆全會上，提案建議設立全
國謠諺採集處，並組謠諺學會。這個提案顧頡剛也贊同，惜因抗戰勝
利後，局勢又變，因此未能付諸實現。但這對朱介凡的諺語研究工作
卻有著很大的啟發和鼓勵，抗戰勝利後，他也和長安民眾教育館長李
敷仁、創造社首腦人物之一的鄭柏奇會面，三人商討發起民俗學會、
編印週刊[23]。

　　1940-1946年，可說是朱介凡研究諺語的重要時期，除了上述拜
師問學、結識同道之外，他更利用職務之便，大力推動諺語蒐集的工
作。當時他擔任中央軍校第七分校總隊政治指導員、訓育科長等職，
第七分校校址在西安附近的王曲鎮，學員前後約四萬人，朱介凡在訓
育時間，有別於一般的軍事、政治主題，別出心裁的講述諺語，以期
提振精神，引發學員的興趣。同時，他也因此從學員那兒蒐集到各地
方的諺語與歌謠；有時他也請各大隊、中隊的政治指導員，代為分發
「請蒐錄中國諺語啟」，解說後，請學員當堂寫記，然後再彙整起來
交回給他總整理[24]。這段往事也是朱介凡最樂於向他人講述的，如同
宋雅姿〈浮生若夢盡付笑談——專訪朱介凡〉：

　　最讓他津津樂道的是：抗戰期間，民國28年（1939）兩次向各
　　方寄發徵集諺語啟事，暫時雖然關山阻隔，回音不少；民國29

---

22 有關朱介凡拜師黎、顧之事，可參見《壽堂憶雜》，頁649-654。但黎錦熙說朱介凡
　　寫信給顧是「腳踏兩條船」，因此朱介凡認為黎錦熙不太同意此事。
23 朱介凡等三人對此學會與週刊充滿信心，以為一定可以超越顧頡剛等人的歌謠研究
　　會和民俗週刊，也編了第一期的《民俗》。可惜仍因時局動亂，原定刊於「秦風日
　　報」或「西京日報」的副刊，也因故作罷。朱介凡，《壽堂憶雜》，頁690。
24 朱介凡，《中國諺語論》，頁10-16；《壽堂憶雜》，頁575-576、683-689。

年（1940）在軍校「不講武而講諺語」，向先後在校的四萬名
學員生集體採錄大江南北各地諺語。[25]

此外，其他師友也經常寄贈諺語資料給朱介凡，這些物件在抗戰時
期，是歷經烽火才送到朱介凡手上，更使他感激莫名[26]。而在研究論
述方面，朱介凡此際也撰寫了〈中國諺語研究述略〉、〈武昌方言謠諺
志乙篇〉及〈武昌方言記事〉[27]。歸結來看，在多難的時代，朱介凡
的諺語研究卻逐漸加深加廣，他把這段時光稱「王曲時代」，並且成
為他拓展諺語研究的關鍵點：「自王曲時代起，這二十多年來，諺語
工作在我心頭上的想法，曾經於睡夢中浮現過好多景象：優美典故，
特別資料，學院專攻，四方採集，國際同好以及研究命題的顯示。也
有，在清醒白醒的時候，神遊九天之上，胡思亂想，自己卻樂意於叫
這種情況做『理想的飛揚』。」[28]王曲鎮的木匠甚至為朱介凡特製諺語
卡片箱，係「用終南山桐木製作，五個抽屜，正面中央，還釘上薄銅
的見出框，以便插入標示的紙卡，十分堅固耐用。」爾後，朱介凡就
帶著這份「理想的飛揚」和特製的卡片箱繼續在諺語研究的道途上，
勇往直前[29]。

---

25 宋雅姿，〈浮生若夢盡付笑談──專訪朱介凡〉，頁21。

26 朱介凡，《壽堂憶雜》，頁647。

27 這些文章當時都因故未能正式發表。1946冬，朱介凡回到武昌，開始在《正義報》
發表〈風土俚諺小集〉；1947年，到南京，〈武昌方言記事〉系列文章也發表於北京
朱光潛主編的《文學雜誌》，其他諺語的論著也陸續發表於《新中華》雜誌，也有
〈兵諺漫談〉發表於魏希文在南京編刊的《新中國軍人周刊》。可知時代較安定，
朱介凡才有發表諺語文章的機會。參見朱介凡，《中國諺語論》，頁16；《壽堂憶
雜》，頁740。

28 朱介凡，《中國諺語論》，頁20。

29 朱介凡，「這卡片箱滿載諺語卡片一萬多張，好沉重。自長安，回武漢，轉南京，
到臺灣，幾經舟車運載，迄今（1999）將五十年矣。臺灣北部四十載潮濕的氣候，
也未使它變質，接榫處未鬆脫，銅框未掉。有了卡片箱，於初期諺語資料的分類整
理，十分得心應手。而且不怕逃難，可以背載了它走。」《壽堂憶雜》，頁585。來

（四）成熟期（1949-2011）：在臺灣完成多種論著

　　1948年12月，朱介凡隨空軍渤海大隊遷移到臺灣。初抵臺灣之際，朱介凡不像別人忙著到處觀光嘗新，反而積極聯絡大陸來臺的研究諺語的文人學者，如何容（1903-1990）、齊鐵恨（1892-1977）等，他們二位都任職於國語推行委員會，對諺語研究已暫時放下，但仍保持彼此的情誼。另一方面，朱介凡也向人打聽臺灣有無研究諺語的專家。他因此拜訪了臺灣日治時期《民俗臺灣》的編輯群金關丈夫、陳紹馨與黃得時（三人皆為臺大教員），也認識了任教於臺大、對民俗、諺語有研究的蘇維熊（1908-1968）、方豪（1910-1980），以及臺灣本土諺學學者廖漢臣（1912-1980）、吳槐等。當然，也重新聯繫了自大陸來臺的婁子匡。此外，大陸歌謠研究會的幾位學者，如其時已來臺任教的臺大教授董作賓、臺靜農等，也都是朱介凡討教的對象[30]。

　　特別一提的是，在搭乘富民號貨輪自南京來臺灣時，每人所能攜帶的行李件數與重量有限，朱介凡最重要的行李卻是他長年蒐集記錄的諺語卡片、特製卡片箱和相關資料，可見他對諺語研究的熱愛和執著。

　　朱介凡到臺灣以後，更密集發表諺語、民俗研究的文章。他也藉由《聯合報》刊登其諺語介紹的機會，向讀者徵求諺語資料[31]。到軍中暑期講習會、暑期戰鬥文藝隊、中華文藝協會等場合演講，也都以

　　臺灣後，桐木箱裝不下，朱介凡又另外訂製兩個十二屜的鐵櫃及一個六屜檜木箱，所蒐集卡片在十萬張以上。參見朱介凡：《中華諺語志》，冊1，頁82-83。

30　朱介凡，《壽堂憶雜》，頁786-793。

31　朱介凡，「四十三年夏，因為夏承楹、林海音伉儷的拉稿，為《聯合報》副刊寫『諺話』，隔幾天發表一篇，一時引起廣大讀者興趣，形成臺灣集諺熱潮，持續三年之久。《中國語文月刊》，特把『諺語的研究』，列為經常徵稿的標的。」見其《中國諺語論》，頁18。

諺語為題材，以此吸引聽眾，並順便進行諺語採集。甚至，也到監獄採集諺語。而友朋之間，也都樂於提供自己所記得或所知的諺語材料；此外，朱介凡也曾請託臺靜農、趙友培（1913-1999）、梁容若（1904-1997）與程兆熊（1907-2001）四位教授分別在臺大、師大、東海大學與香港新亞書院進行諺語集錄[32]。朱介凡對這些提供資料者心存感激：「陽明山莊的學長們，博愛大廈的同事們，無數喜好諺語的讀者們，還有好多老朋友們，這些年供給我的諺語資料，以及所提出諺語釋說的意見，結成了大大群體的支援，才使這種來自群眾生活的諺語，其在我的寫述上，不是個人性的文筆。」[33]

朱介凡另一個蒐集諺語的方法是到中央研究院史語所查閱圖書資料，該處方志、謠諺等的館藏十分豐富，尤其李家瑞、劉復（1891-1934）早年蒐集到的俗曲資料，更為有志者心嚮往之。1956年4、5月之間，朱介凡曾連續在某個星期裡每日都到史語所讀書，爾後又改為每週四前往，連續四次。這十天裡，朱介凡飽覽自五四以來有關謠諺、民俗的書冊，並撰寫為〈南港讀書記〉，收入《我歌且謠》[34]。《我歌且謠》於1959年6月出版，在此後，朱介凡仍繼續往返史語所圖書館蒐集資料，根據張玉芳的訪問稿：

> 民國四十五年以迄六十三年，在中央歷史語言研究所閱讀，曾有十年，每星期一整天，研讀各地方志，謠俗畫冊，還在中央警官學校圖書館，瀏覽內政部所寄存全國各地民國年代編刊的方志近三千種。讀書既有劄記又有卡片。[35]

---

32 朱介凡，《中國諺語論》，頁22-23。

33 朱介凡，《中國諺語論》，頁33。

34 朱介凡，《我歌且謠》（臺北：天一出版社，1959年6月），頁155-166。

35 張玉芳，〈道地的諺語研究家──專訪朱介凡先生〉，頁121。亦參見朱介凡，《中華諺語志》，冊1，頁112。

在著作與發表方面，此時期朱介凡的創作量頗多，《中國諺語論》、《中國歌謠論》、《中國兒歌》、《中國民俗學歷史發微》等，都在臺灣完成並出版。大部頭的《中華諺語志》，最後也獲得臺灣商務印書館的支持給予出版，共十一冊（含索引一冊），總頁數5871頁。

　　除了最初的好奇和個人興趣，是什麼力量支撐朱介凡，使他在幾度職務遷徙下，甚至渡海來臺灣，還堅持親自帶著幾大箱的「舊書破紙」（朱介凡語）[36]，也要完成中國諺語研究？除了上文曾引述朱介凡「理想的飛揚」之說，朱介凡在《中國諺語論·第一章導論·第一節緣法》曾多次提到諺語代表一個民族的文化精神，在困厄的年代給人鼓舞的力量，而他自己背負著那麼多人對諺語的熱情與期待，也不得不承擔起這個責任，並且寄望於後來者繼續傳承下去。朱介凡曾說：

　　　　另外收穫是，時代劇烈動盪，好幾位生活趨於絕望的人，竟因我這些「諺話」而受到鼓舞，重振人生奮鬥的勇氣。他們寫信來感激我。我想，應接受感激的，乃是我們中華民族歷代相傳的諺話。

　　　　我的家是毀了，雙親於武漢淪陷前後相繼在故鄉亡故，身為長子不能送老歸山，遺恨終生！小妹、么弟滯留大陸。如今，十四個年頭了。在諺語檔案卷內，還有弟弟妹妹的抄件，每一展對，不由淚下。
　　　　悲苦中的振奮！惟有在諺語工作上，不懈怠，不轉向的下力而為。

　　這裡，我想另起一個頭來問，就我們中國說，應該還有人與諺

───────────────

36　朱介凡，《中國諺語論》，頁17。

語結不解之緣。那後來的，願踩在我肩頭，或把我當墊腳石，都無有不可。⋯⋯這麼多有緣的朋友，若果其中有三五十人，把這番興趣擴展、持久、恆常的下力而為，我那好多「理想飛揚」之處，豈不就實現了？[37]

這幾段話充分顯現朱介凡對諺語的深厚情感，以及捨我其誰的使命感。所以他窮盡畢生精力，務必完成重要的諺語研究，並期盼更多人接續下去。

三　朱介凡對諺語研究的觀念與方法

（一）研究觀念

　　朱介凡著手諺語研究，對前人的研究論著與方法多所揣摩，除了親炙語文學家黎錦熙，拜師民俗學家顧頡剛，對於古代著作如清‧范文瀾《古謠諺》，也非常重視。而近人柳詒徵《中國文化史》、郭紹虞《諺語的研究》、梁容若對歇後語的看法、齊鐵恨《北平的俏皮話》以及陳紹馨《民間文化與諺語研究》等，也都是他一再引用、討論的參考書籍與文章。這些著作對他在觀念和研究方法的啟發，分別可以從下面幾個例子去了解：

1 強調諺語的思想性

　　在《中國諺語論》一書的導論，第一節敘述其個人研究諺語的緣起，第二節則標示「中國諺語在思想上的特色」，並引用柳詒徵《中國文化史》的緒論，謂中華文化有融合他族文化的特色，因此朱介凡將之引申，認為中華文化的特色即在於「有容德乃大」；而表現在諺

---

37 朱介凡，《中國諺語論》，頁20-24。

語中，可以看見的是包容、寬容、容讓、容忍的精神、百家思想齊發、大家都要做君子人的思想特色[38]。朱介凡相當強調諺語所具有的思想性，從「君子人」的理想人格，他又再引申：

> 諺語既為全民共有的社會意識和民族意識，宜乎其在義理上，為百家思想的齊同發展。分析起來，約可見到儒家的，老莊的，墨家的，法家的，重農主義的，游俠的思想觀念。[39]

因此，他列舉眾多的諺語，分析其中隱含的各家思想觀念。然而，諺語既出於民間日常生活，除了思想性，也應含有娛樂成分，以紓解平日生活的辛勞或作為茶餘飯後的談資，但朱介凡並不注重娛樂性的闡釋，可見他是以較嚴肅的態度來看待諺語。

2 諺語的定義，及其和格言、歌謠、俏皮話的區隔

　　朱介凡博覽群書的工夫，對他研究諺語尤其具有廣大的助益。他抱著「向先進同好致敬」的心態，經常徵引各家說法，然後才加以歸納整理，並提出己見。譬如《中國諺語論》第二章第二節討論諺語的定義，他先羅列古代文獻15則、近人說法28則，然後加以定義：

> 攏總古今，我們對於諺語的定義和性質是：1. 傳世常言。2. 正直的，平實的，樸素的，俚俗的。3. 經驗的，智慧的。4. 民族行為嚮導與社會生活觀照。5. 歷史文化精神之傳統。6. 雅俗共賞，群體心服口服的信賴與支持。7. 它生活在老百姓的意念與實踐行為中，愈經劫難而愈見真理不朽的光彩。一句話，中國

38　朱介凡，《中國諺語論》，頁24-38。
39　朱介凡，《中國諺語論》，頁28。

諺語是我們歷代祖宗和同時代人們的群體思想意識，它引導、
告誡、鼓勵，而且說說笑笑，也在極少的時候哭哭叫叫，要我
們怎樣的做一個真正的中國人。[40]

諺語和格言、歌謠、俏皮話有若干相似、重疊的地方，朱介凡也盡力
蒐羅各家說法，加以比較，而後摘取要義。例如在討論諺語和格言的
分別時，朱介凡採用了郭紹虞《諺語的研究》，以及郭的指導學生薛
誠之的碩士論文《諺語的探討》的意見，認為諺語非格言，因為諺語
來自於語言，屬口語句子，容易記憶，未必含有教訓；而格言則多起
源於文字，往往是文言，幾乎全都是教訓的[41]。在比較諺語和歌謠的
差別時，首先引述清代焦循《孟子正義》釋夏諺的說法，謠重在歌，
諺重在語；其次則採用郭紹虞的分析：「至於性質上，諺語是經驗累
積的結果，所以是主知的；而歌謠則重在抒情，是主於情的。這個便
是歌謠與諺語主要的區別。」此說不僅為薛誠之所承繼，朱自清《中
國歌謠》的結論看法也是一樣的[42]。

此外，許多諺學家並不接受俏皮話（歇後語）是諺語的一支，朱
介凡也是如此。因此在他開始蒐集諺語時，便有意捨棄之。但他後來
改變觀念，肯定俏皮話也是諺語的一類，這個轉變，梁容若〈關於歇
後語〉一文的分析，以及齊鐵恨《北平的俏皮話》給他很大的影響，
他因此對北平流傳的俏皮話十分欣賞，也經常請求齊氏為他解說寓
意。而後他也把俏皮話和諺語做了比較和區分，得出六點異同：

1. 都是由事物比喻，以見義理。……2. 俏皮話型式的諺語，幾
乎都是語中帶刺的句子。3. 俏皮話型式的諺語，兩截的句子，

---

40 朱介凡，《中國諺語論》，頁60-61。
41 朱介凡，《中國諺語論》，頁85-86。
42 朱介凡，《中國諺語論》，頁94-100。

後一半的話頭，依前一半的推理而來。所以有人稱之為解後
語。4. 非俏皮話型式的諺語，則少有這種命義的推理，而只是
事象的對比。5. 俏皮話型式的諺語，前一半若花朵，後一半若
果實。而這後一半的論斷，語氣上帶著令人定然不可不聽從的
勁道。6. 所以，……俏皮話型式的諺語……它是嬉笑怒罵的，
幽默的，輕薄尖酸的，也張牙舞爪，又跳又蹦的；非俏皮話型
式的諺語，則溫柔敦厚些，也篤實樸素些。[43]

以上，可知朱介凡對於格言、歌謠、俏皮話的取捨有不同的看法，他
接納俏皮話，是受到梁榮若、齊鐵恨的影響。但這是否也代表俏皮話
是北方民間的特殊口語藝術，因此梁、齊二位才特別重視？這是可以
另外再探討的問題。

（二）研究方法

在本章第一節已介紹朱介凡蒐集諺語的經驗，從這些親身經驗，
可以歸納他研究諺語的幾種方法。以下依蒐集途徑、分類與登錄方
式、整理與詮釋等層面來看。

第一，蒐集諺語的途徑。朱介凡慣用的方法是直接採記當代人物
的口語，或是從文獻中蒐錄。前者包括自己一聽到有人使用諺語，就
立即採記；或是由各方友人寫下所知的諺語，抄錄後提供給他。所以
他曾說：「我所集錄的諺語，少從書本抄輯，而多直接取於口語。[44]」
諺語提供的來源，包括家人、軍校學員、演講時之聽眾、報刊讀者、
師友，從上文已可了解朱介凡和這些人物互動的經驗。至於文獻資
料，則包括現代作家的章回小說、方志中的民俗材料、語文辭典中的

---

43 朱介凡，《中國諺語論》，頁106。
44 朱介凡，《中國諺語論》，頁11。

諺語材料以及前人已經編輯的地方諺語集等[45]；有時，朱介凡也和相關的研究者互相交換資料。因此，朱介凡把他的實際經驗化約為五種方法──鄉土集諺、家庭集諺、訪問求教與有聞必錄、集體採錄、書刊輯鈔等五種方法，前四項與人有關，第五項所涉及的包括方志、筆記、小說戲曲書本、俗文學、各類期刊及各地報章[46]。

　　使人印象深刻的是，朱介凡為求得一本諺語著作，往往發揮「上窮碧落下黃泉」的追查工夫，例如童世璁、黎錦熙告訴他街上有售清人范寅《越諺》的木刻本殘本，三冊中的上冊，朱介凡立即前往購買。而後1942-1943年，在臺北始看到全本，更看到1932年北平來薰閣原版重印的本子。1956年春，朱介凡請託臺灣省生產教育實驗所教育長黃尚仁，懇託該所學員孫中先、孟全申代為抄錄中、下冊，至此才得閱全本。而1962年，黃共芳因日本學者香坂順一的請託，為之影印全套，黃氏亦寄贈一套影本給朱介凡。由《越諺》一書的例子，可略窺朱介凡鍥而不捨的工夫。為了充實自己的學識，圖書館、書店，更是朱介凡每到一處新的居所就急忙尋找的地方，從大陸到臺灣，北平圖書館、東安市場、西安圖書館、南京蟠龍國學圖書館、中央研究院史語所圖書館、臺大文學院圖書館等，都是他埋首研讀或於書報堆中尋寶之處，藉此以博覽群書，從中汲取諺學知識與材料。

　　第二，分類與登錄資料的方法。諺語研究在蒐集材料之外，最龐大的工程莫過於分類。史襄哉《中華諺海》收錄諺語12424條，按字典部首排列，朱雨尊《民間諺語全集》集錄現代通諺四千餘條，分類編輯清晰，二者都是朱介凡編纂、研究諺語時的重要參考資料。最後，朱介凡從杜定友（1898-1967）編的《杜氏圖書分類法》中冊

45 如趙樹瑄曾贈給朱介凡1935年陝西教育廳出版的《陝西謠諺初集》。朱介凡，《壽堂憶雜》，頁654-655。

46 朱介凡，《中國諺語論》，頁600-606。

「分類表」獲得啟發[47]，成為他分類整理的參考。但因為資料龐雜，他幾次調整分類標準，煞費周章。在沒有電腦的時代，他最常運用的方法是「用整張道林紙，打上格子，寫明中國諺語綱目，掛在大較場空軍基地寢室東牆上，常常看著它思索，怎樣體系井然的，進行諺語的分類。這只是初步的嘗試，建立了概念。必待後來，就中國諺語的實際材料，聚集了諺語卡片，排比歸類，方能逐步形成體系。[48]」於是，從道林紙到卡片，以至於抄寫於自印的稿紙上[49]，片片頁頁都顯現了朱介凡的用心。這些筆記、卡片的作法，在今天有電腦、數位可利用的時代看來，無異「土法煉鋼」，卻是實在、踏實的研究工夫，因為每一則資料都是他親力親為，包羅廣闊，披沙揀金，一點一滴累積才得到最後的成果。朱介凡曾說自己：

> 讀書，採略讀、快讀、精讀、慢讀交互並用的方法。……做學問更用笨方法。讀書既有劄記，又有卡片，在中央研究院歷史語言研究所的閱讀，曾有十年，每星期一整天，瀏覽其所藏方志，間及俗文學。那時，傅斯年圖書館還未建立，交通極不便利，在整個閱讀進程之前，我先檢閱其全部目卡（……），抄下了它俗文學的所藏，花去大半年時間。[50]

可知其努力不懈的治學精神。

47　朱介凡，《壽堂憶雜》，頁649。

48　朱介凡，《壽堂憶雜》，頁857。

49　朱介凡，「這五十多年，買書花去不少錢。在北平和臺北幾次大量印製稿紙，自己裁製的卡片，筆、墨水、煙墨，總是存量極豐裕。」《朱介凡自選集》，〈小傳〉，頁9。

50　《朱介凡自選集》，〈小傳〉，頁11。按，前文曾提及1956年4、5月之間，朱介凡曾前往史語所查閱圖書，凡十日。而此處所言，是指後來因感迫切需要，所以每週前往一次查閱資料，至1974年，計十年的時間。先後與姚從吾、魯實先、孟瑤、郭立誠等學者對坐。參見朱介凡，《中華諺語志》，冊1，頁112。

　　第三，整理與詮釋。面對浩瀚的諺語資料，有時難免有語言的隔閡，或是主觀意識的差異，如何取捨、保持忠實的紀錄，或是為求生動有趣，可以略加修飾等等，這些問題朱介凡的作法是：「其一、在記載上必保持樸素本色，絕不作文字修飾。其二、述而不作。」[51]在其《中國諺語論》也明確寫下登錄的原則，包括1. 保存本色；2. 盡量用民間口語的本字；3. 註明應用語例；4. 不輕易捨棄猥褻、粗野、下流的話；5. 記錄下述說者的姓名、籍貫、採錄的時間、地點，以便查考；6. 必要的釋註[52]。這六個原則中，第1、2、4條，可以涵蓋在「1. 保存本色」的原則下，因為諺語來自民間鮮活的語言，各地諺語具有當地語言、在地文化的特色，所以要盡量用民間的口語本字。第4點說的是，諺語在民間流傳，難免俚俗淺薄，但只要不傷大雅，不必以道德標準來篩檢，才能讓諺語保有純真、自然的性質。第5點是註記時的注意事項，非常合理且必要。第3點，應用語例就像是字典、辭典的例句，有助於正確理解與使用諺語，可見朱介凡考慮非常周詳。第6點，也就是在「述而不作」的原則下，恰當的解釋、註解。朱介凡非常重視對諺語的正確理解，譬如1943年，崔志光為他寄來東北諺語抄件35則，朱介凡閱後有不懂處，立即回信請他解釋[53]。此外，又有當場請教諺語背後的含意的例子，如朱介凡聽到馬大有老先生感嘆：「十年不下雨，九年半不挨餓。」不解，立刻請教馬老先生，告之：「種莊稼，靠天吃飯，半年不下雨，就旱餓死了。」朱介凡才體會「原來這句幽默的話頭，血淚生活背景，難得的是，它半絲苦怨也沒有。[54]」在此，朱介凡在意的是，不只了解諺語的字面含意，也要了解使用時的心境與氛圍，才能掌握弦外之音。

---

51 朱介凡，《壽堂憶雜》，頁663。

52 朱介凡，《中國諺語論》，頁600-606。

53 朱介凡，《壽堂憶雜》，頁663。

54 朱介凡，《壽堂憶雜》，頁334。

　　以上，無論是研究觀念或方法，在朱介凡投入諺語研究時，都不是有現成的規範可以遵循，朱介凡靠的是博覽群書和驚人的毅力，從《中國諺語論》第八章第二節「書目提要」所羅列的古今諺學著作692種，可略窺其用功之勤。這些書目大部分都加上他個人的點評，以顯示該書的特點與可參考之處；從這裡最可看出朱介凡的積累工夫，也是他最後終能完成大部頭《中華諺語志》的深厚基底。

四　朱介凡對諺語研究的成果

（一）《中國諺語論》

　　朱介凡《中國諺語論》於1964年12月出版，共十章，章名及內容簡述如下：

　　第一章導論，主要肯定中國諺語在文化上的價值，並細說其成書經過；第二章本質，探討諺語的定義，注重諺語和歌謠、俏皮話的區別；第三章功能，論述諺語具有社會的功能、科學的價值、文學上的應用、教育上的取證以及政治上之見道的功能；第四章源流，談諺語在古代產生的方式，以及古籍中的文辭與諺語的關係；第五章傳述，討論諺語的口傳述與文字傳述，包括前者傳述的人物身分，如母親教導子女、長老傳述給家族、鄉里的人，各行各業師徒的傳述，以及說唱文學與戲曲的傳述；後者指的是，經史子集的文獻、小說、筆記、詩詞、政論、農書、兵書、醫書、謠俗書、方志與雜書等；第六章義理，分析諺語中的思想意識，如宇宙觀、人生觀、社會觀等；第七章型式，從修辭、比興、音韻、字句、語氣、句型等方面探討；第八章集錄，除介紹書目外，也介紹自古代至當時的諺語採錄史；第九章整理，討論諺語的分類、審訂、編纂之原則以及自己的經驗談；第十章考究，主張諺語的解釋不只是字面上的，也應對諺語產生的背景、應

用的情境、正反面的寓意等，深入探究。

在這樣的綱目下，展現對諺語研究的整體觀念，包含探討定義、源流、流傳方式、保存方式、採錄方式、主題意識、詮釋方法以及研究方法，確實是「論」，至於各種類型的諺語、各地特有的諺語等，資料只能另外編書呈現。本書呈現朱介凡對諺語研究的四個特色。

其一，除人文之外，也頗重視與自然有關的諺語，並認為諺語和科學有密切關係。因此在第三章談諺語的功能時，就立一節談科學的價值；而第五章介紹諺語的文字傳述，也列舉了政論、農書、兵書、醫書、雜書等，代表要就諺語也須從這幾方面的著作去搜羅。為了凸顯諺語所具有的科學功能，朱介凡提出很多例證，例如占候諺語和氣象學有密切關係，地方風物諺語也可反映地理學中的人文，農諺更可說是應用科學中最早，也最普遍被看重的民間法則。其他如心理學、政治學、經濟學、醫學、動物學等，也都有例證[55]。朱介凡強調諺語與科學的關聯，和五四以來強調科學的重要性的態度是一致的，這由他引述朱文伯〈胡適與丁文江〉一文可知。朱文伯極力推崇丁文江講地質學時，總是引用戲曲、小說、歌謠的故事來加以科學的解釋，使地質學不再枯燥無聊；朱介凡據此加強諺語和科學研究的關係。此外，也引述陳紹馨的話，證明「諺語引導科學的研究，提供了科學則率的指證，諺語很是具有科學的價值，它有著不盡的資料，足以提供科學各課題的探討。[56]」

其二，對於諺語的形式討論，特為詳盡。在第七章的討論中，首先介紹、討論郭紹虞、薛誠之、楊世才與廖漢臣的研究方法，其後則提出非常詳細的形式條件來探討。譬如第二節直言，就列舉了平述、直指、對稱等九種形式；第三節比興，則有明喻、隱喻、對比、並比

---

55 朱介凡，《中國諺語論》，頁164-175。
56 兩例皆見朱介凡，《中國諺語論》，頁175。

等十四種修辭方法；第四節音韻，以頭韻、中韻、尾韻等十一個重點分析諺語的音韻問題；第五節字句，有口白、文言、活變等十五種；第六節語氣，有認承、詰問、勸告等八種；第七節句子的字量，首論排偶有韻與奇零參差，其次由一言、二言……一直論到十言以上，最後四點論俏皮話，總計十五項。

其三，記述諺語的集錄歷史，為諺學史和民俗學史建立初步的資料。第八章集錄，第一節中國集錄諺語的歷史，除了敘述自秦漢至明清的諺語集錄情形外，更可貴的是也記述了現代學人集錄諺語的成果。在古代部分，朱介凡爬梳、辨正歷代諺語書的著錄情形，判定其優缺點與地位。朱介凡以後漢・崔寔的《農家諺》（見收於《說郛》卷七十四）為第一篇現存最早的諺語集[57]；而第一本諺語的書則是宋・周守忠的《古今諺》一卷。朱介凡也特別介紹清・杜文瀾的《古謠諺》，把歷代風謠和諺語做了個總結，是前所未見的總集錄[58]。但朱介凡更指出，清代諺學家馬東權《魯諺》、范寅《越諺》的重要性，因兩部書都是實際蒐集本鄉本土的諺語，根據口頭流傳來採集，而非自古代或當代人的書本中抄輯；《越諺》不避土音俗字的作法，尤其讓朱介凡欣賞[59]。由此也可見朱介凡一再強調諺語集錄首重口語採集的精神。

在現代部分，朱介凡介紹自北京大學歌謠學會歌謠週刊採集歌謠諺語以來，近五十年的諺語集錄成果。他分二十一類介紹各類採錄的成果，包括科學的、體系的研究，如郭紹虞和薛誠之的研究；各題研究，如史襄哉的博士論文《從中國諺語看教育的原則和實施》、陳紹馨《諺語之社會學研究》等；群體集錄，如朱炳海利用科學通訊刊物，長期徵求氣象諺語、齊鐵恨任職鐵道部，拜託全國鐵路員工採集各地

57　朱介凡，《中國諺語論》，頁516-519。

58　朱介凡，《中國諺語論》，頁526。

59　朱介凡，《中國諺語論》，頁527。

雜字、方言和諺語等等；諸如此類。朱介凡雖然沒有使用編年的方式
敘述，但配合其後的書目與出版日期，也不難匯集出現代諺語集錄與
研究的發展的歷史，為後人對諺學史和民俗學史的研究奠定了基礎。

其四，對諺語詮釋的方法有獨到的見解。一般的諺語集就和字典
辭典一樣，大多羅列諺語條目和簡要的解釋，少數才有例句。但朱介
凡認為這是不夠的，諺語是口頭流傳，是活生生存在於生活中的，最
怕一被蒐集以後就成為書面文字，失去了它的口語特色和活潑性，因
此他強調諺語的考究工夫，研究者必須充分了解某個諺語的來源、產
生背景、應用情境和寓意，這樣收進諺語集當中，才能繼續維持它的
生命力。朱介凡認為可從語言的、謠俗的、科學的、歷史的考究去討
論。以下試著舉例看朱介凡在這幾方面的考究。

例如廣東俗諺：「駛個容易聽個難」，言用錢容易賺錢難，以
「駛」為支用、消耗，是廣東土俗字眼的新意；「聽」是隋唐間字，
見《廣韻》，支財貨意，但此處卻是相反的，收斂集攏之意；這是語
言的考究[60]。又如湖北有「出劉秀」的諺語，代表稱讚美好的人事
物；但浙東卻有「倒家敗劉秀」這類諺語，指敗家子而言，可見須就
諺語流傳地區的社會人文加以考察，進而發現諺語構成的法則也有超
乎常理的一面[61]；又如，齊如山（1875-1962）《北平風俗奇談》有：
「頭水轎，執事新，這才不算白娶親。」這是北平特有的婚俗諺語，
因此朱介凡也花了相當多的篇幅來考究和解釋北平的婚嫁習俗[62]。以
上是謠俗的考究。而科學的考究，朱介凡列舉許多和氣象有關的諺
語，又引用心理學家黃堅厚〈三歲看大〉一文，以探討諺語「三歲看
大，七歲看老」的可信度；黃文認為，教育是多元的，因此這個諺語

---

60 朱介凡，《中國諺語論》，頁673。

61 朱介凡，《中國諺語論》，頁678-679。

62 朱介凡，《中國諺語論》，頁681-684。

只說重了一部分[63]。在歷史的考究上，諺語「湖廣填四川」說的是明末張獻忠之亂，張入川殺人無數，戶口空虛，兩湖人民自動移殖前往；清代彭遵泗〈蜀碧〉、沈荀蔚的〈蜀難敘略〉都可供考證[64]。

　　這四方面的考究，都是因應諺語的特色而採用不同的考究角度。但朱介凡更在意的是對諺語的「釋說」，也就是對諺語內涵思想的整體的詮釋，並加上情境應用與親身的體會。這一點，朱介凡曾舉一例：「晴乾不定，直待雨淋頭」，朱介凡解說此諺語的意義是「拖延失時，在不利的情況下，才採取行動。這是一句諷刺性的諺語，日常生活裡，常多應用。」也從志書、戲曲、小說中考究其應用情形，並讚嘆此諺語的形象逼人，語氣凝重；但在釋說方面的引申，朱介凡卻以自己常在上下班途中突遇風雨，狼狽不堪為例，說明若乾脆反過來，享受風雨的洗禮，反而是瀟灑自得，因此他說：「感謝這句諺語，也難得這麼一番興會的感受，使我從反的方向取得正的感受。[65]」可知朱介凡對諺語的研究不僅是當作研究工作去考究而已，更實際應用於生活上，也從諺語的字面到骨子裡的精神，以至於轉化運用，都能掌握自如，更透顯他對諺語的熱愛。

　　《中國諺語論》由陳紹馨作序，出版時，得到婁子匡、杜而未與曾知的讚賞，分別撰文介紹[66]。這部書上承五四以來的諺語研究成果，體制的完備與論述的龐多，後來者大多以蒐集、羅列諺語條目為重點，鮮少能夠超越。同類的著作，吳瀛濤《臺灣諺語》在1975年出版，大陸學者對諺語的研究，也要到1980年代以後才開始興盛，可知

63　朱介凡，《中國諺語論》，頁697-701。

64　朱介凡，《中國諺語論》，頁705-706。

65　朱介凡，《中國諺語論》，頁722-724。

66　婁子匡，〈俗文學研究：介紹「中國諺語論」〉，《中華日報》（1965年3月5日）；曾知，〈朱介凡先生跟他的「中國諺語論」〉，《中國語文》16卷4期（1965年4月），頁20-23；杜而未，〈朱介凡：中國諺語論〉，《中國民族學通訊》1期（1965年3月），頁18-19。

朱介凡這本書，確實有其重要性與代表性。

（二）《中華諺語志》

　　朱介凡對於諺語採錄、編纂及研究的成果，都匯聚在《中華諺語志》這套書。這套書歷數十寒暑而成，完成後尋求出版，也是歷經許多波折，終於有志竟成，由臺灣商務印書館出版[67]，書前有黎錦熙、陳紀瀅（1908-1997）、朱建民、夏承楹（筆名何凡，1910-2002）和楊家駱（1912-1991）的序文，諸家對朱介凡的精神都十分佩服；而〈自序〉最能看出朱介凡從事諺語研究的歷程與觀念，配上〈壽堂諺語工作年表〉，可深入了解朱介凡諺學的歷程。〈凡例〉和〈中華諺語志全書大綱〉，有助於讀者一目了然。

1 內容概述及其獨到觀點

　　這套書正文共十冊，外加索引一冊，全書分為五大部：人生、社會、行業、藝文與自然，下分32大類，275小類，1789細類。人生部占最大篇幅，有四冊之多；自然部占二冊半；社會部占二冊；行業部占一冊；藝文部最少，約半冊。每類依圖書十進分類法賦予類號；不分十部而分五部，係緣於諺語之存在，情態如此[68]。

　　這雖是一套等同諺語辭典的工具書，但如同朱介凡說：「按本書內容，實當賦予另一書名：『中國人思想、德行與生活型式』」，就可知朱介凡的目的不僅止於此，他幾乎是把這套書當作一套庶民生活文化史看待。書中對於各個諺語的解釋，也都發揮考究精神，溯源、釋義之外，也經常引用相關論著加強解釋。題名為「志」，而非辭典，確實合乎其名。朱介凡提出釋說的六個原則是：

67　在1967-1981年，朱介凡憑一己之力完成《中華諺語志》，原稿凡三十五冊，除索引外，共7339頁。從起草到正式出版，其中甘苦詳見朱介凡：《中華諺語志・自序》，冊1。

68　朱介凡，《中華諺語志》，冊1，頁69。

1. 文化背景與社會生活實況的剖析。
2. 諺句意旨、比興之特彩。
3. 歷史典故與謠俗傳說。
4. 時下事例並今昔異態比證。
5. 大眾疾苦跟壽堂自身的生活體驗。
6. 諺語句限於往昔時代迷信、偏見、誤認意識的批判。[69]

這樣的釋說模式，使得諺語詞條的解釋十分豐富，例如在編號283.311「七夕」條下，究蒐集了七夕的俗諺，也摘錄歷代七夕詩詞、民間流傳的牛郎織女故事[70]。諺語集是否一定得要如此釋說，恐怕見仁見智，但朱介凡確實堅持這樣的理念，他曾辯解：

> 有人持一種看法，諺語若加解說始明，就不能算是諺語。這看法並不全對。但在本書的纂述上，卻是值得注意的一個觀點。這部書，不是壽堂個人性的著述。……殷望高明君子把這部書當作材料，認為多樣處理而組合不同的書，但不希望急就章的割裂它。[71]

也正是這樣的堅持，《中華諺語志》收錄諺語十萬條，但詮釋的部分則明顯龐多，接近「提要」與「彙編」的規模了。

　　《中華諺語志》廣收各地諺語，面向多元，且不避俚俗，如第六冊「軍事」類，既有作戰時流傳的英勇諺語，也收錄服兵役時以及與部隊生活相關的諺語，這類諺語詼諧逗趣，正視大兵的自卑、自苦、自棄、自嘲的情緒，以及對女色的慾望。又如第五冊「婦女」類，觀

69　朱介凡，《中華諺語志》，冊1，頁98。
70　朱介凡，《中華諺語志》，冊6，頁2979-2997。
71　朱介凡，《中華諺語志》，冊1，頁83。

照的層面也非常周延，包含女性的心理、生理、生活與工作、德行與性格、才能與識見、一生的生活、娘家與婆家等，相關的諺語集錄起來，幾乎可以做出一部中國婦女生活史的考證，可見朱介凡對婦女問題也極為關注。而第七冊「行業」類，除農、漁、畜牧、蠶桑之外，也有工業、飲食、紡織、土木、陶瓷、冶金、百行匠工（理髮匠、吹鼓手等）、苦力、行商、小販等等，各行各業相關的諺語、行話，可說琳瑯滿目，生動有趣，也呈現社會百工的生活型態，以及他們的思維情感。這形成套書的特色，可資研究者再利用，如同朱介凡說：

> 依諺語性質、體系分類來纂述，所屬諺句的義理、情味，南北各地說法，修辭之多采多姿，集聚在一個細類內，綜合考察起來，最見意趣，例如三二三・二三「家業興衰」這一細類中的幾條諺語，句中主字落在「漏」字上：家怕三漏：鍋漏、屋漏、人漏。……。[72]

像這樣的例子在全書可說相當多，只要有心蒐錄，輔以考究和分析，都是值得研究的俗文學的主題。

2 與臺灣諺學家的互融

《中華諺語志》在臺灣完成與出版，因此採用臺灣諺語與學人的研究成果，也成為全書的一大特色。朱介凡曾云該書的諺語原始資料大半在「王曲採諺」和「臺灣採諺」檔冊[73]，所謂臺灣採諺，除了在報刊上徵稿，獲得大陸遷臺的居民讀者提供其家鄉諺語外，最能凸顯

---

72 朱介凡，《中華諺語志》，冊1，頁80。

73 朱介凡自藏稿本《王曲採諺》甲、乙、丙、丁、戊、己集，1939年10月至1949年2月採集；《臺灣採諺》一至十四集，1949至1981年採集。見《中華諺語志》冊10，頁5066。

的是，輯錄與編纂臺灣民俗學家的諺語集錄成果，以及臺灣民眾提供的臺灣諺語。在這個層面下，可看到五個援引的模式：

（1）採用臺灣名家編撰的諺語或相關著作，例如編號142.62「蕃勢李阿春」條下，引吳槐《臺北風土諺語釋說》的說明，云：「俗鄙視外夷為蕃。蕃勢謂靠外夷勢力。」並簡述廈門人李阿春遷臺後，在大稻埕經營茶葉行，獲利甚厚，曾任洋行買辦，因此這則諺語在蕃勢之後聯想其人[74]；編號200.280「紫姑卜」條下，除了歷敘各地紫姑神信仰的情形外，也引述吳瀛濤（1916-1971）《臺灣民俗》、連橫（1878-1936），《臺灣漫錄》的資料[75]；編號500.520「六月防初，七月防半」條下，引吳瀛濤《臺灣諺語》的解釋：「六、七月颱風頻繁，而以六月初、七月半之際風勢最強」[76]；編號100.120「林道乾鑄銃——打自己」條，引述林衡道（1915-1997）《臺灣的歷史與民俗》的說明，謂民間傳說當時林道乾自己鑄造槍銃，走火殞命[77]。

（2）從臺灣的民俗雜誌與報刊採擷資料與輯錄諺語，如編號181「天、神、鬼」類的前言中下，引述石璋如〈一個虔誠者的拜曆〉，並註此文出自《公論報》「臺灣風土」副刊（民國30年7月30日）[78]；編號524.16「北有關渡媽，南有北港媽」條，引自王一剛〈臺北的傳說九則〉，並註載民國47年10月，《臺北文物》7卷3期[79]。

（3）徵引臺灣民俗學者的話[80]，例如編號124.75「無罰佛，無罰和尚」條：「臺灣。吳瀛濤述。自我負責，不諉過他人」[81]；編號

74　朱介凡，《中華諺語志》，冊3，頁1160。

75　朱介凡，《中華諺語志》，冊6，頁2880、2887。

76　朱介凡，《中華諺語志》，冊10，頁4734。

77　朱介凡，《中華諺語志》，冊2，頁455。

78　朱介凡，《中華諺語志》，冊4，頁1687。

79　朱介凡，《中華諺語志》，冊10，頁4761。

80　此類大多未註出處，只註專家姓名，或許有的是口述採記，有的是省略出處，譬如引吳瀛濤者，應是省略吳著《臺灣諺語》。

81　朱介凡，《中華諺語志》，冊2，頁439。

146.13「驚死，更要看目連」條：「臺灣。吳瀛濤述。驚，怕也。目連戲，有地獄場面。怕死的人，何必又要看？喻心理矛盾。」[82]在這套書中，引述吳瀛濤的資料非常頻繁；也有其他人的敘述與解釋，如編號113.32「草地倯，府城戇」條：「臺灣南部。吳新榮述。鄉下人不合時流，城市人不知實際。」[83]編號123.1「樹下站得在，不怕樹頂做風颱」條：「臺灣。洪炎秋釋。在，自在，穩也。做，颱也。」編號143.23「隔壁中進士，羊仔拔斷頭」：「臺灣。朱鋒釋。從前，秀才中舉，已屬困難……傳說，有一農夫，因突聞鄰居童年之交中了進士，喜不自勝，急急前往道賀，竟忘卻手牽的羊。頭挾籬縫，他狂奔而去，致羊頭為之拔斷。此傳說戒人當冷靜。[84]」

（4）整理臺灣當代社會的現象，作為詮釋諺語的依據和例證。例如編號124.74「堅忍」類，列諺語四條：「心堅佛靈」（浙江遂昌）、「心堅即是佛」（臺灣）、「若要心腸堅，鑿山通海泉。」、「世上無難事，總怕心不堅。」在詞條後的解釋，則介紹了臺灣青年鄭豐喜、劉俠（杏林子）、翟平洋的奮鬥故事[85]。編號137.72「醫術」類，列出醫療方面的諺語，介紹幾位中醫師的故事，其中也有臺灣民間中醫師周金英的故事[86]。

（5）特立專章敘錄，在編號520「地理風土及其故事傳說」，其中編號524.16即是有關臺灣的風土諺語，有85頁之多[87]，內容涵蓋歷史、傳說以及各類風土民情。從序言中，可知朱介凡對於臺灣諺語研究資料相當熟悉，他列舉從日治時期臺灣總督府編刊的《臺灣俚諺集覽》、連橫編撰的《臺灣語典》附錄篇、臺日文人一起編印的《民俗

82 朱介凡，《中華諺語志》，冊3，頁1225。
83 朱介凡，《中華諺語志》，冊1，頁130。
84 朱介凡，《中華諺語志》，冊3，頁1177-1178。
85 朱介凡，《中華諺語志》，冊2，頁435-436。
86 朱介凡，《中華諺語志》，冊3，頁1056。
87 朱介凡，《中華諺語志》，冊9，頁4722-4806。

臺灣》，而後到光復初期，各縣市陸續編輯出版的《臺灣文獻》、《臺北
文物》、《南瀛文獻》，以及民間團體支撐的《臺灣風物》等，再加上較
晚出版的吳瀛濤《臺灣諺語》（民國六十四年二月，臺灣英文出版社
初版）、周榮杰《臺灣諺語詮編（一）》（六十七年八月，高雄市大舞
臺書院出版社初版）。[88]這些書目，正是其擷取臺灣諺語的重要來源。
而這一章最後也收錄「泰耶魯」一項，係收錄泰耶魯（泰雅）族人顏
晴雲所記錄、林衡立與陳奇祿譯的「泰耶魯諺語初輯」一百條[89]。「泰
耶魯諺語初輯」係發表於《臺灣文化》季刊5卷2期（1949年11月），
朱介凡閱讀後，曾撰寫〈略論顏晴雲的泰耶魯諺語初輯〉，發表於
《臺灣文化》季刊6卷2期（1950年5月），而後又將顏氏所輯的諺語收
入這套《中華諺語志》，在每一條目下加以解釋，並佐以「漢諺有
云」的方式，把泰雅族諺語和漢人諺語相對照。

　　朱介凡從大陸遷移臺灣，卻未間斷諺語採錄，他在臺灣採錄的工
作與成果均已融入《中華諺語志》這套書中。尤其，他對於和臺灣學
人往來問學的經驗，抱存深刻的印象與感念，他在編號524.16這章的
前言曾說：

　　　　風土諺語特色是，讓許多陳年舊事，偏僻地方的掌故，社會公
　　　　道的議論，在或大或小的地區，極其強固的存在於人們口耳相
　　　　傳之間。恨不能起陳紹馨、吳瀛濤、廖漢臣（1912-1980）、呂
　　　　訴上（1915-1970）、陳漢光（1921-1973）兄於地下，復有當
　　　　年討論臺灣謠俗事務的情趣。蔡毓在世之日，兩訪未遇，一次
　　　　由紹馨兄偕引，一次是呂訴上兄陪同。莊松林（1910-1974）
　　　　在南部，神交久之，他生前迄不得請益機會。

88　朱介凡，《中華諺語志》，冊10，頁4723。
89　朱介凡，《中華諺語志》，冊10，頁4795-4806。

是此文為資料，如能得吳槐、楊雲萍、黃得時、吳守禮、曹甲
乙、林衡道、施翠峰諸位據以增訂重寫，必比本篇寫得好。假
如省、縣市文獻會有興致，以本篇為基礎，會談會談，訪察訪
察，必有更多的風土諺語及其史實可發掘。[90]

就學術發展的意義而言，代表朱介凡得自於黎錦熙與顧頡剛的啟發，
其學術源頭是1930年代的民間文學採集運動，但隨時代變遷，而能跨
越兩岸，與臺灣這邊的民俗學家與諺學家交流，也和同時期來臺的民
俗學者相互切磋[91]，因此諸如臺灣的連橫《臺灣語典》[92]、吳瀛濤
《臺灣諺語》[93]、大陸來臺的齊如山《諺語錄》等[94]，兩岸學人的諺
語採錄與研究成果，都被收納在他的著作中；而廖漢臣蒐錄的諺語未
能編纂成書，但也散見於朱介凡的《中華諺語志》[95]；朱介凡對於這
些諺語的抄錄、保存與整理，確實有所貢獻。而他個人諺語研究的工
作也在臺灣落實下來，臺灣之於朱介凡，也具有重大的意義[96]。

---

90 朱介凡，《中華諺語志》，冊10，頁4724-4725。

91 朱介凡在《中華諺語志·序》提到，董作賓曾在病中與之會面，每次都懇切勸告，
務必盡早完成此書；而民國四十年秋，陳紹馨曾帶他拜訪廖漢臣，見廖所收集之臺
灣諺語原始資料，而後廖、陳均先他而逝，令他十分感傷。又說：「撰寫本書的近
二十載歲月中，於亡逝的民俗學同道李福人、齊如山、齊鐵恨、蔡毓、陳漢光、呂
訴上、張瘦碧、吳瀛濤、白鐵錚、王素存諸位，每每興起無限感念情懷。跟他們談
論諺學，種種切切，歷歷如繪。」

92 連橫，《臺灣語典》（臺北：中華叢書委員會，1957年）。

93 吳瀛濤，《臺灣諺語》（臺北：臺灣英文出版社，1975年）。

94 齊如山，《諺語錄》，收入《齊如山全集》第7冊（臺北：齊如山先生遺著編印委員
會，1964年）。

95 同註91。

96 朱介凡在《中華諺語志·序》也說：「要非避秦來臺，壽堂那能這樣自由自在的寫
這部大書」；凡此，可見其交遊論學的概況，也可了解兩地學者在臺灣交會，相互
切磋勉勵的情形。

　　附帶一提的是，除了諺語研究，《中國歌謠論》、《中國兒歌》[97]是他在諺語研究之外的副產品，但仍一本嚴謹精細的研究精神來撰述。他的《中國歌謠論》以朱自清《中國歌謠研究》為基礎，但已超過其書的規模；對於歌謠的起源、分類、歷史、形式結構及各類歌謠的介紹與釋說，都頗為清晰詳盡。而《中國兒歌》更是為少見的兒童民俗學與兒童文學增添一筆研究成果。

　　直到晚年，高齡84歲的朱介凡仍出版了《中國民俗學歷史發微》[98]，此書係有關民俗的短篇評論，也有多篇記載他與其他學者的往來經驗以及介紹民俗學著作。前一類如〈神籤探索起步〉、[99]〈北平美的吆喝聲〉等，可看出朱介凡對民俗的研究心得；該書也記載了朱介凡和董作賓、屈萬里、婁子匡、陳紹馨、林衡道等人的往來，國外學者如日本永尾龍造、法國高達思、俄國李福清（1932-2012）等，也都有所交往[100]。此外，隨著兩岸開放，朱介凡也相當關心大陸近年來的諺學與民俗學研究，他在〈大陸近刊諺書〉文中介紹了25部作品，也在〈民俗學大師婁子匡與海內外同道〉、〈從仲富蘭「現代民俗流變」說起——兼論中文直、橫排〉、〈特說「十大文藝集成」〉、〈民間文學博士譚達先〉提及鍾敬文（1903-2002）、仲富蘭（1950-）、段寶林（1934-）、譚達先（1925-2008）等人及其著作[101]。這些學人往來論學的經驗，無疑為中國諺學暨民俗學的研究，留下可貴的紀錄[102]。

97　朱介凡，《中國歌謠論》（臺北：臺灣中華書局，1974年）；《中國兒歌》（臺北：純文學出版社，1977年）。

98　朱介凡，《中國民俗學歷史發微》（臺北：渤海堂文化事業有限公司，1995年）。

99　朱介凡，《中國民俗學歷史發微》，頁493-552、737-751。

100 相關篇目如〈中國民俗學會在臺北的首次集會〉、〈日本民俗學家永尾龍造的虔誠禮敬〉、〈法國高達思中國諺語研究〉、〈俄國李福清對中國俗文學的深厚研究〉等，《中國民俗學歷史發微》，分別見於頁67-69、118、687-688、187-208。

101 朱介凡，《中國民俗學歷史發微》，分別見於頁116-117、634-660、35-50、51-60、111-115。

102 連同前文所述及的朱介凡交遊與引述的學者，可了解各個學者對民俗學、諺語研究的關注與成就。可參看本文附錄「朱介凡交遊與相關學者生平簡介一覽表」。

五 結語

總結來說，朱介凡諺語研究的成果可觀，所投注的心力更無人能出其左右。

出版家隱地說他是「百年諺學第一人[103]」，他是稱得上兩岸諺學的集大成者。在沒有電腦的時代，他的卡片札記，對諺語採集做了詳細的紀錄，也建立起研究的綱領。他靠著一己之力以及他人的協助，完成幾乎等於一個田野調查團隊的工作。他在民俗學科開始現代化的初期，在前人的基礎上往下邁開步子，在人力、財力都十分有限的情況下，一走走了六、七十年，毅力驚人，成果可觀。在今日學術環境大為改善，團隊研究成果累累之下，他以個人的力量貢獻給民俗學的，也不容小覷。

朱介凡每每對諺語研究寄託展望，他希望這些豐富的諺語材料可以廣採各地的方言加以錄音，以便保留諺語的地方特性，因為有些諺語必須用鄉土語言講，才特見韻味；他也希望可以有個攝影機隨行，走訪各地，每到一處便採集當地諺語，並配合攝錄相關的影像音樂等。當然，他更希望青年男女可以因此書而繼續諺學的薪傳[104]，甚至國際漢學家也可以藉此提高其對漢學研的興趣與能力[105]。這應是這位百齡老人終其一生最衷心的期盼。

除諺語外，朱介凡廣泛關注民俗學議題，自青年至老年，辛勤地讀書劄記，與海內外同道論學為友，可說是民俗研究的典範人物。他生前將所有日記、文書資料捐贈中研院近史所，他的人生歷程與中國

---

103 隱地，〈百年諺語第一人——朱介凡的三個心願〉，頁52-54。

104 朱介凡曾在1986年的《中國地方文獻年刊》發表〈中國地理風土諺的音、影檔〉，提出以上建議。見張玉芳，〈道地的諺語研究家——專訪朱介凡先生〉，頁122。

105 朱介凡曾多次提及這些心願，到《中華諺語志》出版的自序中，仍如此殷殷傳導。《中華諺語志》，冊1，頁86、96。

現代史也有交會的軌跡[106]，有待後人繼續研究。

---

106 例如朱介凡《中國諺語論》第一章第三節「赤色大陸諺語的厄運及其時代使命」
　　係針對1949年以後，大陸採集諺語的特定意識形態以及郭紹虞的觀念轉變提出批
　　判，這是朱介凡因為諺語和時代交鋒的例證。又，張放曾提到，朱介凡最後一部
　　著作《壽堂雜憶》歷敘自己的一生，讀之有如閱讀中國當代史；張放也指出，朱
　　介凡本少年得志，擔任軍職升遷頗快，但位至上校就停止了，乃因其年輕時曾是
　　左翼青年，因此受阻，無法晉升到少將。但朱介凡並不因此消沉，仍然致力於民
　　俗的研究，也努力創作散文、小說。見張放，〈時代浪潮的作家風範──讀朱介凡
　　《壽堂雜憶》雜感〉，頁35-36。

附錄　朱介凡交遊與相關學者生平簡介一覽表

（依姓氏筆畫排列。＊表示有交遊關係者）

方豪	方豪（1910-1980），浙諸暨人，寧波聖保祿神哲學院畢業，曾任臺灣大學歷史研究所教授，政治大學文理學院院長，專精中西交通史、宋史、臺灣史，著有《中西交通史》、《宋史》、《臺灣史綱》等書。
史襄哉	史襄哉，20世紀知名民俗學者，教育學博士，曾任南京青年總幹事等，著有《增補中華諺海》、《紀元通譜》等書。
＊永尾龍造	永尾龍造，20世紀知名民俗學者，中國民俗學會名譽會員，著有《中國的民俗》、《支那民俗誌》、《滿州‧中國的習俗》等書。
＊仲富蘭	仲富蘭（1950-），上海市人，復旦大學哲學系畢業，曾任上海人民廣播電臺高級記者，著有《中國民俗文化學導論》、《當代人與民俗》、《十二生肖趣談》等書。
朱雨尊	朱雨尊，20世紀知名民俗學者，著有《民間諺語全集》、《民間謎語全集》等書。
＊何容	何容（1903-1990），河北深澤人，北京大學英國文學系畢業，曾任國語推行委員會副主任委員，北京大學中文系講師。語言學家、文法學家，著有《中國文法論》、《每日一字》、《何容文集》等。
＊吳槐	吳槐，臺灣人，20世紀民俗學家，自日治時期即開始在《民俗臺灣》發表文章。著有〈新舊年年終年初形式考〉、〈臺灣俗諺新註〉等。
＊吳瀛濤	吳瀛濤（1916-1971），臺灣臺北人，臺灣商工學校北京語高等講習班結業，曾任臺灣長官公署秘書室國語通譯，創立笠詩社，著有《臺灣民俗》、《臺灣諺語》、《海》等書。
＊呂訴上	呂訴上（1915-1970），彰化溪州人，曾就讀日本大學電影科、藝術科等，曾任職於臺灣演劇協會、臺北市電影戲劇促進會等，著有《臺灣電影戲劇史》、《還我自由：臺語話劇》、《改良歌仔戲：延平王復國》等書。

李家瑞	李家瑞（1895-1975），20世紀知名民俗學者，著有《宋元以來俗字譜》（合著）、《北平風俗類徵》、《中國俗曲總目稿》等書。
* 李福清	李福清（1932-2012），列寧格勒人，列寧格勒大學東方系畢業，曾任職於蘇聯科學院高爾基世界文學所，著有《中國的講史演義與民間文學傳統》、《中國古典文學研究在蘇聯》、《萬里長城的傳說與中國民間文學的體裁問題》等書。
杜定友	杜定友（1898-1967），廣東南海人，菲律賓大學圖書館學系畢業，曾任廣州市立師範學校校長、中山大學圖書館事務並任教授等，著有《圖書館通論》、《圖書目錄學》、《圖書館學概論》等書。
* 林衡道	林衡道（1915-1997），臺灣臺北人，仙台東北帝國大學經濟科畢業，曾任臺灣省文獻委員會主任委員，淡江大學、東吳大學等校教授。著有《鯤島探源》，著有《北臺灣風物》、《政治與社會》、《前夜》等書。
金關丈夫	金關丈夫（1897-1983），日本香川縣人，京都帝國大學醫學部畢業，曾任臺北醫專教授、臺北帝國大學醫學部解剖學教授，也從事人類學、考古學、民俗學的研究，曾參與創辦《民俗臺灣》月刊，著有《臺灣考古誌》等。
柳詒徵	柳詒徵（1880-1956），江蘇江丹徒人，就學於三江師範學堂，曾任中央大學教授、國學圖書館館長等，著有《中國文化史》、《國史要義》、《柳詒徵史學論文集》等書。
* 段寶林	段寶林（1934-），江蘇揚州人，北京大學中文系畢業，留系擔任教授。曾任中國民俗學會副理事長，北京民間文藝家協會副主席，中國俗文學學會副會長等，著有《中國民間文學概要》、《神話與史詩》、《笑話：人間的喜劇藝術》等書。
* 高達思	高達思，Bronislawa Kordas，20世紀知名民俗學者，巴黎高等社會科學研究所語言學博士，現代中國諺語學家，曾任教於中央大學法文系等。
* 婁子匡	婁子匡（1907-2005），浙江紹興人，浙江紹興中學肄業，曾任《臺灣風物》編委，中國民俗學會理事長等。著有《中國民俗》、《五十年來的中國俗文學》（合著）、《龍津集》等書。

* 夏承楹	夏承楹（1910-2002），筆名何凡，江蘇江寧人，出生於北平。北平師範大學外文系畢業，曾任北平《世界日報》「學生生活」版主編、《聯合報》主筆。以《聯合報》副刊「玻璃墊上」專欄著名，著有《何凡遊記》，翻譯《包可華專欄》等書。
* 梁容若	梁容若（1904-1997），河北省行唐縣人，曾就讀於北平師範大學與日本東京帝國大學文學部，任教於臺灣大學、臺灣師範大學、東海大學中文系，著有《中國文化東漸研究》、《文史叢論》、《容若散文集》等書。
莊松林	莊松林（1910-1974），臺灣臺南人，臺南商業補習學校畢業，曾任臺南市文獻委員會委員，著有《南臺灣民俗》等書。
連橫	連橫（1878-1936），臺灣臺南人，入學私塾，曾任《福建日日新聞》創辦人，雅堂書局老闆等。著有《臺灣通史》、《臺灣詩乘》、《臺灣語典》等書。
郭立誠	郭立誠（1915-1996），北平市人，北平大學女子文理學院歷史系畢業，曾任職於教育部國立編譯館、師範大學國語文中心等。著有《中國生育禮俗考》、《中國婦女生活史話》、《大拜拜的背後》等書。
郭紹虞	郭紹虞（1893-1984），江蘇蘇州人，蘇州工業中學畢業，曾任福州協和大學、燕京大學教授，著有《中國文學批評史》、《滄浪詩話校釋》、《漢語語法修辭新探》等書。
* 陳紹馨	陳紹馨（1906-1966），福建永春人，日本仙台東北帝國大學法文學部畢業，為國際知名的社會學家與人類學家，曾參與創辦《民俗臺灣》月刊，著有《臺灣之人口問題》、《臺灣婦女生育力的類型》等書。
* 陳漢光	陳漢光（1921-1973），曾任教官，記者，教員，臺灣省文獻委員會委員等職，又與楊雲萍、賴永祥合創《臺灣風物》雜誌社，編著有《高雄縣茗農村平埔族信仰調查》、《彰化縣志稿》、《臺灣抗日史》等書。
* 陳紀瀅	陳紀瀅（1908-1997），河北安國縣人。1950年代反共小說家代表人物之一，著有小說《狄村傳》、《赤地》等。

＊ 程兆熊	程兆熊（1907-2001），江西貴谿縣人，於巴黎凡爾賽園藝學院取得園藝博士，曾任中興大學園藝系系主任，文化大學哲學系教授，著有《臺灣山地日記》、《論語講義》、《中國農業論衡：新農業哲學》等書。
黃堅厚	黃堅厚（1919-），湖南長沙人，中央大學心理系畢業，獲得美國哥倫比亞大學碩士學位、英國Glasgow大學哲學博士學位。曾任教於臺灣省立師範學院教育學系、東海大學社會工作系。著有《人格心理學》、《青年的心理健康》、《心理與生活》（合著）等書。
＊ 黃得時	黃得時（1909-1999），新北市樹林區人，臺北帝國大學文政學部東洋文學專政畢業，曾任臺灣大學中國文學系教授，曾獲中國文藝獎章，著有《臺灣文學史》、《臺灣歌謠與家庭生活》、《臺灣歌謠的搜集》等等。
＊ 董作賓	董作賓（1895-1963），河南南陽人，北京大學研究所國學門畢業。曾任教虞福建協和大學、中山大學、臺灣大學等，並擔任國立中央研究院歷史語言研究所所長。著有《中國年曆簡譜》、《古文字學隨筆》，編有《中山大學民間文藝》等書。
＊ 楊家駱	楊家駱（1912-1991），江蘇南京人。主持《中國學術名著》、二十五史等編印工作，著名出版家。
＊ 廖漢臣	廖漢臣（1912-1980），臺北萬華人，老松公學校肄業，曾任臺灣省文獻委員會編輯，專精臺灣文獻與臺灣民俗，曾參與創辦《第一線》、《臺灣新文學》雜誌，曾與郭秋生組織「臺灣文藝協會」，擔任《臺灣新文學》發行人等，著有《彰化縣之歌謠》、《臺灣通志稿・文學篇》、《謝介石與王香禪》、《延平文東征的始末》、《彰化縣之歌謠》、《鄭芝龍考》等書。
＊ 臺靜農	臺靜農（1902-1990），安徽霍邱縣人，北京大學研究所國學門畢業，曾於輔仁大學、廈門大學任教，遷臺後擔任臺灣大學中國文學系教授、系主任。榮獲中華民國國家文藝獎。著有《中國文學史》、《兩漢樂舞考》、《論唐代士風與文學》等書。
＊ 趙友培	趙友培（1913-1999），江蘇揚中人，正風文學院中文系畢業，曾任中央文化運動委員會委員、臺灣師範大學教授、中國文藝

	協會常務理事、國大代表,並曾創辦《中國語文》月刊。著有《文藝書簡》、《藝術精神》、《趙友培自選集》等書。
* 齊如山	齊如山(1875-1962),直隸高陽縣人,曾入同文館學習,曾組織北平國劇學會,擔任教育部中國歌劇改良研究委員會主任委員等,著有《京劇之變遷》、《梅蘭芳藝術之一斑》、《北京土話》等書。
* 齊鐵恨	齊鐵恨(1892-1977),北平香山人,清高等籌邊學校畢業,曾任教育部國語推行委員會委員,國立臺灣大學、師範大學教授等職,著有《國語話匣子》,編有《破音字講義》、《注音詳解古今文選》。
劉復	劉復(1891-1934),江蘇江陽縣人,法國巴黎大學畢業,曾任北京大學教授、歷史語言研究所研究員等,著有《四聲實驗錄》、《中國文法通論》、《宋元以來俗字譜》(合著)等書。
* 黎錦熙	黎錦熙(1890-1978),湖南湘潭人,湖南優級師範史地部畢業,曾任中國科學院首屆學部委員,三次出任北京師範大學校長,著有《新著國語文法》、《比較文法》、《漢語語法教材》等。
* 鍾敬文	鍾敬文(1903-2002),廣東海豐人,曾於日本早稻田大學文學部研究院留學研修,曾任教於香港達德學院、中山大學、北京師範大學等校,亦長期擔任中國民間文藝家協會主席、中國民俗學會理事長等職務。著有《民間文藝》、《鍾敬文民間文學論集》、《民俗文化學》等書。
譚達先	譚達先(1925-2008),廣西玉林人,香港大學哲學(民間文學)所畢業,曾任教於香港大學、中文大學、澳門東亞大學等學校,著有《民間文學散論》、《中國民間童話研究》、《中國婚嫁儀式歌謠研究》等書。
* 蘇維熊	蘇維熊(1908-1968),臺灣新竹人,日本東京帝國大學英文科畢業,曾任臺灣大學外國語文學系教授,創辦《福爾摩沙》文藝雜誌,著有《英詩韻律學》、《蘇維熊文集》等書。
* 顧頡剛	顧頡剛(1893-1980),江蘇蘇州人,北京大學哲學部畢業,曾任北京、廈門等學校教授,中山大歷史語言研究所主任等。中國歷史學家、民俗學家,著有《古史辨》、《漢代學術史略》、《中國當代史學》等。

第五章

郭立誠的治學進路及其對女性、臺灣民俗的關注

一　前言

　　民俗學家郭立誠（1915-1996），河北省武清縣人，國立北平大學女子文理學院歷史系畢業。1939年曾參與北平東嶽廟調查研究。1945年，至南京擔任國立編譯館編審。1949年來臺，曾任教於馬公國中、花蓮師範、花蓮女中、花蓮高中與師大附中，退休後擔任《漢聲雜誌》顧問。曾獲中國語文獎章、中山學術獎助金，著有《北平東嶽廟調查》、《行神研究》、《中國生育禮俗考》、《中國婦女史話》、《中國民俗史話》及《中國藝文與民俗》等論著。

　　郭立誠致力於中國歲時習俗、禮俗溯源、禁忌與迷信、與民間信仰等的研究，是少數傳承1930年代北大民俗學研究的學者，對於中國民俗學、女性民俗學有獨到觀點，而自遷臺之後，也對臺灣民俗有所關注。本章將探究其治學進路以及對於中國民俗、女性民俗以及臺灣民俗的研究成果。

二　郭立誠對民俗研究的治學態度與研究方法

　　郭立誠歷史系畢業，日後卻專攻民俗研究。她曾提及自己為何走上這條路，歸納起來有四點：一、家學淵源：其父郭家聲在北平文化界以熟習掌故知名，當時中研院北平研究所的常惠和張江裁編《北平

風俗類徵》與《北平歲時志》時，都曾向其請益，郭父也為《北平歲時志》作序；影響所及，郭立誠日後也走上研究風土類書籍的路；二、喜讀小說、雜書：限於家庭對女孩的教養，平日不能輕易外出休閒娛樂，但因家中藏書豐富，也就閱讀了大量的章回小說、筆記小說，也讀《太上感應篇》、《點石齋畫報》等通俗讀物，奠定她熟知古代習俗與事物的基礎；三、學風與師承：當時顧頡剛在北京大學教書，北大歌謠學會也剛剛成立，顧頡剛等人開始從事妙峰山進香調查研究，風氣一開，影響不少專家學者與青年學生，在北平大學就讀的她，也感受到這樣的氣息，無形中也受到影響。因此，1939年傅芸子、傅惜華主持「北平東嶽廟調查小組」，郭立誠便擔任了助理，實地調查研究，並參閱相關文獻資料，展開她的民俗研究之路，著成《北平東嶽廟調查》，附帶完成《行神研究》一書[1]；四、日人研究的震撼與啟思：郭立誠曾經偶然走進國立北平圖書館的東北研究室，滿室的日文、俄文藏書，但使她震撼的是一本有關中國東北各地歌謠的日文著作，其中資料的豐富與詳細的分析，使她大為震驚，因為日人為了占領中國，竟下了那麼深的工夫，對東北的民情風俗有如此深入的了解，而反觀中國人自己卻未必有如此深刻的認知。這個刺激使得郭立誠更下定決心要研究自己的民俗[2]。

1 據郭立誠，《北平東嶽廟調查》（臺北：東方書局，1960年秋季複印）書前扉頁之題註為「時在民國二十八年」，該書為郭立誠手抄稿，題註亦為手跡，就算不是當時所題，也應是1960年在臺影印出版時所題記；但該書附錄一份「東嶽廟七十六司考證」，係信徒朱繼斌於民國三十年推廣翻印，則民國二十八年（1939）可能是從事調查之年，但因無機會出版，所以仍持續整理、收集相關資料，因此錄有民國三十年（1941）翻印流傳的資料。又，郭立誠，〈走上民俗史研究的這條路〉一文，云在民國三十年（1941）；因1941年在日軍窺伺下，東北、華北局勢已告吃緊，從事田野調查應有更大的侷限，因此推斷「民國三十年」可能是完稿之年，故筆者將其調查之年斷定在1939年。至於《行神研究》則在1967年，由中華叢書編審委員會印行。

2 參見郭立誠，〈走上民俗史研究的這條路〉，《文訊》37期（1988年8月），頁124-126；楊明，〈不問收穫，只問耕耘──郭立誠以民俗研究為畢生志業〉，《文訊》70期（1991年8月），頁114-117。

　　從郭立誠自述的心路歷程，我們看到她與民俗研究的關係是，從年少時的耳濡目染進入成年後的深度接觸，尤其背負著國族意識的覺醒，更具有研究的動力。以下，分析郭立誠的治學態度與研究方法。

（一）承自「五四」精神，以及堅持、勤勉的治學態度

　　郭立誠對研究民俗抱持著非常嚴謹的態度，尤其注重民俗對於教化的功能。她常常一方面提醒有些民俗是迷信、不科學，另一方面又強調若不及時研究，這些古老的東西就會隨著時間而流失[3]。因此，在研究的時候，除了整理古代的民俗，也要對不合乎現代生活的部分加以辨明，尤其是民間信仰的部分，更須特別辨明[4]。這一點可說是承自「五四」運動講究科學與民主的精神，但又承襲五四學者對於整理國故和走入民間的熱情。

　　郭立誠身為女性，但她所表現的獨立、自主以及敬業的精神，也是受到五四精神的影響，如同她在〈一個五四姑娘的回憶〉中提到自己的遭遇和感想：「不是五四運動，我不可能走出閨房，接受大學教育；不是五四運動，我不可能離開閨房，走進社會獨立奮鬥了四十多年，憑著自己的力量找到我所珍惜的獨立和自由——不接受異性的豢養[5]，不受任何人的控制，吃自己的飯，用自己的錢，過自己的日子，直到今天。[6]」又說：「多年的奮鬥，只落得傷痕纍纍，老兵不

3　郭立誠，〈中國人日常生活的一些禁忌〉：「人類都是由野蠻進為文明，由迷信進為科學……明乎此，就知道民間流行的許多俗忌實在是傳統迷信的累積，雖是自古相傳的迷信，仍是很有價值的資料。」見其《中國民俗史話》（臺北：漢光文化事業公司，1983年），頁116。

4　郭立誠，〈大拜拜的背後〉，見其《大拜拜的背後》（臺北：出版家出版社，1979年），頁147-151。

5　所謂不接受異性的豢養，殆暗指其婚姻的破碎，因其文有云：「女人在某一方面有了些成就，經常要付出很大的代價，甚至要用破碎的婚姻來換取一己的事業，我的幾位師友如此，就連我自己也是如此。」同上，頁206。

6　郭立誠，〈一個五四姑娘的回憶〉，見其《中國婦女生活史話》（臺北：漢光文化事業公司，1983年），頁202-207。

死，但如今仍然站在自己的崗位上工作，並未退卻。[7]」這裡，用「老兵不死」來形容自己在養育兒女、教書工作之外，甚至在教職退休以後，仍然持續進行自己的志業──民俗研究，也可想見她胸懷壯志、投入民俗研究的不悔精神。

進一步了解，郭立誠喜愛研究民俗，但民俗研究並不是她的專職。她是個職業婦女，是中學的國文老師，也必須負起養育兒女的責任；因此研究工作只能在教職之外以及忙完家務之餘，抓住時間的空檔，一點一滴累積研究的成果。譬如在〈走上民俗研究這條路〉一文中，郭立誠感歎自己初到臺灣、在花蓮任教的六年，由於兩個孩子尚幼小，家中雖有佣人，但佣人是上班制的，每天晚飯後洗完碗就走，她就必須陪伴小孩直到他們入睡，自己才開始改學生的作業本子，因此研究工作只好停頓下來，而這六年她只寫了四五十篇散文，後來彙集為《老馬集》出版。所幸搬到臺北轉任師大附中以後，由於孩子逐漸長大，功課也不需操心，加上附中圖書館的藏書豐富，臺北的書店、圖書館也多，她才能利用寒暑假的時間，做一些研究工作，終於完成《中國生育禮俗考》一書。[8]這種在時間的夾縫裡仍然堅持研究工作的精神，充分顯示郭立誠對民俗研究的熱情以及謹嚴的處事風格。

不過可以想見中學的教職工作負擔並不輕，而一雙兒女雖然懂事，也不可能完全放任不管，因此這麼一位盡責的母親、中學老師與學者，她真的能夠專心一致地完成大部頭著作的機會，可能少之又少，因此她來臺之後較早的民俗研究也以短篇、隨筆式的文章居多。這使得她每每自謙其著作是「半成品集」，但也是她筆耕不輟的證明。譬如出版於1976年9月的《豐年拾穗談民俗》，係郭立誠在中國時報人間副刊「古往今來」專欄的文章選輯，在書前的序文中，她說：

7　同上註，頁203。

8　郭立誠，〈走上民俗研究這條路〉，頁126-128。

將近年所寫的雜文整理一下，總為一集，給它起了別名是「半
成品集」，這不是自謙，乃是我的老實話。
第一，這些文章都不是慢工細活寫成的，全是匆促之間寫的，
不是配合節令的「應時小賣」，就受人之託，趕工弄出來的，
這種情況寫出來的文章當然是粗製濫造的「半成品」了。……

「務廣而荒」固然是我的毛病，可是現實生活卻很難令人專心
做學問，不理俗務，於是腦子心力都被瓜分，我自己一天的時
間真正用在讀書研究方面不過三、四個小時，有時候推不掉的
交際應酬也會叫人連每天例行功課都做不成，時作時停的讀書
寫文章當然不可能全神貫注，一氣呵成，根本寫不出精美的作
品，予豈好寫「半成品」哉，予不得已也。……

作一個專題都是不可能的，因此我才想極力擺脫俗事，面壁下
帷，好好寫一兩部夠分量有深度的作品，不要永遠停在「半成
品」階段，那就是最大的幸事了。[9]

這本書不到半年就再版，帶給郭立誠莫大的鼓舞力量，於是她在再版
的序文中說希望有更多學人專家可以寫出更多富含知識與文化的書
籍，以導正社會的讀書風氣，讓社會大眾不要只是去看「軟綿綿的愛
情文藝小說」或是「殺殺砍砍的武俠小說[10]」。

　　此外，郭立誠又說，學者可以分為兩類，一種人只求自度，並不
曾想到度人；另一種人是既想自度又想度人。世俗所謂學者專家大約
都是前者，但這是自私的；她的自我期許是做一個自度又度人的民俗
研究者，也盼望有更多人來合作。試再引其說：

9　郭立誠，《豐年拾穗談民俗》（臺北：年鑑出版社，1976年），〈自序〉，頁1-5。
10　見其〈再版自序〉，頁1-2。

我鑽研民俗，固然是由於個人的興趣，同時也另有一個更大的志願就是我們的民俗該由我們自己來研究，不要讓外國人用研究未開化民族的態度來研究我們。同時我看到許多外國學研究中國風土之學，他們的成績之好真是使人驚懼（比如日本永尾龍造的《支那風俗學志》），我們若不做出些成績來，實在是對不起國家，枉為讀書人了。這原是一件鉅大的工程，絕對不是一兩個人獨力奮鬥就能成功，希望有更多更有勇氣更有實力的人來合作，因此我才拋磚引玉，把這部不成熟的作品刊行問世。如今要再版了，不但要謝謝大家的謬賞，更希望藉此找到更多的同好給我指導糾正，使我能更進一步，那就受益多矣，是為序。[11]

郭立誠正是那種願意自度度人的學者，所以她才花時間去整理、介紹那麼多的筆記、類書，以供後人參考利用（詳後）。而對於希望更多人來合力推動民俗研究，就像她在〈尋找活史料〉一文中呼籲的，所有收藏俗文學資料的公私立機構應把這些遺產開放供給大家來研究整理，如此一來，文學家、社會史與民俗史的研究者、語文學家都可以從中找到研究主題，共同壯大研究的陣容與成果[12]。

（二）自度度人的研究方法

郭立誠從事民俗研究，大都從閱讀中國古籍入手。以下從一些文章可看到她自述的研究方法與徑路，這些文章可說就如同金針度人般、具有入門引導的作用。

---

11 見其〈再版自序〉，頁3-5。
12 郭立誠，〈尋找活史料〉，見其《中國民俗史話》（臺北：漢光文化事業公司，1983年），頁145。

1 以目錄學為基礎

郭立誠認為要研究民俗，應該對目錄學有一些認識。這來自於她大學時修課和寫畢業論文的經驗，在〈目錄學的重要〉一文中，有相當仔細的記述。[13]她寫著，因為在必修課「目錄學」課堂上蕭璋老師的引導，使她打下了扎實的基礎，不但把《四庫全書總目提要》點讀完畢，舉凡張之洞《書目問答》、陳振孫《直齋書錄解題》與晁公武《郡齋讀書志》、姚際恆《古今偽書考》等目錄學要籍，也都已瀏覽一遍。等到她撰寫畢業論文〈後漢書章懷太子注引書考〉，目錄學的知識便帶給她很大的幫助。直到後來從事教學與研究工作，也有得自於目錄學的基礎，郭立誠說：

> 當年我在目錄學上下的功夫最多，雖然沒有成為目錄學家，可是它給我的好處真是享用不盡，自己讀書作學問，固然少走了許多冤枉路，少浪費了許多時間；就是幫助別人讀書作學問，也教別人走上正確的路，得到事半功倍的效果。

> 研究民俗的時候，它真是幫了我的大忙，從不為找資料傷腦筋，因為以前讀「總目提要」時，醫、卜、星、相各門類的書我都知道個大概，拿起書來，看看書名，大致就可以斷定這部書對自己有沒有用？有用的就留下，沒用的就不用多費時間去翻閱。[14]

她歸結目錄學的重要性有三點，一是學過目錄學等於讀過一部簡明的

---

13 郭立誠，〈目錄學的重要〉，收入其《中國藝文與民俗》（臺北：漢光文化事業公司，1984年）頁104-108。

14 同上註，頁107-108。

中國學術史、文化史；二是學過目錄學等於找到一位富有經驗忠實可靠的導遊，帶你暢遊學術之國；三是學過目錄學使你讀書不致被騙，可以分辨託名古人的偽作以及一些殘本、刪本與根本是改頭換面的假貨。

2 廣讀筆記、類書

　　郭立誠對民俗研究積累的功夫，來自於她對筆記小說、章回小說的廣泛涉獵。這些被士大夫視為雜書、閒書的讀物，卻是記錄古代民俗的寶庫。而除了提及自身在少年時期閱讀筆記小說、章回小說的經驗之外，郭立誠也曾撰文介紹如何利用這些素材，她在〈筆記小說的整理與利用〉一文中引述《漢書・藝文志》班固「王者欲知閭巷風俗，故立稗官使稱說之」，並說：「當時王者欲知閭巷風俗，固然要靠稗官向他稱述；我們後代人要知道某一時代的閭巷風俗，當然也要靠這些稗官家言了。」她也提到，當五四運動以後，學者開始整理古書，除了經、史、子這些的高文典冊，標點、整理古書的工作也轉移到筆記小說上，「許多學者異口同聲的說自魏晉到清末為止，有無數作家所寫的筆記小說乃是一座資源豐富的礦山，只要你肯去挖掘，真是俯拾即是，而且各式各樣的礦石都有，足可以供應後代人不同的需求。」接著，她舉例說明像陳寅恪、余嘉錫都曾利用世說新語、唐人傳奇、元白新樂府等材料，研究唐代的婚宦關係、鹽政、商人生活等社會史；尚秉和《歷代社會風俗事物考》、瞿宜穎《中國社會史料叢鈔甲集》也是從搜尋史料、整理筆記小說著手。此外也舉例說明某日本學者根據《太上感應篇》、《陰騭文》、《玉曆寶鈔》、《功過格》這四部書寫了一部中國善書研究，內容涵蓋了中國的民間信仰、輪迴思想、閻羅王、冥土觀念等等問題，十分豐富[15]。

---

15 郭立誠，〈筆記小說的利用與整理〉，收入其《豐年拾穗談民俗》，頁97-106。承林鋒雄教授賜教，此日本學者為酒井忠夫，但他未完成對《玉曆寶鈔》的研究。

郭立誠不只是強調筆記小說的重要性，也點出筆記小說可以利用之處。她根據清人四庫全書總目提要對小說的三個分類指出：

> 甲、敘述雜事一類：內容所記都是軼事掌故，最有名的作品是世說新語……，這些書正可補正史的不足，和正史兩兩對比找出新的史料和新的證據，當然，可忽略的是作者的立場背景對他寫作的影響。

> 乙、記錄異聞一類：內容有古老的神話傳說，有後代所寫的狐鬼故事，也有因果報應，這些材料可供研究人類文化學的人、研究民俗學的人、研究民間信仰的人去使用。比如干寶搜神記裡有蠶神馬頭娘故事，有韓憑夫婦殉情故事，有盤瓠故事，這都是最好的材料，……這一類的書怎可斥為荒誕一律丟棄呢。

> 丙、綴輯瑣語一類：這一類書的代表作如張華博物志，任昉述異記，蘇軾物類相感志等，內容真是太龐雜了，有傳說神話，有異物記載，也有原始的動植物學物理學，雖然很荒謬，至少可看出古人對大自然的認識和看法。[16]

郭立誠也以《閱微草堂筆記》範例，說明「我曾由這部書找到我所需要的重要材料，這部筆記我前後已翻過好幾次了，看的時候隨手用筆在我認為有用的材料上標個名目，累積下來已有十多類」，其中譬如「民俗史料」標目下，郭立誠即說：「有回煞，催生符，冥鈔，明器，行會神，拴娃娃等等，曾經提供我許多有用的例證。」

---

16 同上註，頁101-102。但郭立誠也主張應對筆記小說重新分類，以符合現代學者研究的需要。

在《問耕一得》一書中，郭立誠列舉更多的筆記小說，概述各書的內容與特色，也述及自己與該書的因緣或是研究心得。她所介紹的包括《浮生六記》、《陶庵夢憶》、《世說新語》、《洛陽伽藍記》、《搜神記》、《揚州畫舫錄》、《閒情偶寄》、《東京夢華錄》、《齊民要術》、《飲膳正要》及《雍熙雅編》等書，可見其涉獵之廣[17]。

譬如在介紹清李斗《揚州畫舫錄》時，她提到當年唸高中時，偶然從家中書櫃找到一部木刻本的《揚州畫舫錄》，「看到書裡所記的賣捏麵人的小販和那些小茶館、小吃店等等寫得很生動，好像就在眼前一樣，因此就迷上這部書了。」她認為這部書十分生動地記述了清代揚州的都會風情與市井小民的生活，『其中最有價值的是卷五和卷十一關於中國戲劇史史料，有曲目，有名演員事蹟，最好玩的是一份戲裝全箱目錄，……此外，卷十七工段營造錄則是最早的中國建築史資料，……學建築的人必可以從這裡學到不少東西。[18]』又如晉干寶《搜神記》，郭立誠說她十幾歲時就讀過這部書，「那時候只不過把它當作志怪小說看，看完也就忘了，及至我寫《生育禮俗考》時，為了搜集產育迷信，就去翻魏晉以來的小說，我很順利的在《搜神記》裡，找到了我自己想要的有關資料。」而經過長期的研究工作，加上有個外國學生想讀《搜神記》的原文，所以她又把這部書仔細讀過一遍，仍然大有斬獲，一是發現關於孔子傳說的材料；二是從卷六、卷七找到許多有關服裝史資料，例如女人頭上插的五兵釵、梳的墮馬髻等；三是找到許多著名故事，如韓憑夫婦、馬頭娘故事的原始形式[19]。

郭立誠所談論的，也有一般人較不熟悉的，如後魏賈思勰《齊民要術》，這是一部有關農業的技術專書，郭立誠說：「最初我讀這部書，只因它是一部有名的古籍，匆匆讀過，對它也沒有深入的探討，

17 郭立誠，《問耕一得》（臺北：漢光文化事業公司，1985年）。
18 郭立誠，〈揚州畫舫錄〉，同上，頁114-115。
19 郭立誠，〈晉干寶搜神記〉，同上，頁112-113。

等到後來我研究民俗，就特別注意各種傳統的迷信，恰好《齊民要術》裡都可以找到很豐富的資料，於是我才仔細研讀，研讀之餘，更認識了它的價值。」於是她拈出五點心得，一是藉此書了解古代中國的農業技術；二是可以從人類學角度，了解農耕和畜牧的禁忌與迷信，比如「嫁茄」、「嫁李」這類種植習俗與迷信，恰是古代生殖崇拜的遺跡；三是了解古代農產加工的方法，比如「酢」、「漬」之類，中國已遺失其法，卻在日本保留下來；四是發現其他的加工技術，比如製化妝品的方法、製墨的方法等；五是了解古代某些食物料理的方式，比如粽子、蔥花炒蛋等，看起來和今日的料理方式仍然相同。

由這些研究心得，也可看出郭立誠對民俗研究關注的範疇是非常廣泛的，因此梨園行規、服飾、建築、農業技術、飲食習俗等，也都可以作為研究的題材。又譬如《飲膳正要》及《雍熙雅編》兩部書，前者是元忽思慧所著，書中已記載相當多的食療、食補觀念；後者是二十五種宋人著作的叢書，包含各種花果譜、茶書、法帖書翰志等，是文人怡情養性之用的休閒書籍；郭立誠教人從其中去看古人的生活習慣、迷信禁忌、生活美感等不同層面的東西。

是故，由以上可略窺郭立誠的治學態度與研究方法。而如果簡單區分她的著作時期，前期（1971年以前），由《北平東嶽廟調查》、《行神研究》到1971年出版《中國生育禮俗考》，都以專書的規模呈現；中期（1971-1980年代），開始撰寫短篇民俗文章，出版較大眾化的民俗漫談書籍，如《豐年拾穗談民俗》、《大拜拜的背後》等；而後則又重新整理舊稿與加入新作，出版《中國民俗史話》、《中國藝文與民俗》以及《中國婦女生活史話》，各書更為整齊的呈現她所關注的研究主題；後期（1990年代）的著作，如《郭立誠的學術論著——藝術、醫學、人文》，書中各篇的內容水準均佳，也具有學術論文的規模。郭立誠堅持研究工作，著作產量豐富，對民俗研究的熱忱更是值得肯定。

三　對中國民俗研究的貢獻

　　郭立誠的民俗研究著作約一、二十種，成果頗豐。可區分為二大類，一是一般民俗研究，二是與女性民俗相關的研究。在一般的民俗研究方面，郭立誠最突出的表現當在對於北平風土民俗的研究上，其次則是從古典文獻發掘民俗題材，第三則為開拓了對醫藥、飲食方面的習俗研究。第二類對女性民俗的研究方面，郭立誠《中國生育禮俗考》、《中國婦女生活史話》可說是這方面的經典之作，對後來者深有啟發。

　　本節先論述郭立誠對一般民俗研究的成果，第四節再探討郭立誠對女性民俗研究的貢獻。

（一）有關北平風土民俗的研究

　　《北平東嶽廟調查》是郭立誠民俗研究的第一份成果，這是1939年她跟隨傅芸子、傅惜華從事的田野調查工作[20]，自農曆三月初一東嶽廟開門至三月二十八日東嶽大帝誕辰為止，實地在東嶽廟觀察、採訪與記錄，包括研究廟的建築、碑碣文字與各殿神像配置，訪問道士、香客與信徒等；而調查前後，都已先參閱相關文獻，例如事前翻閱《光緒順天府志》和《燕都叢考》，以便對東嶽廟有初步的認識，調查後，除整理資料外，又到北平圖書館參閱日人小柳司氣太所寫的《白雲觀志》，才完成一部大約三、四萬字的調查記[21]。

　　《北平東嶽廟調查》書前錄十一幅東嶽廟牌坊、山門等照片，以及一張手繪的東嶽廟平面圖與解說。正文包含九項：東嶽廟的沿革、

20　郭立誠，《北平東嶽廟調查》（臺北：東方書局，1960秋季複印）。書前扉頁之作者題作葉郭立誠，係冠夫姓。又，此次調查工作由傅芸子、傅惜華主持，但應是郭立誠實際執行，故也由郭立誠將成果撰寫成書，攜來臺灣出版。

21　參見郭立誠，《北平東嶽廟調查》〈前辭〉；郭立誠，〈走上民俗研究這條路〉，頁126。

東嶽大帝的傳說、東嶽大帝的職能、東嶽廟七十六司的分析、北平民間關於東嶽廟的種種信仰、東嶽廟的香會組織、東嶽廟的香會活動、東嶽廟的香會現狀，以及東嶽廟的神話與傳說，末附錄當時推廣翻印、鉛字排印第九版的「東嶽廟七十六司考證」。

　　北平東嶽廟的調查研究，係受到北京大學民俗學會顧頡剛等人對妙峰山調查之影響[22]；東嶽廟和妙峰山是華北地區兩大名剎，信徒眾多，廟會活動興盛，郭立誠等人的調查研究，為明清以來的東嶽廟做了文獻的整理，也採訪記錄當時流傳的相關傳說、信仰形式和內容。從民俗學的角度看，該次調查研究以及成果《北平東嶽廟調查》，也已提示研究的方法，亦即歷史民俗學加上人類學式的田野調查工作。因為這雖是當代的田野調查，但事前事後的準備功夫，對於相關文獻的閱讀與整理卻是必要的，這有助於研究者建立調查、採訪的方向，以歷史民俗學的知識來加強田野工作的深度。而《北平東嶽廟調查》一書的架構，則是層次分明、井然有序：從東嶽廟沿革、主祀神東嶽大帝的傳說、職能，到配祀的七十六司之分析，而後是聚焦在民眾對於東嶽廟的信仰，討論各種祈祝內容（如求子、求壽等），論及香客與香會組織，最後則是記錄口傳的傳說故事；由整體到個別，由主到副，由神明到信眾，可說層次分明，觀照的面向亦頗周延，可謂民俗調查與研究的範本。[23]如果以二十一世紀的今天來看，歷經時代動亂，東嶽廟及其信仰活動已然改觀，但該次調查研究以及成果《北平

22　郭立誠：《北平東嶽廟調查》〈前辭〉：「東嶽廟香火之盛可與北平市郊妙峰山比美，北京大學民俗學會既記錄妙峰山實況，寫為妙峰山進香專號，中法漢學研究所傅芸子先生亦認為東嶽廟與妙峰山娘娘廟同為華北民間信仰之殿堂，若不及時調查記錄實況，再過數十年民智大開，迷信破除，泛神信仰終必泯滅。將何以窺明清以來民間信仰情況，於是決定在東嶽廟開廟之期，偕立誠等六人親往探採。」頁2。

23　「東嶽廟的神話與傳說」這部分，記錄民間流傳有關東嶽大帝及七十六司的靈驗事蹟。這部分以重新敘述的方式撰寫，當然比不上現今調查採錄工作強調的採錄時間、地點、被訪者、原文登錄的方式。但這是1930年代學術風氣使然，無可厚非。

東嶽廟調查》一書，無疑為時代保留了最佳的例證，成為極具參考價值的歷史文獻。

身為北平人，郭立誠也經常記述北平的風俗習慣。尤其來臺灣以後，對於家鄉的思念，往往訴諸於文字，以文字記下民俗生活。這些篇章看似散文隨筆，但民俗學者對自身民俗經驗的記述，有時也加上引經據典，小小考證一番，即是一種可供參考的資料。這一點，郭立誠最明顯的是對北平新年習俗的記述。例如〈豐年拾穗〉，本文時而引經據典，旁及小說戲曲的印證，時而以自身經驗補充，把北平過年的習俗寫得十分生動有趣，全文共十四節，各節標題是：一、過了臘八就是年；二、討不到老婆怎過年；三、穿紅裙子兜喜神方；四、是月也片子飛空車走；五、「一文錢」；六、財神廟燒頭香；七、究竟有幾位財神爺；八、金吾不禁；九、年年難過年年過；十、逛廠甸；十一、破五兒；十二、傳座酒；十三、順星；十四、冰燈火判兒[24]；把北平新年的食衣住行和娛樂的事都涵括在裡面了。

郭立誠也記下了抗戰期間，北平在日人占據下的慘澹新年。因日人不准放鞭炮，所以她的姪子、姪女把它叫作「啞吧年」；這一年（民國三十二年，1943）她家裡靠當賣古玩買了五斤豬肉、一條魚、幾顆大白菜加上一些胡蘿蔔，和學校發的一袋麵粉過新年；這些全記載在〈北平的一個啞吧年〉[25]。

這類記述北平年節風俗的文章，有非常感性的情感因素，如其〈瑣憶故都歲朝風物〉所說，「每逢佳節倍思親」，有時鄉愁也會突然來襲，使她的心田出現漣漪，「我非常想懷念故鄉的許多事物，和老鄉親一談起來，原來大家都是一樣」，「沒奈何只好把它們寫出來，略解鄉愁，亦聊以自慰。[26]」但從另一個角度看，也是記載民俗的珍貴

---

24 郭立誠，〈豐年拾穗〉，見其《豐年拾穗談民俗》，頁127-148。

25 郭立誠，〈北平的一個啞吧年〉，見其《豐年拾穗談民俗》，頁123-126。

26 郭立誠，〈瑣憶故都歲朝風物〉，見其《中國民俗史話》，頁61-70。

資料，使民俗可以透過當代人親身的經驗而得以留存與流傳。除了新年習俗，郭立誠也寫下了使用爐子與扇子的習俗，而且都著重在北平人與此二物的關係，可參見其〈閒話扇子〉與〈爐子禮讚〉[27]。

（二）對古典文獻中民俗題材的掘發

　　郭立誠博覽群書的習慣與基礎，成為她研究民俗的有利背景，因此她經常從古典文獻中發掘民俗的題材，若欲探討某個民俗的源流，也能從浩瀚書海中摘取資料，仔細考索。

　　首先看她對於古典小說中寓含的民俗文化的研究。明代章回小說《金瓶梅》為著名的世情小說，其中即蘊藏豐富的民俗材料。一般人只看到書中淫亂的情節，文學家或許讚賞它的結構緊湊、人物生動等創作藝術，但郭立誠更看到其中所講的婚喪嫁娶的禮節、男女老少的服飾、飲食器用的名稱等，正是研究民俗的好材料。郭立誠曾說：「我們在《金瓶梅》裡可以發掘出豐富的社會史料和民俗史料，抗戰前吳哈就已經著手此工作，只不過是創始，並沒有深入，因此要開《金瓶梅》這座礦山還大有可為」[28]，而她自己在撰寫《行神研究》和《中國生育禮俗考》時也已使用書中資料，因此她更專心的研究《金瓶梅》中的民俗文化，共得六篇專文：〈從民俗角度看金瓶梅〉、〈李瓶兒喪禮研究〉、〈金瓶梅的「吃」〉、〈金瓶梅所保存的民間傳說〉、〈金瓶梅裡的術數與迷信〉以及〈金瓶梅中的戲曲與雜曲〉，皆收入其書《中國藝文與民俗》[29]。

　　這六篇文章的作法，不只是將《金瓶梅》裡與民俗有關的文字段落羅列出來而已，也針對研究主題旁徵博引，與其他相關文獻、知識、經驗互相對照、比較。以〈李瓶兒喪禮研究〉一文為例，郭立誠

27　皆收入郭立誠，《問耕一得》，頁244-247、252-255。
28　郭立誠，〈從民俗角度看金瓶梅〉，見其《中國藝文與民俗》，頁218。
29　郭立誠，《中國藝文與民俗》，頁216-286。

首先把李瓶兒的喪禮敘述和《紅樓夢》中的秦可卿喪禮作比較,在一繁一簡的對照下,郭立誠認為是因為兩個人物在書中的角色、分量不同,喪禮事件在全書作用不同,且兩書作者寫作態度也不同,因此繁簡有別,但由此也知道《金瓶梅》作者確實嫻熟於平民百姓的禮俗,因此不避繁瑣的寫下了喪禮的過程。此外,郭立誠也以自身觀察過的喪禮儀式作比較,指出李瓶兒的喪禮和北平流傳的喪禮儀式也有許多雷同之處,包含棺木壽衣、裝殮習慣、「作七」、唪經、演戲劇目、出殯行列以及其他習俗等七項。就唪經這一項,郭立誠對於其中念一壇喇嘛經的記述感到好奇,而加以討論;因為一般人都以為喇嘛教盛行於元朝,明代尊奉道教,到滿清才又開始崇尚喇嘛教:

> 沒想到明代人的書裡居然出現喪禮念喇嘛經的紀錄,後來我又翻閱有關明代宗教的史料,才知道明憲宗成化、武宗正德都非常寵信番僧崇奉喇嘛教⋯⋯可見明代喇嘛教勢力也相當大。金瓶梅作者當然也是受此影響的。[30]

而對於喪禮中的戲曲表演、出殯行列遊藝隊伍的排場等問題,郭立誠係從厚葬習俗的考證切入,引孔子、墨子、漢桓寬《鹽鐵論》、唐代政令制度、〈李娃傳〉、清翟灝《通俗編》引《宋書・禮志》等文獻,證明舉行盛大的喪禮是厚葬的一部分,只是古代文獻不全,不易得出完整的結論。但再以《東京夢華錄》對照,《金瓶梅》所述者,和宋代以來盛大的喪禮形式應是差不多的,而不是到明代才有。由這些考證、討論,可以看到郭立誠對民俗研究的問題意識十分敏銳,在方法上往往也能觸類旁通。

除了《金瓶梅》,郭立誠對《紅樓夢》、白蛇傳故事也做過有關民

俗的研究，如〈紅樓夢裡的茶〉、〈白蛇傳演進研究〉[31]。而她另一個
著力點便是對筆記叢談的研究，提點書中的民俗史料。例如〈夷堅志
研究──兼談宋代民俗史料〉[32]，除考證《夷堅志》的作者，版本卷
帙問題外，特別立「民俗史料」一節，介紹書中可用的資料，「夷堅志
既為志怪之書，故所記鬼神怪異、因果報應之事最多，由書中材料觀
之，今日民間信仰、習俗大半在宋代已然存在，比如關王、呂公之崇
信，士子祈夢問科名，五通、山魈、狐妖、蛇精變幻故事、女巫過火
跳神情形等皆有詳盡記錄。」[33]又如〈履園叢話所含的民俗史料〉[34]，
《履園叢話》係清錢泳所編撰，分為二十三類，郭立誠認為在清人筆
記中，這是一部有分量的作品，因此加以介紹並列舉三項十五則以上
有關社會史料、民俗史料的記載。由此也可了解，除了從著名的古典
小說入手，郭立誠一直廣泛地閱讀筆記、類書，勾沉民俗史料，並廣
為介紹，以驗後來者可以再加利用。

　　其次，郭立誠更有多篇文章是對於民俗事物的考證，舉凡信仰類
的，如門神、鍾馗、龍王等；飲食類的，如茶、筷子、麵食等；工藝
類的，如民俗版畫、道場畫、佛像畫、手工藝等，都曾撰寫相關的文
章，而寫作的模式往往因一時事物的觸發，因此開始溯源、彙整資
料，或輔以自身的經驗，因此而撰成有趣可讀的篇章。這些篇章較短
小，考證、引註資料也許不是現今學術論文的規格，但其關涉的面向
與觸發點，卻在在顯現一位民俗專家的經驗與見識。而其中飲食與工
藝的研究，更可說是開風氣之先與慧眼獨具的民俗研究。

　　有關古代飲食的研究，雖然歷史學家早已涉略，但興起寫作與研

31　皆收入郭立誠，《中國藝文與民俗》，頁59-74；75-81。〈白蛇傳演進研究〉除了對故
　　事的源流考證之外，也提及有關蛇的民俗信仰。

32　郭立誠，〈夷堅志研究──兼談宋代民俗史料〉，見其《中國藝文與民俗》，頁109-
　　126。

33　同上，頁124。

34　郭立誠，〈履園叢話所含的民俗史料〉，見其《中國藝文與民俗》，頁155-165。

究的熱潮，卻是這幾年來的事。郭立誠在1970年代就發表了〈中國古代的吃〉[35]，從《禮記》、《詩經》、《左傳》、《楚辭》、《論語》、《孟子》等古代經典中擷取相關記載，勾勒古代飲食的禮制與習俗；而在其研究《金瓶梅》時，也有〈金瓶梅的「吃」〉，更精細的爬梳《金瓶梅》書中的飲食記載，舉凡主食、副食、主菜、小菜和茶飲等，無論是大宴的儀節或小酌的菜單，都有豐富的內涵可以研究[36]。該文舉例繁多，又處處與《東京夢華錄》比對，以了解自宋代以來的飲食習俗；同時也與當代食物的名稱對照，以明白此即今之何物，增進讀者對晚明飲食的了解，是一篇扎實有見解的論文。〈紅樓夢裡的茶〉談的是茶[37]，也算是飲食研究的一種；另也有〈茶與禮俗〉，更廣泛的談到和茶有關的禮俗，包括待客之道的茶，婚禮習俗中的茶以及喪禮習俗中的茶，也提到出外旅行隨身帶著茶葉和生米可以用來破邪術，保佑平安[38]。此外，也有〈端午節話粽子〉、〈餃子、麵條與中國民俗〉、〈中國人過生日〉與〈「筷子」的故事〉等[39]，可見郭立誠對飲食習俗的研究也相當關切。她甚至還從《暘谷漫錄》一書中找到一個廚娘的故事，寫就〈宋代的廚娘〉，對於宋代名菜「羊頭簽」、「炒韭黃」的做法，有詳細的描寫，也寫出宋代職業廚娘的架勢[40]。

　　有關工藝的研究，在郭立誠《中國藝文與民俗》的第參項中，有八篇文章。這九篇中，有三篇是專家傳記研究：〈疊石名家張南垣〉：張南垣是明代疊石造園的專家，也精通室內設計和裝潢，吳梅村相當欣賞他[41]。郭立誠即根據吳梅村所撰的〈張南垣傳〉和張庚清《朝畫

35　郭立誠，〈中國古代的吃〉，見其《大拜拜的背後》，頁19-27。

36　郭立誠，〈金瓶梅的吃〉，見其《中國藝文與民俗》，頁236-248。

37　郭立誠，〈紅樓夢裡的茶〉，見其《中國藝文與民俗》，頁75-81。

38　郭立誠，〈茶與禮俗〉，見其《中國民俗史話》，頁100-104。

39　皆收入其《中國民俗史話》，頁48-50；105-115。

40　郭立誠，〈宋代的廚娘〉，見其《大拜拜的背後》，頁101-109。

41　郭立誠，〈疊石名家張南垣〉，見其《中國藝文與民俗》，頁166-175。

徵錄》、阮葵生《茶餘客話》中的小傳，考證了張南垣的生平與技藝成就，並推及張南垣之後的壘石專家張然、李漁、石濤等；〈湯裱褙其人其事〉[42]：湯裱褙為明代裱褙專家湯臣（或作勤），賣主求榮，依附奸相嚴嵩，又貪圖美色，逼迫他人美妾，終於落得被刺身亡，所以李玉崑曲有「一捧雪」演其故事；〈梁九公其人其事〉：從京劇「連環套」中的梁九公開始說起，考證出梁九並非宦官，而是明清之際的名工巧匠，他的丈量功夫精準，善於塑造建築模型，也懂得建築設計，是大內興造殿宇時的主要匠師；他曾發明「葫蘆器」，把生長中的葫蘆用模子套起來，模子上作成凸文的花卉、文字、圖案等，長成後，去掉模子，就是生成凸文花紋的葫蘆，道理簡單，但要得到完美的成果不易，所以被人當作珍奇之物[43]。這三個人物固然是當時的知名匠人，但其事蹟或者隨時間湮沒，或者被後人訛傳、渲染，而郭立誠仍一秉研究考證的精神，爬梳傳記資料，使讀者了解其人其事。

　　其餘五篇為建築技術與民間繪畫之考論，如〈談談「魯班經」〉：介紹《魯班經》的內容，指出這是一部明代官方工匠所寫的建造房屋的技術手冊，也包含瓦木匠的巫術與破解方法[44]；〈談「造像度量經」〉，說明《造像度量經》的重要性，此書乃記載建造佛像的工具書，但多數人不知其重要性，可能只把它當作是佛經來看。郭立誠起先在光華商場的舊書攤看到，後來又在善導寺的售經處發現，她感慨：「但是有誰會注意它，有幾個人知道它是一部講專門技術的書，……我生怕這部書從此失傳，才想寫一篇介紹文字的。」郭立誠指出這部經文是由藏文翻譯成漢文，譯者為工布查布，他是清代內閣掌譯番蒙諸文西番學總管，譯稿完成於乾隆七年，十三年始刊行，內容分成三部分：「一、造像度量經，二、造像度量經解，三、造像度

42　郭立誠，〈湯裱褙其人其事〉，見其《中國藝文與民俗》，頁176-181。
43　郭立誠，〈梁九公其人其事〉，見其《中國藝文與民俗》，頁182-184。
44　郭立誠，〈談談「魯班經」〉，見其《中國藝文與民俗》，頁185-191。

量經續解；經解是根據舍利佛所受佛說造像度量經加以闡釋，但此經只講佛像如何造法，並沒有談到佛教其他造像，因此譯者工布查布才根據自己多年所學各類造像式標準，寫成造像度量經補續，除了各種造像的式樣標準，還有安藏、安像的禮節及儀式以及造像的功德，造像錯誤的罪業等講得很詳細。[45]」由是可知，這部書除了工藝資料外，也具有佛教信仰習俗的資料。

又如〈談「道場畫」〉與〈關於中國民俗版畫資料〉[46]，都與民間繪畫有關，也談到相關的民俗與信仰；〈聞名不如見面的「揚州畫舫錄」〉也是側重《揚州畫舫錄》中的崇寧寺宗教民俗彩繪與各式樓房亭閣的營建之法[47]。這三篇文章可謂兼有民間美術史與民俗研究的心得。

回溯郭立誠運用古典文獻來研究民俗的歷程，《行神研究》可說是她最早展現對於各種工藝、行業研究興趣的著作。此書脫稿於1946年，因戰亂之故，直到1967年才有機會在臺灣出版[48]。此書係其從事北平東嶽廟調查時，附帶實地調查各行會祭祀祖師爺的情形，並及抄錄碑文與採集相關傳說而成。在書中，除對行神的定義與分類外，郭立誠也特別討論了行神研究的史料問題，因為各行各業雖是民生所需，但也因為都屬於日常瑣事，或者各行業有各行業的禁忌，因此很難見到傳承的資料；而郭立誠分別從民間俗籍《玉匣記》、鼓詞〈十女誇夫〉等資料，以及筆記、小說，如《閱微草堂筆記》、《二十年目睹之怪現狀》等，披沙揀金，尋找可用的材料，逐步勾勒出行業神的輪廓，成為一部頗為完整的行業神研究著作。

以上諸例，都可以看到郭立誠善於運用古典文獻，尋找其中的民

---

45 郭立誠，〈談「造像度量經」〉，見其《中國藝文與民俗》，頁192-199。
46 郭立誠，〈談「道場畫」〉、〈關於中國民俗版畫資料〉，見其《中國藝文與民俗》，頁200-205；210-215。
47 郭立誠，〈聞名不如見面的「揚州畫舫錄」〉，見其《中國藝文與民俗》，頁206-209。
48 郭立誠，《行神研究》（臺北：中華叢書編審委員會，1967年）。

俗題材，旁徵博引，積少成多，也就建立起在某個主題研究上的藍圖與成果。

（三）開拓醫藥習俗的研究

有關醫藥習俗的研究也是這幾年才興起的研究風潮，但在郭立誠的研究當中，早已有所涉獵。《中國生育禮俗考》可說是郭立誠最先完成的古代醫藥習俗研究，因與女性關係較密切，故請待下一節仔細討論；而郭立誠的《郭立誠的學術論著——藝術、醫學、人文》一書中，就有一卷列為「醫學」，收錄十一篇文章。在書前的〈自序〉有云：「最初閱讀傳統醫學古籍，不過是隨意瀏覽性質，及至我動手寫《中國生育禮俗考》的時候，才認真去讀那些艱深的古籍，從那些書裡找到有關生育的禁忌和迷信資料，……因此在寫完《生育禮俗考》以後，我仍然繼續研讀這些醫療古籍，也隨手記下可用的資料，……我一直想分類寫幾篇論文來消化這些資料。」及至民國六十八年（1979）夏，郭立誠有機會結識德國歌丁根大學羅志豪教授，當時他正在研究中國傳統醫學，因此由郭立誠協助他收集相關資料，並約定郭立誠每年提出兩篇論文在他們的研究刊物上發表。經過兩年，郭立誠發表了三、四篇論文，但此合作計畫因故中斷，而郭立誠卻沒有停止自己的研究，又陸續寫了三、四篇論文；後來，又應漢聲雜誌之邀，開始撰寫傳統飲食衛生與宜忌問題的文章。這些文章都收錄在此書中，但郭立誠認為這只是個開始，她還有很多相關資料，可以分別寫出好幾篇研究報告[49]。〈自序〉寫於「七十八年歲暮」，也就是1989年、七十五歲之齡，可見郭立誠老當益壯，堅持民俗研究的志向。

這十一篇文章是：〈中國傳統飲食衛生〉、〈北平四大名醫〉、〈「割股療親」的新詮〉、〈保健與防疫〉、〈瘧疾與瘧鬼〉、〈孫思邈談老人醫

---

49 郭立誠，《郭立誠的學術論著——藝術、醫學、人文》，〈自序〉（臺北：文史哲出版社，1993年）。

學〉、〈孫思邈談兒童教育〉、〈古書裡所記的職業病〉、〈香煙與健康〉、〈中國的同性戀〉以及〈「酉陽雜俎」裡所存醫藥史料〉[50]，其中〈北平四大名醫〉、〈古書裡所記的職業病〉、〈孫思邈談老人醫學〉、〈孫思邈談兒童教育〉與〈香煙與健康〉五篇的篇幅較短（少者3頁，多者6頁），這些文章筆調較輕鬆，有的是自身經驗談，有的引述一、二本相關著作，加以整理分析，與孫思邈相關的兩篇，就是從孫氏的《千金翼方》一書中選錄相關卷目加以詮釋。其他六篇較長（少者11頁，多者30頁），各篇旁徵博引，論述有條有理，是頗有分量的研究論文。以〈中國傳統飲食衛生〉為例[51]，文中首先上溯孔子與道家的飲食觀，並指出其中的飲食衛生的概念；接著根據類書，剖析傳統的飲食衛生觀念乃是以「飲食宜忌」的觀念呈現，郭立誠說：「『宜』是應該，『忌』是不應該的意思。飲食要避忌，不避忌就會有不良後果。經過分析整理，我們可以將古人所談的飲食宜忌歸納為一般宜忌、歲時宜忌、孕婦宜忌、老人宜忌、幼兒宜忌、疾病宜忌。」[52]，接著，所整理歸納的書籍包括各類討論養生之道、談宜忌觀念、老人醫學、孕婦宜忌等的類書，有唐人孫思邈《千金翼方》、宋人姚稱《攝生月令》，元人邱處機《攝生消息論》、瞿佑《四時宜忌》、忽思慧《飲膳正要》、賈銘《飲食須知》，明人鄺璠《便民圖纂》、冷謙《修齡要指》以及李時珍《本草綱目》等，從這些本屬於醫療領域的古籍當中，爬梳脈絡，以現代人注重的衛生保健、養生觀念加以對應，是結合古代醫學與民俗研究的範例。

又如〈保健與防疫〉[53]，文分兩部分，「保健」部分，首先從儒

---

50 郭立誠，《郭立誠的學術論著——藝術、醫學、人文》，頁73-196。

51 郭立誠，〈中國傳統飲食衛生〉，見其《郭立誠的學術論著——藝術、醫學、人文》，頁73-102。

52 同上註，頁76。

53 郭立誠，〈保健與防疫〉，見其《郭立誠的學術論著——藝術、醫學、人文》，頁117-137。

家、道家經典與《禮記・月令》中擷取相關觀念，其次整理晉張湛《養生集敘》的十項要旨、三國魏胡昭《雲笈七籤》卷三十二的保健之道，然後據宋姚稱《攝生月令》表列十二個月分的保健宜事與避忌。其次是討論「防疫」，從歲暮除疫送瘟儀式談起，然後撮舉元月至十二月的防疫措施，「積極的防疫方式是某月某日該吃些什麼，該喝些什麼，該作些什麼，消極的方式是某月某日不該吃什麼，不該做什麼，否則就會有什麼樣不良後果之類。」這部分的整理得自於各種歲時風土書和講養生的醫書，共得84則資料，引用的書目包括《四時宜忌》、《荊楚歲時記》、《歲時雜記》、《肘後方》、《五行書》、《西陽雜俎》、《本草綱目》、《月令廣義》、《千金月令》、《雲笈七籤》、《養生論》、《四時纂要》、《抱朴子》、《月令圖經》、《法天生意》……等三十餘種，可見其博覽群書、筆記扎實的功力。

　　然而，現代社會普遍信賴西醫，對於中國古代醫學未必盡信，或者就以「迷信」斥之。這一點郭立誠當然也注意到了，所以她在〈保健與防疫〉中說：

　　　　不過他們防疫方法有的純出於迷信，有的方法雖然是舊法子卻與現代人的衛生觀念不謀而合，有的辟瘟藥卻不是藥品而是法物，舉例說明之：

　　　　一、純出於迷信的：如元日五更以紅棗祭五瘟畢合家食之……。

　　　　二、舊方法合於現代衛生觀念：如疫氣流行，……季秋節約生冷，以防痢疾──這兩個例子是說明古人已知道飲水可以傳染，吃生冷易得痢疾。

三、辟瘟藥實在是法物：例如九月九日佩茱萸，元旦引屠蘇酒
　　類，這些定時準備的各式各樣的法物，……都變成應節的
　　物品，……可是現代人們卻不知它們的起源了。[54]

郭立誠對於研究這些醫藥習俗，中心理念和態度是很清楚的，她最想
區分的是「醫」與「巫」的關係：

　　我之所以要收集瘧鬼傳說以及禳瘧方術，是因為多年來我就有
　　個構想，要把傳統醫學裡面保留下來的迷信找出來，使我國古
　　老的巫醫與真正的醫學分開，這樣千年來中國醫學才能讓人看
　　清她的真面目，同時這些巫醫之術也正是研究傳統迷信的好資
　　料。若從另一角度去看古代醫藥方面的迷信和方術，也就了解
　　這些本是古人在無可奈何的情況下，想出來的辦法，……從人
　　類進化史來看迷信，本是進化過程中必然之產物，也正是研究
　　民俗的應該研究的課題，當然醫藥迷信非常多，瘧鬼之說不過
　　是其中之一而已。[55]

研究古代醫藥與關民俗，並不是要復古、仿古去推行所有的古代風
俗，而是以民俗研究的眼光，從中分析古人對於醫藥、疫病的心理與
防治措施背後的含意。這這樣的觀念和研究方法，也見諸郭立誠研究
《酉陽雜俎》，在〈「酉陽雜俎」裡所存醫藥史料〉[56]，郭立誠將此書
資料分為五項：名醫故事、怪病故事、巫術與醫、外來的醫藥以及藥

---

54 郭立誠，〈保健與防疫〉，見其《郭立誠的學術論著——藝術、醫學、人文》，頁
　　137。

55 郭立誠，〈瘧疾與瘧鬼〉，見其《郭立誠的學術論著——藝術、醫學、人文》，頁
　　140。

56 郭立誠，〈「酉陽雜俎」裡所存醫藥史料〉，見其《郭立誠的學術論著——藝術、醫
　　學、人文》，頁183-196。

物的禁忌和迷信，並試圖分辨、詮釋古代醫藥資料中的醫理與巫術，例如在「巫術與醫」的部分，列舉前集卷五的四則資料，認為這些故事很神奇，但性質近於巫術；在「外來醫藥」部分，先提到《隋書・經籍志》醫家類著錄了印度醫書十多種，可推測其對中國醫學的影響應該不小；而《酉陽雜俎》也有幾條外來醫生與醫藥的記載，例如醫生句驪客和印度術士那羅邇婆，但因為敘述太簡短，比較看不出他們治病的狀況，不過另有一些藥物的記載，如龍腦香、安息香等，倒是可以注意其所敘述的藥效，也可以和《本草綱目》作對照。可見郭立誠研究古代醫藥的客觀態度。

四　對女性民俗的關注

　　就女性民俗研究而言，郭立誠的《中國生育禮俗考》可說是一部相當重要的論著。在1930年代，以北大學者為主力的民俗、俗文學研究中，與女性研究相關的有劉經菴《歌謠與婦女》、董作賓《看見她》、婁子匡《巧女與獃娘的故事》以及柳飛燕主編《婦女與兒童》，劉、董二書針對歌謠中的女性題材加以整編、研究，婁書則是民間故事中女性人物故事的研究，而柳書所收雖為女性民俗與孩童民俗的文章，但為雜誌中的文章選集，屬單篇、散論，較無系統觀念。相形之下，郭立誠這部著作，雖然成書較晚，但應也受到當時研究風氣的啟發，而努力完成一部有系統而全面的、與女性有關的產育習俗研究之論著，對女性民俗研究具有開創性的貢獻。

　　郭立誠此書乃是她自花蓮遷居臺北，擔任師大附中教職時，利用課餘及寒暑假期到圖書館搜集資料[57]，最後終於在1969年7月完稿，並

---

57 郭立誠在此書序文中特別提到，感謝但漢章和其子葉言都為其抄稿，見其《中國生育禮俗考》（臺北：文史哲出版社，1971年）；郭立誠之子葉言都也曾撰文記述當年隨母親到中央研究院搜集資料，並為母親謄稿的情形。參見葉言都，〈抄稿的日子——我的母親郭立誠〉，《文訊》277期（2008年11月），頁87-89。

獲得中山學術文化基金會獎助，於1971年3月出版。有關這部書的寫作動機，郭立誠在〈自序〉中也說得很清楚：

> 說來我的動機很單純，只是想盡到一個學歷史的人的本分，尤其是研究民俗史的，更有責任整理，保存這類文獻，寫成有條理有系統的著作，作一番「結集」的工作，對過去和未來才算有個交代。

> 華封三祝說：「多福多壽多男子」，正道出了人類原始的願望，……於是乃形成了祈子的習俗和胎教；先民祈子的禱歌保存在詩經三百篇裡的不少，胎教說法也有兩千年的歷史，所以我一直耐心在經書及稗官小說裡尋找，居然也找到了頗為豐富的材料。

> 生兒育女，育嬰保赤，這本是匹夫匹婦的事，高文典冊原不屑於記載這些瑣碎的東西，可是民間許多古老的巫術、符咒卻藉口耳相傳保存了下來，後來因為印刷術的發達，這些荒誕，神秘的原始文獻就靠術數選擇書，甚至中醫古籍給記錄下來，因此我也讀了不少集迷信之大成的書籍，如三元總錄、玉匣記等。[58]

全書共六章：第一章，「由高禖神到子孫娘娘」，先述高禖神信仰的淵源，其次考察女媧、九子母與鬼子母、床公床母、臨水夫人與註生娘娘等女神（高禖神）的信仰；第二章，「祈子的習俗」，探討婚禮中、婚後的祈子習俗；第三章，「胎教與禁忌」，探討受胎的迷信與禁忌、

---

58 郭立誠，《中國生育禮俗考》，頁1-3。

胎教和胎孕時的禁忌；第四章，「產育的迷信」，探討入月安產圖及產前準備、生產、分娩、生子不舉、產厄及產亡的相關習俗；第五章，「生育的禮俗」，分別論述古代生育禮俗、北平、南方以及臺省的產育習俗；第六章，「育嬰及葆佑」，探討嬰兒保育、夜哭、出痘、沖犯等相關的迷信、禁忌。可見該書對女性生育的信仰、習俗與禁忌，從信仰探源開始，配合祈子、孕子、生子到育子的過程，脈絡清晰，也兼顧古代習俗、南北習俗的對照，以及當時在臺灣採集到的資料。而她也發揮博採群書的精神，上自經籍中的禮志、先秦諸子百家、歷代筆記、類書，到明清通俗小說，也參考時人著作，如胡樸安《中華全國風俗志》、婁子匡《婚俗志》、林財源《臺灣採風錄》等，旁徵博引，務求充實詳盡。

　　《中國婦女生活史話》是郭立誠另一部重要的女性民俗研究著作[59]。本書收錄一些原收入在《大拜拜》和《豐年拾穗談民俗》等書的舊作，但重新編整後，更完整的呈現郭立誠在這方面研究的成果。在〈自序〉中，郭立誠表達了她的女性觀，她首先說明女權運動是「五四」運動的主流之一，這段期間寫成的婦女生活史，大都大罵「吃人的禮教」，替婦女抱不平。北伐成功以後，法律規定男女平等，起而代之的是討論婦女走出家庭以後所引起的種種問題。而對這些問題，人們有兩種不同的看法，保守者憂心忡忡，認為只有叫女人回到廚房去才能天下太平；另一派人則以為這只是過渡時期的社會病態，只要男女各盡所能，分工合作，許多問題是可以解決的，實在不需要把女人都趕回廚房去。而郭立誠自己的看法是：

　　　　在我個人看法認為，人對許多事情都不該輕易下斷語；既不可以偏概全，也不該忽略個別差異，任何事情都有不走常軌的例

---

59 郭立誠，《中國婦女生活史話》（臺北：漢光文化事業公司，1983年）。

外，歷史上的女英雄如洗夫人、秦良玉，她們能率軍隊，指揮
作戰；可能她們根本不會洗衣燒飯。普通婦女既沒有她們那樣
的才幹，也不要勉強去做自己力所不能的事，大家只要努力做
好他自己的工作就夠了，一個能幹的主婦就是她個人的成功，
同樣應該得到稱讚的。……寫《中國婦女生活史話》這本書的
目的，只想讓大家對古代婦女生活情況有個比較真實的認識，
並不想教唆現代婦女去和男人們算老帳，更不想推波助瀾使當
前女權運動問題更加麻煩、更加棘手。不過遺憾的是我翻了許
多古書，找到多半是女人被欺壓被玩弄的紀錄，難得找到幾件
男女平等互惠、互助合作的史實。我一直希望有一天，男人和
女人不但像現在一樣能夠「和平共存」，還能夠攜手合作達到
「共存共榮」的理想境地，這一切當然有待於雙方的努力了。[60]

可見她是採取折衷的態度，希望藉由研究爬梳歷史上女性的生活面
貌，但未必一定要打著反抗父權的旗幟，而是把期望寄託在兩性「共
存共榮」的願景上。

《中國婦女生活史話》全書分為四篇：家庭篇、性情篇、習俗
篇、史事篇，共收錄四十三篇單篇文章。在家庭篇部分，文章的共同
特點是，不只是根據資料整理出問題的脈絡，行文往往也是夾敘夾
議，一方面說明古代的情形，一方面對現代的讀者，提出批評或規勸
之意。例如〈由樊梨花說起〉的末段結語說：

由書中這許多矛盾，可以看出這部小說的作者思想如何，由這
些思想可以判斷作者大約是男人不是女人，……他們眼前所看
到的都是幽嫻貞靜的大家閨秀和嬌俏溫柔的小家碧玉，覺得還

---

60 郭立誠，《中國女性民俗史話》，〈自序〉，頁5-6。

不夠刺激，於是在筆下塑造出主動嫁自己的女英雄，而且她不爭名分甘心做「二夫人」又能替自己解圍，協助自己建功，這真是男人的如意算盤，完全以男人利益為出發點。[61]

又如，〈吳敬梓筆下的理想女性〉一文，討論書中的魯小姐、王太太、三姑娘和沈瓊枝，魯小姐一心指望丈夫考上科舉，其愚執不可取；王太太仗勢自己的美色，又貪圖享樂，郭立誠認為「這個女人除了長得漂亮，一無可取，這是舊社會的寄生蟲和玩物。……實在該把這些寄生蟲立即除掉，才可以挽救歪風」；三姑娘聽從父訓，夫死殉夫，死後得到一座貞節牌坊，郭立誠對此事的批評是：「今天我們對她只有憐憫，憐憫她白白的作了舊禮教的犧牲品，實在不忍再斥責她愚昧盲從了，因為女性的覺醒乃是清末發生的新思潮，幾千年來中國女人都在傳統禮教之下討生活，有誰敢踰越啊？」郭立誠認為這當中真正理想的女性是沈瓊枝，吳敬梓透過書中的杜少卿的批評稱讚沈瓊枝是有膽識的女孩，郭立誠尤其肯定她：

> 一個現代女性要在社會上獨來獨往，沒有靠山，不作花瓶，小而糊口維生，大而要和男人分庭抗禮一番事業，不也得像她一樣有膽識有原則，才能站得住嗎。[62]

而在性情篇部分，最突出的是對於一些爭議性的女性人物如潘金蓮、閻惜姣，既不是想要為她們翻案，也不是從俗從眾的指責她們的淫行，而是以同情理解的眼光來看她們的個性和一生。譬如〈寫給閻惜姣〉一文中說：「至於你，我不會像道學夫子一樣板起面孔來罵你，因為我認為你有權爭取自由，也有權追求愛情，你不是宋江正式

61　郭立誠，〈由樊梨花說起〉，見其《中國女性民俗史話》，頁53。

62　郭立誠，〈吳敬梓筆下的理想女性〉，見其《中國女性民俗史話》，頁70-73。

合法配偶，而你和他只是同居關係，而且跟著同居又不是出於自願……。[63]」又如〈潘金蓮為什麼那樣壞？〉一文說：「幾百年來大家是人云亦云的罵她，很少人追根究底的研究她為什麼那麼壞？她的壞是與生俱來的？或是有誰教導她的？……我並不想替潘金蓮平反冤獄，作翻案文章，只想研究她成為壞人惡徒的原因何在？」「潘金蓮的罪狀固然多得數不清，可是仔細研究分析之後，她的每一件罪行都是有緣由的，很少是無因而至，純屬衝動，比如她對她母親涼薄無情，簡直是不孝，可是人們就不質問她母親為什麼貪財，竟自不顧她的死活，一再的賣她呢？父不慈子不孝，這是必然的結果，既有不慈不愛的母親就會有不孝不敬的女兒，怎只可斥責她一個人呢？[64]」可見郭立誠在研究女性議題時，她的態度是不偏不倚，從情與理上去了解、詮釋人物的作為。

在習俗篇部分，〈三從四德談女教〉、〈妾換馬〉、〈揚州瘦馬〉及〈纏足習俗說從頭〉等篇[65]，都是列舉諸多資料，細述主題。而〈妾換馬〉與〈揚州瘦馬〉二篇對於古代婦女被當作物品來買賣的習俗，可說寄寓深深的同情以及感慨，因為不只是男人以女人為交易、酬酢的籌碼，即使同樣是女人，只要她的權位比另一個女人高，就有可能施以凌虐，女主人之於婢妾、妾與妾之間、婢女與婢女之間，也會有此情形產生，〈妾換馬〉有云：

> 我們後代人不敢想像從前的婦女怎會那樣心狠手辣，打起婢僮來比官府用刑還兇，她們這種凶狠的性格是怎樣養成的呢？……因此醋心大起，凶相呈現一股火全發洩在這些可憐的女孩身上。……這些女孩自幼受虐待，不但受到皮肉之苦，而

---

63 郭立誠，〈寫給閻惜姣〉，見其《中國女性民俗史話》，頁103。
64 郭立誠，〈潘金蓮為什麼那樣壞〉，見其《中國女性民俗史話》，頁111。
65 郭立誠，《中國女性民俗史話》，頁120-127、132-135、136-139、144-158。

為身心的傷害更大，使她們對人生失去信心，只看到人間的黑暗、殘酷和醜惡，她自己若在別人的矮簷下，就只想苟免，不惜出賣別人，來保全自己，一旦自己騎在別人的頭上，她對待比她更低微的不幸者，其凶狠殘暴比她的主人還要加倍。[66]

由此可看到其討論問題時的觀察細微，研究女性問題，不只是指出男人的欺壓，也指出環境、遭遇也會使女人去壓迫女人。

史事篇部分，〈古代中國婦女美容秘方〉係郭立誠由《千金翼方》、《齊民要術》等醫書、類書及筆記中披沙揀金，尋找一些相關記載，整理而得的研究[67]。看似軟性的題材，卻是其平日勤於問學、廣泛搜集材料的成果。而最突出的是幾篇關於五四時代的女性風潮研究：〈女權運動話當年〉、〈一個五四姑娘的回憶〉、〈抗戰前的女大學〉及〈閒話校花〉等篇[68]，敘述1920、1930年代，女性上學、舊式婚姻與自由戀愛的問題，這些出自於郭立誠親身觀察或經驗，成為我們研究「五四」運動帶給女性的改變，衝擊了舊的女性民俗，卻也形成了新的民俗與女性文化。

由郭立誠與「五四」女學、爭取男女平等的啟蒙觀念之密切關係，可知其對女性民俗、女性議題的關注，是其來有自，也是淵源甚早。而對照於臺灣1970年代興起的女權運動、1980年代開始萌發的女性主義研究，1983年初版的《中國婦女生活史話》無疑是一個先鋒且符合時代潮流的出版品，因此到1986年已第四版，可見其受歡迎的程度。據此，也可肯定郭立誠在女性民俗研究上的先導角色與貢獻。

---

66 郭立誠，〈妾換馬〉，見其《中國女性民俗史話》，頁134-135。

67 郭立誠，〈古代中國婦女美容秘方〉，見其《中國女性民俗史話》，頁163-172。

68 郭立誠，《中國女性民俗史話》，頁196-218。

五　對臺灣民俗的重視與研究

　　郭立誠遷臺以後，除了安頓現實生活，仍然繼續撰寫民俗研究的
文章。但她也面臨研究上的瓶頸，除了金錢、時間與身心的限制，來
自北京的她與臺灣本地語言、文化脈絡的相異，使得她失去了田野調
查的途徑，她無法像調查東嶽廟那樣，實地蒐集資料，研究民俗。為
此，她深有感慨，但也為自己找到另一條研究的路徑。她在《中國人
的鬼神觀》的〈自序〉中提到：

> 及至來到臺灣，我仍未停止我的民俗研究，雖然由於語言的障
> 礙，不能去作實地調查，可是利用文獻依然可以達到入境問俗
> 的目的，由前人所寫有關臺灣風土的書，使我了解閩粵習俗隨
> 著明末清初的移民來到臺灣的情況，甚至還有更古老的名詞和
> 語彙仍被人們使用著，這些更引起我的研究興趣，於是改變研
> 究方向從溯源開始。……在臺灣再度讀古籍，個人已到了中
> 年，浮躁漸除，已然能夠靜下來耐心去讀，同時也感覺到和年
> 輕時的感受大不相同，居然能從字裡行間找出問題，也能掌握
> 原則去衡量史料，對我個人來說可算是很大的進步。[69]

郭立誠以「重讀古籍」的方式，了解古代民俗的脈絡，促成她個人研
究上的「進步」，但其中更明顯的是，也試圖和臺灣本地的習俗連結，
指出臺灣民俗保留古俗的痕跡，並對現代社會的民俗現象提出針砭。

　　這個研究模式的轉變，在她更早出版的《中國民俗史話》已經出
現，譬如其中〈茶與禮俗〉一文，除了敘述中國古代與茶有關的禮
俗，也有一段提到「本省婚禮裡『茶』也很重要，定婚以前……」[70]

69　郭立誠，〈自序〉，《中國人的鬼神觀》（臺北：臺視文化公司，1992年），頁7。
70　郭立誠，〈茶與禮俗〉，見其《中國民俗史話》，頁103。

　　《中國人的鬼神觀》也有不少篇章是循此模式的。譬如〈百姓家中的守護神——由五祀到家堂六神〉，郭立誠認為佛教傳入之前，中國自帝王到百姓都在歲末年終時，祭拜門、戶、井、灶、中霤這五處守護家宅的神明，稱為「五祀」，但到宋代以後，「五祀」逐漸被「六神」取代，這是民眾因各種信仰的融合，所衍生的「六神」——玄壇、青龍、利市、招財、和合、土地。這些「家堂神」的變化，顯現中國民間信仰的包容力。但是古代的「五祀」並沒有完全沒落，只是化為單獨祭祀的神，門神、灶神仍然保留下來，井改稱為井泉童子或井泉龍王。「至於『中霤』則轉化為另一形式，依然存在，並沒有絕跡，據說臺灣人所祭祀的『地基主』即是古之『中霤』[71]」以古之「中霤」來對應臺灣民間的「地基主」信仰，即是郭立誠結合文獻與觀察的推論。類似的，尚有〈拜樹為神習俗老——社樹與大樹公〉，從古代的春秋社祭習俗講起，點出「社樹」的重要地位，並且形成後代崇拜樹神的風俗。在文末，郭立誠引用黃美英《臺灣文化滄桑》，介紹臺灣民間也有奉樹為神的信仰，例如宜蘭武營廟大樹公、大林鎮的松樹王廟、臺中縣壠仔庄茄苳古樹被稱為茄苳尊王等，都是古代習俗的展現[72]。

　　從以上郭立誠引用黃美英著作之例，可見郭立誠善於梳理古代典籍，也勤讀近人論著，藉此拓展自己對臺灣民俗的認識，也提出自己的看法。另一篇〈栽桑種柳禁忌多——住屋風水禁忌〉則是對於池田敏雄《臺灣的家庭生活》、林明峪《臺灣人的禁忌》有所補充，文章從北平人俗諺「前不栽桑，後不種柳」的禁忌說起，引申到臺灣人也不在庭院中種榕樹、芭蕉和「月下美人」（即曇花）。這個習俗，前二書都有記載，但解釋十分簡單，郭立誠認為不足以令人信服[73]，於是

71　郭立誠，《中國人的鬼神觀》，頁21。

72　郭立誠，《中國人的鬼神觀》，頁53-57。

73　郭立誠：「只說種榕樹和芭蕉容易招鬼祟，種月下美人會使人家貧乏，理由似乎牽強。」同上註，頁24。

她根據明人謝肇淛《五雜俎》卷十〈物部‧二〉以及元人所編的《居家必用類書》丁集卷之七宅舍類的《周書秘奧營造宅經》提出解說，亦即古代的觀念認為，住宅植栽除了有招祟、引鬼的禁忌與傳說外，也和五行觀念有關，譬如屋宅的樹木過茂，「木蕃則土衰，土衰則人病」，乃是木剋土的五行觀念，若能明白此理，就更易了解為何住家會有植栽的禁忌[74]。

郭立誠經常出入圖書館蒐集資料，也隨時留意其他地方的臺灣民俗史料。譬如《中國藝文與民俗》收錄的〈由錦章書局的新書廣告說起〉，記載她到中央圖書館（今稱國家圖書館）善本書室翻閱館藏民國元年至二十六年的農民曆，試圖在這些曆書裡找到民俗史料。她注意到有一本農民曆封底全頁的新書廣告，除了通俗小說，也有不少的鼓詞，都是極為可貴的俗曲資料。於是，她在文中追述俗曲研究的歷史，也提到臺灣有許多俗曲唱本（今或稱歌仔冊、歌仔簿），值得蒐集和研究：

> 抗戰勝利，臺灣光復，我也離開北平來到臺灣教書，課餘之暇，時常去逛舊書攤，在舊書攤看到許多臺灣小唱本，印刷粗糙，裝訂也不好，紙張不是有光紙就是報紙，但是售價低廉，我也順手買了三、四十種，拿回來一看才曉得這些唱本乃是臺灣俗文學的寶藏，既不可任其散失，也不該置之不理，因為這些唱本上承敦煌變文，下繼宋元的講唱文學，和廣東木魚書一樣，都屬於華南區俗文學系統。[75]

郭立誠慧眼識寶，也提到連雅堂在《雅言》裡談到過臺灣俗曲，稱之為「彈詞」；日人片岡巖的《臺灣風俗志》稱之為「臺灣雜唸」。而郭

---

74 同上註。
75 郭立誠，《中國藝文與民俗》，頁141。

立誠更感慨，「法國人施博爾在臺灣大肆蒐購，飽載而歸，如今只看到他編的一份目錄」。因此，郭立誠希望：

> 亡羊補牢，尚不算晚，我認為我們大家應該立即動手收集，整理這些臺灣俗曲唱本，若拖延下去，等到將來該整理時候，可能找不到材料了。（我曾見到新竹竹林書局老闆，以前他們專印這些唱本，如今沒有銷路，他們也不打算再印了）更希望本省收藏家大方的拿出自己珍藏的曲本，讓研究的人影印出來，作為資料，大家通力合作，把這件工作做好，要知道這也是很重要的文化保存工作啊。七一年青年節前夕[76]

這是郭立誠寫於民國71年3月的文章，她對臺灣俗曲唱本（歌仔冊）的重視和呼籲，可說具有先見之明。因為，直到近年，中研院史語所傅斯年圖書館、臺大總圖書館等單位才開放歌仔冊資料的查閱與進行數位化典藏。由此可見郭立誠對所知所見的臺灣民俗研究材料十分重視，也大聲疾呼資料開放與交流，以促進研究效益。

　　郭立誠對臺灣民俗的研究，較為完整而具體的是〈詩可以觀——漫談臺灣童謠〉[77]。本篇收錄於《中國藝文與民俗》，除了略述民歌、兒歌的蒐集歷史，提及李獻璋、吳瀛濤與朱介凡外，主要是針對陳金田所編的《臺灣童謠》[78]，選取其中幾類童謠加以賞析，並與中國古代樂府民歌或現代蒐集的北方兒歌做對照。譬如〈曳嘮曳〉，敘述養女兒不值錢，長大嫁人就是別人的，郭立誠就以北方兒歌〈養活豬〉作對照，這兩種兒歌同樣認為生女兒沒用。又如〈盤仔花〉的內容，

---

76 同上註。

77 郭立誠，〈詩可以觀——漫談臺灣童謠〉，《中國藝文與民俗》，頁82-103。

78 郭立誠未說明具體書名，經查閱，應是陳金田，《臺灣童謠》（臺北：大立出版社，1982年）。

吐露未嫁之女的心聲，歌謠中的女兒必須從事家務勞動，但家中父母、兄嫂都不疼愛也不關心，以至於耽誤婚事，成為家裡的「老姑婆」。郭立誠深深同情歌中女孩的命運，認為和古代樂府〈孤兒行〉有類似的命運，都是遭人漠視，哀怨淒婉，引人悲憫。郭立誠相當注重其中和女性有關的歌謠，〈七里香〉、〈鹹菜〉、〈竹仔枝〉等，都是感歎女性悲苦的命運。此外，也有表現童趣或是傳達知識的，如〈天烏烏〉、〈土蚓仔〉、〈正月正〉等。郭立誠最後肯定這些童謠有兩方面的特色與價值，一是創作藝術，一是歷史傳承的意義：

> 從純文學的觀點來看，這些歌謠不論抒情、寫景，它的技巧都是出色的，而且不只做到「賦」、「比」、「興」三項而已，還有高度的幽默和諷刺，所有的語彙雖是方言，其生動、活潑、豐富並不亞於古典的詩詞或現代文學。
> 若從歷史的觀點來看，這部童謠是臺灣地區的一部史詩，這些無名作者用他們自己純樸的語彙，生動地描繪，唱出他們生活的苦樂，他們的希望和企求，即開拓者的辛苦和生活態度，藉著歌謠的吟唱而永恆的傳播下去，使子子孫孫永遠傳承下去。[79]

可見，郭立誠對兒歌的價值高度肯定，因此她在文末也強調童謠不只是兒童文學的一部分，它也是珍貴的民間文學、史詩，「我們真該再研讀，再給它新的評價才是。」

　　民俗學者往往以田野調查的內容為論述的依據，但失去田野調查的相關條件後，郭立誠以「入境問俗」的精神，藉由文獻資料，從古籍中看到臺灣仍保有的古代風俗遺跡。她呼籲對臺灣的歌仔冊、童謠等進行深入研究，也顯現她重視臺灣民俗資料。她對臺灣民俗的研究，

---

79 郭立誠，《中國藝文與民俗》，頁103。

也拓展了自己的研究成果，證明她始終保持孜孜不倦的研究精神。

六　結語

　　以上透過對郭立誠著作的引述與評論，可望讓我們了解郭立誠對中國民俗以及女性民俗研究都有先導性而且重要的研究成果。她可說是一位堅持民俗研究志業、努力不懈的學者。而當她隨國民政府遷移臺灣，她一方面延續其在北平時期的民俗研究，出版《北平東嶽廟調查》等書，另一方面也開始注意到臺灣民俗的研究資料，起初是以穿插、比較，或者是引用研究文獻的方式兼顧到臺灣民俗，但後來也有較為完整的文章，如〈詩可以觀──漫談臺灣童謠〉。她這種徵引文獻後，將臺灣民俗與中國傳統民俗銜接、對照的思路，凸顯了民俗的大傳統與區域性傳統的銜接和涵容[80]，在民俗學史上具有學術意義。而作為一個戰後遷臺的民俗學者，郭立誠確實表現了堅強的毅力，不為現實環境所侷限，在公餘努力自學，由單篇文章到出書，累積研究成果，也啟發後來者。如同李豐楙在《中國人的鬼神觀》的〈推薦序〉說：

　　　　在臺灣從事民俗研究或做通俗報導的，無不認識郭立誠「老師」其人其書。因為她在教學生涯之餘，勤勉撰述的有關民俗的雜文或著述，對於此地並不十分熱門的民俗學界，起到開拓性、開導性的作用。當今青壯輩的民俗學者……都尊稱一聲「郭老師」。[81]

這位「郭老師」，對於民俗研究的熱忱、對女性民俗的先導研究、對

---

80 參見李豐楙〈推薦序〉，《中國人的鬼神觀》，頁1。
81 同上註。

臺灣民俗研究的關切，都具有優越的成就。特別是在早期民俗學圈子中，女性學者仍屬少數，郭立誠出色的出現，在民俗學史上絕對占有一席地。

下編
方法、文獻與民俗新異現象

第一章

臺灣民間傳說的傳說圈、區域性與在地化

——以人物傳說與地方風物傳說為例

一　前言

　　有關「傳說」的定義，據程薔《中國民間傳說》所論：「民間傳說的概念，一般有廣義狹義之分。廣義的民間傳說概念，是把一切以口頭形式表達的散文體作品都包括在內……實際上就是神話、民間傳說和民間故事的總和。因此，我們常常遇到像『神話傳說』、『傳說故事』這樣一些連用的術語。狹義的傳說概念，則是把傳說與神話、故事加以區分。凡與一定的歷史人物、歷史事件和地方風物、社會習俗有關的那些口頭作品，可以算是傳說。[1]」在狹義的傳說定義下，歷史人物傳說和地方風物傳說往往有密切的關聯，因為我們常常可以看到某個人物的事蹟傳說是和某地的風景文物聯結在一起的，例如關公傳說中，關公練兵休憩之處，有「馬跑泉」、「洗馬池」、「卓刀石」等地方傳說，也都帶有神奇的傳說色彩[2]。因此研究人物傳說，不僅研究他一生的軼聞瑣事，連帶也會關涉到地方上的遺跡、文物、習俗等，形成人物傳說與地方風物傳說相涉的現象。

　　就臺灣民間傳說而言，也常見歷史人物傳說與地方風物傳說相涉

1　程薔，《中國民間傳說》（杭州：浙江教育出版社，1995年），頁4。

2　參見筆者，《關公民間造型之研究・第四章相關之地方風物傳說》（臺北：臺灣大學出版委員會，1995年）。

的現象，譬如鄭成功的傳說所牽涉到的地形、地物、物產、習俗等，
可說豐富而具有意義，值得探討。而在歷史人物之外，市井人物、神
仙人物的傳說，也都有類似的現象。譬如臺北大稻埕的周成傳說，各
地媽祖廟的傳說，就是很好的例子。市井人物、神仙人物雖不見載於
正史，但因為其事蹟廣為流傳，所以庶民百姓耳熟能詳；他們不存在
於正史，卻存在於族群的記憶當中。因此上文所謂歷史人物的傳說研
究，其實也可以擴張為人物傳說研究，以在一個特定人物的身上的種
種傳說為研究範疇。有關人物傳說與地方風物傳說相涉的現象，日人
柳田國男（1875-1962）《傳說論》曾提出「傳說圈」的概念[3]，本文則
就資料觀察所得，在「傳說圈」之外，再提出「區域性」與「在地
化」的議題，俾便深入探討臺灣民間傳說中，人物傳說和地方風物傳
說相涉的現象與意義。

二　歷史人物的傳說圈

　　柳田國男《傳說論》曾提出「傳說圈」的概念，意指同一傳說在
不同地區流傳，這些地區便構成了「傳說圈」：

> 為了研究方便，我們常把一個個傳說流行著的處所，稱做「傳
> 說圈」。像在伊那谷、南會津的山村，同種類、同內容的傳說
> 圈相互接觸的地方（甚至有著部分重疊的區域），雙方的說
> 法，後來趨於統一，而且可以明顯的看出，其間存在著爭執的
> 痕跡，和在爭執中一方的說法勝利了，另一方的說法被征服
> 了。[4]

3　（日）柳田國男著、連湘譯、張紫晨校，《傳說論》（北京：中國民間文藝出版社，
　　1987年），傳說圈之定義詳見下文引述。
4　（日）柳田國男著、連湘譯、張紫晨校，《傳說論》，頁46-50，引文見頁49。

在這裡，柳田國男還指出一個問題，亦即「傳說圈」內的各地傳說，可能互相矛盾，他認為最後折衷的辦法是把傳說中的主角變成「超級旅行家」，穿越時間和空間：

> 無論多麼小的（不著名、範圍窄）傳說，也必有核心，這使傳說的吞併和同時共存，都產生相對困難。唯一一個折衷主義的辦法，就是把故事的中心人物變成一個超級旅行家。為了承認東京附近的八幡神社和關東、東北一帶的遺址確與歷史相吻合，就需要把八幡太子郎父子兩代的生卒時間向前推九年，向後延三年，使之用在旅途上。至於弘法大師立神仗，為使上千口的清泉（井）迸出聖水，就需要終生在全國的土地上走個「乙」字形的來回。[5]

對於「傳說圈」概念的應用，烏丙安（1929-2018）〈論地方風物傳說圈〉就曾據此以研究湖北咸寧地區的三國人物傳說及當地人對此中人物的好惡評價。他指出湖北咸寧地區東吳故地流傳的傳說中，顯現人們偏愛東吳人物的傾向；如同在四川成都、河南河陽、湖北襄陽等地的傳說中，人們偏向劉、關、張和諸葛亮等蜀漢人物一樣。他認為：

> 這種對歷史人物評價的地方偏向性是地方風物傳說主題思想和藝術表現的重要特徵，它的產生和以讚頌本鄉本土歷史人物事跡為自豪的鄉土觀念與民俗心理有直接關係。[6]

得自這樣的概念和觀點，以下我們試著觀察分析鄭成功傳說的傳說圈

5　同上。

6　烏丙安，〈論中國風物傳說圈〉，《民間文學論壇》1985年2期，頁26-27，引文見頁27。

的一些特點。

　　臺灣民間流傳的鄭成功傳說，數量特多，而且從南到北，都有相關的傳說。如果以臺灣本島當作一個空間場域，這些傳說自然可以構成一個不小的「傳說圈」。譬如有關降服妖怪的傳說：臺北縣鶯歌鎮的鶯歌石、臺北縣三峽鎮的鳶石、臺北六張犁的拇指山、臺北公館的蟾蜍山、臺北圓山的劍潭、宜蘭的龜山島；有關物資的傳說：水源：臺中縣大甲鎮鐵砧山的劍井、臺北市大稻埕舊媽祖宮的小劍井（小劍潭）；白米：嘉義阿里山的出米岩；「國姓魚」：臺北新店溪的香魚（鰈魚）、臺南七股的虱目魚；田螺：臺中縣大甲鎮鐵砧山的無尾田螺；有關軍事墾拓的傳說：臺中草鞋墩、南投縣國姓鄉與國姓村、臺中縣國姓里、臺北縣國姓埔等[7]。這些傳說加上臺南地區的一些遺蹟，如赤崁樓、安平港，恰恰構成了一個傳說圈。但鄭成功在臺灣不過短短一年有餘（1661年4月〔農曆3月〕至1662年6月〔農曆5月〕），活動範圍也不曾超過臺南一帶，從這一點看，他確實被塑造為柳田國男所說的「超級旅行家」，在有限的年光裡，足跡幾乎貫穿全臺灣，而且屯戌、開墾、降服妖怪、變生物資等神異傳說，應有盡有，不僅於史無據，也絕對超出合理的範圍。如同蔡蕙如《與鄭成功有關的傳說之研究》說：

　　　　這些傳說的分布區域，似乎把鄭成功的遺跡，從臺南，經由臺中，一直到淡水基隆，以至達到宜蘭一帶，遍布臺灣南北。這與史實上鄭成功活動的區域有出入。在這裡產生了一種現象，即越是偏北部，越遠離鄭成功實際上的活動範圍，傳說反而越多。也就是說在臺南一帶似乎很少見到有關鄭成功的地形地物

7　參考婁子匡，〈鄭成功〉，收入氏著，《神話叢話》（臺北：東方文化書局，1969年複印），《北京大學民俗叢書》冊15；蔡蕙如，《與鄭成功有關的傳說之研究》（臺南：成功大學歷史所碩士論文，1991年），1998年由臺南市立文化中心出版為專書。

傳說，反而是鄭成功未到達的地點，傳說越多。[8]

　　尤其可注意的是，鄭軍勢力進入北部，其實已是鄭經主政之時，例如墾殖基隆（永曆三十五年）距鄭成功亡故已達十九年之久[9]，唯一可以解釋的理由是人們愛戴鄭成功的這分情感未曾淡忘，所以繼續附會傳說，愈演愈繁，使得鄭成功的足跡幾乎履遍全臺。

　　這種與史實悖離的特質，也表現在信仰上，臺灣民俗耆老林衡道曾說：「臺北縣和宜蘭縣的海邊和鄭成功一點關聯也沒有，可是卻是最信仰鄭成功的地方。」[10]就烏丙安所謂的「地區偏向性」來看，鄭成功傳說背後所具有的庶民情感是相當一致的，都蘊藏人們對鄭成功的崇敬與追思。此外，可否更進一步釐清個別傳說之間的差異？林衡道又說：

> 將鄭成功神話的傳說都出自臺灣中、北部，臺灣南部有關鄭成功的傳說，神話色彩比較淡薄，而且都是悲劇性質。[11]

接著，他以臺南的傳說為例：鄭成功初到臺灣，因為相信民間「有虎有王」的說法，所以就從暹羅運來一對老虎，放入山中。可惜老虎被山地同胞打死，鄭氏也只傳了三代便投降清朝。另一個傳說是說臺灣原來有許多龍脈，康熙皇帝擔心鄭氏利用龍脈來恢復明室，便重金買通一名地理師，把臺灣的龍脈損毀殆盡。又有安平區的傳說，明永曆年間，某夜，當地居民都夢見一全身穿戴白色盔甲的武將，腳踏鯨魚

8　蔡蕙如，《與鄭成功有關的傳說之研究》（臺南：臺南市立文化中心，1998年），頁128。以下引用，皆出自此版本。

9　同上註，頁129。

10　林衡道口述、宋晶宜筆記，《臺灣夜譚‧六‧鄭成功的傳說》（臺北：眾文圖書公司，1980年改訂版），頁33。

11　同上註，頁31-32。

背上，從鹿耳門出海而去。果然在翌晨，從王城（安平古堡）傳出鄭成功去世的消息[12]。

　　林衡道這個說法為鄭成功傳說圈提供新的思考點，在鄭成功生平活動的核心地區臺南，反而保留了失敗、殞亡的宿命傳說，而不是光榮輝煌的一面。類似的，從臺南安平端午食「煎䭔」的習俗，也可感覺這種悲劇性質。根據傳說，明永曆十五年四月間，鄭成功攻取赤崁樓，但由於荷蘭人堅守安平城堡，直到年底才投降。鄭軍糧食不足，向民間廣借五穀米糧。因此這一年端午節安平居民已無米做粽，就以蕃薯粉打漿，就地取材用牡蠣、蝦子等海產，或糖、花生煎成油餅，稱為「煎䭔」，以代替粽子。次年端午節，又因鄭成功已於五月初一逝世（據史載為五月初八），依民間喪忌，不得做粽，居民再次煎䭔過節，自此臺南安平居民年年將國姓爺忌日與端午節合併，傳習而成端午煎䭔之俗[13]。同樣在欠缺糧食的情形下，有阿里山出米岩傳說，代表天助鄭軍。但臺南安平的「煎䭔」傳說，卻是借用民糧，致居民無米可包粽子，不得不變通而行。「煎䭔」這個特殊的節日食物，乃成為這困陀時日的見證；而次年又因鄭成功逝世，復以「煎䭔」過端午，比諸國姓魚、虱目魚的傳說所具有的神話色彩，「煎䭔」不啻是個充滿哀思的物產傳說，充滿悼念英雄的悲劇色彩。

　　經由以上的討論，可知傳說圈的特點有三：一、時代（距主角人物生存的年代）愈遠、傳說愈多；二、空間（距主角人物活動的地點）愈遠、傳說也愈多；三、核心地區（主角人物的生平活動核心地區）的傳說較貼近人物生命情調，外圍地區則益加增添神奇色彩。

　　歷史人物除了鄭成功，「嘉慶君遊臺灣」的傳說也建構了它自己的傳說圈，從高雄縣、臺南市、臺南縣、雲林、嘉義到彰化，都有相

---

12 同上註。

13 參見顏興，〈鄭成功與煎䭔〉，《臺南文化》3卷2期（1953年12月），頁21-22；蔡蕙如，《與鄭成功有關的傳說之研究》，頁180-183。

關的地方風物傳說；所不同的是清帝嘉慶君並未踏上臺灣這塊土地。然而，根據上文的三個原則，外圍地區的臺灣居民依恃在時空上的距離，反而發揮更大的想像力，把「嘉慶君遊臺灣」的傳說說得繪聲繪影，連相關人物李勇都有了為主犧牲的英勇事蹟，甚至在竹山立了寺廟[14]。這種喜歡比附名人的心理，尤其他是個帝王，更使一般人樂於傳誦其事蹟，增添地方的光彩。

三　市井人物傳說的區域性

市井人物係指一般庶民百姓，雖然名不見經傳，但因為某些特殊的事蹟而引人注意，一時的傳聞因茶餘飯後的閒談而流傳於里巷鄉鎮，更有好事者或是民間藝人加以傳播說唱，久而久之也就成為著名的傳說。

最明顯的一個例子是「周成過臺灣」，這個市井人物傳說流傳於臺北大稻埕地區，因為「歌仔」與戲劇、電影的推波助瀾[15]，而成為著名的臺灣民間傳說。

相傳周成為清末福建安溪人，因為想要發展事業，所以渡海來臺。他由滬尾（今之淡水）上岸，再到大稻埕（今之迪化街；一說先

---

14 參見黃文博，《臺灣掌故與傳說・嘉慶君遊臺灣》（臺北：臺原出版社，1992年），頁40-76。

15 據王釗芬，《「周成過臺灣」故事的形成與演變》（臺北：東吳大學中文所碩士論文，1994年），大約1920年代即有「周成過臺灣」的作品流傳，包括歌仔戲「臺北奇案」、臺語新劇「無情之恨」；1940、1950年代，竹林書局應曾刊行《周成過臺灣》，另有呂柳仙、邱查某、楊秀卿及黃秋田等四位民間藝人有「念歌」說唱作品；楊秀卿也曾表示她所說唱者，都是得自歌仔冊。而文人廖漢臣也著有《臺灣三大奇案》，包括〈林投姐〉、〈周成過臺灣〉與〈呂祖廟燒金〉三篇。影劇方面，1945年，有廈語片《周成過臺灣》，賣座奇佳；1950年代，歌仔戲進入廣播電臺，推測應曾製播《周成過臺灣》，因此後來有月球唱片公司與新時代唱片公司的歌仔戲唱片、錄音帶。1970年代以後，有臺灣電視公司單元劇《寶島奇談》演出《周成過臺灣》，也有新船電影企業有限公司拍製《周成過臺灣》上演，並發行錄影帶。

到艋舺，今之萬華，然後才轉到大稻埕）做茶葉生意。他一度因為迷
戀妓女郭阿麵，床頭金盡後，被逼得投海自殺，途中巧遇同病相憐的
王根（一說陳添、郭添），於是兩人結拜為義兄弟，相約痛改前非，
一同打拼事業。但周成發達後，又再度迷戀於郭阿麵，並娶為妻室。
此時其家中老父病逝，元配月里（或叫金枝）乃攜幼子到臺灣尋夫。
但周成被郭阿麵蠱惑，竟毒殺月里。月里含冤而死，死後化為厲鬼報
仇，殺了周成與郭阿麵；其子則由王根扶養成人。

　　周成傳說迭經各類文學藝術改編創作，因此在相關人物姓名都有
所改易，情節與結局的部分也略有出入，由此可見傳說的變異性，以
及「傳說」經過加工後，所顯示的主題意義[16]。但不管情節與結局如
何改動，各種版本的「周成過臺灣」背景都是由大陸到臺灣，而且活
動地點也以大稻埕為主要範圍，傳說周成的店面在「朝陽街」（今民
生西路中由重慶北路口開始，至延平北路口為止的一段），正是當時
茶商的聚集地，可見其與大稻埕的茶業發展有密切的關聯。因此大稻
埕當地耆老大多堅信周成確有其人其事，有的還說認識周成的後人。
據王釗芬的訪問與整理：

> 王雲青先生言：安溪人周華成來臺在朝陽街（今民生西路）從
> 事茶業，約於民國十年，因經營不善，惡意倒閉，債權人討不
> 到錢，心有不甘，因此請說唱者編歌謠譭謗周華成，因而有現
> 今流傳的周華成殺妻的傳說。……表示此說乃得自周華成的大

---

16 譬如電影增加了周成在艋舺龍山寺前賣香燭，又義擒盜賊的情節，乃是企圖把內容
修飾得更合理，突出人物的性格，表示周成本性不壞，只是一時誤入歧途。在結局
方面，大多數的作品都提及周妻發誓死後亡魂報仇事，但報仇方式不同。呂柳仙說
唱作品說的是，亡魂附身於周成，殺了阿麵與惡僕，然後周成自殺。黃秋田與歌仔
冊的說法是，亡魂附身於周成，周成即自打嘴巴，訓斥阿麵與惡僕而後殺之；待周
成清醒後，自責己行有失，留下遺書向義弟說明原委及託孤後自殺，但屍身不倒。
這些都顯示了善惡報應的觀念。參見王釗芬，同上註，頁109、127。

女婿魏穆源——即當事人的近親……以確立所說故事的權威
性。……敘述者提及周成的二女婿為著名的詩家徐坤泉，以證
明其所言非虛。……他更進一步證明自己與此故事的關係；故
事中周成另娶的女子——阿麵，敘述者表示曾接觸過，並形容
其人美而會做人（頗符合傳說中的人物個性），生前住在民生西
路、中山北路之間，死於民國三十八、九年，享年八十餘；敘
述者曾參加其葬禮，以證明阿麵被周妻鬼魂所殺的傳說不實。

第二位敘述者王阿添先生言：周成因是安溪人，所以善於製
茶，別妻離鄉後，自淡水上岸，到大稻埕朝陽街開茶行；在大
稻埕從事茶業者多為安溪人，周因是同鄉緣故，茶葉生意發展
順利。後棄元配服毒自殺，或言投井自殺，自此，周成的茶行
即經營不善。周成享年約六、七十歲。……敘述者為強調故事
的真實性，說明故事得自於阿麵的女婿李地金，因敘述者曾習
漢學於李，故知有此事。……推斷周至大稻埕時約於光緒年
間。又提及周成經營茶行的地點，即今大同區朝陽里民生西路
二九二號——福堡建設大樓，即敘述者現居的斜對面，可見
敘述者以建築物的存在來加強故事真實性的企圖。[17]

雖然兩個人敘述有所異同，但「相信」確有其人，以及特定的時空、
傳聞事件，卻十分符合「傳說」的特質，而不是以程式化的「故事」
來看待[18]。雖然這個傳說的內容與傳統「負心漢」故事[19]有些類似，

17　王釧芬，同上，頁79、80。王雲青民國十五年（1926）生，王阿添民國二年（1913）
　　生。
18　參考（日）柳田國男著、連湘譯、張紫晨校，《傳說論》第六章，程薔，《中國民間
　　傳說》「概說‧民間傳說與民間故事的關係」，頁13-14。
19　「負心漢」故事指：書生進京趕考，高中狀元後卻貪圖富貴，拋棄元配。例如「陳
　　世美與秦香蓮」。

但必須強調的是，這個傳說裡，地理上的區域性是如此鮮明，周成只能在「大稻埕」發跡與失敗，最多加上先前在艋舺做香燭生意，係以臺北老社區為固定區域，他不會跑到其他如安平、彰化地區去發展；他的傳說因此影響到後人信以為真，甚至認為這是真人假事、影射詆譭的傳聞。

相較於傳說圈的流布，區域性的範圍比較小，而且密切鎖定在相關的、特定的地理空間。這些人物傳說為當地居民熟知，產生特殊的情感，有的引以為榮，有的引以為戒，有的引發同情感喟；比起傳說圈中比附名人的心理，更具有草根性，直接反映出喜怒好惡的價值觀。我們試以林藜《臺灣民間傳奇》[20]為例，即可發現不少臺灣各地區特有的人物傳說：

例如臺北艋舺（萬華）區，有米商王世昌夫人失子復得的傳說（〈母子疼連心〉）與商人黃祿嫂接替亡夫事業的傳說（〈黃祿嫂蕭規曹隨〉）；大稻埕一帶有和記洋行老闆李春生測試人心挑選伙計的傳說（〈一連好運來〉）與茶商周成殺妻的傳說（〈殺妻現世報〉）；這些故事中的主角，往往具有商人身分，很符合臺北早期開發時期，艋舺（萬華）、大稻埕一帶商業繁盛的背景，指名道姓、扣合地點的傳說，亦說明了鄉里間對這些人物事蹟的熟稔，因此傳諸後世。又如一些俠義人物的傳說：北有廖添丁（〈義盜廖添丁〉）、許超英（〈銅羅拯眾黎〉），南有賣鹽順（〈市井出英豪〉），他們或以智巧或以武功，為小老百姓出氣，因此也成為里巷間津津樂道的傳奇人物。臺南的碰舍，有個「浪子回頭金不換」的故事（〈赤崁碰舍龜〉），但邱罔舍卻

---

20 林藜，《臺灣民間傳奇》（臺北：稻田出版社，1995年），共十二冊，係由其《寶島蒐古錄》、《臺灣民間故事》合編而成，各篇原刊登於《臺灣新生報》、《大眾周刊》，其題材大抵取自地方舊聞、調查文獻與文史志書等，增添細節，加以改寫。有文人「創作」的成分，但以其流傳度廣，取材於民間傳說，主題不悖離民間文學，故暫借為討論材料。又，為閱讀方便，將相關引述資料依序列表為附錄一，正文中不另加註。

是個揮金如土、個性諧謔的浪蕩子（〈邱罔舍遊戲人間〉）；再加上林投姐被丈夫拋棄、死而為厲鬼的悽慘故事（〈怨女林投姐〉），這三個人物傳說基本上都是以臺南地區為範圍。此外，例如宜蘭頭城的「十三行大厝」，也是和當地的盧姓大戶有關（〈大厝亙古今〉）。

　　以上只是十一個抽樣，但瀏覽全套十二冊書卻能看到「幾乎縣縣有傳奇，鄉鄉有故事」（林黎〈序〉），大大印證人們總是好奇，津津樂道奇人異事的心理。在上面所列舉的傳說中，邱罔舍、賣鹽順、林投姐、廖添丁等人物傳說，可說最為人熟知，其他或許較無名氣，但大多數人物傳說都以一個地區為傳說流傳範圍。廖添丁出生於臺中秀水莊，但基本上仍以臺北、淡水、八里一帶為主要活動範圍，八里廖添丁廟亦成為風景名勝。而這些傳說中，像林投姐傳說，具有「負心漢」故事的輪廓，也寄寓善惡果報的觀念。廖添丁代表臺灣人抗日的精神，也透露人們對行俠仗義者的崇拜。賣鹽順的傳說除了有少林武功的傳奇之外，更重要的也是透露人們對行俠仗義者的崇拜。邱罔舍傳說具有敗家子的諷世意味，但從他一些機智靈敏的小奸小惡中，人們彷彿也得到某種戲謔的樂趣。

　　市井人物的傳說具有鮮明的區域色彩，一方面是因為人物生長、活動的地區本就有所根源，其事蹟也比較單純，大多僅有一樁傳聞，因此能夠渲染的部分畢竟有限。而其傳說的流傳情形，口耳相傳所能及者大抵以周邊鄉鎮為範疇，除非借由說唱、影劇或書面的記載刊行，否則傳播的速度、廣度是非常不足的。周成、林投姐、廖添丁、邱罔舍等傳說，都是經過大眾媒體的傳播而擴及全臺灣[21]，使得這些人物傳說由區域性而達到全面性。相對的，當知名度打開時，區域性的傳說也成為其地方特色，累積其文化資產，甚至成為觀光旅遊的重

---

21 以筆者的記憶來說，這些傳說都曾在廣播電臺或電視節目中聽過、看過。

點。八里廖添丁廟如此，北港媽祖廟的「孝子釘」[22]也是如此；換言之，每個鄉鎮各自凸顯的人物傳說、物產傳說、習俗傳說，也就是加強了傳說的區域性。

四　神仙人物傳說的在地化

神仙人物的傳說不僅限於其生平傳說，因為他的神異色彩，成神以後的顯聖事蹟，更為信徒所津津樂道。臺灣民間信仰中，媽祖信仰可說興盛至極，俗諺云「三月瘋媽祖」，每年農曆3月23日媽祖的誕辰日，各地媽祖廟及其信仰圈的活動，可說達到如火如荼的地步。由於媽祖信仰的興隆，臺灣各地媽祖的顯聖傳說，也值得探究一番。

相傳媽祖為宋朝人，生於福建莆田湄洲嶼，姓林名默娘，因為孝行感動天而升天成神；或說她本為巫女，因為通曉神道，死後被尊為神。媽祖的神格因歷代帝王加封而扶搖直上，原本只是海神，一路升格，宋代稱靈惠妃、元明稱天妃、清康熙以後稱天后，民間還暱稱她聖母、媽祖、媽祖婆[23]。媽祖信仰隨移民渡海來臺，媽祖顯聖傳說也一再和政權的興替有所關聯。傳說鄭成功登陸鹿耳門時（1661），媽祖曾顯聖相助，令潮水漲潮使鄭軍順利登陸；清將施琅攻臺灣時，也有媽祖顯聖的傳說（1683）；到林爽文之亂，清軍也是靠媽祖顯聖而平安渡過黑水溝，一日之間抵達鹿港，與義民結合，收服亂軍

---

22 北港媽祖廟的廟埕花崗石地板上有「孝子釘」遺跡，相傳為清朝時蕭姓孝子徒手釘入，以此向媽祖祈求尋得母親。最後，果然如願。參見林藜，《臺灣民間傳奇》冊3，頁2-10。

23 石萬壽，〈臺灣媽祖信仰概說〉，魏淑貞總編輯，《臺灣廟宇文化大系（貳）天上聖母卷》（臺北：自立晚報社文化出版部，1994年），頁10-31。《臺灣廟宇文化大系》共五冊，由《自立晚報》各地記者與地方人士就其所知撰寫各地寺廟之歷史、民俗與傳說，故本文取其便而作為討論題材。

（1786）[24]。這些傳說大抵都和政治權勢有關，當權者莫不思利用神道以達到治國安民的效果。

　　類似上述的傳說，可算是媽祖傳說的一個類型，大多數學者也都注意到這個現象。但更使我們感興趣的是，當各地媽祖廟紛紛建立，廟方與信徒怎樣看待媽祖傳說？依一般寺廟宮誌記載看，建廟、奉祀往往需要顯聖傳說來加持，鞏固該廟的地位，加強信徒的向心力。是故，在媽祖生平傳說之外，顯聖傳說使得神仙人物的傳說和地方寺廟這個空間點聯結起來，形成特殊現象。

　　在臺灣各地媽祖廟的傳說中，歷史較悠久的寺廟仍可能擁有顯聖助戰、皇帝頒封的傳說[25]，這類政治意味濃厚的傳說，其中的人物也有改為一般縣官欽差的，因為渡海就任，險遭暴風雨，幸而媽祖指引、庇佑，使船隻得以安然登陸，因此建廟奉祀[26]。可見依恃政治權勢加持的想法，一直流傳。然而民間傳說的多樣性，也使我們發現其他的傳說內涵，亦即逐漸擺脫政治意味，而以庶民所需為訴求，與當地民生有密切關係，形成「在地化」的特色。

　　臺灣各地大大小小的媽祖廟所流傳的媽祖顯聖傳說，最能凸顯當地色彩的有兩個類型：一是建廟的傳說，二是顯聖救助眾生的傳說。基於檢索的方便，我們就以《臺灣廟宇文化大系（貳）天上聖母卷》[27]為例，分析幾個相關的傳說：

　　首先，看「建廟傳說」。欲建立一座寺廟，地點與經費是首先必須考慮的。在許多媽祖廟建廟過程中，往往傳出媽祖自行指定地點、

<hr>

24 馬華臺，〈臺南市鹿耳門天后宮〉；葉明才，〈彰化縣鹿港鎮天后宮〉，同上，頁146-149、104-105。

25 譬如前文所提及的事蹟，相關的寺廟如鹿耳門天后宮、鹿港天后宮。

26 譬如臺中縣沙鹿鎮朝興宮的傳說，清雍正十年（1732）夏，有奉旨來臺的欽差海上遇險，幸得媽祖指引庇佑，安然登陸，因此在沙鹿鎮的南溪畔建祀一座草廟，成為該廟的基礎。許淑惠，〈臺中縣沙鹿鎮朝興宮〉，同註23，頁84-85。

27 以下將相關資料列表為附錄二，正文中不另附註。出版資料同註23。

化身人間顯現神蹟以助建廟成功的傳說。這類傳說使得建廟的現實顧慮減低了，反而藉神蹟來強化這個地點的靈驗性、必然性，而且經費問題往往不成問題。譬如臺北關渡宮的建廟傳說即是最佳例證，媽祖自己都張羅好了，不必信徒費力；這也更增添祂的神異色彩。臺中市樂成宮、嘉義縣朴子市配天宮的傳說都是神像金身突然變重抬不動了，於是就在當地蓋廟；這是以神諭的暗示挑選了地點，加強此地的神聖性。彰化市南瑤宮、屏東縣林邊鄉慈濟宮，都是因香火袋顯聖而提示了建廟地點，也具有神諭的作用。

其次，各地的媽祖顯聖救助傳說，更增添祂的靈驗性可信性，而且是屬於這個地方、這座廟才有的靈驗事蹟。因此我們看到媽祖顯聖，固然有表現祂的「本行」：救助海難、指引船隻與預告漁汛（如高雄縣茄定鄉金鑾宮），但也有超出的神職，譬如除瘟疫（如臺南縣新港鄉慶安宮、嘉義縣朴子市配天宮）、除蟲害（如苗栗縣苑裡鎮慈和宮、臺中市樂成宮）、賜藥籤（如嘉義縣新港鄉奉天宮、嘉義市天后宮）、判案捉賊（如臺北縣貢寮鄉德心宮、臺中縣梧棲鎮浩天宮），甚至有為居民擋砲彈的傳說（臺南市開基媽祖廟）；可見媽祖的神職已經趨向多元化，幾乎達到有求必應的地步。

雖然這些顯聖傳說隱然有一些雷同的類形型，但從各地媽祖各自的神蹟看，莫不意味著這是本地特有，別無分號。尤其我們看到一些因為地方的獨特性而稱呼的「○○媽」，不難感受到那股「在地化」的熱情與崇敬。譬如苗栗縣苑裡鎮慈和宮的媽祖因為有引導信徒涉水過溪的傳說，因此得到「鑽水媽」之稱，充分展現信徒對祂的愛戴以及親暱之情。有些媽祖廟也因地方所在而冠上地名的稱號，例如知名度甚高的雲林縣北港鎮朝天宮的「北港媽」、臺中縣大甲鄉鎮瀾宮的「大甲媽」；而臺中縣梧棲鎮浩天宮因現址位於大庄，當地居民多以「大庄媽」稱之[28]；臺中市南屯區萬和宮位於舊名「犁頭店」的南

---

28 陳永峰，〈臺中縣梧棲鎮浩天宮〉，同註23，頁76。

屯，所以又叫「犁頭店媽」[29]；臺中市樂成宮因為初址在臺中市旱溪街，於是又稱「旱溪媽」[30]；雲林縣斗南鎮順安宮因在斗南，又稱「斗南媽」[31]；這些因地名而起的稱呼，與媽祖廟因神像分香來源而以「湄洲媽」、「銀同媽」、「溫陵媽」的不同稱呼法[32]，以及常見的、因為各有所司的「大媽」、「二媽」、「三媽」的稱呼[33]，是完全不同的意味，更凸顯祂的地方性，也就是把媽祖信仰在地化的證明。

　　尚可注意的是，又有一些特別的傳說，把這些當地的媽祖形象描繪得十分生動。例如臺中市樂成宮「旱溪媽」又有「旱溪媽祖大支腳」的俗諺，但這話不是真的說祂是大腳婆，「而是因為媽祖出巡時，都有『大旗』的陣頭，遠遠望去媽祖正好在大旗之下，所以由『大旗腳（下）』音轉為『大支腳』的說法」。根據洪敏麟的研究，「由於人數太過龐大，巡境時每一個庄頭都必須準備飯食來招待『大旗』成員，早年庄民生活較為貧困，對此感到有些負擔太重，因此發明了『大支腳』這句話來描述遶境的『大旗』，聊以自我解嘲。」[34]又如，葉智中介紹臺中市南屯區萬和宮：

　　　　據說「字姓戲」的由來，係由於臺中市東區樂成宮的媽祖（旱溪媽）每年三月舉行遶境巡行時，會經過萬和宮前來拜訪，當「旱溪媽」扛出時，「犁頭店媽」以欲隨之出去「遊玩」，故信

29　葉智中，〈臺中市南屯區萬和宮〉，同註23，頁94、96。
30　葉智中，〈臺中市樂成宮〉，同註23，頁100。
31　何明鎬，〈雲林縣斗南鎮順安宮〉，同註23，頁121。
32　林衡道口述、楊鴻博整理，《鯤島探源（三）・從北港媽談起》（臺北：稻田出版社，1996年），頁608-612。
33　通常「大媽」鎮殿，「二媽」、「三媽」出巡，也有因分香關係，信徒組織分支分會，例如彰化縣彰化市南瑤宮即有十個媽祖會，而有「老大媽會」、「新大媽會」、「老二媽會」、「興二媽會」⋯⋯「老六媽會」的情形。同註23，頁108-111。
34　以上兩段引文皆見葉智中，〈臺中市樂成宮〉，同註23，頁102-103。

徒們商量決定演戲以留之。[35]

這裡，一方面表達了萬和宮的信仰圈範圍與情形，也讓人感覺「旱溪媽」與「犁頭店媽」彷彿情同姐妹，「犁頭店媽」更宛如童心未泯，因此才會有這樣的反應。是故，在媽祖信仰的系統下，各地媽祖都是其元神的分身，但臺灣的媽祖廟傳說、媽祖顯聖傳說，在脫離以顯聖助戰的政治色彩之後，可說更具有日常人情味，也顯現每一座媽祖廟、每一尊媽祖的獨特性。

五　結語

　　以上，分析臺灣民間傳說的三個特質，特別是以人物傳說與地方風物傳說為觀察範圍，傳說圈、區域性、在地化的現象便十分突出，分別見證了歷史人物、市井人物與神仙人物的傳說發展以及落實於臺灣本土的情形。本來各類傳說的發展都有其情節類型可以對應，如鍾敬文〈中國的地方傳說〉[36]曾提出十個傳說的情節類型，張紫晨《中國古代傳說》[37]則提出三十一個，這使得傳說研究具有一種普遍性，和 AT 分類法有所繫連。但本章更想說明的是，人物傳說之所以和地方風物傳說有如此密切的交集，而且不管是正面或負面的人物形象，不管是歷史人物還是市井人物、神仙人物，當地居民都樂於知聞、傳播，這背後有著一個極重要的心理，那就是「地方意識」的滋生與茁壯。

　　所謂地方意識，係在情感與觀念上表現對某個區域的認同與歸

---

35 葉智中，〈臺中市南屯區萬和宮〉，同註23，頁96。

36 鍾敬文，〈中國的地方傳說〉，《鍾敬文民間傳說論集（下）》（上海：上海文藝出版社，1985年）

37 張紫晨，《中國古代傳說》（吉林：文史出版社，1986年）。

屬[38]；這個地區大多是其生長的家鄉，如果有一個傳說與之相關，便樂於傳誦，使人人知曉，特別是歷史名人，更易引發「與有榮焉」的感覺；更進一步的，也可以促進地方的集體意識、榮譽感等。除歷史名人之外，市井人物傳說，也具有類似的功能。北部的廖添丁，南部的賣鹽順，都成為當地人樂於稱道的典型人物；即使是邱罔舍這類喜愛惡作劇，耍小聰明的人物，也讓人印象深刻，在道德教訓之外，其滑稽突梯的幽默趣味，正吻合人們茶餘飯後、調劑身心的心理。就神仙人物的傳說來看，擁有屬於「我們（這個地方）的媽祖」，無疑更能提升信徒的向心力，也加強了信仰的忠誠度和密切性，讓人以為：只有「我們（這個地方）的媽祖」最靈。

　　總括而言，人物傳說對於地方的黏附性，具有非常弔詭的邏輯。是否真實發生於此地並不是構成有無傳說發生的因素，使二者密合的關鍵，是「地方意識」的作用。當人們致力於傳誦人物與當地的密切關係時，就其比附於歷史名人而言，係出於崇敬的心理，欲藉此以提升本地歷史悠久，名人光臨的光輝形象；就比附於市井人物而言，則充分體現本土的草根性，呈現善惡果報的素樸觀念；就比附神仙人物而言，則揭示了神與人互動的親切情味。而這些人物傳說和地理空間的緊密結合，就像人無法離開土地，人物傳說增添了地方的特色，地方風物傳說負載了後人對箇中人物的深刻紀念，兩者恰恰相得益彰。

---

38 此處對「地方意識」的詮釋，借自地理學者「地方感」的概念，參考許榮坤譯，〈結構歷程和地方：地方感和感覺結構的形成過程〉，見夏鑄九、王志弘編譯，《空間的文化形式與社會理論讀本》（臺北：明文書局，1999年），頁84-92。

附錄一　林藜《臺灣民間傳奇》中的人物傳說舉隅

篇目	主角姓名	傳說起源年代	傳說發生地點	內容摘要	冊／頁碼
母子疼連心	王世昌	清咸豐年間	艋舺料館口街（今萬華龍山區料館里）	王世昌米舖生意興隆，中年得子。孩子二歲那年元宵節走失，後尋獲，但有一婦人與王夫人爭奪孩子，縣官畫圓，將孩子置於圓心，令二婦人拉扯孩子。王夫人不忍見孩子受苦而放手，縣官乃判王夫人為真正之母親。	1／80-86
黃祿嫂蕭規曹隨	黃仔祿太太黃祿嫂	清咸豐年間	臺北市萬華區	萬華俗諺：「第一好，張得寶；第二好，黃仔祿嫂；第三好，馬悄哥。」三人皆為當時著名商人。黃仔祿原籍福建泉州，清道光年間生於艋舺。黃仔祿起初是以勇武強健，擔任某富商的保鑣，得銀一百兩。他以此投資船頭行的生意，獲利頗佳。隨後又接收一家樟腦工廠，繼而接任料館事業，都十分順利發達。但黃仔祿突染疾病而死，因子女尚年幼，由其妻接手一切事業。黃祿嫂精明幹練，善用手下，終於留名後世。	7／114-154
一連好運來	李春生	清光緒初年	大稻埕媽祖宮（今臺北市迪化街一帶）	和記洋行總館李春生化身為街頭賣包子的老人，以「一文錢買兩個，兩文錢買五個，三文錢吃到飽為止」等字，測試人心。路過的眾人皆貪得無饜。終於有一年輕人堅持只用一文錢買兩個包子，深得其心，聘為夥計。	1／119-125
殺妻現世報	周成	清道光年間	大稻埕（今臺北市建成、大同等區）	周成過臺灣，另娶小妾阿麵，殺元配金枝，後被金枝鬼魂附身，殺妾與惡僕，隨後自殺而亡，屍身不倒。待義弟跪拜，承諾代為扶養遺孤，屍身始倒地。	1／147-158

篇目	主角姓名	傳說起源年代	傳說發生地點	內容摘要	冊／頁碼
義盜廖添丁	廖添丁	清光緒九年（1883）－清宣統元年（1909）	臺中清水、臺北基隆、淡水、八里	清光緒九年廖添丁生於臺中縣秀水莊，從小家境窮苦，父母皆死於日本人手下，因此立誓為國家和父母報仇。十四歲北上，到迪化街（永樂町）當工人，常受日本工頭欺負，因此憤而辭職。此後，便開始與日本警察作對，曾經被逮捕入獄。出獄後，更繼續反抗日人，日警嚴加通緝，廖添丁一路退到觀音山下，卻被出賣，遭人打傷，傷重而亡。	2／130-151
銅鑼拯眾黎	舉人許超英	未詳	新竹縣	許超英，字志清，喜為民眾打抱不平，接濟貧民。除夕之前，許超英偷走縣府的兩面銅鑼，使縣官無法在大年初一鳴金祭天地。縣官派人追查，只有當舖內高掛二鑼，索價每面二千兩。縣官忍痛收購，許超英以此錢款援助貧民，使他們快樂過年。	2／41-47
市井出英豪	賣鹽阿順廖秉純	清乾隆年間	臺南市	少林俗家弟子廖秉純避秦而到臺灣，奈何臺灣終歸入滿清版圖，因此隱姓埋名，取名「阿順」，在臺灣府城以販賣私鹽維生。一日，因為窮苦人家打抱不平，終於引起開元寺住持隱因禪師注意，兩人交手，師兄弟相認。禪師請求阿順回唐山探望師父，此後阿順即消失無蹤。	3／177-189
赤崁碰舍龜	碰舍	清朝中葉	臺南市	敗家子碰舍揮霍無度，被債主逼得走頭無路，因而痛改前非，與妻子一同製作紅麵龜販賣，生意漸有起色，由此致富。人稱其產品為「碰舍龜」。	4／52-60

篇目	主角姓名	傳說起源年代	傳說發生地點	內容摘要	冊／頁碼
邱罔舍遊戲人間	邱罔舍	未詳	臺南市	富少邱罔舍機智絕倫，但言行尖酸苛薄，作弄人家，好行小惠而不及義的玩藝兒。他捉弄粗里粗氣的柴夫、老實的農人、理髮師等，最後想要自殺，被一婦人猜中：「你要去死。」把最後的銀兩送給此婦人。	6／20-35
怨女林投姐	林投姐	清咸豐年間	臺南縣鹽水鎮到嘉義布袋一帶	林氏在母親做主下，許配給唐山興化調職來臺的柯師爺，兩人婚後生下一子。某日，柯師爺潛回唐山，林氏傷心異常，竟隻身走到林投樹叢，上吊而死。林氏死後鬼魂猶飄盪人間，曾以冥紙向老伯買粽，一時傳聞四起。後得新任差官之助，林氏鬼魂過唐山尋夫，始知丈夫發財回鄉另娶，林氏附身於柯，令其自虐而亡。	4／191-200
大厝互古今	盧可園	清乾隆年間	宜蘭縣頭城鎮	宜蘭頭圍盧員外（可園）鳩工建厝時，有算命師告以員外犯煞「壽在完工」，因此盧心中十分焦慮。盧因此一再建厝，連建十三幢而不喊完工，也不請「完工酒」。一日，因為突然有個工人報出名字「萬功」，與「完工」音近，使盧心頭一驚，登時臉色陡變。接著又因天熱中暑，加上淋雨感染風寒，竟一病不起。已經建好的十三幢大厝，也就宣告完工。宜蘭地方人士大多認為十三行大厝是由盧可園或其子重焜、重輝所興建，也因此恪守不吃完工酒的禁忌。	5／68-77

附錄二　《臺灣廟宇文化大系（貳）天上聖母卷》中的媽祖顯聖傳說
　　　　舉隅

（一）建廟傳說

地點	寺廟名稱	傳說起源年代	內容摘要	撰述者／起迄頁碼
臺北市	關渡宮	古早時	媽祖化身年輕女孩向木材商訂貨，並有山洪將木材沖到廟址附近沙灘，省下運費。	陳免 40-41
臺中市	樂成宮	清乾隆五十五年（1790）	居民林大發由湄洲割回香火，迎過今址時，略事休息。但再起時卻抬不動媽祖神像，林氏因此悟知係媽祖顯靈，欲擇此地立廟，才著手募集建廟事宜。	葉智中 100
彰化縣彰化市	南瑤宮	清雍正年間	彰化設縣，欲建城池，嘉義縣笨港南街的陶工師父楊謙應募而來。楊謙隨身帶著一只求自笨港天后宮的香火袋，放在工寮內膜拜。附近居民每夜皆見「豪光亂竄」，因此居民都認為媽祖的香火有靈，開始祈拜。後有地方仕紳為之雕刻媽祖神像，寄身土地公廟。因媽祖不斷顯靈，乾隆三年，瓦瑤庄陳式捐地建一草祠，稱為「媽祖宮」，亦即今南瑤宮前身。	葉明才 108
嘉義縣朴子市	配天宮	清康熙廿一年（1682）	布袋鎮半月庄居民林馬，往來大陸湄洲蒲田販賣「福圓肉」時，常至湄洲天后宮膜拜。康熙廿一年，林馬依例前往謁拜聖母，夜宿廟中，獲媽祖託夢諭示「祖姑婆體念你一心虔敬，為了免你年邁時，再受渡海之苦，特賜你請奉金身一尊，返回臺灣奉祀」。林馬夢醒即奉請媽祖金身啟程返鄉，途經牛稠溪南岸，在一棵樸仔樹下休息片刻，再欲起身時，頓覺聖母金身重如泰山，乃擲筊請示，媽祖示意欲在此地顯化濟世，於是居民隨即在該地搭建臨時行宮奉祀。	陳茂松 122

地點	寺廟名稱	傳說起源年代	內容摘要	撰述者／起迄頁碼
嘉義市	天后宮	清順治十六年（1659）至民國四十五年（1956）	鄭成功率軍攻臺，恭請三尊神像（天一、天二、天三聖母）鎮船隨軍，大媽在鹿耳門登陸，二媽、三媽繼續隨船東渡，後因故船覆，神像隨波漂流。二媽被山仔頂（今臺南縣山上鄉）人氏拾起帶回恭奉。三媽漂流至頭社，無人拾奉神像，於是三媽龍神乃雲遊至三崁（今之大內鄉三崁村）。直到一百多年前，二媽出巡至三崁，發現三媽龍神，即邀起三媽至山上天后宮雕像奉祀。再一百年後的西元一九五六年，有嘉義人士恭請三媽聖像返嘉問事，十分靈驗。先奉於嘉義第四機械廠房宿舍，後立廟於現址。	陳茂松 131
臺南縣歸仁鄉	朝天宮	明鄭時期	南潭航海商人郭光侯的船隊在海上遇颶風，船員跪求聖母護航，竟安然到達湄洲。乃迎香火回臺，安座奉祀。後因屢顯聖蹟，遂為之立廟。	王昇文 140
高雄市旗后	天后宮	清康熙十二年（1673）	閩籍漁民徐阿華，海上遇颱風漂流至旗后，只得上岸築一草屋棲息。隨後又繼續從事漁撈，而感到此地漁撈條件優良，於是返閩接眷定居，並說服同鄉六人同行，又自湄州奉迎媽祖金身，在旗后上岸。因香爐發火顯赫，於是在旗后建基，是為天后宮前身。	蔡翠英 170
屏東縣林邊鄉	慈濟宮	清乾隆廿八年	因風雨不調，五穀失收，於是鄉民向媽祖祈禱誓願，若能風調雨順，五穀豐收，則願建廟，以謝鴻恩。後果靈驗。某日有個商人因為要小便，將香火袋掛於樹枝上，事後卻忘了取下帶走。到了晚上，附近居民發現該處有一盞明燈，近看則非，第二天才發現樹枝上有一枚香火袋，上書天上聖母字樣，於是擇定該地為廟址。	曾祥屏 182

（二）顯聖救助眾生傳說

地點	寺廟名稱	傳說起源年代	內容摘要	撰述者／起迄頁碼
臺北縣貢寮鄉	德心宮	民國十年（1921）	媽祖神龕被偷，日本警察逮捕嫌犯。但媽祖化身端莊貌美女子託夢給銀樓老闆，指明日來店鎔金改形者乃是竊賊。翌日果有人拿神龕來店鎔銷，神龕上有「德心宮」字樣無法鎔化，因此捉到真正的竊賊。日警所拘者，乃無辜之人。	陳瑞芳48-49
苗栗縣苑裡鎮	慈和宮	1.某年2.民國五年（1916）3.某年	1.大甲溪上游火燄山，某年水患頻仍，聖母（媽祖）顯靈護堤，保護百姓生命財產安全。2.苑裡地區農作遭受烏龜蟲之害，農民請出聖母祈能消除蟲害，果然隔日烏龜蟲紛紛墜海死亡，是年全境舉行「烏龜醮」祭拜大典以酬聖恩。3.某年廟方組團至北港媽祖廟進香，經大甲、大安二溪時，河水暴漲，聖母顯靈護航，使信徒平安渡溪至北港。因此有「鑽水媽」之稱。	范姜月美68-69
臺中縣梧棲鎮	浩天宮	1.百餘年前2.不詳	1.信徒至北港進香，經過大肚溪時，船夫見進香人數眾多，趁機要求加倍的船資。在眾人論爭之時，媽祖顯靈，附身於乩童身上，要大家涉水而過。原本兩人深的溪水，在乩童腳下竟不及於小腿，於是眾人跟隨乩童安全過河。2.某居民遺失一頭牛，向媽祖擲筊請示。媽祖告以牛已不在了，但偷牛賊可捉到。過了幾天，果有人當眾承認偷牛，但已宰殺賣掉。	陳永峰76-77
臺中市	樂成宮	清道光初年	大屯地區稻作發生烏龜蟲病害，情形嚴重，當地農民遂前往樂成宮迎請「旱溪媽」（媽祖）前往繞境，於農曆三月初一日自烏日下廍仔開始出巡，忽然烏雲密布，大雨滂沱，烏龜蟲立即被掃滅殆盡，接著一庄又一庄均神到蟲除，農民重獲	葉智中102

地點	寺廟名稱	傳說起源年代	內容摘要	撰述者／起迄頁碼
			生機，咸認係媽祖顯聖所致。	
雲林縣北港鎮	朝天宮	1.清光緒十三年四月 2.不詳	1.嘉義西門街恭迎北港朝天宮聖母賽會，該年逢大旱，嘉義縣民羅建祥建壇祈雨未果，獲知人民對媽祖敬拜甚虔，乃齋戒三日，向媽祖導告，登壇不久，即大雨傾盆而下。遂奏請朝廷贈匾懸掛。 2.孝子釘。	何明鎬 118
嘉義縣朴子市	配天宮	清康熙廿一年（1682）	瘟疫蔓延，媽祖駐駕於此，於是各地信徒前往祈福，均能不藥而癒。因此信徒日眾，居民聚集於此，發展為「樸仔腳」，今之「朴子」市。	陳茂松 122
嘉義縣新港鄉	奉天宮	1.清乾隆初年 2.清光緒二十年（1894）	1.開臺媽祖南巡臺南天后宮時，不甘新港信徒受辱，憤而拔斷四支大柱，懾服臺南官民。 2.媽祖顯靈，阻止出任新港警察官吏派出所的宮尾隊長率日軍拆除奉天宮，隨後並賜「藥籤」救了宮尾的兒子一命。	陳茂松 125-127
嘉義市	天后宮	不詳	降乩座轎或乩童，針對各種病灶「開處方」，皆以紙筆書寫藥材於符令上，然後化水飲用，據說均能一服見效。	陳茂松 131
臺南縣西港鄉	慶安宮	清康熙五十一年（1712）以後	某年初夏，瘟疫蔓延。地方父老持齋入宮，祈求眾神發威，掃除瘟疫，以佑百姓。果然應驗。	楊一意 145

地點	寺廟名稱	傳說起源年代	內容摘要	撰述者／起迄頁碼
臺南市	開基媽祖廟	二次大戰時期	盟軍飛機投彈，空中有一婦人以裙掬彈，使炸彈不爆炸。居民躲進媽祖廟神桌下，獲得安全。	馬華臺 151
高雄縣茄定鄉	金鑾宮	1.清乾隆四十八年（1783） 2.清咸豐年間 3.民國六十九年（1980）	1.泉州方面有帆船遇難，發現聖母的火號，乃朝向目標隨區內漁筏逃難投線登陸，十一名船員得以生還，敬謝「恩周海嶼」匾額。 2.颱風侵襲，茄定漁民土仔、撤仔兩兄弟乘竹筏捕魚，為狂風巨浪推翻數次，危急之際，媽祖引進船號「三進代」大陸帆船來救助，入夜漆黑時又化神火引舟至中部大安地方靠岸，平安登陸。隨後媽祖又派廟中福德正神化作老伯翁引路保護，使歸家鄉。 3.農曆十二月七日入火安座日，時值烏魚汛期結束，但聖母曾預言，次日將有大量烏魚出現。全庄漁民抱著半信半疑的態度出海，結果連續豐收二天，漁獲量超過三十萬尾。	林天從 156-159
高雄縣田寮鄉	隆后宮	不詳	有星火引導夜歸人、度人過洪流、驅邪鎮魔、靈籤指迷津、藥籤去死還魂等救苦救難靈跡。	林天從 167

第二章

一九五〇年代臺灣民俗刊物的內容取向及其意涵

──以《臺灣風物》雜誌暨其卷一至卷九為例

一　前言

　　臺灣民俗學的研究，歷經日治時期學者、文人的努力，已有相當不錯的成果。跨入戰後，民俗學的學術脈絡仍然有跡可循，例如日治時期臺籍與日籍學者合作的《民俗臺灣》雜誌，和戰後初期的民俗代表刊物《公論報》「臺灣風土」副刊與《臺灣風物》雜誌，這三種刊物彼此之間，在編輯者、稿源及撰稿人方面，常有疊合的情形，但又因時局更迭，增加新的文稿與內容取向，因此具有民俗研究上承傳和開新的意義。

　　由於《民俗臺灣》、《公論報》「臺灣風土」副刊已獲得學界注意，相關論著不少[1]，本文將著眼於《臺灣風物》的內容取向，特別是卷1至卷9的刊行時間，正值1951年12月至1959年12月，恰恰涵蓋整個1950年代，相信有助於我們了解戰後進入戒嚴的1950年代，知識分子如何藉由民俗刊物，表達他們對民俗、本土文化的關懷。

---

[1] 例如戴文鋒：《日治晚期的民俗議題與臺灣民俗學──以《民俗臺灣》為分析場域》（嘉義：中正大學歷史所博士論文，1998年）；羅雅如，《公論報台灣風土副刊與戰後初期台灣研究》（臺北：臺灣師大歷史系碩士論文，2008年）。

二 《臺灣風物》的概況

(一)創刊宗旨、發展與分期

　　《臺灣風物》雜誌社由陳漢光等於1951年12月發起成立，至今（2019年）仍持續發行，可說歷史悠久。該刊物的命名，據楊雲萍〈「臺灣風物」創刊前後〉云，「只記得是從公論報副刊『臺灣風土』想出來的」[2]，看似隨意自由的連結，卻可由此窺見民俗研究的傳承意義。而研究者也指出，《臺灣風物》大部分的編輯、撰稿、助編者，是來自《民俗臺灣》的班底，如楊雲萍、陳紹馨、吳新榮、黃得時，加上後來經常供稿的吳槐、廖漢臣、朱鋒（莊松林）、戴炎輝、曹永和等，以及幾位大陸來臺的學者，如毛一波、屈萬里、董作賓等，多方人才的匯聚下，《臺灣風物》可說承繼《民俗臺灣》與公論報「臺灣風土」副刊的研究精神，貫串日治時期到戰後臺灣的民俗研究脈絡，具有重要意義[3]。

　　《臺灣風物》以民俗的採集紀錄和隨筆文章為主，經費由民間自籌，有別於當時公家出版的《臺灣文獻》、《臺北文物》等刊物，是一份結合民間研究者與學院學者共同參與的民間雜誌。早期以月刊型式發行，自20卷1期（1970年2月）後，改為季刊發行。歷任發行人、社長與主編如下：初期由發起人陳漢光兼發行人，楊雲萍擔任主編。第3卷起，第1期由郭薰風擔任社長兼主編；第5、6期合刊，社長改由蘇惟梁擔任，總經理陸中英兼代主編。第4、5卷由陳國來任發行人，並設有北、中、南部三分社及其主任負責人。第6卷1至4期，社長陳重光，並設置編輯委員會。直到第11卷第3期起，由紐先銘任主編，林

2　楊雲萍，〈「臺灣風物」創刊前後〉，《臺灣風物》31：4，1981年12月，頁13。

3　詳參許雪姬，〈楊雲萍教授與臺灣史研究〉，臺大歷史學報39期，2007年6月，頁57—61；以及本書上編第二章，〈二　楊雲萍參與的民俗刊物與相關活動〉，頁63-37。

崇智擔任社務委員會主任委員。第16卷5期（1966年10月）發行人改為林崇智，並擴充編輯委員至23人，實際編務則由毛一波、王詩琅負責。第24卷1期之後，由毛一波擔任主編。第30卷3、4期，林明德擔任主編。第31卷1期，由黃富三擔任主編。自第36卷3期至64卷4期，由張炎憲擔任主編。張炎憲於2014年10月過世，由詹素娟接任主編。[4]

　　《臺灣風物》由一群愛好民俗、關心臺灣研究的學者共同組成，慘澹經營，據《臺灣風物》網站首頁的〈簡介〉云，該刊「自創刊至十六卷，除一、二卷由楊雲萍擔任主編之外，幾乎都由陳漢光個人負責。自第六卷五、六期合刊，至第十卷二、三期合刊為止（1956年至1960年）是臺灣風物最艱苦的時期，常因經費不足，發生出版無以為繼的情況。……在經費拮据時，臺灣風物曾以手寫編印發行，或以史料印行充當。自十七卷，林崇智出任發行人之後，在板橋林柏壽捐助成立的林本源中華文化教育基金會的贊助下，臺灣風物才漸趨穩定，而有今日的發展成果，這實在歸功於陳漢光創立的辛勞，及感謝林崇智對臺灣研究持續不斷地支持與熱誠。」[5]可見其歷程艱辛。該社在2000年曾召開成立五十週年座談會，透過各相關人士的發言，更可了解其中的甘苦[6]。2010年12月，為慶祝成立六十週年，則將該期（60卷4期）定為「60周年專刊」，可見該刊對自身歷史與定位的重視。

4　張炎憲於2014年10月3日逝世，當期64卷4期的編務已完成，出版時主編仍標示為張炎憲，而由續任主編詹素娟代撰〈卷頭語〉，說明原由。張炎憲擔任主編職位達28年之久，師友同仁皆感到懷念。參見王孟亮，〈我所知道的張炎憲教授〉，《臺灣風物》65卷1期（2015年3月），頁157-160。

5　參見〈簡介〉，網址https://folkways.twcenter.org.tw/about/intro.jsp，2019年7月10日修訂稿查詢。

6　詳參張炎憲，〈《臺灣風物》五十年——從草創到茁壯〉，《臺灣風物》50卷4期（2000年12月），頁19-40；以及曹永和等，〈臺灣風物五十週年紀念座談會會議紀錄〉，《臺灣風物》50卷4期（2000年12月），頁41-68。

　　《臺灣風物》歷史悠久，從社長、主編的接替情形來看，張炎憲〈《臺灣風物》五十年──從草創到茁壯〉將該刊的發展分為四期：第一期由第1卷至第17卷（1951-1967），此時期幾乎都由陳漢光一人募款，負責經營社務；第二期為第18卷至第30卷（1968-1980），主要由毛一波和王詩琅負責主編；第三期由第31卷至36卷（1981-1986），先後由林明德和黃富三主編；第四期則指第37卷至張炎憲撰文當時（1987-2000）[7]。然2014年張炎憲過世，應可調整上說，將第四期改為第37卷至64卷（1987-2014），而後進入詹素娟主編的第五期，即第65卷（2015-）迄今。[8]

　　如同張炎憲的文章所示，《臺灣風物》從草創到茁壯，不僅過程艱辛，在內容走向上，也有民俗、史學，普通雜誌或學術刊物的調整與取捨。而在第一期的草創時期中，因經費等限制，印刷、裝訂十分素樸，且偶有脫刊、合期的情形，這樣的《臺灣風物》代表了什麼樣的精神？它為臺灣民俗學留下什麼？對臺灣社會有何意義？以下就以1951年12月到1959年12月的《臺灣風物》（1卷1期至9卷5／6期合刊）為範圍，探討這期間《臺灣風物》的內容特色與相關問題。

（二）別具特色的封面插圖

　　《臺灣風物》的封面由創辦人陳漢光題字，作「台湾風物」[9]，每期都以具有民俗、歷史意味的圖片充當封面，內頁大都有「封面插圖說明」的小文，長短不一。自28卷2期，邀請江韶瑩為封面繪圖，

7　張炎憲，〈《臺灣風物》五十年──從草創到茁壯〉，頁26。

8　2012年11月起，《臺灣風物》與吳三連臺灣史料基金會合作，建置電子料庫，採付費制，網址https://folkways.twcenter.org.tw/about/intro.jsp。目前已可檢索至69卷1期（2019年3月）。

9　該雜誌之名稱，封面題字作「台湾風物」，但內頁目次作「臺灣風物」，版權頁之刊物名稱、出版單位也作「臺灣風物」月刊、「臺灣風物」雜誌社，故以本文以《臺灣風物》名之。

直到34卷1期止。34卷2期封面為「和美鎮道東書院破舊的魁星神像」，係由林文龍提供的照片圖版，此後便是單色封面，只標示刊物名稱、卷期、出版單位和日期，不加任何圖繪。

封面的插圖，使《臺灣風物》看起來活潑有變化，而其說明文字，內容充實，言之有物，往往也等於一篇文章，不只是說明圖片名稱與資料來源而已。這在楊雲萍主編的1、2卷，尤其具有特色：其文字都是由楊雲萍所撰，每篇約七、八百字，說明插圖主題之外，多加以考證相關問題。

例如創刊號的封面是 C.E.S. 所著《被忽視之臺灣》一書的標題，在內頁〈封面插圖說明〉則考證 C.E.S. 即是被鄭成功逐出臺灣的荷蘭太守揆一（Frederick Coyett）的筆名，他作這本書，是要說明臺灣之失，是由於荷蘭東印度公司當局忽視臺灣所致，而非揆一的不善戰之罪。接著，也對此書的內容與流傳之英譯本作了說明，並說明此插圖乃據臺大圖書館藏本。而接下來出版的第2卷1期係以六十七所著之「番社采風圖」的「迎婦」圖為封面，內頁〈封面插圖說明〉則考證臺灣省臺北立圖書館收藏的「六十七兩采風圖合卷」的真偽問題。編者（楊雲萍）以為日人中山樵謂此圖非原圖，乃是後人模寫之說，不一定完全可信；因為參照臺灣府志（范志、余志）所引之「臺海采風圖考」的文字，有可能是六氏的原圖。有關其中分析，則云將另文詳說之。又如第2卷7期，封面為「新奇雜歌」的第一頁。內頁〈封面插圖說明〉云，這是臺灣流行歌謠的刊本，此冊收錄了「病子歌」和「曾二娘燒好香」。所用書籍為編者（楊雲萍）購自日本大阪之古書店，「內有日本文字註臺灣語發音之處，蓋日人曾作為學習臺語之用者」。

第3卷以後，「封面插圖說明」的文字篇幅就減少了，每篇約三、四百字左右。但相較之前的卷期封面有另一特色，即是配合專題或該期的某篇文章，搭配相關的圖片。

　　例如3卷4期（主編郭薰風），本期的專題是「紅頭嶼特輯」，因此封面即是採用紅頭嶼耶眉族的「戴銀帽的男人」，其說明云，紅頭嶼耶眉族帽子種類之多與使用的特殊，可能和一般熱帶地方大不相同；而這個封面的圖片係採自稻葉直通《紅頭嶼》插圖第40頁；這頂帽子不是用於防雨，同時也不是用於遮日，而是用於祭祀大典、調理飛魚、出陣等所戴的。又如4卷1期，本期專題為「慶祝中國圖書館學會成立特號」，封面用的是林本源的汲古閣書屋之照片，原圖採自澀澤三郎《林本源庭園案內》一書。說明云，此為板橋林家藏書的地方，因明代毛子晉的汲古閣而命名；此屋可說是臺灣有史以來，私家藏書最多的地方。看得出來，由於是中國圖書學會成立，因此特別配上這張汲古書屋的圖片。

　　自6卷5／6期合刊至9卷3期，沒有封面插圖，封面改變為印出刊物名稱、卷期、文章與作者姓名、社址以及登記證號。文章與作者姓名的部分，文字橫排，有的卷期還採用中英文並列的方式；也有幾期只有印出刊物名稱、卷期、社址和登記證號，沒有文章和作者姓名。封面式樣的改變和不統一，可能和編輯者的理念有關。這時期由陳漢光擔任社長，設有編輯委員會，但其實都是陳漢光一人獨挑大樑，或許是圖片來源不足、人力缺乏，所以不再用插圖；但編輯者也未注意到封面格式不統一的問題。

　　9卷4期又恢復了封面插圖，本期為「丘逢甲先生文獻彙輯」，因此封面用的是丘氏的圖像，但並未說明其來源，也沒有「封面插圖說明」的短文。另一種呈現方式是，加註參見相關文章，如9卷2期，封面是兩張照片的影本，圖的上方題作「降神者所用的床及椅」，下方則加括號，印著（請看本期「臺灣的降神術」）的字樣。「臺灣的降神術」正是本期內吳瀛濤的文章。又如10卷2／3期合刊，封面為《荔鏡記》的戲文影本，圖片的上方題作「重刊五色潮泉插科增入詩詞北曲勾欄荔鏡記戲文全集」、次行小字「裏頁影照之一」，圖片下方則註明

「原本現藏英國牛津大學偉力文庫」、次行小字「參看本期『荔鏡記戲文研究序』吳守禮文」。這個圖片和吳守禮的文章題目是可以很容易聯想在一起的。

　　比較特別的例子是10卷11／12期合刊，封面是「孫中山全集」的書影，上有「渭水藏書」的印文；封面圖片上方題作「蔣渭水先生的思想來源」，圖片左側則以小字標示：請參看本期王一剛的「臺灣民族運動與大陸」一文；右側也有小字：「此書係民國16年三民公司出版，原藏人蔣渭水，後流入龍溪求適齋主人陳漢光之手。」這個圖片和王一剛之文的關係就比較曲折一點。查閱王一剛的文章，可知介紹臺灣文化協會為其中一個重點，而此協會與蔣渭水關係密切，因此主編陳漢光才翻出這本藏書，點出蔣渭水的思想淵源，以呼應王一剛的文章。

　　28卷2期到34卷1期止，由江韶瑩為封面繪圖，江韶瑩自陳他在繪圖時，考慮的是「思考及臺灣文化的主體是什麼？什麼能代表臺灣文化的內涵、精神、特質、意象或象徵符號？因此嘗試著從民俗文物到生活器物，甚至是迌迌物仔為題材，試圖呈現『臺灣風土文物』的面貌。」而他的畫法是參考陳奇祿硬筆刻畫民族誌式的圖式、顏水龍的臺灣工藝圖譜和立石鐵臣的版印式民俗圖繪，並希望能夠畫出適合《臺灣風物》的內容與風格[10]。這類封面剛開始係選錄自江韶瑩《臺灣雅美族原始藝術的研究》中的圖繪，如28卷2、3、4期分別是「雅美族的船」、「雅美族男性的笠帽」、「雅美族的禮杖」；而後來則逐漸採用江韶瑩新近的作品，如29卷2、3期，分別為「紅龜糕印」、「臺灣早期先民所使用之墨斗二例」，33卷4期為「黑褐釉油燈壺」（南投半山窯燒）都是硬筆描繪的圖錄，線條繁複細緻，屬工筆、精細的作品。

---

10 曹永和等，〈臺灣風物五十週年紀念座談會會議紀錄〉，頁45-46。

　　《臺灣風物》的封面圖繪可說是其刊物的一大特色，也可能是想要以民俗研究的普及讀物出現，因此用封面插圖來增加趣味與活潑。在經費、印刷技術的限制下，採用鋅版單色印刷，黑白色調（偶有紅色套印），簡樸有味。不是為專題而做的封面，如楊雲萍主編時期選用的圖片，加上說明文字，就像一篇篇的「臺灣民俗圖說」；江韶瑩所繪的硬筆插畫，更可視為他個人結合民俗與繪畫的藝術創作，也為臺灣的民俗器物留下珍貴的圖錄。配合專題的封面其實也就像文章的配圖，只不過限於種種因素，不能單幅或多幅配置在內文之中，或者也無法每一篇文章都配置，因此採取放在封面的辦法。

　　至於自34卷3期起，不加任何圖繪的封面，看起來和一般學報類的學術刊物風格類似，代表的也就是《臺灣風物》轉型為學術研究的取向。

（三）文章分類、欄位、專題與作者群

　　《臺灣風物》早期所刊登的文稿，大多以採錄、筆記等較普及的形式書寫，一篇一篇羅列；偶有專題集稿，但都不是嚴肅的學術論文模式。自29卷4期（1979年12月）起，開始分為論著、紀念輯、地方文物、書評、史料選譯等欄位，已加強了學術論著的色彩。此後，特別是論著類的文稿，可說就是學術論文的形式，不只是民俗，臺灣研究的各個面向都可包含在內。

　　《臺灣風物》雜誌社本身曾做過一些統計，包含各類文章以及作者群的統計分析。據張炎憲〈《臺灣風物》五十年──從草創到茁壯〉，從創刊至2000年6月，共刊登3273篇文章。文章性質分類可分為25類，包括總類、歷史、地理、勝跡、禮俗、宗教、政治、社會、教育、交通、司法、涉外關係、經濟、考古、傳記、藝文、傳說軼聞、

掌故、史料、建築、圖片、生物、原住民、雜項等[11]。各類文章的比例，隨雜誌的發展也有所不同，而且隱然有朝向臺灣歷史研究、學術化的傾向。張炎憲也指出：

> 在第一期的文章中，……如藝文、教育、傳記等類與民俗、采風有關的文章比例是逐期有遞減的趨向。在歷史類方面……呈遞增的狀況，到第四期甚至占有五分之一的比重。這表示文章性質由民俗采風趨向歷史論文。這也許和編輯黃富三教授和張炎憲都是歷史學出身有關，另外也可能是早期多由民間學者參與，而後學院的人加入，也就容易以研究論文為主。

> 第二期的文章中……文章比重與第一期類似，因為當時處於戒嚴體制，臺灣研究多偏重田野調查與民俗采風有關。

> 到了第三期稍微有些改變……這時期已漸漸轉向學術論文，刊載很多學院內的文章。

> 第四期開始，歷史類的文章愈來愈多，這可能與張炎憲是歷史學出身有關，或是與學界發展有關。很多年輕人投入了臺灣史研究，促進臺灣史研究的熱潮，作品多了，稿源也多了。……整體而言，《臺灣風物》刊載民俗研究的文章比例減少了，可能是整個大環境造成的。因為各地方的文史工作室或文化中心陸續成立，整理地方文獻，發行刊物，吸走了民俗采風的稿件。再者，政治上愈趨開放，愈來愈敢研究以前不敢碰觸的問

---

11 這個分類法是張炎憲參考高賢治所編的卷一至四十的《臺灣風物分類索引》；見張炎憲，〈《臺灣風物》五十年——從草創到茁壯〉，頁26。

題，例如二二八事件、白色恐怖、日治時期的歷史評價或對國
民黨的批判等等。[12]

上述的分析，大致是符合該刊物的演變現象，也配合時代社會的發展
加以推測。撰稿者由民間專家趨向學院教授與研究生、文章類別由民
俗采風轉向臺灣歷史研究，這都是可以看得出來的。但歷史學者主編
的因素，是否必然導致由民俗轉向歷史的研究呢？也許不一定。以
《臺灣風物》最初的編、作者社群來看，1到2卷的主編楊雲萍是臺灣
史研究的前輩，但他對於民俗的興趣仍然十分濃厚；又如黃得時是中
文系教授，陳紹馨則是社會學教授，他們共有的興趣就是民俗，所以
形成共識，以撰寫民俗研究的文章共同哺育這份刊物。而後來以歷史
學者為主的編撰社群，特別是到了由臺大歷史系教授黃富三主編的時
期，才提出「改名、橫排、充實內容」的意見；所謂改名是希望改為
「臺灣研究」、「臺灣史研究」；改名的意見未獲採納，因為必須兼顧
刊物本身的傳承與象徵意義；但此後該刊卻逐漸增加學術論文，而且
以歷史學論文或資料為多；這一點，黃富三說：

> 有一個問題到現在還困惑著我。《臺灣風物》原本廣刊各領域
> 文章，尤其是民俗，此後大多是為歷史學論文或資料。其所以
> 如此，一方面是臺灣研究大多是歷史學研究，但另一方面可能
> 是投稿人以為主編學歷史，會偏愛歷史論文。此原非我當時本
> 意，但情勢確是如此發展，因而今日《臺灣風物》事實上已成
> 為臺灣史刊物了。這種轉變是好或不好，我也不知道。[13]

---

12 分期的標準是：第一期為卷1至17，第二期為卷18至30，第三期為卷31至36，第四
　期為卷37至50（該文撰寫時間）。這些分析，皆附有統計圖表。同上註，頁26-38。
13 曹永和等，〈臺灣風物五十週年紀念座談會會議紀錄〉，頁58。

可見《臺灣風物》從具有民間、民俗性質的刊物轉向學院、歷史學的
刊物，有必然與偶然的雙重因素，但也已成為不可逆轉的趨勢了。

　　《臺灣風物》各期欄位不固定，似依當期文章而定名。到29卷4
期起，才改採分欄分類編排。這也顯示該刊物的編務愈趨穩定，因此
逐漸形成定型的格式。而專題的設計，有三個特點，一則配合時事，
自2卷6期即有「民俗改善問題專輯」，1961年為鄭成功開臺三百年，
因此也有四期都編輯「鄭成功開臺三百週年紀念特輯」（11卷3、4、
6、10期）；二者，以地方研究為焦點，例如3卷2期「桃園特輯」、17
卷5期「板橋鎮特輯」；三者，也多見紀念文集、祝壽專輯，如16卷6
期「陳紹馨博士逝世週年紀念輯」、36卷3期「林崇智先生九秩嵩壽祝
賀專號」等，陳紹馨為創始社群之一，林崇智為發行人，這類的專輯
顯現其社群的交誼。

　　可注意的是，《臺灣風物》的編者一直對放置圖錄、照片與解
說，具有興趣。這一點，除了早期的封面插圖很有代表性之外，後期
的卷期幾乎都會有圖錄、照片等。譬如30卷4期至37卷2期每期連載
「楊氏習靜樓藏臺灣古印選存」，共50輯，37卷1期至41卷4期每期連
載「楊氏習靜樓藏臺灣古書契偶存」，共20則；這些古印、古書都是
楊雲萍的收藏。每則圖錄之外，都有文字簡要說明。自41卷1期起，
有「檔案圖片」這個欄位；42卷2期起，設「珍貴圖片」一欄，由周
明德撰寫，其後也有用珍貴照片、圖說歷史等名目。放置圖錄、照
片，除了增加可讀性之外，其實也符合歷史研究、民俗研究的習慣，
「有圖為證」，勝過只是白紙黑字的描寫。

　　至於其作者群，據張炎憲〈《臺灣風物》五十年——從草創到茁
壯〉，從創刊至2000年6月各期的統計，供稿前十名分別是陳漢光
（154篇）、莊松林（123）、毛一波（121）、林衡道（86）、楊雲萍
（75）、蔡懋堂（62）、賴永祥（61）、黃典權（57）、王詩琅（44）與

鄭喜夫（40）[14]，其他的作者如吳瀛濤、呂訴上、朱鋒（莊松林之筆名）、林清月、謝金選、董作賓、屈萬里、婁子匡等，都是經常出現的名字。而這些作者群，既有本土的作家如楊雲萍、莊松林、林衡道、蔡懋堂、吳瀛濤、呂訴上、林清月、謝金選等，也有大陸遷臺的作家如陳漢光、毛一波、董作賓、屈萬里、婁子匡等；藉由這份刊物，促成兩方面學者專家的交會，留下歷史性的見證。

此外也有外國學人的文章，如日本的池田敏雄[15]、森克己[16]、石原道博[17]等的文章。或是轉載英人文章，如克利斯布〈一六七〇年余所見之臺灣〉（4卷10期）[18]。這類文章數量較少，有的也只是翻譯、轉載，談不上是作者投稿。但也可以略窺《臺灣風物》稿源的情形。

三　一九五〇年代《臺灣風物》的內容取向

接著，討論《臺灣風物》卷1至卷9的內容。這9卷刊登的文稿內容，可大略分為歷史、民俗、民間文學與地方研究四大類的文章。

---

14 張炎憲，〈《臺灣風物》五十年——從草創到茁壯〉，頁38。

15 池田敏雄〈臺灣省人婚姻習俗彙〉，《臺灣風物》2卷8／9期，池田敏雄為日本知名之民俗學者，曾參與《民俗臺灣》的編輯。此文原稿為楊雲萍所藏，全文共26章，譯出第一章刊登。

16 森克己，日本東京都立大學研究院教授，宋代中日交通史專家，亦有明鄭研究之論文。其文章〈鄭成功攻臺之端緒〉，刊登於4卷8／9期，由程日麗譯。

17 石原道博，日本水戶市茨城大學教授，著名之中日交通史、鄭成功研究專家。有多篇有關正成功研究的文章發表於《臺灣風物》。

18 英人克利斯布（Elilis Crisp）於1670年乘班丹號（Tan Bantam）訪臺，謁鄭經，成立通商協議此為荷蘭人撤臺後，第一艘進港的外國船隻，也從此展開鄭英關係。克利斯布將其在臺灣的見聞寫成報告。本文係轉錄自日人岩生成一發表在Factory Records, *China*, Vol. 1, 10. 的文章，為英文。

（一）歷史類

　　歷史類的文章比較凸顯的是有關臺灣史的研究，包含對臺灣史前時代、荷據或明清時代，特別是明鄭時期的歷史問題之討論，或者日治時期抗日事蹟的考述；這些文章是在歷史學的夾縫遊走，因為當時臺灣史還不能成為教材，在學術界也少人研究，因此為了避開可能的爭議，而討論遙遠的史前時代，或者順應當局推崇鄭成功反清復明的形象，因而比較可以發表這方面的文章，甚至可以製作一次專輯。而抗日意識也是當局所鼓吹的，因此也就可以加以論述。這些例子，譬如：

　　　1. 早期歷史（史前至明清時代）
　　　　1卷1期　宋文薰〈談談臺灣先史時代的範圍〉
　　　　5卷6期　賴永祥〈康熙二年荷蘭來華艦隊之任務〉
　　　　6卷2期　陳漢光〈嘉靖間之臺灣記錄〉
　　　　8卷3期　蔡懋堂〈簡介清季臺灣樟腦業概況〉

　　　2. 南明史料
　　　　2卷6期　楊雲萍〈朝鮮顯宗實錄中有關南明史料〉
　　　　2卷7期　楊雲萍〈朝鮮顯宗實錄中有關南明史料〉
　　　　2卷8／9期　楊雲萍〈朝鮮顯宗實錄中有關南明史料（完）〉
　　　　4卷10期　（日）石原道博〈國性（姓）爺合戰英譯本及其他〉[19]（日文）
　　　　5卷7期　賴永祥〈琉球「歷代寶案」之南明史料（一）〉
　　　　5卷8／9期　賴永祥〈琉球「歷代寶案」之南明史料（二）〉
　　　　5卷8／9期　石原道博〈鄭成功雜考〉

---

19 「國性（姓）爺合戰」為書名，日人近松門左衛門（1653-1724）作於1715年。石原道博撰此文介紹其書。

3. 抗日人物與事蹟

　2卷3期　陳漢光〈姜紹祖（臺灣抗日先烈略傳之一）〉

　2卷4期　陳漢光〈徐驤（臺灣抗日先烈略傳之二）〉

　2卷5期　陳漢光〈江國輝（臺灣抗日先烈略傳之三）〉

　2卷6期　陳漢光〈吳湯興（臺灣抗日先烈略傳之四）〉

　5卷10期　莊德〈余清芳革命四十年記〉

4. 專輯

　4卷4期　明鄭研究特輯

　毛一波〈鄭成功與張蒼水〉

　向達〈明鄭所刊之永曆大統曆〉

　賴永祥〈鄭英通商略史〉

　資料室〈鄭荷媾和條約新譯〉

　L.Y.〈明鄭時期英國商館記錄〉

　賴永祥〈歷代寶案中之明鄭記載〉

　〈雜誌中有關明鄭論著目錄〉

　4卷8／9期　明鄭研究特輯（二）

　（菲）夾漈後人〈鄭延平王三世實錄〉

　（日）森克己〈鄭成功攻臺之端緒〉[20]

　（日）石原道博〈鄭成功與朱舜水〉（日文）

　編輯部　〈石井本宗族譜〉[21]

　　　　　Lai Yung-hsiang（賴永祥）〈Chief Historical Materials on Koxinga〉（英文）

---

20 原稿為日文，程日麗譯。

21 福建南安石井鄭家之族譜，原本藏於臺灣省立臺北圖書館，由《臺灣風物》的編者加以抄錄，列入本期文稿。

透過以上列舉的文章與專輯，可知《臺灣風物》在臺灣史的研究上，所具有的貢獻和意義。相對於解嚴（1987）以後，臺灣研究的興盛，1950年代《臺灣風物》上面的這些臺灣史研究，其實是點與點的匯聚，偶爾可以構成一個面（專輯），貫串起來也可以形成一個研究的網絡。這是說，當時只有楊雲萍在臺大歷史系開設臺灣史的課程，因此這些發表在民間刊物的臺灣史研究文章，也就顯得很珍貴，意味著以民間學人的力量，建構起知識的網絡。

　　《臺灣風物》編輯群對於推動臺灣史的研究一向不遺餘力，這些文章是可以列為成果的。此外，還有一些現象更可以補充說明這一點。如鄭欽仁在「臺灣風物五十週年紀念」座談會上發言說：「當時學術界研究臺灣史的人很少，臺灣史和臺灣的知識人都『流落在民間』。我的心意想把兩者結合；當時各大學沒有臺灣史的課程，只有臺大有楊雲萍先生講授的臺灣史。……我認識王先生（按：王詩琅）等人之後，開始將學校的師、生介紹給他。」[22]吳密察、吳文星兩位青年學者便是在這個情形下，被引進《臺灣風物》雜誌社。而1980年代黃富三主編的時期，由陳奇祿主持的「臺灣研究研討會」也找《臺灣風物》雜誌社協辦，並做成紀錄稿刊登在該雜誌上。黃富三認為：「當時臺灣研究相當不受當局重視，活動空間很小，然而民間已有此需要，因此當研討會推出後，各界反應熱烈，出席甚為踴躍，也頗獲好評。」，黃富三本人也是因為推動臺灣史研究的使命感接下主編職務的[23]。黃富三的主編影響力是看得見的，因為其後《臺灣風物》已經愈來愈走向學術化，而且是以臺灣史研究為主的學報型雜誌。這一

---

22 曹永和等，〈臺灣風物五十週年紀念座談會會議紀錄〉，頁53。

23 黃富三云：「由於臺灣史研究長期受冷落，而官方刊物又多政治掛帥，不利學術發展，《臺灣風物》是僅有之民間刊物，如能好好發展，確可彌補不足，甚至倡導風氣。我雖無經驗，亦無信心，但似乎有某種使命感促使我非接不可。」曹永和等，〈臺灣風物五十週年紀念座談會會議紀錄〉，頁57。

點，黃富三說「這種轉變是好或不好，我也不知道。」但無可否認是，《臺灣風物》自黃富三接手以後，已經成為偏向史學研究的刊物，而不是一份標榜民俗研究的刊物了。

（二）民俗類

《臺灣風物》刊登的民俗文章，有關於原住民的，也有關於漢人的。前者如3卷3、4期曾製作「紅頭嶼特輯」，各含四及三篇專文，係介紹蘭嶼雅美族（今稱達悟族）的信仰習俗，該二期也以其文物「耶眉族女人的『滿艦飾』」及「銀帽」的照片來當封面；而孫家驥有兩篇這方面的文章，七卷三期的〈泰雅族傳說十六則〉與9卷2期〈臺灣土著傳說與大陸〉。但這類與原住民相關的文章篇幅仍然遠低於漢人習俗的部分。

就漢人民俗的撰述和研究來看，則有關歲時習俗的文章頗多。例如2卷1期就是「新年特號」，共四篇專文，包括張耀錡〈府縣志所載臺灣正月之風俗〉、文華〈廣東客家的新年風俗〉、郭陶〈洞庭湖邊過年前後〉、崔南善著、永秀譯〈韓國新年禮俗談〉[24]；2卷2期及3期則有董作賓的〈福州歲時記〉及續篇。七夕也是一個焦點，相關文章有8卷4期陳漢光〈七夕犬祭與羊祭〉、謝金選〈七夕粿在臺灣〉，9卷2期忠華〈臺灣七夕習俗今昔觀〉。其他的風俗記述，則有2卷2期的文華〈客家的幾個特殊民情風俗〉、何仲祥〈客家中元祭典的神豬〉、2卷3期的屈萬里〈「偷青」和「摸秋」〉等。這一類的文章，有的是整理、抄錄舊籍的相關記載，並加上個人意見；也有出於作者個人的經驗與記憶而寫下有關習俗的點點滴滴。前者比較有研究意味，可用張耀錡、董作賓和屈萬里的文章做代表。張耀錡〈府縣志所載臺灣正月之風俗〉在抄錄臺灣府志、諸羅縣志等舊籍之外，處處以當今習俗加以

---

24 此文末附註：「譯自〈朝鮮風俗篇〉」，應是譯者選譯，而不是作者自行投稿。

對照、比較，例如引述周志、諸羅縣志及鳳山縣志皆有初五請辛盤的記載，但張耀錡認為：

> 賀歲，或稱拜正、拜年、賀正等，至五日即畢，謂之假開。各店鋪亦自初五開始營業。依照現俗，請辛盤之風俗已都消滅，向賀客只請甜料，（所謂甜料意指紅棗、冬瓜、糖仔等物），意為完滿親密。……商行開店近來為期不一，有初三者有初五者，以初三者較多。因為時勢變遷，不能待初五始假開也。[25]

由此可見其比較古今異同的角度，並依時勢所趨，試圖對風俗的改變，提出合理的解釋。而董作賓在文前的自述，也使人了解其撰文的動機以及發表的用意：

> 此調不彈久矣。偶檢行篋，尚存有「福州歲時記」殘稿數紙，因不甚完具，未經發表。這是民國十四年我在福建協和大學教書時所寫的。那時剛離開母校北京大學，在北大時曾參加過研究國學門所設的「歌謠研究會」，「考古學會」，「風俗調查會」各種組織，對於民俗學是有特別興趣的。……這些材料壓在箱底，一直保存了二十七年之久，真可以說是「敝帚自珍」了。現在抄付臺灣風物發表，希望能夠作為民俗學者「采風問俗」的參考資料。四十一年元月十日自記。[26]

屈萬里的文章開頭則提到，其撰文動機是對張耀錡之文的回應和推展：

> 在本刊二卷一期裡，讀到張耀錡先生的府縣志所載臺灣正月之

---

25 《臺灣風物》2卷1期，頁9-10。
26 《臺灣風物》2卷2期，頁2。

風俗一文；那篇文章裡，記述著一件饒有趣味的習俗。……這種以竊得物件為吉兆的韻事，據張耀錡先生說：是漳州和泉州的風俗。但就筆者所知，全國各地，多有此類的風尚；只是偷物的日期互有不同，偷物的目的互有不同，乃至由偷竊變為遊覽，變為袪災躲病。如果歸納起來仔細研究一下，恐怕這些風俗都是一個本源；正如一個老祖的裔孫，因為分住的地域不同，久而久之，於是語言衣著就各異其趣了。[27]

董、屈兩位先生當時都任教於臺大中文系，董作賓擅長甲骨文研究，屈萬里則以經學研究著名，二人都以學者的治學精神對材料加以整理、考據，引述之外，並提出自己的看法。董作賓所記敘的，除了福州歲時習俗，也經常以歌謠來佐證習俗流傳的情形，這是他的文章的特別之處。而屈萬里在引述每一則資料之後，也都加以討論；最後他提出一個結論，認為「偷」俗是來自於宋元時期，據明代郎瑛《七修類稿》和宋人葉隆禮的《遼志·詔盜》，金、遼國都有「放偷」習俗，「由於胡人的占據中原，漢人也必然習染了放偷之俗。後來，漢人光復故物，這個究竟不大體面的風俗，就漸漸變相，於是混和了『以弗無子』和『登高避瘟』等觀念，便演化了偷青、走百病、摸秋等習俗。這雖然是個猜想，或者也雖不中也不遠吧。」[28]

另一類出於作者個人的經驗與記憶而寫的，如鄧陶〈洞庭湖邊過年前後〉一開頭即說：「我出生在湖南靠近洞庭湖邊的一個農家，且將少年時代，在家鄉度歲的情形敘述」[29]；文華撰寫的兩篇有關客家的習俗，都是因其身為客家人，故特別關心這個主題而撰文。他在〈廣東客家的新年風俗〉中強調客家人勞苦勤儉，但對於過年看得特

---

27 《臺灣風物》2卷3期，頁2。

28 同上註，頁11。

29 《臺灣風物》2卷1期，頁13。

別隆重，對於祭拜祖先尤其慎重。客家習俗也有它非常獨特的地方，比如過新年拜神不拜人，因此不能在大年初一去人家家裡拜年，像北方拜年習俗那樣的跪拜，是觸犯大忌的[30]。他強調客家習俗的獨特性，也見於他的〈客家的幾個特殊民情風俗〉，他認為遷移到四川的客家人已改變了客家生活的特性，且只有中年以上的人能說客語；而臺灣客家的口語和其故鄉是完全一樣，絲毫也沒有改變，「筆者於此想把故鄉客家主要的民情風寫在下面，以供本省人士的參考，同時也作為一個問題提出來，以供參考。[31]」而何仲祥〈客家中元祭典的神豬〉則是以親身見聞寫下神豬習俗：

> 從前新竹縣屬的客家社區，在中元節打醮時，常有幾十隻或幾百隻豬羊排列在廟前。有一次新埔鎮內義民廟舉行的中元祭豬羊的總數竟超過了一千隻！大小都有，自二百多斤起至一千斤不等。這種壯觀場面，好像養豬比賽一樣。……那些豬是專為祭神飼養的，所以稱為神豬。現在讓我把它的飼養方法講述一下。[32]

何仲祥的這篇文章讀來很有鄉土的氣息，把飼養神豬的過程寫得很清楚，是一篇很流暢的民俗采風紀錄。

以上列舉的文章，有關於臺灣民俗的，也有臺灣以外的民俗。屈萬里從文獻考證上說各地「摸秋」習俗的同源異流，文華則從客家血緣強調臺灣客家與嶺東客家的密切關係。這樣的說法，當然有時代背景，然也可看到《臺灣風物》以研究臺灣的習俗為主，但也不以此為限；所以雜誌的作者可以是本土人士，也向大陸來臺的學者約稿，恰

30　《臺灣風物》2卷1期，頁12。
31　《臺灣風物》2卷2期，頁9。
32　同上註，頁10。

好呼應了戰後初期的臺灣社會文化。

《臺灣風物》還做過兩期有關民俗的專題：2卷6期「民俗問題改善特輯」，2卷8／9期「女性風俗特輯」，前者宜更適合放在社會脈動下去觀察，故將在下一節討論；「女性風俗特輯」的討論，可參看本書上編第二章第三節的「（三）關注並肯定女性風俗研究的意義」。[33]

（三）民間文學類

《臺灣風物》對於臺灣民間文學的介紹十分用心，民間故事、歌謠、俗語和戲劇等，都有相關篇章和專題。

《臺灣風物》卷1至卷2都有黃連發作、黃威譯的「臺灣民間故事」，一共刊登六回，1卷1期，2卷1、2、3、5、6期。據譯者言，黃連發為日治時期的民俗學者，他的這些故事是在潮州採集的，曾以日文發表在《民俗臺灣》四卷三號和九號。黃威即是楊雲萍[34]，可見楊雲萍「以身作則」，不僅親自撰寫有關臺灣研究的文章，也跨刀譯寫臺灣民間故事，其對臺灣風物的熱情可感。這六回的「臺灣民間故事」寫的是（一）呆女婿，（二）賣香屁，（三）賣香屁（續），（四）變成螞蟻的虎鼻獅，（五）我們住的地方、太陽與月亮，（六）險被雷公打死的農夫、聽眾要跑開的故事。

2卷7期「歌謠特輯」，連同署名本社同仁的卷頭語凡六篇專文，封面刊印的也是歌謠集子、歌仔冊「新奇雜歌」的書影。這六篇文章中，卷頭語〈臺灣歌謠的整理〉其實是楊雲萍撰寫的[35]，〈新選校談俗語歌〉的作者／校訂者 K.G. 應該也是[36]；〈嘴花尪〉係作詞家林清月

---

33 參見本書上編第二章，頁84-87。

34 參見許雪姬，〈楊雲萍教授與臺灣史研究〉，頁59。

35 據許雪姬云。同上註。

36 〈新選校談俗語歌〉的文末附註，此歌選自楊氏習靜樓藏本，習靜樓即楊雲萍的書齋名，因此推測 K.G. 就是其本人。

新作歌詞，又選錄林所蒐集的歌詞，集成〈臺灣民間歌謠選〉一篇；其餘兩篇則是由呂訴上提供的〈姻緣難逃（歌仔戲四句聯）〉與〈臺灣表子三十六款歌〉[37]。該刊限於人力、物力，不能大規模的蒐整臺灣歌謠，因此卷頭語就特別具有意義，因其呈現了楊雲萍重視歌謠研究，也提出他的理念。在卷頭語一文中，楊雲萍首先介紹了清代至日治時期臺灣歌謠的採錄，他推崇鄭坤五、李獻璋與謝雲聲等人的對歌謠採集的貢獻，特別是李獻璋的《臺灣民間文學集》，收錄近千首的歌謠，尤為難得。楊雲萍自己的看法與期許是：

> 整理歌謠的必要，固不須重新在此贅說，不過，我們要指出的，就是臺灣的歌謠數量特多，又因受到臺灣的歷史的，地理的因素所影響，內容頗有許多特別的地方。臺灣歌謠之尤值得注意，而要趕快著手整理的理由之一，就是在此。對於臺灣歌謠的整理，我們有起碼的希望：
>
> 1. 未記錄的歌謠趕快記錄，以便保存。
> 2. 已記錄的，當廣搜各種板本，抄本予以校勘。
> 3. 詳註特殊字句的意義和發音。
> 4. 要正確記下曲譜。
>
> 臺灣歌謠的整理，不是一人，或一小團體所能勝任的，本社同人，願與諸同志共勉之，以期臺灣歌謠的保存，傳布，研究乃至創作，得有新的進展和成就。[38]

---

37 〈臺灣表子三十六款歌〉為民間說唱「唸歌仔」的文本，內容敘述清朝時期，大陸人民渡海到臺灣的艱辛，並勸人不要迷戀煙花女子。三十六款，即指當時在臺灣見到的三十六種女性形象，比較偏向媚惑男人、負面的描述。這個文本應是由閩南一帶的民間藝人所編唱，而後流傳到臺灣。今臺大總圖書館楊雲萍文庫藏有「新刊莫往臺灣女人三十六款歌」。

38 《臺灣風物》2卷7期，頁4。

這裡值得注意的是，末尾指出的「以期臺灣歌謠的保存，傳布，研究乃至創作，得有新的進展和成就」，可見不以蒐錄舊作為限，也期盼有人繼續創作臺灣歌謠，使歌謠研究與流傳可以臻於日新又新的境地。

除了歌謠，俗語、諺語、俚語、閩南語用詞的蒐集、分析，也是該刊文章常見的題材。例如2卷8／9期，正希〈臺灣婦女罵人的口頭語〉、4卷1期紅娘輯〈有關嫁娶俚諺〉、愛菊輯〈擇夫童謠〉等，內容都非常有趣；8卷4期蔡懋堂〈鹿港普度謠〉，則藉抄錄家鄉謠諺以慰鄉情；1卷1期朱鋒（莊松林之筆名）〈「查埔」與「查畝」──語源與假借字考〉、2卷3期秋水〈查哺、查某考〉，都是考查閩南語對男人、女人的說法；4卷10期林本元〈臺灣成語解說〉係將閩南語常用的成語依第一字分部排列，由一至十，然後是百、千、萬，收錄詞條與解釋；八卷五期洋洋〈走樣的臺灣話〉，也表現對臺灣話發音的改變感到憂心，認為應該要有標準的發音。以上，可以了解該刊對俗語等類型的民間文學材料之關注。

有關戲劇類的，則有2卷6期呂訴上〈臺灣傀儡戲祭煞錄〉。呂訴上在這段期間發表的文章以歌謠類的為多，除前引〈姻緣難逃（歌仔戲四句聯）〉與〈臺灣表子三十六款歌〉，尚有2卷3期〈假客真嫖〉、2卷4期〈借傘送情〉、2卷5期〈無戀而愛〉、2卷8／9期〈菊開二度〉，這些都是「歌仔戲四句聯」；另也有2卷8／9期〈女相歌訣十則〉。呂訴上後來在10卷5期發表〈臺灣布袋戲〉，10卷8／9期發表〈臺灣戲劇與大陸〉、11卷4期發表〈鄭成功的戲劇〉，這些文章後來多收入他的《臺灣電影戲劇史》一書，他也可算是《臺灣風物》作者群中，相當令人注意的一位。

就像對民俗的重視，《臺灣風物》對民間文學的關注，也累積不少的成果。自1936年李獻璋出版《臺灣民間文學集》之後，對於臺灣民間文學的採錄，往往依靠文人耆老的筆記敘述，在可以大規模進行田野調查之前，這不啻是一種保存民間故事、歌謠的有效方法。而

《臺灣風物》也提供一個發表的園地，促進這方面的記錄與研究。

（四）地方研究類

地方研究類，指的是有關臺灣地方各縣市鄉鎮的研究，可能是行政沿革、軼史傳說或地方風物的研究。

這類文章單篇的，如1卷1期《臺灣風物》注重地方研究，應是始自楊雲萍的理念。楊雲萍在參與《民俗臺灣》的編撰時，一開始策畫、投稿的就是「士林特輯號」。楊雲萍在該期卷頭語透露了主編「士林特輯號」的態度是充滿愛與謙遜，認為民俗研究應是出於對鄉土的愛，故雖然是以「臺灣的一方寸地」（士林）為研究對象，但無論對象小大，都是值得去研究；另一方面又追究「我們到底能知道什麼，又能洞悉什麼呢」，以這般謙遜的態度去蒐集材料與撰稿；而他本人也撰寫了〈士林先哲傳記資料初輯〉一文，內文一共記敘士林的二十四詩人、儒士，引用各種文獻史料外，有的則以採訪方式記載，顯現其縝密、切實的研究精神[39]。因此，《臺灣風物》1卷1期也就刊有名署永和[40]的〈士林的傳說〉，2卷3期也有謝金選〈嘓岸地方的史蹟和傳說〉、鍾九龍〈龍潭陂〉。第3卷起，楊雲萍不再擔任主編，但地方研究的理念卻傳承下去，因此也出現了專題，如3卷3期「桃園特輯」、4卷2、3、5期為「北投專號　陽明山特輯之一」、「草山專號　陽明山特輯之二」、「士林專號　陽明山特輯之三」、4卷6／7期「南投文獻叢輯（一）」、4卷11／12期「南投文獻叢輯（二）之一」與5卷2／3期「南投文獻叢輯（二）之二」。這些專號，也都配上相關的封面與圖片。

39　詳參本書上編第二章，頁87-88。

40　永和，即曹永和，2010年11月臺大總圖書館舉辦「曹永和院士學術文物特展」，曾陳列該篇文章；而《臺灣風物》4卷5期的「士林專輯」他也用全名發表了一篇相關文章。

這裡，將各專題的文章列出，以收對照之用：

3卷2期「桃園特輯」：郭薰風〈農村經濟建設在桃園〉、凱公〈介紹桃園大圳〉、桃園文獻會〈石門水庫工程計畫〉、劍峰〈桃園縣的教育〉、陳漢光〈桃園縣地名研究初稿〉、賴垂〈日據時期桃園地區漢人鄉貫紀錄〉、Q友〈桃園客家歌謠小集〉。

4卷2期「北投專號　陽明山特輯之一」：野人〈歷史上的北投〉、陳漢光〈北投鎮地名研究〉、道始〈北投溫泉分類〉、謝金選〈神秘的關渡媽祖〉、〈關渡先生傳〉、愛菊〈具有放射能的北投石〉。

4卷3期「草山專號　陽明山特輯之二」：征夫〈如何遊陽明山〉、賴垂華〈陽明山攬勝〉、姍姍〈陽明山的櫻花〉、愛菊〈陽明山傳說〉、野人〈陽明山史話〉、陳漢光〈陽明山地名研究〉、吳萬水〈陽明山俚諺拾零〉、金撰〈陽明山民謠〉、愛果公子〈陽明山的珍果〉、市川毅〈大屯火山彙產出之褐色角閃石〉、高麗雲〈陽明山溫泉的分類〉。

4卷5期「士林專號　陽明山特輯之三」：何樅毅〈卷頭語〉、野人〈士林文化序說〉、潘迺禎著、何與義譯〈士林歲時記〉、高麗雲〈士林勝蹟〉、潘光楷〈芝蘭街移建記及其他〉、楊卻俗〈記芝山岩事件〉、大屯山人〈士林人物簡輯〉、曹永和〈士林古碑〉、李騰嶽〈士林雜纂〉、楊雲萍〈關於曹慤民先生〉及〈楊爾康先生遺著〉、謝金選〈八芝蘭民謠〉、陳乃薛〈士林小刀〉、林宗智〈芝山岩的名貴植物〉、吳萬水〈士林土匪歌〉、陳漢光〈士林鎮的地名研究〉、郭維立整理〈士林鄉土座談會〉。

4卷6／7期「南投文獻叢輯（一）」：李國禎〈卷頭語〉、劉斌雄〈洞角遺址發掘簡報〉、劉枝萬〈南投縣地名考〉、伊能嘉矩〈埔里社林圯埔地方誌〉、長野義虎〈番地探險譚〉。

4卷11／12期「南投文獻叢輯（二）之一」：許以仁〈南投縣行政區域之沿革〉、劉枝萬〈南投縣修志始末〉、〈南投縣人文景觀〉及

〈南投縣名勝古蹟〉。

　　5卷2／3期「南投文獻叢輯（二）之二」：倪贊元〈雲林縣採訪冊〉、黃玉振〈化番六社志〉、今村平藏〈蠻煙瘴雨日記〉、編輯部〈南投縣地名考補遺〉。

　　由以上資料可知，地方專輯的編撰方向，大抵在於記敘地方的自然景觀與人文歷史；小事物的考釋，如陽明山的櫻花、陽明山的珍果、北投石、士林小刀，益顯得親切可愛。歌謠、歲時記的採錄，使之更具有民間文學的色彩。地名考述幾乎每一專輯內都有，也都由陳漢光撰稿，只有〈南投縣地名考〉是由劉枝萬撰寫。而最有趣的，當屬「草山專號　陽明山特輯之二」，幾乎像介紹觀光旅遊一樣，呈現了陽明山的特色。總共三期的南投文獻叢輯，為與南投縣文獻委員會合作的專輯，由該會供稿，以編輯舊有文獻的方式刊登。倪贊元〈雲林縣採訪冊〉屬舊志，伊能嘉矩和長野義虎的文章都是翻譯其日文舊稿。比較值得注意的是劉枝萬編撰的幾篇文章，在抄錄舊志之外，也有一些考辨。

　　在所有的地方研究專號中，4卷5期「士林專號」無疑是內容最豐富，文章類別最多樣的一期，甚至還舉辦了一場座談會。各文章則涵蓋了士林這地方的建置、沿革歷史，地方人物小史、街道舊況與文化、碑石與記文、名物特產、芝山岩抗日事件以及歲時習俗、歌謠的採錄。其中潘迺禎著〈士林歲時記〉，潘為清末之士林儒生，因此掇其舊稿（按，應係文言書寫），由何與義翻譯重整而刊登[41]。而〈士林土匪歌〉係歌詠抗日義士簡大獅的歌謠，由簡大獅的部屬何先編作，逐漸在草山（陽明山）一帶流傳開來；歌謠採自當地人士何連福（七十七歲，草山里頭湖人）口述，吳萬水筆記[42]。座談會參與的人數不少，連同主席共十九人，包含士林鎮長何梂義（擔任主席）、學者專

41　《臺灣風物》4卷5期，頁6。

42　《臺灣風物》4卷5期，頁55。

家（臺大教授楊雲萍、省文獻會委員李騰嶽等）、地方耆老（潘光楷
等）、議員代表（縣議長賴克明、國大代表楊怯俗等），據編者註記，
座談會記錄後來改為投遞書面意見，由郭維立整理後刊登。由此看
來，座談會的現場可能人人發言踴躍，無法人人暢其所言，所以改採
書面意見。這雖不符「座談」之原意，但也可了解主編想要辦好專號
的用心，其必召開座談會，乃希望讓當地耆老士紳可以貢獻己見己
聞，充實地方研究的內容。

　　地方研究涵蓋自然與人文、歷史、地理的知識都可納入，文人著
作、軼史傳說、風土習俗等也都可以並列，呈現一個地方的多元面
貌。這不僅是臺灣歷史的研究，也是臺灣民俗與文化的研究。

四　《臺灣風物》與一九五〇年代的臺灣社會

　　《臺灣風物》創刊於1950年12月，當時的臺灣社會仍在戰後初期
戒備的狀態。按，1949年5月20日宣布實施戒嚴令，接著，1953年7月
公布《臺灣省戒嚴期間新聞紙雜誌圖書管制辦法》，對於思想、言論
以及刊物發行都有嚴格的管控。《臺灣風物》以一個民間刊物的姿態
出現，一方面要符合官方的規範，一方面又要凸顯「臺灣」研究的特
色，想必會碰上許多問題。據參與《臺灣風物》編撰的曹永和在
「《臺灣風物》五十週年紀念座談會」上云，早期經營的困難，都依
賴刊物創辦人兼發行人陳漢光；這指的應是經費上的困難。而因漢光
具有軍備部的背景，也很有魄力，因此問題都能獲得解決[43]；這或許
暗示一些約稿、刊登上的問題，但在此次座談會上，包括曹永和在
內，都沒有人針對當時用稿、出版等情形，是否出過什麼問題、如何
解決，提供自己的記憶和經驗，因此這裡也無法具體舉例。只能推

---

43 曹永和等，〈《臺灣風物》五十週年紀念座談會會議紀錄〉，頁49。

想，在1950-1960年代，常有報紙、雜誌、出版社的文章與書籍被查禁、停刊，著名的雷震案，即與查禁《自由中國》雜誌連結在一起；也許當時陳漢光已經預先採取一些手段，如同鄭欽仁說：「我知道他（陳漢光）引用相當多的中國大陸出版物，在當時戒嚴體制下他如何處理；有時他是將作者的姓名改成同音字，有時也把姓名三個字變成兩字。我說這種作法，讀者如何查得到，他說這是沒有辦法的事。至於出版社，總不能把『人民出版社』等一見便知的名稱記下來。[44]」

　　事實上，初期的《臺灣風物》以民俗風物研究為特點，這也減低了它欲凸顯臺灣史、臺灣研究的企圖，而能夠以田野調查與民俗采風見長。而身為民間刊物，它也可以免去必須刊登宣傳政令文章的麻煩，而能真正維持它的民間精神，如同掛名編輯部的文章提到：

> 其實，當時還有很多跟臺灣史有關的刊物，如臺灣省文獻委員會出版的《臺灣文獻》，以及臺北市文獻會、臺南縣文獻會出版的刊物。而《臺灣風物》之所以仍能獨樹一幟，主要是因為其他多數刊物常受到政治影響，刊登省縣市長的施政報告，或政治宣傳文章。《臺灣風物》則是民間刊物，不需要刊登政府文宣，也不需依賴政府財政援助，因此能維持民間刊物的精神，忠實反映研究實況。[45]

最能代表這種民間精神的，莫過於二卷六期推出的「民俗問題改善特輯」。1952年8月22日，政府在報刊發布「取締迎神賽會注意事項」十要點，《臺灣風物》因此推出此專輯。本輯有四篇文章，以「本社同人」掛名的〈關於民俗改善〉、〈藍鹿洲的臺灣民俗改善論〉、呂訴上〈臺灣傀儡戲祭煞錄〉、賴姍姍〈神的生辰在臺灣〉；連同下一期勞

44　曹永和等，〈《臺灣風物》五十週年紀念座談會會議紀錄〉，頁52。

45　編輯部，〈《臺灣風物》歷任編輯社群〉，《臺灣風物》50卷4期，頁39-40。

榦、朱鋒（莊松林）、李騰嶽、黃威的〈關於民俗改善〉，也是針對此政令的回應。「本社同人」掛名的〈關於民俗改善〉，執筆人即是主編楊雲萍，在這篇卷頭語中，楊雲萍說：

（一）此次當局為厲行節約，改善民俗，採取各種步驟，又頒訂「取締注意事項十點」⋯⋯只以本誌刊行旨趣之一，則在記錄，採集及研究本省之民俗，用以促進民俗之合理的改善。⋯⋯。

（二）要改善「民俗」，當然要認清將要「改善」的「民俗」之本質，一鄉，一鎮，一省乃至一國的「民俗」，皆有其歷史的，地理的條件，存乎其內。⋯⋯。

（三）已在上文說過，⋯⋯「民俗」是幾許先民的生活之一種「結晶」，裡面存著幾許先民的智慧，經驗，倫理或行動。雖因「時過境遷」，有的智慧，會變為所謂愚陋；倫理，經驗或行動，反成為所謂社會進步的阻礙。但是想到何為「智慧」？何為「愚陋」？或何為「社會進步的阻礙」？則問題似乎並不是那麼簡單。
現在且舉一個例子：此次當局所頒訂的「取締注意事項」中，有一條云：「放水燈，照路燈，開關鬼門，栽燈篙，絕對禁止。」⋯⋯從還信著有「鬼」的存在之部分民眾說：這些「行事」，自有其存在的理由。⋯⋯何況這些「行事」，除「放水燈」稍要破費之外，其他的「行事」，並不需要多大的費用，而更重要的，就是「愚陋」的民眾，卻因舉行這些「行事」而可得到一種的「安心」和「安慰」。⋯⋯。

（四）據各報所載：此次當局民俗改善之措施，已收到良好的效果，……不過，問題還似乎並沒有完全解決。第一，我們不知道民眾是否由衷地認識「陋俗」之要「改善」，而實行「改善」，抑或是一時懾於「勸導」而纔「改善」。

第二，我們知道大部分的民眾，因「傍神作福」，在辛苦的一年中，纔得到幾天的休息和娛樂。他們沒有電影戲劇可以鑑賞，沒有「公共食堂」可以飽醉，但是「如有演戲，只限一天，每鄉鎮只限一臺」（「取締注意事項」第二點），而祭典的「豬羊，只限一對」（注意事項第五點）。不知道當局對這些辛苦的民眾，曾想及他們的休息和娛樂，或一年三兩次的「飽醉」問題嗎？

（五）「移風易俗」，這是古今許多政治家，社會改革家所關切所努力的目標。不過，移之要有其道，易之要有其理。本誌同人不敏，願盡綿薄，以期對於這重要而困難的問題，得有涓滴的貢獻。（中元節後一日記）[46]

這裡，楊雲萍強調的是，民俗不是迷信，而是先民智慧的結晶。政府要先了解民眾對於民俗的倚賴，以及民俗活動給予民眾信仰、安心和安慰的作用，才能真正談到改善和改善的效果。

楊雲萍具名發表〈藍鹿洲的臺灣民俗改善論〉一文，更清楚的表達了對這個政令的反對理由。該文以清代藍鹿洲（鼎元）對臺灣民風的批評與改善建議來附和政府「改善民俗」的政令，其實頗有微言大義。他認為當局者根本不了解臺灣民俗，不是親自去採訪體驗的親身閱歷，只是紙上談兵，而且以為只要用取締的強硬手段，就可以達

46　《臺灣風物》2卷6期，頁2-3。

到「改善民俗」的目的。在楊雲萍看來,這根本是個錯誤的想法和政令[47]。而本期其他兩篇文章,一則是呂訴上談臺灣傀儡戲祭煞的情形,一則是賴姍姍整理的臺灣神明的誕辰生日表,都是作為了解臺灣民俗的輔助之用。

值得注意的是2卷7期勞榦等人的文章,其文係由該刊編者發函給學者專家,設問答四題,而得到的回函。這四個問題是:

> 一、對於民政廳訂定「取締迎神賽會注意事項」……十點,……等項,有何高見?
> 二、「迎神賽會」以外之本省民俗,有何亟須改善之陋俗?其改善方法如何?
> 三、民俗之陋者,固當予以取締或禁止,然一面當提倡更優之「行事」以代之,對此有何具體的高見?
> 四、對民俗之研究或記錄採訪,有何意見,有何期待?

勞榦的意見是,「民間迎神賽會之事,多出於『崇德報功,慎終追遠』,似不宜悉以陋俗目之。況其中尚有予終年勤奮之農民以休息娛樂之機會,尤不宜輕為取締。」但他主張要減少殺生,一年可以舉行五次賽會;會集親友,應以素席;可以演戲,但誨淫誨盜者應予以禁止。朱鋒(莊松林)對民俗的奢華鋪張是反對的,認為應加以革新。他贊成「要如何改善民俗,必須建立一個研究機構,先向各地廣泛徵求『紀錄採訪』,然後予以整理,加以研究,判以其真相,才能擬定改革方案。」李騰嶽則認為善良的風俗是有意義的,但陋習則須改革,「最好還是只要建立一個大原則,來聽由各鄉鎮區的里民自己(或開大會)去解決,一來是較民主,二來可作自治精神的訓練。」

---

47 參見本書上編第二章,頁82-83。

李騰嶽對第三個問題則主張「廢除陋習，而提倡更好的形式來代替，這是很有必要。譬如提倡體育運動，登山，鑑賞美術等來代替酒色和其他頹廢性娛樂，提倡下棋來代替賭博，這是很普通的好例子。」至於第四個問題，李騰嶽強調「最重要的是民俗採訪者，要理解民俗的內容，充分把握其所以形成的風習信仰之中心和對像（象），和記錄的正確，不要妄加以武斷，推理或增加改變。」

另一位作者「黃威」，係楊雲萍以其子楊恭威的筆名「黃威」來回答：「一、第三點所定未盡妥，沒有『絕對禁止』的必要。當局似要再研究一下各種『行事』的內容和動機。三、以各種競賽代之，如何？四、不消說，要加強民俗之研究與紀錄，對於貴社，尤有深厚的期待。」在這裡，楊雲萍仍然表示對「改善」民俗的反對意見，最後，對於雜誌社的期待，乃以扛起採訪紀錄、研究民俗的責任作結。[48]

這一個「改善民俗問題」的專輯，是《臺灣風物》雜誌唯一對當局政令回應的一次，沒有火熱激烈的言論，仍然是以楊雲萍為主幹，且以成立田野調查與民俗研究的專門機構為最後的訴求，也隱然以此對《臺灣風物》雜誌社自我期許。可見，這不是要走上街頭的社會運動、抗議運動，而是以學術研究、發揚民俗的態度來呼籲。

其次，可再討論的是，1950年代是臺灣雜誌叢出的時代，《臺灣風物》在這樣的雜誌生態下，具有什麼樣的意義。

據應鳳凰〈五〇年代文藝雜誌與臺灣文學主潮〉一文，當時的文藝雜誌可分為官方文藝雜誌、學院文藝雜誌及大眾文藝雜誌三個類型；官方雜誌雖然經費充裕，占有文藝政策的主導權力，但學院雜誌堅持自由精神與理想，反而具有不可忽視的影響力，如《文學雜誌》、《自由中國》、《文星》、《筆匯》等，都是最佳例證；大眾雜誌一方面可能因為和官方的關係良好，所以人脈較廣、發行較順利，但它往往

---

[48]　《臺灣風物》2卷7期，頁14-16。又，根據原文，黃威似乎漏列「二」，或許也是排印時遺漏。

也是標榜文藝自由,而與官方的意識形態脫鉤,取得大眾讀者的信賴與喜愛,形成自己廣闊的讀者群;這類雜誌如《野風》、《文壇》等。[49]

　　仿此的分析與觀點,以臺灣研究為主旨的雜誌刊物中,《臺灣文獻》(1949年8月-)、《臺北文物》(1952年12月-1961年6月)等屬官方刊物,出刊穩定;在民間刊物方面,臺灣文化協進會出版的《臺灣文化》壽命較短(1946-1950),它由當時的臺北市長游彌堅創辦,言論立場卻以批判政府政令為主調,相當特殊;《公論報》「臺灣風土」副刊(1948年5月10日-1955年5月3日),附屬於報紙,擁有大眾讀者,《公論報》本身就不是投合官方意識的報紙,因此「臺灣風土」副刊也就享有一個獨立發展的空間;而《臺灣風物》(1951年12月-)是學院與民間的結合體,這不只是指其編撰社群跨越學院與民間,也點明其刊登的文章與製作的專題都希望達到雅俗共賞。它號召學者專家撰稿,卻不是要走嚴肅的學報路線,此由其封面圖錄、內文插圖的用心配置可以得知。上述三種民間刊物都具有個別的特色,它們的共同之處在於試圖在戒嚴時代,以民俗與文化研究為切入點,推進、充實臺灣研究的內容。而至今天仍持續出刊的《臺灣風物》在這一點上尤其具有深刻意義,因為它的內容面向夠廣,也注重與時代互動;它沒有正面抨擊當局不重視臺灣歷史與文化,反而不放棄的,從民俗、民間文學、地方文史的採錄與研究,為臺灣歷史與文化的知識建構,打下深厚的基礎。它不像政論雜誌、綜合雜誌那樣,以激進的言論,向當局發聲,要求改革,爭取各種自由;它也不像文學類的雜誌,以引進西方思潮來規避反共文學的主導意識;《臺灣風物》的編撰者一直就是站在臺灣和風物兩個基石上,以求實踐他們愛護鄉土的理想。

　　當然,以上並非想要對《臺灣風物》有過度的溢美。1950年代的《臺灣風物》,印刷裝訂十分簡單,不能按時出刊,訂戶也不多,稱

---

49 應鳳凰,〈五○年代文藝雜誌與臺灣文學主潮〉,見《文學傳媒與文化視界國際學術研討會論文集》,中正大學中文系編(臺北:文建會,2004年)。

不上包裝精美的雜誌。它的流通範圍、性質都接近同仁刊物，以臺大師生為集團重心，而且是集中在歷史系，一度排拒外人擔任主編[50]；但它的出現與發行是有意義的，代表在1950年代蓬勃興盛的雜誌文化中，民俗刊物也未曾缺席，而且它度過各種可能停刊的危機，藉由臺大歷史系師生、民間學人的恆心與毅力，以及臺灣宿儒世家的贊助力量，群策群力，維持一份有歷史意義的刊物。

五　結語

從雜誌文化來審度《臺灣風物》所具有的意涵，可以說它是以一份民俗刊物補足了雜誌文化中庶民圖像的這個區塊。而民俗刊物的研究，也具有三方面的意義，一是解析民俗學知識的建構模式，二是描繪知識社群的形成與交流情形，三是反映社會文化的網絡。《臺灣風物》所刊載的文章提示了民俗學知識的建構模式，有來自文獻舊籍的整理，也有與當今風俗對話、比較的空間，而撰寫者親身的經驗與記憶往往也是民俗學知識的來源之一。它所涵蓋或應有的面向，則包含了民俗、民間文學、地方文史知識等，也可以回應當局的民俗政令，以及解析、批判當代社會的民情風俗。其次，《臺灣風物》的知識社群，有本土人士，也有大陸來臺人士，這在戰後初期的文化界屬平常之事，但特別有意義的是，民俗採錄與研究提供了這兩個族群的對話空間。就社會文化而言，他們其實也就是藉由民俗來抵抗政治，不必和當政者唱和，而從民俗研究中，體現庶民文化的可貴可愛，也更願意投注心力。

---

50 在主編黃富三出國一年時，鄭欽仁曾推薦師大出身的林明德教授（本職為中研院近史所研究員，時任師大歷史所所長）接任主編，但在餐會上，遭楊雲萍大力反對，場面十分窘迫；楊雲萍就是認為應由臺大人來接手。見曹永和等，〈《臺灣風物》五十週年紀念座談會會議紀錄〉，頁54。

　　第三階段以後的《臺灣風物》走向學術化，且以研究臺灣史為宗旨，也許是其自然而然的走向。主編者的歷史系教授身分，周圍同好者對臺灣史研究的需求，都可能促使這本雜誌轉型。此外隨著雜誌印刷、編輯技術的演進，若要做到雅俗共賞，具有民俗趣味，通俗的大眾雜誌可能更能勝任這個任務。《臺灣風物》的封面愈來愈素樸的風格，似乎也預言或者暗示著這樣的命運。

　　民俗研究刊物由通俗風格，轉向學術風格，究竟是質的提升呢，還是對民俗研究與推廣形成新的限制？在《臺灣風物》轉型為學報式的刊物之後，回顧1950年代該刊的封面圖錄，以及講求雅俗共賞的文章，益發感到其定位為民俗刊物的可貴[51]。

---

51 這一點也可從翁佳音的話得到印證，在創辦人之一、首任編輯楊雲萍心目中，《臺灣風物》應該是以民俗類的文章為主的。見翁佳音：「對於《臺灣風物》的內容，擔任編輯期間常聽楊老師批評《臺灣風物》缺乏民俗類文章（有風無物），所以也常用筆名寫些談民俗的文章。因此如果可能的話，《臺灣風物》的內容可多放一些民俗及人類學的研究或材料能多放一些，這是我對《臺灣風物》的寄望。」曹永和等，〈《臺灣風物》五十週年紀念座談會會議紀錄〉，頁67。

第三章

民俗、記憶與認同

——從《山東文獻》看外省族群的懷鄉意識與身分建構

一　前言

　　1945年，第二次世界大戰結束，中華民國政府接收臺灣。1949年，因為國共內戰，中國大陸與臺灣形成分裂的局勢；這兩個事件與時間點，造成大量的外省族群遷移臺灣，他們因此被稱為「外省人」。而後，遷臺的外省族群為聯絡情感而成立同鄉會，繼而又出版同鄉會刊物，以聯絡、鞏固同鄉的情誼。偶爾有不隸屬於同鄉會組織，但也是由同鄉人士發起創辦的刊物，這些都可稱為廣義的「同鄉刊物」。第一份同鄉雜誌是1962年，由四川省同鄉會發行的《四川文獻》，後續有多種同鄉刊物發行，且都以《○○文獻》為名[1]。

　　這些同鄉刊物，除了作為聯絡感情之用，還有其他的作用嗎？它用什麼方式來聯絡同鄉人的感情？在冷戰的年代，它具有什麼時代意義？自1987年臺灣解嚴之後，以至於21世紀的今天，這些刊物又具有

1　本章所謂同鄉刊物，指由同鄉會出版或由同鄉人士共同創辦之雜誌。圖書館學係將之視為方志、地方文獻來看待，據張圍東，〈記錄臺灣——地方文獻刊物發展概述〉，1945-1987年臺灣各縣市出版的文獻類刊物，可包含臺灣文獻館之刊物（如《文獻專刊》）、各縣市文獻會之刊物（如《臺北文獻》、《高市文物》、《臺東文獻》等）、民間團體組織之刊物（如《臺灣文化》、《臺灣風物》等），以及各省同鄉會的刊物。張圍東，〈記錄臺灣——地方文獻刊物發展概述〉，《全國新書資訊月刊》105期（2007年9月），頁41-46。由其整理敘述可知同鄉會刊物自1962年由四川文獻社所發行的《四川文獻》刊物為開端；而自1962至1978年止，總共發行20種。但該文屬於介紹性質，對各類刊物的內容並未深入研究。

什麼樣的意義？這些刊物的發行網絡係以戰後遷臺族群為範圍，編者、作者、讀者大多是同一個省分的鄉親，可說充分反映了戰後遷臺的「外省人」的經驗、思想與情感，因此本文也將從記憶與認同的角度來探討，相信應可挖掘極為深刻的意義。

但眾多同鄉刊物中，何者可以作為代表？本文選取《山東文獻》，理由是：（1）遷臺族群120多萬人[2]，其中山東籍約50多萬人[3]，為數眾多，具有代表性；（2）山東籍人士中，頗多社會賢達，除孔子哲嗣孔德成（1920-2008）先生外，尚有大學教授屈萬里（1907-1979）、朱炎（1936-2012）、王曾才（1935-）、張玉法（1936-）等人，知識水準高，維護傳統文化的理念堅強，故能堅持編輯與出刊工作；（3）《山東文獻》於1975年6月創刊，係季刊形式，2003年3月停刊，前後長達28年，共計出版112期，資料豐富，且其間又歷經1987年解嚴、開放返鄉探親，離鄉與返鄉的情境前後對照，足夠深入研究。

二 從《山東文獻》看同鄉刊物的功能與意義

《山東文獻》於1975年6月創刊，刊頭由孔德成題字，封面為泰山極頂。發起人有孫繼丁（1887-1978）、劉安祺（1903-1995）、孔德成、楊寶琳（?-1993）、臧元駿（1906-）、屈萬里等19人。由楊展雲（1899-1994）擔任發行人，孫繼丁為社長，總編輯宋梅村，編輯委員為王曾才、朱炎、李雲漢（1927-）、張玉法、張存武、陶英惠（1922-）與趙儒生。這群人除陶英惠為山西人，其餘都是山東人士，但《山東文獻》並不附屬山東同鄉會，而是獨立運作，依靠集

---

2 參考李棟明，〈居臺外省籍人口之組成與分布〉。李文根據1956年戶口普查，統計當年外省籍人口有928,279人，加上估計無戶籍的外省籍軍人約27萬餘人，則共約有120萬的外省籍人口。見《臺北文獻》第11期12期合刊（1970年2月），頁62-86。
3 屈萬里，〈發起山東文獻啟事〉，《山東文獻》1卷1期（1975年6月），頁3。

資、贊助來維持發行。[4]

　　對於《山東文獻》的研究，目前僅見張力〈齊魯過臺灣：從《山東文獻》雜誌看內戰新移民的鄉土關懷〉，該文的重心是歷史的研究，所謂鄉土關懷是指廣泛的對山東家鄉眷念的情感和意識，並不限於鄉土民俗。如同其自述文章重點：「本文即以《山東文獻》季刊所刊載的文章，為探討的主要依據，首先簡介《山東文獻》的編務與發行；其次對雜誌整體內容作一介紹；繼而著重在臺灣開放大陸探親後，山東籍『臺胞』返鄉印象的分析；最後則討論《山東文獻》雜誌社出版幾種專書的意義。由此觀察在臺山東人士半個世紀以來，為累積鄉土史料所作的努力。[5]」

　　然而經筆者翻閱，《山東文獻》每期的欄位、專輯名稱，除了「人物誌」、「史事憶述」、「教育史料」外，經常也有「故鄉勝跡」、「家鄉風土人情」、「風土志」、「山川」、「故鄉點滴」等，名稱雖然不一，但內容大多刊登家鄉名勝與傳說、故鄉軼聞、家鄉飲食、生活瑣憶等文章，這些大抵可以用「民俗」來涵蓋。而撰寫者除了偶有社會名人、知名作家之外，大多數為一般民眾，因此這份刊物中的民俗敘寫，可以理解為一般民眾對於家鄉民俗的認知，以及企圖藉由書寫來紓解鄉愁，並且教導下一代子弟認識家鄉民俗文化的用意。是故，從

4　據張力的研究，《山東文獻》在創刊之前，已有來臺的魯籍人士田誼民、殷豫川兩人，曾打算創辦期刊，以保存山東文獻，但並未實現。後由楊展雲奔走各地，邀約同鄉，籌備出刊。山東文獻雜誌社社址設於彰化縣員林鎮林森路48號，但編輯部設於臺北市南港研究院路二段61巷3弄2號，係為了方便編輯業務的進行，因該刊實際上由在中央研究院近代史研究所服務的張存武、陶英惠、張玉法等3位研究人員，輪流擔任義務執行編輯。《山東文獻》並非附屬山東同鄉會，編輯委員可自行掌握編輯方針。參見張力，〈齊魯過臺灣：從《山東文獻》雜誌看內戰新移民的鄉土關懷〉，《兩岸發展史研究》第6期（2008年12月），中壢：國立中央大學歷史研究所發行，頁1-23。

5　張力，〈齊魯過臺灣：從《山東文獻》雜誌看內戰新移民的鄉土關懷〉，同上註，引文見頁3。

民俗敘寫的層面來探討《山東文獻》的精神特徵，正是本章可以拓展研究的地方。

同鄉會具有聯誼性質，特別是歷經離亂，遷移臺灣的外省人除了聚集在眷村，以便生活上相互照應外，組織同鄉會，無疑也提供另一個可以聚會交流的「空間」，無論是到同鄉會會址參與活動，或是藉由各項儀式、活動、事件和同鄉親友交流。而閱讀「同鄉刊物」——無論是同鄉會刊物，或是同鄉人士所創辦之雜誌，無疑也是另一種形式的匯聚和交流。譬如藉《山東文獻》刊登尋人啟事[6]，或者報導同鄉人的消息[7]，都令人感到這是個溫馨而可以交流的園地。而《山東文獻》創刊詞中，也揭示了創刊的宗旨和目的。質言之，同鄉刊物展現下三種類型的功能與意義：一、與情感有關；二、與文化有關；三、與集體記憶有關。

（一）加強同鄉情感，落實鄉土教育

同鄉刊物的首要功能是提供寫作的園地，讓同鄉的親友可以抒發鄉愁；而透過描寫、記錄家鄉的種種，正可提供讀者共享回憶，並增進愛護鄉土之情；更重要的是，青年子弟也可以透過這些文章，了解故鄉情事，具有鄉土教育的功能，作為他日重建鄉土的參考。這些功

6　譬如住在花蓮市榮民之家，署名匡時的讀者來信，自稱祖籍山東某縣小新橋，因「匡」姓人不多，請該刊代為披露尋找同姓鄉親。見《山東文獻》3卷1期，頁132。又，住在臺北市昌吉街，署名代筆人朱春林的讀者來信，謂美國華僑徐安庭欲尋找表妹孫勤郁，經黃縣同鄉鄭恆萃去電聯絡，並告訴她可以投函給《山東文獻》編輯部，請代為發布尋人啟事。

7　在各期的「編後記」，常有記述鄉人事蹟、近況。例如第四卷四期，「編後記」共5則，包含一、宣告自本年一月起，由劉安祺將軍擔任社長；二、旅美教授鄒豹君因胃潰瘍兩度入院，「謹祝鄒鄉長早日康復。」；三、推介本期尹致中所撰〈青島浮雕〉；四、陳墨卿於去年八月因車禍受傷幾乎致死，但經鄉人愛心挽救，陳於是撰文投稿於本刊發表。「相信所有的同鄉讀後，都會為她慶幸的。」《山東文獻》4卷4期（1979年3月），頁107。

能，屈萬里[8]在《山東文獻》創刊號的〈發起山東文獻啟事〉就說過：

> 大陸淪陷二十餘年，同胞思鄉之情與日俱增，各省文獻之先後
> 創刊暨各省同鄉聯誼活動之日益頻繁，均為抒發鄉情之表徵。
> 就中各省文獻之刊佈意義重大，不僅有益於後起子弟之鄉土教
> 育，且足為他日重建鄉土之借鑑。
>
> 我旅臺山東同鄉不下五十餘萬，雖有局部同鄉活動，尚乏精神
> 上之寄託，因思創刊「山東文獻」季刊一種，以為聚談故鄉史
> 事人物之園地，我同鄉或為作者，或為讀者，足不出戶，可享
> 同鄉會之樂，並增愛護鄉土之情。（《山東文獻》1卷1期，1975
> 年6月，頁3）

此外，屈萬里在〈發刊詞〉中也提到：

> 五十歲以上的人，還能記得先人廬墓的情況，還能記得先人德
> 業的概略；乃至於孔孟林廟的宏偉，泰山勞山的壯觀，以及蓬
> 萊仙境、明湖畫舫，這些動人的聖蹟，還能常常在腦海中盪漾。
> 而三十歲以下的青年，對於這些，就不免印象模糊，甚至默
> （漠）不關心了。（《山東文獻》1卷1期，1975年6月，頁6-7）

為避免這樣的遺憾，所以更想要利用同鄉刊物以傳承同鄉情感，以便
增進年輕人對鄉土的認同，使他們不會因為遠離家鄉而遺忘家鄉的美
好事物。

8　屈萬里（1907-1979，山東省魚臺縣人），當時為中央研究院歷史語言研究所研究
　　員、院士暨臺大中文系教授。參見劉兆祐，〈屈萬里先生著述年表〉，《書目季刊》
　　18卷4期（1985年3月），頁212-238。

（二）以「復興中華文化」抵抗「文化大革命」

1960-70年代，中國大陸發生文化大革命（1966-1976），而臺灣則開始推行中華文化復興運動（1966年11月12日，宣布成立「中華文化復興運動委員會」），在這兩股勢力的對抗下，同鄉會刊物也擔負起復興傳統文化、重建鄉土的意義與功能。山東省因為是孔子、孟子的故鄉，是儒家文化的重鎮，所以屈萬里在〈發刊詞〉中特別強調山東人士對於傳統文化是負有重責大任的，不能坐視傳統文化被毀滅。他說：

> 山東是至聖和亞聖的故鄉，是兩千多年來我國的文化堡壘。目前毛共匪幫正瘋狂地毀滅我國的傳統文化；因而在復興中華文化方面，我山東人士所負的責任，應當更大。（《山東文獻》1卷1期，1975年6月，頁6）

這裡措辭極為強烈，反映出當時遷臺學者對於中國大陸發動文化大革命的憤怒，並且以復興文化為己任，因此更希望藉助同鄉會刊物來維持美好的文化傳統，記載山東的人、事、物，以發揚先賢德範，留下歷史紀錄，並流傳給後代子孫，讓他們不會忘記傳統的倫理道德與溫柔敦厚的人情。

這憤怒的控訴，如今看來雖然時過境遷，卻引發我們另外的思考。當我們翻閱這些刊物的內容，會發現其中有很多的故鄉軼聞、生活瑣憶等文章，這些文章傳達了過往的生活經驗，也寄託了傳統的道德觀念，因此它們的確是負載著傳統文化的意義，也為傳統文化保留一塊想像的空間。

（三）建構庶民文化與集體記憶

　　《山東文獻》的內容，可大略區分為名人回憶錄與庶民文化記事；前者大多是由軍人將領、社會名人、知名作家來寫戰爭史、回憶錄或口述歷史等，但這類作品數量較少；後一類作品才是多數，由一般民眾投稿撰寫關於家鄉的回憶或故事，舉凡食、衣、住、行等生活上的回憶、各種節慶、民俗等，都是常見的題材。如果說前面知名人物的回憶錄屬於大歷史、大敘述，那麼這些庶民生活回憶就是小歷史、小敘述，他們的書寫，不是為了爭取千秋萬世的名聲，而是出於自然的懷鄉心情，用素樸的語言和豐富的情感，娓娓道出自己的日常生活或是民俗節慶的經驗。在這一點上，《山東文獻》提供了庶民記憶的角度，使我們了解一般民眾對於家鄉生活與民俗的認知，以及企圖藉由書寫來再現家鄉生活的圖像。當然，這也有助於我們了解戰後「外省人」在臺灣的生活、歷史與文化。

三　《山東文獻》民俗敘寫的類型與選例

　　戰後外省族群遷移臺灣，這個潮流引發外省族群在生活經驗上的斷裂。如何適應臺灣的生活，又不忘記大陸家鄉的文化，以及個人的、群體的歷史記憶都亟需修補其間的碎片與空白。學者、作家可以藉由研究、創作來發表意見，但一般庶民的發聲管道顯然有限。因此，同鄉雜誌提供了一個很方便的園地，編者莫不鼓勵同鄉人來投稿，散文、札記，長短篇皆可，文章中一景一事一物的敘述，都是來自鄉人過去的經驗與記憶，而大多數投稿者都屬於軍、公、教的身分，他們從自身的經驗去建構歷史記憶，尤其有關民俗文化的文章，更是編輯者所期待的稿子[9]，因這可充分表現在市井小民的生活、信

9　《山東文獻》3卷1期「編後記」：「許多讀者建議，多刊記述鄉省地理、物產、人民生活情形、名勝古蹟、人物封面的文章。此類文章最感缺乏，偶爾有一兩篇，還不

仰、習俗與娛樂等各層面，不僅提供其家鄉子弟認識家鄉民俗，也提供外在讀者了解山東民俗的一個管道。

因此，以下首先整理《山東文獻》中有關民俗的敘寫，依資料所見分為六類，每類列舉3到4則，以供後續深入的分析。這裡所指的民俗包括名勝古蹟與家鄉風物的傳說敘述、飲食習俗的記述、婚喪禮俗、年節習俗以及民間歌謠的敘述。

（一）名勝古蹟傳說

1 趙醒民[10]〈曲阜孔廟的兩大奇蹟〉

山東曲阜是孔子的故鄉，曲阜孔廟是當地最著名的名勝古蹟。孔家與孔廟不僅是歷代官方重視的禮制、祀典，同時也是同鄉人最重視的精神重鎮。因此在創刊初期，就有幾篇關於孔廟的記敘，除了臺大教授屈萬里的演講稿，也有一般作者，如趙醒民的文章〈曲阜孔廟的兩大奇蹟〉。

趙醒民主要介紹曲阜孔廟，以及廟中一塊巨石與六個「響石」的神話傳說；本篇著重神奇事件、神話傳說，和下文所引屈萬里演講稿的風格，明顯不同，更有民間傳說的意味。（《山東文獻》1卷2期，1975年7月，頁130-131）

2 屈萬里〈曲阜的聖蹟〉[11]

本篇為演講稿，主題集中在孔廟，先介紹其他古蹟，如少昊遺

捨得一齊刊出。請大家也惠賜這一方面的稿件。」《山東文獻》3卷1期（1977年6月），頁74。

10 趙醒民，山東清平縣人，曾任連長、營長及師科長等職，見該文附註。《山東文獻》各篇，有註明作者身分，本文依資料抄錄於註解處。未註明者，因多屬素人作家，故暫時無法考證其生平。

11 據「編者案」，這是屈萬里在本年四月間，應光復大陸設計委員會之邀請，講述「曲阜的聖蹟」，由黃淑梅記錄，劉昭晴整理，屈萬里校訂而刊登於此。

跡，接著進入正題，介紹孔廟及孔林的建築，也討論了孔子的家世，以及孔子為何會有成就的兩個因素，而後細數歷代對孔子及孔子後代的封贈。本篇演講稿，除了是針對大陸進行文化大革命的反孔運動，也是極力將山東最重要的文化古蹟介紹給家鄉子弟。《山東文獻》2卷1期，1976年6月，頁8-14）

3　劉蔭懷〈故鄉的名勝古蹟〉

　　本篇為作者回憶故鄉濟寧的名勝古蹟，共介紹太白樓（傳說李白曾居此處，故得此名）、鐵塔寺、文廟等十個名勝古蹟與傳說。（《山東文獻》7卷2期，1981年9月，頁123-125）

4　侯統照[12]〈故城掖縣〉

　　本篇為作者根據其童年的記憶撰寫，介紹了煙臺東關的城牆、城門、街道以及廟台。在廟台，冬天可以吃到熱呼呼的豆漿和油炸果子，也有賣大米黏粥和「長生果」的小販。東關街上有座天主堂，遇上「趕山」（趕集）的日子，街上全是趕熱鬧的人，各色物品，應有盡有。其他如筆架山、護城河和西關的荷花池，風景尤美。民間信仰也很盛，甚至也有狐仙廟。掖縣距海不遠，因此海鮮特別多，魚、蝦、蛏、蛤、蟹，都很鮮美。掖縣人在春天還會採薺菜，蘸自家做的麵醬來吃；蒸榆錢，則是採榆樹的花瓣和著麵粉蒸來吃。在作者記憶中，這些都是古樸、淳厚、豐富而含蓄的家鄉風味。《山東文獻》1卷1期，1975年6月，頁151-155）

12　侯統照，筆名學古，山東掖縣人。世居掖縣東關，後乃隨父寄居煙臺。時任省立臺中一中教師，熱愛文學，並富有創作發明的興趣，已獲國家專利的發明品達六件之多，見該文附註。

（二）風物特產

1 魏懋傑[13]〈漫談黃縣特產〉

作者從著名的龍口米粉談起，龍口米粉因從黃縣、龍口市外銷而得名，而粉絲也是黃縣東南西農民的副業。此外，還列舉其他黃縣特產，如桑島海參、南山大甜梨、山東白菜、黃縣肉盒等，作者一一描寫各產品的產地、品質與口感等。（《山東文獻》3卷3期，1977年12月，頁90-93）

2 姜振鐸[14]〈荷澤風土文物談〉

本篇介紹荷澤的名勝古蹟，如鐘樓、鼓樓、奎星樓、天主教堂以及被拆除的泰山廟與龍王廟。也提到張家花園，以及城東北的牡丹園。

再來提到荷澤物產，水果類則有柿餅、木瓜、石榴、西瓜、水梨、葡萄、李子、花紅、山楂、甜子、甜瓜和麵梨等。

作者也指出戰前荷澤商業繁榮、也有洋化商品進入，後因戰亂而大不如前。至抗戰結束後，縣內人民生活極為困苦。

最後提到了荷澤小吃多，早點晚點遍佈，早點有胡辣湯、水煎包、牛肉湯、粥、薄單餅、綠豆小米稀飯等，晚點則有糖糕、棗泥年糕、肉盒、蛋盒、麵泡、羊肉湯等，各色點心，如山楂糕、綠豆糕、玉蜂糕等，均極好吃，木盒包裝亦美觀。（《山東文獻》4卷2期，1978年9月，頁71-78）

---

13 魏懋傑，山東黃縣人。抗戰時任山東教育廳社會教育工作隊隊附、黃縣教育科長等職。勝利後，任三民主義青年團山東支團黃縣分團部主任、黃縣縣立簡易師範學校校長等職。三十七年從軍，任一四七師政治部秘書等職。退役後，任教於嘉南藥專、南臺工專、中華醫專。見魏懋傑〈黃縣抗戰戡亂史〉，《山東文獻》1卷1期（1975年6月），頁94。

14 姜振鐸，在大陸曾任縣黨部幹事，鄉公所幹事、小學教員，來臺後服務警界多年，時任臺麗成衣工廠警衛。見該文附註。

3　于寶麟[15]〈漫談山東毛驢〉

　　本篇談山東毛驢,從「趕腳的」這個職位說起,從前「趕腳的」是一種交通工具,乘客乘驢,「趕腳的」負責在驢子後面驅趕,旅途中或是終點站,「趕腳的」還有可休息之「腳行」。作者特別欣賞「趕腳的」性情,說他們多為忠厚純樸。

　　此外,作者還介紹了各種品種的驢子,以及騎驢的「鞍」,和騎驢方法跟姿勢,並描述了騎驢的感受,最後則提及驢肉的販售以及烹飪、食用口味等。(《山東文獻》5卷1期,1979年6月,頁145-148)

(三) 飲食習俗

1　胡士方〈食在北方〉

　　本篇作者因時人較少談論北方食物,因此特別撰寫長篇文章以茲介紹,其中頗多和山東有關的飲食文化。例如談到包子,作者介紹以濟南的「草包」最為知名。「草包」的老闆姓曹,濟南城外濼口鎮人,在山東對沒本事、處事不俐落的人都稱為草包。曹草包後來從家鄉到濟南太平街賣包子,他把豬肉切細切成顆粒,拌以韭黃,又用海參提味,號稱「切餡三鮮包」,結果生意興隆,勝過濟南大觀園的山東狗不理包子鋪。至於水餃則是主食,作者認為最好吃的是煙臺的水餃。

　　又如小米的吃法。小米多煮稀飯與悶乾飯,齊魯一帶則有油粉;油粉即是北平人嗜之如命的豆汁兒。山東人沒有光喝豆汁兒的,都是用豆汁下米同煮,配以白菜、豆腐絲、豇豆、薑汁、胡椒,做鹹油粉喝,又酸又餿,但山東人不但拿它當飯吃,又認為是做粥的好食品。小米與黃豆混合則成小米麵,可做餅子和窩窩頭。

15　于寶麟,山東濰縣望留鄉人,歷任排連長、參謀,時任榮工處北迴鐵路施工處長。見于寶麟,〈閒話濰縣〉,《山東文獻》1卷3期(1975年12月),頁33。

用小米做成的「煎餅」更是山東特產，他省少見，以魯南的鄒縣、滕縣、沂水、新泰、萊蕪、蒙陰諸地為大本營。煎餅分為刮煎餅與攤煎餅兩種，以小米和水磨成糊，一勺勻倒於鐵鏊上，再以竹片刮來刮去，使米糊勻鋪，熟火熱烙，就是刮煎餅。只刮一次，待其自然烙熟而鏟起，就是攤煎餅。魯南人臘月多做刮煎餅，可以從臘月吃到來春二月。（《山東文獻》4卷3期，1978年12月，頁127-132）

2 趙書堂〈即墨老酒與高粱酒〉

本篇談即墨老酒及高粱酒，分別論述兩種酒的製作，即墨老酒為：踏麴（造麴）、丘霉（將黍米煮成稀飯狀再加入麴發酵變酒）、壓酒（將酒裝入布袋壓酒入罈）。高粱酒則為：燒高粱酒（將老酒剩餘的酒渣與高粱米混後入鍋燒酒）、嚐酒（品評優劣不同的酒並分開裝）。這兩種做法皆是民間做法。（《山東文獻》5：1，1979年6月，頁149-151）

3 曲拯民〈吃在煙臺〉

作者首先回憶他在北平「東興樓」吃鯉魚的事，但他認為煙臺也有不少好廚師，更有十多家知名飯館，包括白俄人開的西餐館和中西菜間有的「大羅天」餐館。但一般百姓還是喜吃中餐館。煙臺的宴席有「四一六」的樣式，即四冷盤、一湯與六熱盤，燉、炒、煎、炸、蒸，樣樣俱全，且多是海產，可變出各種菜色。

煙臺菜最有名的有，炒三絲麵、對蝦煮菠菜韭菜、桃花蝦卵豆腐，豆腐用礦泉水製作，燒的時候一律用松木，吃起來有松煙味，可謂一絕。煙臺人以黍釀酒，稱老酒或黃酒。煙臺盛產各種海產，作者依序介紹季節海產與料理方式，鹹魚、蝦醬遠近馳名。「煙臺人好吃本是環境養成的」，因煙臺為通商口岸，物產、商業繁榮，所以才有這麼多樣的選擇。（《山東文獻》5卷2期，1979年9月，頁155-159）

4 傅培梅[16]〈山東人過年的習俗〉

本篇談山東過年要準備的食物，因此歸類在此項。文章先提到大饅頭、也就是餑餑，大都以一斤麵粉做一個，一做就是一大堆，要使勁揉麵團，這樣發出來的餑餑表面才會光滑，並以紅棗裝飾。山東人以此祭拜祖先，拜完再切片吃。年菜較不固定，但因天寒多吃火鍋，會在鍋內加各式菜色；此外還有餃子，元寶狀的餃子也是過年必吃的食物，以其形似元寶圖個招財進寶之意。會做很多，擺著等它結凍，從初一吃到十五。客人來拜年，一定要請他們吃水餃和餑餑。餑餑可以久放，也是初一吃到十五。（《山東文獻》6卷4期，1981年3月，頁149-150）

（四）婚喪禮俗

1 厲玉嚴〈漫談俺們家鄉的婚俗〉

本篇談作者家鄉莒南的婚俗，第一是新娘過門，男方備轎迎親，轎子還有「頓性子」之用，再來則要接新娘，需備馬鞍讓新娘入門時跨過；第二為新娘上床吃固札，固札就是餃子，婚禮當天必須在新房食用；第三為鬧喜房，婚後三天內可入新房取鬧；第四為聽門子，要在新房外聽新人說話以討吉利；第五為新婚後三天要上喜墳，祭拜祖先。（《山東文獻》4卷2期，1978年9月，頁101-104）

2 趙書堂〈故鄉的婚姻習俗〉

本篇寫即墨縣婚俗，從說媒開始，待雙方同意後則合八字，相合

---

16 傅培梅（1931-2004），山東人，出生於大連，19歲來臺灣。1962年起，在台視公司主持烹飪節目「傅培梅時間」，教人做菜，節目長達39年，總共1418集。為著名的烹飪大師、美食家。參見傅培梅，《傅培梅：五味八珍的歲月》（臺北：四塊玉文創公司，2014年）。此文文末附註：本篇原載民國六十八年一月廿七日臺灣時報副刊。

則開始送媒柬、舉行訂婚。送媒柬時就要準備禮品送至女方家，至少兩臺食盒，第一臺內裝聘金、首飾、衣料、化妝品等，另一臺內裝公雞兩隻，豬頭一個，豬蹄六隻，鮮魚兩尾，每一件都要結上紅線。其餘幾臺則裝上大餑餑與餅糖，以便分送親朋好友。完成儀式後，女方開始準備嫁妝。隨後，雙方擇定婚期，男方並備妥禮品送至女方家。

在新娘出嫁前兩天，新郎要到女方家送衣物、金銀簪，稱為「上頭」，之後則進行迎娶儀式。男方須陪同女方拜祖，上花轎前舉行「扒飯」的儀式[17]。迎親花轎回府，鋪上紅毯，以供新郎新娘行走，也要在門檻上放上一個馬鞍子，鞍上放兩串銅錢，讓新人一大步跨過去，邁入天庭中桌案處，等候拜天地。拜過天地，入洞房，賓客在外廳吃喜宴，而新郎新娘則在房中吃寬心麵、合意酒，也有人來鬧洞房，新娘都要笑臉相迎，以茶水糖果款待客人，直到深夜才散。翌日，女方親友送食盒到男方家給新娘「開盒」，第三天行祭拜祖先儀式，第四天回娘家。（《山東文獻》5卷4期，1980年3月，頁100-105）

3 趙書堂〈故鄉的喪葬習俗〉

全篇講述山東的喪葬習俗。作者認為山東為禮儀之邦，本有隆重喪葬儀式，但因隨時代越來越簡單，故為保存文化而記錄這些習俗。先從與「喪」有關的用詞開始介紹，接著分別介紹每一項喪葬事宜。

作者敘述的喪禮儀式包含親人過世後的報廟、入棺成殮、為死者戴孝成服、發訃聞等。針對訃聞內容，也詳細介紹了行文用詞、服喪者的輩分、喪服式樣等。接著是如何處理開壙、告窆的柬帖樣式，公

---

17 「扒飯」，新娘上轎前，家中備一碗米飯，從十雙新筷子中抽出兩雙，一雙綁上兩個紅棗，一雙綁上兩個栗子，再用這兩雙筷子扒上三口飯給母親噴在衣襟內，連同那八雙筷子包起來。然後，新娘子再扒上三口飯含著，不可吞下。連同那兩雙筷子，用手握著上花轎，這叫「扒飯」，一直到男方家入洞房後，才把口中的米飯噴在炕席下。而帶去的兩雙筷子，則用於吃寬心麵時使用。作者並未解釋「扒飯」以及噴飯的用意。

家祭儀式注意事項等，也強調要有紙紮童男童女當作給亡者的陰間僕人。再來是發引、摔喪盆、引靈旛，最後行安葬儀式。每一細節，作者都加以說明其用意，譬如摔喪盆是表示此後將責任交給長子。而安葬文式樣、答謝理喪人的束帖式樣等，也都一一交代詳盡。(《山東文獻》3卷3期，1977年12月，頁129-139)

(五)年節習俗

1 鄭陶菴[18]〈天下第一村——周村的元宵風光〉

本篇談山東長山縣周村的元宵風光。周村元宵有「玩燈」習俗，三年一次，每屆在冬季前即著手準備，一連舉辦七天，非常熱鬧。作者描述了當年遊玩所看到的景象，有各色動物造型的燈，人們爭相觀看，盛況非凡。當年是在正月十四日試燈，十五日才是正式的燈節。而除了看燈，也有許多遊藝活動。到十五日那天，作者和同伴一起玩樂，也觀看了「八仙過海」的燈座，另外還有孫悟空、虎、龍造型的燈。燈會上也有唱胡仔戲的，洋溢歡樂喜慶的氣氛，直到午夜十二點，人潮也還未散去。

作者結語說，周村的燈節遠近馳名，來觀燈的人士因此將當地稱做小揚州。(《山東文獻》4卷2期，1978年9月，頁105-113)

2 金鄉張子雨〈憶金嘉魚地區年俗〉

本篇為回憶家鄉魯西的過年習俗。春節從臘月初八開始，臘八吃粥後，二十三日祭灶，接著到年前要製作各式年節食物。而除夕前要大掃除、貼春聯及年畫，到了除夕，更有一連串節目，如布置房舍、祭祖、吃團圓飯、發壓歲錢、守歲，過十二點則開始跟親友拜年。

---

18 鄭陶菴，山東鄆城縣人。抗戰以前服務膠濟鐵路，勝利後在中學任教。隨校來臺，為實驗中學國文教師。於五十九年退休。本文撰於民國十九年，五十九年重寫於員林實中宿舍。見該文附註。

到了大年初一，展開一連串的新年活動，如穿上新衣，到祖墳祭祖，向親戚拜年等。初二可以出遠門拜年及回娘家省親。初一到初五，有許多禁忌。新年期間也可見到許多民俗娛樂，人們見面都要互相說恭喜。新年的氣氛會維持很久，到了初十，年過了，仍要互道發財，直到二月二日才能把家中的年菜吃完。(《山東文獻》5卷4期，1980年3月，頁95-97)

3 劉縉曾〈漫談故鄉的中元節〉

本篇介紹濱縣龍王廟村的中元節習俗，先介紹中元節意義，再說明當天會舉辦盂蘭盆會，有放水燈跟燒化兩事，放水燈代表慈航普度，燒化則是燒紙錢、用品等給祖先亡魂。(《山東文獻》7卷3期，1981年12月，頁112-113)

4 王敬軒〈漫談臨沂縣習俗〉

本篇談臨沂的風俗，分別以節令或節慶分章節。

第一部分從立春開始，談立春對農民的重要，以及古代跟立春有關的活動。臨沂有為小孩縫製公雞的習俗，以祈求避免天花。第二部分是過年，有插桃樹枝以避邪的風俗。第三部分是元宵節，有蒸麵燈[19]，及送燈到新墳的習俗。第四部分是「蒸龍燈」[20]的風俗，在二

---

19 麵燈，據其原文，乃將和好之麵粉搓成直徑約四公分粗之麵棍，再切成長約六七公分的麵段，上端挖空，四周邊緣捏成皺褶，按一年十二個月，捏十二個麵燈。以鍋蒸熟，然後用細竹棒纏上棉花作為燈芯，插於燈碗中央，添上豆油或花生油即可點燃照明。燈芯必須高出燈碗，以便點燃。代表正月的麵燈一定要放在天井中「天地棚」的供桌上，作為敬天之用。其餘可分配家人使用，小孩通常一手持燈，一手燃放花炮，上街和同伴玩耍。

20 以製作麵燈的方法做龍燈，把麵餅剪出龍鬚、龍頭狀，龍頭上插龍角，龍嘴黏上一尖形紅紙作龍舌，用小綠豆粒做龍眼。添油點燃，放置糧食囤頂，待燈油燃完之後，即將整個龍燈埋在穀倉內，至「二月二」才把糧倉內的龍燈翻出來，俗稱「二月二，龍抬頭」。

月二會將龍燈取出以表「二月二龍抬頭」，此外，還有「圍倉囤」代表豐收的習俗；二月二同時也要拜土地公。第五部分為清明節，插松柳紀念介之推，踏青放風箏。最後一部分是端午節，掛香包，以及採藥草。（《山東文獻》9卷2期，1983年9月，頁146-152）

（六）民間歌謠輯錄

1 陳祚龍輯〈魯省民間流行的歌謠詞章小集（上）〉[21]

本篇為作者收集的民間歌謠詞章集，上集刊錄篇章有：〈大小姐〉、〈牡丹花〉、〈你拿錢〉、〈小老鼠兒〉、〈小公雞〉……等等，共45首民歌。（《山東文獻》3卷2期，1977年9月，頁144-151）

2 陳祚龍輯〈魯省民間流行的歌謠詞章小集（中）〉

同上，中集刊錄篇章有：〈大年初一頭一天〉、〈大米小米綠豆飯〉、〈小白菜〉、〈沒有娘的孩兒〉、〈老王看羊〉……等等，共43首民歌。（《山東文獻》3卷3期，1977年12月，頁150-157）

3 陳祚龍輯〈魯省民間流行的歌謠詞章小集（下）〉

同上，下集刊錄篇章有：〈窗外是誰呀〉、〈一兒一女一枝花〉、〈翻大餅〉、〈拍巴掌〉、〈小狗汪汪叫〉、〈小老鼠〉、〈十八的大姊九歲的郎〉、〈腳大好〉……等等，共36首民歌。

作者的後記提到，雖這些紀錄非文士所寫，而因為僅是當地民俗歌謠中部分的篇目，也不可能完全代表民風土俗，但仍可將其放入通俗文學的範疇內加以討論，也期許國內學者們能針對這些材料發展專

---

21 本篇作者在前言中說明，自己因為對俗文學的材料很有興趣，也蒐集許多當代各省民間流行的歌謠詞章，因此應編輯委員的邀請，整理相關資料，纂成此小集，「一則俾便八表之同好檢閱參考，再則以供四方打算新修、補纂魯省各方志之博雅分別採摘」。

門的學問研究。(《山東文獻》3卷4期,1978年3月,頁152-159)

4 曹繼曾輯〈流行在臨沂一帶的兒歌〉

本篇介紹兒歌,共20首,作者沒有記錄歌名,僅存歌詞。(《山東文獻》5卷4期,1980年3月,頁48-51)

以上,列舉六類有關民俗記敘的文章,這些作者除了少數的教授學者,大多是一般社會人士,他們寫稿、投稿,不是為了稿費[22],而是為了保存對家鄉的記憶,同時把這些食衣住行、生活瑣事像日常知識一樣地傳遞下去。由於同鄉會雜誌的作者、讀者的同質性相當高,同鄉刊物中家鄉民俗的書寫與閱讀,便如同一種集體記憶的召喚,他們藉由敘述熟悉的節日習俗、歌謠、故事、地方風物傳說等,形成認同,記住自己是「山東人」,也告訴下一代「你是山東人」。以下更深入探討。

四 民俗敘寫、知識建構與集體記憶

民俗文化的流傳,經常仰賴口耳相傳、一代傳一代,同時也必須在日常生活中實踐,才能達到流傳和保存的效果。民俗固然會因時因地而制宜,或者因為一些偶發因素而調整,但整體的精神還是會持續下去,並且代代相傳,凝聚情感,形成一股文化的力量。

(一)藉由書寫/閱讀,建構民俗知識

例如在第三節的第一類,介紹地方古蹟與傳說時,有兩篇以曲阜孔廟為主題,一個是注重神奇傳說,一個是注重學術禮制,但對孔廟都充滿了敬意與關注。而談其他地方名勝的文章,未必是大家都熟知

---

22 〈徵稿簡約〉第五條:「來稿一經刊登,即贈本刊若干冊作為紀念,稿酬伺日後本刊收入情形良好時再行酌定。」《山東文獻》1卷1期(1975年6月),頁21。

的，但經由創作者娓娓道來，也彷彿帶領讀者「到此一遊」。

在第二類，談到地方風物特產，山東的毛驢、黃縣的龍口粉絲和各種特產、荷澤的名勝古蹟、名人宅第與各色飲食點心等，物產之多樣，可說令人驚奇。而此類介紹地方風物特產的文章，筆觸都很細膩，細數家鄉特產，真是所謂「如數家珍」。

在第三類談飲食習俗方面，胡士方〈食在北方〉雖然以整個北方飲食來寫，但山東菜和河北菜接近，都屬於北方飲食系統，由此也可了解其飲食面向。搭配傅培梅〈山東人過年的習俗〉來看，此文重點是在談山東人過年的飲食，饅頭、餃子等麵食，很能代表山東飲食的特色。而趙書堂〈即墨老酒與高粱酒〉、曲拯民〈吃在煙臺〉，也都寫出當地飲食的特色。山東是北方省分，當他們來到南方的臺灣，應該有很多食材買不到，也很少餐廳做得出這些口味。就像胡士方提過「煎餅是山東的特產」，應該引起很大的迴響，所以在八卷四期，會出現這樣的短訊〈山東煎餅〉：「魯南一帶的主食煎餅，近來頗受山東同鄉、甚至外省人士的歡迎，但因為賣者少，又不知何處去買，向隅者多矣。甚望賣者能在各城市的鬧區，委託飯館銷售，以便購買。[23]」這些有關「家鄉味」的記憶與書寫，相信大大地引起懷鄉的惆悵，也藉著「紙上談吃」，慰藉思鄉的腸胃。

在第四類談婚喪禮俗部分，厲玉嚴、趙書堂都談到了自己家鄉（南苫、即墨）的婚禮習俗，從訂親到完婚，兩地儀式大同小異，但厲玉嚴則會使用南苫的家鄉話來描述，例如「頓性子」、吃「固札」（餃子），增添家鄉味。趙書堂〈故鄉的喪葬習俗〉，則以廣泛的角度談山東自古以來的喪禮習俗，文章充滿古禮的繁文縟節以及特殊用詞，希藉此以使人了解他希望維持古禮的用心。

在第五類談年節習俗部分，所選的篇章介紹了長山縣周村的元宵

---

23 胡士方，〈食在北方〉，《山東文獻》8卷4期（1983年3月），頁92。

風光、魯西嘉魚的過年習俗、濱縣龍王廟村的中元節習俗、臨沂的新年、二月二以及端午風俗。從這些篇章及其他相關作品來看，除夕、新年、元宵、端午、中元等節日，都是撰稿者關注也是記憶深刻的節日，因此提筆記敘回憶中的過年過節景象。這些文章不同於文學性的創作，比較欠缺情感的鋪陳，但大體還是以記錄年節風俗為主，再現了家鄉年節的情景。更進一步看，記述這些年節習俗和婚喪習俗一樣，都寄託了「行禮如儀」的渴望，希望有關生命禮儀、年節文化可以在異鄉延續下去。

在第六類輯錄民間歌謠部分，陳祚龍總共輯錄124首兒歌，分三篇刊登。另有曹繼曾輯錄臨沂兒歌20首。陳祚龍係根據其平日蒐集的資料而整理刊登，曹繼曾應該也是如此。可想而知，其中有些歌謠也是作者與同鄉所熟悉的，因此引發作者輯錄的興趣，希望藉此傳遞下去，特別是兒歌，由母親或大人教導孩童歌唱，更具有「世代傳唱」的延續意義。

無論是「到此一遊」、「如數家珍」、「紙上談吃」、「行禮如儀」或是「世代傳唱」，採取文字敘寫的形式，都已遠遠超越「口耳相傳」的模式，藉由文字，更鞏固了這些回憶中的民俗文化。而經由閱讀，無疑也認識、接受了這些民俗文化。如果民俗採集調查，慣用的是述說、聽取與記錄，則《山東文獻》的編者，無疑啟動了這個無形的田野調查活動，而作者的回憶、記述，就是一種自說自寫的民俗記錄，使讀者認識、複習自己的家鄉民俗。這是架構在另一個時空現場的「田野調查」，經由親身見聞、回憶、原有知識的綜合，再以書寫／閱讀的模式，建構了民俗文化的知識，而傳遞給年輕世代。在無法確知何時可以返鄉，復又擔心文化大革命帶來破壞，必須以復興中華文化來抵抗，那麼延續家鄉民俗，也正是維護傳統文化的一環[24]。

---

24 相較之下，中國大陸在80年代才開始大規模地調查民俗與民間文學，先後完成「民間文學三大集成」、「民間文藝十大集成」等套書，臺灣的《山東文獻》在70年代已

（二）藉由共鳴與召喚，建構集體記憶

如上所述，正是藉由書寫／閱讀的途徑建立了家鄉民俗的知識，加強了集體意識，使「我是山東人」的認同感更加強烈。而《山東文獻》裡面的民俗敘寫，不只是個人的回憶，也引發共鳴，因此它所代表的是一種「集體記憶」。

有關「記憶」的研究，莫里斯・哈布瓦赫（Maurice Halbwachs, 1877-1945）在《論集體記憶》提出「集體記憶」和記憶的「社會框架」之概念，「集體記憶」並非先天賦予，而是一種社會性建構的概念。記憶具有「群體關聯」的特性，意謂透過和自己曾經有過互動經驗的群體，相關的經驗、情感與印象，都會因這個群體的存在而引發記憶，形成記憶的連綿性。這群人可稱為「記憶共同體」，他們共同歷經過去，並努力維持其共同記憶的「獨特」與「綿延」，使得他們與其他群體不同，也藉此保持對自己所屬群體的認同[25]。就此而言，《山東文獻》的文章即是在同是「山東人」的情感基礎上，藉由書寫來維持其共同記憶的獨特性與延續性；這些文章提供同輩人咀嚼回憶，也塑造記憶，顯示出家鄉文化的獨特性，對下一代年輕人有良好的教化作用，也促使他們記得自己的家鄉面貌與父祖輩的事，藉由這集體記憶的建構，加強文化認同感。

更具體地來說，《山東文獻》的作者與讀者之間，往往形成共鳴與召喚的網絡，各自書寫家鄉民俗，而達到建構集體記憶的模式。如同莫里斯・哈布瓦赫說：

開始徵集有關家鄉民俗的文章，在時間上、態度上，兩者有著不一樣的內涵與意義。比較兩者對於山東民俗的蒐集與記錄，也將是個有待來日開拓的研究議題。有關80年代山東民俗的蒐集與研究，參見葉濤〈當代山東的民俗調查與民俗研究〉，《民俗研究》總32期（1994年4月），頁88-92。

25 莫里斯・哈布瓦赫著，畢然、郭金華譯，《論集體記憶》「三、過去的重構」與「四、記憶的定位」（上海：上海人民出版社，2002年），頁81-94。

我之所以回憶，正是因為別人刺激了我；他們的記憶幫助了我
的記憶，我的記憶借助了他們的記憶。……無論何時，我生活
的群體都能提供給我重建記憶的方法。……正是在這個意義
上，存在著一個所謂的集體記憶的社會框架，從而，我們的個
體思維想將自身置於這些框架內，並匯入到能夠回憶的記憶中
去。」[26]

如是，個體記憶與集體記憶產生了密切的關聯性。從以下的一些文章
可以看到這種互動關係，以及建構集體記憶的結果。

例如于寶麟是山東濰縣人，曾撰寫多篇有關濰縣的文章，因此吸
引了濰縣的同鄉人閱讀，也撰文回應。于寶麟的文章包括〈閒話濰
縣〉（《山東文獻》1卷3期，1975年12月，頁33-37）、〈濰縣朝天鍋〉
（《山東文獻》1卷4期，1976年3月，頁60）、〈漫談濰縣婚嫁習俗〉
（《山東文獻》2卷4期，1977年3月，頁89-93）、〈憶濰縣小吃〉（《山
東文獻》3卷3期，1977年12月，頁105-106）、〈濰縣年景瑣憶〉（《山
東文獻》4卷3期，1978年12月，頁159-162）以及〈再話濰縣〉（《山
東文獻》12卷1期，1986年6月，頁124-128）等。這些文章涉及的層
面極廣，有家鄉飲食、禮俗和年節習俗，得到的回應也很迅速，例如
〈閒話濰縣〉刊登後的兩期，吳鳴巒就發表了〈「閒話濰縣」續貂〉
（《山東文獻》2卷1期，1976年6月，頁54-62），「續貂」是謙虛的用
詞，但因為于寶麟的〈閒話濰縣〉與〈濰縣朝天鍋〉二篇文章，「勾
起無限的蓴鱸之思，不能自已，因而不揣冒昧，欲就所知，妄思續
貂。」尚可注意的是，本篇的開頭，吳鳴巒說自己是「準山東人」，
因其原籍為安徽桐城縣，但吳家在山東居留達百年之久，至抗日戰爭
開始，才舉家遷回安徽原籍。吳鳴巒是民前五年（光緒33，西元1907

26 同上註，頁69。

年）於濰縣出生，自孩提以及成年，讀書就業，皆在山東，因此他說
「就我個人言，可以說是喝山東水、吃山東飯長大的，一切生活習
慣，俱已山東化，雖不欲假冒籍貫，高攀同鄉，然個人在直覺上，仍
不免以山東人自居，連家人也目我為老垮，因此杜撰個『準山東人』
以字號，言之殊堪目笑。」

　　于寶麟的文章，發表年代從創刊初期到1986年6月都有，而濰縣
的飲食也對同鄉人產生吸引力，因此80年代還有三篇描寫濰縣風俗的
文章，分別是李玉珍〈濰縣的「月」〉（《山東文獻》9卷1期，1983年6
月，頁106）[27]、王子常〈濰縣朝天鍋〉（《山東文獻》10卷1期，1984
年6月，頁19）[28]、王廣健〈也談濰縣蘿蔔〉（《山東文獻》13卷3期，
1987年12月，頁115-116），甚至邁入新世紀還有王鳳棲〈簡述山東濰
縣的三寶〉（《山東文獻》28卷4期，2003年12月，頁140-142）。

　　其他縣市的人也因此勾起類似的經驗，撰寫文章記述自己家鄉的
習俗。譬如路協普是臨沂縣人[29]，他因為讀了于寶麟〈濰縣朝天鍋〉，
想起自己家鄉的兩種食物糊與糝，所以也發表了〈糊與糝〉（《山東文
獻》3卷3期，1977年12月，頁107-108）。據于寶麟在文章描述，濰縣
的朝天鍋是一種類似火鍋搭配捲餅的食物，以老湯為高湯，鍋內都是
由豬身上取得，然後加以熬煮。吃的時候，由客人挑取想要的部位，
再用油餅捲起帶著吃。而路協普所描述的臨沂縣的糊與糝是作為早點
的食物，糊為豆漿、小米粉和大米粒製成的早點，糝則是米湯中有雞
肉或牛肉；糝的價錢較糊高。除了食材、做法，兩篇文章都描述了吃

---

27 這裡的「月」是麵點的名稱，用麵粉揉成三個麵糰，第一張擀成圓餅做底，上面排
　滿紅棗，再蓋上第二張圓餅。然後再用第三個麵糰捏成嫦娥、兔子等圖形，看各家
　母親的巧手。完成後，先置放半小時，然後入籠中蒸四五十分鐘即可。文末附註：
　（六十五年九月七日中央日報）。

28 文末附註：（六十四年十二月十六日中央日報）。

29 路協普，山東臨沂縣人，曾隨范築先任議事長、科員等職，現任職於臺灣省銓審
　會。見路協普，〈范公築先政績追憶〉，《山東文獻》1卷2期（1975年9月），頁56。

食物的熱鬧情景，可見作者對家鄉食物回味無窮，也隱含濃厚的鄉愁。

　　類似于寶麟這樣不斷書寫家鄉風物的，還有朱良耕[30]。朱良耕是黃縣人，他首先發表了〈憶黃縣〉（《山東文獻》10卷3期，1984年12月，頁83-85），在文中他回憶黃縣的多種水果和關帝廟、土地廟的建築與祭拜習俗。接著，他便連續發表系列文章，一共有〈憶黃縣〉七則，分別刊載於《山東文獻》11卷1期、11卷4期、12卷2期、12卷3期、13卷2期、15卷2期[31]，介紹黃縣的諺語、小學、青少年遊戲、村莊建築、特產、當地著名人家以及萊山風景等。其後，他又開始撰寫一系列的〈黃縣話〉，自《山東文獻》15卷4期至18卷2期（1980年3月-1992年9月），共十一篇，內容係記錄黃縣方言，以詞條的方式，分別從詞目、讀音、意思，按照順序記錄，每篇約記錄100多條，總共記載1124條。無論是描寫家鄉風俗或記錄方言，這些文章充分顯現朱良耕對於家鄉黃縣的深厚情感。

　　同樣是山東同鄉的作者和讀者，他們來自不同的縣市，因此書寫家鄉、閱讀家鄉便成為一種連環效應，當看到同縣市的人寫下家鄉的點滴，自然也會在同鄉人心中激起共鳴，召喚同鄉們提筆撰寫自己對家鄉的印象和回憶。同是黃縣人的黑水逸叟寫過〈山東黃縣的肉盒〉（《山東文獻》10卷1期，1984年6月，頁39）；張亮明寫過〈故鄉黃縣的回憶〉（《山東文獻》12卷3期，1986年12月，頁116-117）；而魏懋

---

30 朱良耕發表的篇章，均見未作者簡介。但據朱良耕〈對各卷山東文獻的一些更正〉、〈濟南招兵記〉，他在民國25年（1936）考入山西太原晉綏陸軍軍官教導團二期工科，入伍三個月，派駐娘子關。曾隨省中參議楊士元赴濟南招兵。未果。返回滕縣。又在楊士元麾下，組游擊隊，由棗莊至徐州，面見李宗仁，李命名為「魯南民眾抗日自衛軍」。朱良耕在民國21年春隨51軍參加台兒莊第一次與日軍會戰，並在魯南沂蒙山區駐紮四年多。青島撤退，隨軍來臺，原部隊駐浙江，無法前往，只能在臺灣住下，生活十分困頓。後獲得鄉人資助，於屏東民族路建一茅屋，與妻及其內弟做炸油條生意，後又改行經銷醬油，自製山西醋銷售，生活改善，一家溫飽。見《山東文獻》10卷1期，頁159；10卷2期，頁111。

31 從文章標題看，似有八則，但經查閱，缺〈憶黃縣（七）〉。

傑在創刊初期就寫過兩篇〈黃縣抗戰戡亂史〉（《山東文獻》1卷1期、1卷2期），也發表過〈漫談黃縣特產〉（《山東文獻》3卷3期，1977年12月，頁90-93），1987年臺灣開放到大陸探親後，他也發表兩篇相關文章，〈返鄉歸來話今日黃縣〉（《山東文獻》16卷2期，1990年9月，頁73-88）與〈故鄉黃縣清明節日及掃墓舊俗追憶記〉（《山東文獻》18卷4期，1993年3月）這些文章前前後後出現，有的是一個作者的系列文章，有的則是零散的、個別出現的作者和文章，但因為同是《山東文獻》的讀者，同樣來自黃縣，所以用書寫和閱讀成為他們聯繫同鄉情誼的最佳模式。

回溯創刊時屈萬里的話：「以為聚談故鄉史事人物之園地，我同鄉或為作者，或為讀者，足不出戶，可享同鄉會之樂，並增愛護鄉土之情。」「不僅有益於後起子弟之鄉土教育，且足為他日重建鄉土之借鑑」，在在印證了以民俗書寫，建構民俗知識，達到建構與傳承集體記憶的目的。

五　「山東人」、「在臺灣」的認同與建構

以上是聚焦於《山東文獻》中的民俗敘寫及其建構的集體記憶。而從整體來看，《山東文獻》所呈現的外省族群面貌，仍值得繼續探討。外省人遷移到臺灣的命運寫照，白先勇小說《臺北人》已經有生動刻畫，而在臺灣出生的外省第二代，他們對原鄉的想像與矛盾情感，朱天心的小說〈想我眷村的兄弟們〉也引起熱烈的討論。這是小說家基於親身與近距離的見聞，藉由文學想像來勾勒一代人的命運和遠景，而《山東文獻》這類的同鄉雜誌，乃是以素人的經驗和記憶為主的書寫，因此也可以成為一個代表類型。

（一）離亂經驗與懷鄉：命運共同體的情感鏈結

班納迪克・安德森（Benedict R. O'Gorman Anderson, 1936-2015）曾提出「想像的共同體」的概念[32]，他認為透過印刷物——小說和報紙，一群人因為閱讀共同的資訊，從而形成一個「想像的共同體」，具有相近的價值觀與文化認同；而藉由這類媒體的傳播，這個意識更迅速而廣大的散布開來，形成不可忽視的力量[33]。以這概念來看，同鄉會本身是個鄉親組織，參與者具有地緣關係，有的甚至有血緣關係，但這一群人來自山東各縣市，各地方言、飲食、生活習慣未必完全相同，也未必互相熟知；然而當這一群人於戰後遷徙來臺，藉由同鄉刊物分享家鄉民俗與過往回憶，互通消息，安慰彼此失落的心情，在心靈上、生活上都具有很大的作用。這如同班納迪克・安德森所謂：

> 在此同時，報紙的讀者們在看到和他自己那份一模一樣的報紙也同樣在地鐵、理髮廳、或者鄰居處被消費時，更是持續的確信那個想像的世界就植根於日常生活當中，清晰可見。[34]

《山東文獻》的作者與讀者，也就是藉由這份印刷物，不僅回憶過往，也確信有同樣的一群人，和自己共同走過戰爭與離亂的歲月，在離開故土之後還能緊密團聚，並且共同面對「反共抗俄」、「反攻大陸」的未來。這時的作者與讀者，雖然不等同於是班納迪克・安德森所謂的「民族」，但卻可說已消弭了各縣市在鄉音、飲食、生活習慣上的差異，而凝聚成一個大的共同體「山東人」。

更進一步看，其實不僅是「想像的共同體」，更是「命運的共同

---

32 班納迪克・安德森著，吳叡人譯：《想像的共同體：民族主義的起源與散布》「第二章文化的根源」（臺北：時報文化公司，1999年），頁28-37。

33 同上註，頁36。

34 同上註。

體」，他們同樣歷經對日抗戰、二戰與國共內戰，戰爭、離亂、逃亡的經驗，使得他們的情感與價值觀更緊密的連結在一起。「反共抗俄」、「光復大陸」、回返家園，不啻是他們共同的願望。

1 戰爭、離亂與逃亡之回憶錄

　　瀏覽《山東文獻》，如果以臺灣解嚴的1987年為分水嶺，可以發現前期的欄位、文章，除了家鄉風土這類民俗敘寫的文章之外，也有很多回憶錄或是札記，特別是有關對日抗戰、剿匪、逃亡的記憶。例如上引魏懋傑的〈黃縣抗戰戡亂史〉，待兩篇都刊載完畢後，編者即在〈編輯後記〉加案語：「這是一篇非常有系統而且有分量的著作。如果吾魯每個縣分都有一部這樣詳盡的稿子，匯集起來就是一部近代山東史。」（《山東文獻》2卷1期，1976年6月，頁64）除了抗戰史，「剿匪」的回憶也是常見的文章，如王雨時〈回憶德縣剿匪戰爭〉記錄他在抗戰勝利後返回家鄉德縣，逢共軍入鄉，於是他再度加入「剿匪」任務。歷經幾場戰役，國軍退守到濟南。雖是失敗的經驗，但王雨時認為「由此看來，勇者可敬，匪何足畏。積此經驗，待反攻大陸之戰，鑑以為鏡，再事周旋，實可為師也。」（《山東文獻》3卷2期，1977年9月，頁42-52）而王豫民〈膠萊河畔（一）〉以膠萊河的流域——膠縣、高密、平度、昌邑、掖縣這五個縣為範圍，講述該區域的抗戰、「剿匪」歷史，一連刊載27篇（《山東文獻》1卷3期，1975年12月，頁64-67；到《山東文獻》9卷2期，1983年9月，頁64-67），在第一篇刊出時，編者即在文末加附短語：「國史建築在地方史上。請你提起筆來將知道的往事寫下，寄給本刊。」（《山東文獻》1卷3期，1975年12月，頁67）

　　「流亡學生史料」也是《山東文獻》徵稿的重點[35]。例如曹景雲

---

35 第2卷4期曾刊出「本刊徵求流亡學生史料」的徵稿訊息，頁58。

〈裂痕記——煙臺流亡學生的生活記〉，寫的就是他從1948年10月9日到1949年9月10日的流亡生活，因共軍進擊，煙臺撤守，情況危亂，當時還是中學生的他只能跟著學校撤退，從煙臺到青島，然後到了上海，再遷浙江、廣州，最後遷到臺灣，但落腳在澎湖馬公，成立澎湖防衛司令部子弟學校，才安定下來。（《山東文獻》2卷3期，1976年12月，頁92-107）

至於一般百姓的逃亡經驗，更有多篇系列文章。例如顧黃建華〈逃亡回憶〉，為其親筆撰寫的回憶錄，係由較早時的札記修改而成，但人名皆以匿名處理。在第一篇開始前，有作者簡介：「顧黃建華女士，沂水人，民初畢業於濟南省立女子師範學校，在教育界任事多年。民國三十六年間，由淪陷區沂水原籍，率幼子幼女，循沂蒙山區小徑，晝伏夜行，歷經艱險，於三十七年輾轉來臺，就食長子顧柏生先生處。嗣以兒女均去美國，於六十二年被迎養美國，現年八十餘歲。本文係記述她在沂蒙山區為爭取自由所受苦難的情形，文字樸實，事蹟感人，而其揭露共黨陰謀詭計，使後輩不要忘懷之用心，尤令人敬佩！」（《山東文獻》1卷4期，1976年3月，頁86）〈逃亡回憶〉一共刊載15篇（《山東文獻》1卷4期，1976年3月，頁86-136；到《山東文獻》5卷2期，1979年9月，頁112-127），在最後一篇的「後敘」，作者說明其文章由1950年間開始寫起，到1963年初稿完成，但都不曾想要發表。後經友人勸說，更憶起自己當年親身經歷的一切，益發覺得必須寫出來，以供後人認識共產黨，並作為鑑戒。所以她在1973年提筆修改舊稿，直到眼疾復發才稍微休息，完稿後交付《山東文獻》刊登。

2 懷鄉與反共的訴求

這些和戰爭、離亂、逃亡經驗有關的敘事，讀來可說字字血淚，都是驚心動魄的回憶。而撰寫家鄉民俗者，除了抱著懷鄉的情感，也

會在文章末尾，對現實狀態表現激烈的反應。

懷鄉者，例如前引魏戀傑〈漫談黃縣特產〉，自述撰寫動機是：「近年來龍口粉絲充斥市面，每當我聽到有人推崇它時，心中就自然泛起一絲甜意。雖明知這不是真正的故鄉產品，但畢竟掛的是故鄉招牌，也平添了一份光榮與驕傲心；同時也每每勾起了濃重的鄉思。」（《山東文獻》3卷3期，1977年12月，頁90）劉蔭懷〈故鄉的名勝古蹟〉開頭也說：「談到故鄉──山東濟寧的名勝和古蹟，實在沒什麼好說的。……但在離家三十年後的今天，那些不顯眼的東西，卻能燃起感情之火，有著無限的懷念。因為那是我生長的地方呀！」（《山東文獻》7卷2期，1981年9月，頁173）姜振鐸〈荷澤風土文物談〉結語則是：「本人作此，無非強調家鄉美好，而是使鄉人多加回憶，飲水思源，不致忘本。」（《山東文獻》4卷1期，1978年6月，頁78）

擔憂淪陷中的家人，對中共政權直言怒斥者，例如金鄉張子雨〈憶金嘉魚地區年俗〉結尾：「這是我們金嘉魚地區早年農業社會過春節的大概年景，真有說不盡的歡樂。作者離開這個歡樂的家鄉，已四十餘年，中經抗戰，剿匪，戡亂，多災多難的故鄉，陷入共匪已逾三十年，音訊全無，家鄉父老不知能否一睹，真是無從預測，思之不勝淚下。」（《山東文獻》5卷4期，1980年3月，頁97）劉晉曾〈漫談故鄉的中元節〉則有更激烈的言語：「現在大陸上，赤禍橫流，不但已死的鬼魂無人超渡，盡是活著的人亦將流為冤魂，真是陰風慘慘，一片有冤報冤，有仇報仇，血債血還的憤怒之聲；我們生活在自由天地的同胞們，每逢這個有意義的祭典日子，我們不但要為死去的親人、祖先和大陸上千千萬萬的孤魂怨鬼，默念致哀，而且更要加強團結，奮發圖強，風雨同舟，積極準備反攻大陸，去拯救那些呻吟殘喘在共匪暴政下，即將流為冤魂的親友以及苦難的同胞！」（《山東文獻》7卷3期，1981年12月，頁113）

由上可知，當屆萬里在創刊詞中呼籲：「目前毛共匪幫正瘋狂地

毀滅我國的傳統文化；因而在復興中華文化方面，我山東人士所負的責任，應當更大。」《山東文獻》的作者，也從自身的經驗和感想，發出憂憤的言語。當今社會可能有人覺得那是反共戰鬥的口號，但設身處地而想，那應該也是這一群外省人的心聲，是出於「命運共同體」的真實感慨。

（二）返鄉及其後：身分認同的位移與再建構

1987年7月，臺灣的政府宣布解嚴，也在11月2日起開放返鄉探親。這是個重大的改變，對在臺灣的外省族群來說，更牽動是否返鄉、何時返鄉的複雜情緒。從《山東文獻》刊載的文章類型和數量的變化，可以嗅到其中變動的氣息。

1 返鄉探親紀實

因應開放返鄉探親，《山東文獻》率先在1987年12月的13卷3期就刊登了兩篇「特報」——張玉忱、王文賢的返鄉記旅。此後，返鄉文章增加，而有關戰爭、逃亡憶往的文章漸少。「地方風土」之類的欄位，也逐漸被「大陸遊」、「鄉情報導」、「尋根」等欄位取代，自1992年3月的17卷4期起，更增加了「今日山東」、「山東人在臺灣」的兩個專欄，歡迎各界投稿，也增加了兩岸山東人團體的交流報導文章。這一些改變，關聯著這一群遷臺族群的身分認同問題。

首先看返鄉探親的文章。王文賢〈香港會親記〉寫她透過紅十字會經第三地轉信給大陸親友，因此聯絡到二弟和其他家人。但她認為，大陸人民生活雖有改善，經濟建設也有進步，但還是有很多不好、落後的現象，比如限制多、沒有民主自由，所以她認為與其回鄉探親，不如花錢讓家人到香港會面，讓他們享受幾天自由快樂的生活。於是王文賢在1987年6月約二弟到香港團聚。文章最後還是強調不必返鄉，約在外地見面較佳。（《山東文獻》13卷3期，1987年12

月，頁119-121）

　　張玉忱〈探親記〉所寫的，是他在臺灣尚未開放探親以前，就先訂好返鄉的行程，在1987年5月10日啟程，經菲律賓轉往香港，兩日後進入深圳、廣州、南京等地，於5月16日始抵達故鄉山東濟陽縣，6月24日離開，經南京再回到香港、臺灣，全程共21天。這趟返鄉之旅，最讓作者感到悲傷的是，抵家之後才知母親已於去年逝世，而母親生前更因有他這個國民黨籍的兒子，在文化大革命時被欺凌，吃了不少苦頭。後來，作者欲上墳祭掃，找不到母親的墳頭，於是出錢立下石碑，以代表父母雙親之墳。而除了記錄探親過程與感想外，本文也詳細描述旅途中的各種手續、路線、費用，也記下所見所聞，包括當時大陸買東西要排隊、需用外匯券、商店服務不佳等；文末還附帶紀錄想要尋找臺灣親人的名錄。這些實用性的資料，可提供給後來者參考，此後許多探親的文章也都具有這類的內容。（《山東文獻》13卷3期，1987年12月，頁134-141）

　　這二篇文章呈現不同的探親經驗和態度，王文賢因為家人遭到文革的壓迫，貧病交加，生活困苦，所以對共產黨深惡痛絕，也不贊成再次踏上故鄉那塊土地；而張玉忱則抱持與家人團圓的想法，費盡心力，務求和親人見上一面。這兩種態度，遷移臺灣，或是轉往第三地的外省人應該都是有的，但隨著時間的變化，返鄉探親的人越來越多，因此刊登出來的文章，也表現了很多不同的經驗。

　　尤可注意的是，和妻子的關係是返鄉探親經驗中最難面對的一環。王振東〈大陸行〉寫的是1989年3月29日啟程的返鄉之旅，八十多歲的他見著了四、五十歲的兒子與女兒，也都各自結婚生子，但兒女卻告訴他，自他離開家後，母親為了養活兒女，只好改嫁，最後還是貧病而死。兒女也因他的關係，處處被壓迫，生活困難。這一連串的噩運，使得父子、父女見面都忍不住相擁而泣。（《山東文獻》15卷3期，1998年12月，頁66-89）。而李雨亭〈兩次大陸探親紀實〉則寫下

他1988年9月，中秋節前，第一次返鄉探親的回憶。當時，元配妻子淚流滿面對他說「我等了你將近五十年，你終於回來了」，而他則是悲喜交集，無法言說。到次年端午節前，第二次返鄉，他帶著在臺灣娶的妻子回去，大陸元配與臺灣妻子以姊妹相稱，一家人仍然是又悲又喜，心情複雜。（《山東文獻》15卷3期，1998年12月，頁90-105）

但也有返鄉探親之旅，有較為正面的印象。比如魏懋傑〈返鄉歸來話今日黃縣〉就寫道，黃縣的建設比戰前好得多，而他所到之處看到的狀況，人民生活也相當充足。（《山東文獻》，13卷4期，1988年3月，頁78）同一期，李容之〈返鄉記〉也記敘他返鄉19日內，與各地區親友會面，觀察他們的生活並沒有想像中那麼艱苦。（《山東文獻》，13卷4期，1988年3月，頁90）

在經濟考量方面，可看到因為個人經濟情況不同，這趟旅程所帶來的體驗也大不相同。經濟情況佳者，除了探親，還可以到其他名勝地點旅遊，因此他們的文章也就會兼述沿途的旅遊經驗，王振東〈大陸行〉、李雨亭〈兩次大陸探親紀實〉可為代表。而若是經濟條件較差者，譬如王梨五〈細述四十四日探親行〉，因他只是一個上等兵，積蓄不多，所以他以非常拮据的方式走這趟回鄉之旅，都是住最便宜的旅館，坐硬臥，在轉車、等候的時候，也有幾次遇到騙子騙他的錢，非常狼狽。（《山東文獻》14卷3期，1988年12月，頁33-47）

以上這些素人筆下的返鄉探親記，少有文采與結構，但卻如同「實錄」，逐日寫下每日行程，去到什麼地方，見到什麼人，吃什麼，花多少錢……而把內心的感觸，夾雜在字裡行間。

2 從「外省人」到「山東人在臺灣」

其次，看增闢「今日山東」與「山東人在臺灣」兩專欄的意義。

開放探親以後，山東人返鄉者增多，因此《山東文獻》增闢「今日山東」專欄，編者在〈增闢「今日山東」欄啟事〉解說：

臺灣與山東隔絕四十餘年，近兩年始因開放探親、投資等，使
居住在臺灣的山東人，得與故鄉有所聯絡。但一般人對山東四
十多年來的變化、以及現況，所知有限。請根據確切資料，或
親身經歷，寫就專文，介紹四十多年來的山東省在政治、經
濟、社會、文化等方面的各種狀況，寄本刊發表，以饗讀者。
（《山東文獻》18卷1期，1992年6月，頁88）

「今日山東」大多是介紹當代山東各界的活動或是名人、機關事蹟，
例如17卷4期的三篇文章是魯風〈今日山東報導──九一世界旅遊日
在山東‧臨朐縣九一紅葉節〉（頁121-124）、耿殿棟〈山東醫科大學〉
（頁124-126）、鮑家驄〈山東業餘食雕家鮑希寧〉（頁127-129）。此
後各期大都有「今日山東」欄，偶爾欠缺，到21卷2期為止。

　　至於增闢「山東人在臺灣」，係由旅美山東僑胞吉星福、張振芳
伉儷支持，希望各界投稿，將山東人在臺灣的種種事蹟記載、報導。
從17卷4期開始，第一篇是介紹吉星福張振芳伉儷文教基金會，由李
瞻[36]執筆，篇名〈關懷學術，熱愛青年──吉星福張振芳伉儷文教基
金會〉（《山東文獻》17卷4期，1992年3月，頁130）；第二篇以本社掛
名，〈中華齊魯工商文教協會成立紀要〉（封底）。到18卷1期亦有〈增
闢「山東人在臺灣」欄啟事〉（《山東文獻》18卷1期，1992年6月，頁
95），此後不定期刊登「山東人在臺灣」欄[37]，也增加教育篇、工商篇

---

36 李瞻（1926-），山東壽光人，時任政治大學新聞所教授，見該文附註。
37 例如于愷駿，〈警界泰斗于春豔先生〉，《山東文獻》18卷1期（1992年6月），頁63-
64；于愷駿，〈山東才子張騰蛟先生〉，《山東文獻》18卷3期（1993年12月），頁107-
111。而尹德民有系列的〈山東人在高雄〉，總共刊登四次，介紹18位山東籍人士，
涵蓋軍、警、黨、政、公、教人員。見尹德民，〈山東人在高雄：齊河縣劉維誥先
生〉，《山東文獻》20卷3期（1994年12月），頁38-39、〈山東人在高雄（二）〉，《山東
文獻》21卷1期（1995年6月），頁124-130、〈山東人在高雄（三）〉《山東文獻》21
卷3期（1995年12月），頁131-137、〈山東人在高雄（五）〉，《山東文獻》22卷4期
（1997年3月），頁118-122。經核對，缺「山東人在高雄（四）」。

等徵稿啟事,直到26卷2期(2000年9月),刊登了出版消息〈「山東人在臺灣」叢書出版情形〉(頁43),顯現除了在《山東文獻》刊登外,也積極對外徵稿、匯集,以便快速結集出版。

擔任該叢書編輯委員會主任委員的孫震[38],特撰〈為編印《山東人在臺灣》叢書敬致山東鄉長的一封信〉,首段云:

> 先生大鑒:一元復始,萬象更新,……憶自追隨政府播遷來
> 臺,當時物資缺乏,工業落後,民生貧困,百業待舉,吾山東
> 同鄉本著過去在各行各界之經驗,發揮毅力,埋頭苦幹,安定
> 了臺灣社會,穩定了臺灣經濟,在臺灣二千萬同胞中,是一個
> 舉足輕重的族群,受到了社會相當重視,因此我們有義務編寫
> 一部「山東人在臺灣」叢書,把山東同鄉在臺灣各界的實際貢
> 獻,用文字圖片表達出來,讓社會知道;更重要的是讓我們的
> 子孫知道他們的前輩,對臺灣各項建設,都曾盡心盡力創造出
> 輝煌的成果,以啟發我們的第二代及將來的子孫,繼續奮鬥,
> 為臺灣社會再做重大的貢獻,為山東同鄉爭取更多光榮。(《山
> 東文獻》20卷4期,1995年3月,頁152-153)

接著第二段說明該叢書包含學術篇、黨政篇、文學篇等,並已獲得山東同鄉吉星福張振芳伉儷捐贈五萬美元。最後他希望同鄉無論是第一代或第二代,都能夠發揮愛心,出錢出力,使這部叢書可以早日付梓。經此呼籲,「山東人在臺灣」的文章不必倚賴《山東文獻》逐期刊登,而能夠更快速地展開徵集、編選的工作,整套叢書終於在2001年5月問世[39]。

---

38 孫震(1934-),山東平度人,經濟學家,曾任臺灣大學校長、國防部長。參見孫震,《寧靜致遠的舵手:孫震校長口述歷史》(臺北:臺大出版中心,2016年)。

39 《山東人在臺灣》由財團法人吉星福張振芳伉儷文教基金會於2001年5月出版,孫

　　從先前的憶舊文章到「今日山東」和「山東人在臺灣」兩個專欄的文章出現，意味著解嚴、返鄉之後的山東人與《山東文獻》其實面臨一個新局面的來臨，其中情感、思想的位移是相當巨大的。從思鄉、痛恨共產黨，到返鄉之後，目睹家鄉四十多年的變化，親人老死、離散，但終究見面相聚，而若干年後，山東的社會、經濟彷彿快速進步，所以基於溫情也基於吸收新知，開始介紹「今日山東」。另一方面，在臺灣的他們被稱為「外省人」，返鄉探親又被稱為「臺胞」，到底何處是吾鄉？這其中的矛盾和困惑，誰可以解決？因此，「山東人在臺灣」可說是個自覺性的認知，如同該叢書出版時的文宣說，「介紹山東人各行各業過去五十多年在臺灣艱苦奮鬥的過程、成就及其貢獻」[40]。

　　「山東人在臺灣」隱含的是山東人「移居」到臺灣的歷史背景，可說是這群「在臺灣的」山東外省人重新盤整自己的身世和歷史。他們預設的可能是要面對山東本鄉，給一個說法，書寫他們離鄉背井、遷移到臺灣的歷史；更可能是對臺灣的一種宣告，代表他們來到臺灣，不是寄居而已，在社會各階層也都盡心盡力，名人輩出，對臺灣社會有卓越的貢獻，是已經「在臺灣的」山東人[41]。

震、于宗先、張玉法、李瞻等擔任主編，共17冊，包含學術篇、法律篇、文學篇、社會篇、農業篇、藝術篇、警政篇、醫學篇、軍事篇、教育篇、新聞篇、鄉野篇、黨政篇、工商篇、人名錄（上）、人名錄（下）及張振芳傳。出版時的文宣：「《山東人在臺灣》叢書隆重出版！（二〇〇一年五月十五日）這是集合山東人的智慧，共同為山東人編寫的一部叢書！詳實系統介紹山東人各行各業過去五十多年在臺灣艱苦奮鬥的過程、成就及其貢獻！也是研究臺灣近代發展史的重要參考資料！」見財團法人吉星福張振芳伉儷文教基金會網站，網址 http://rosalind.webnode.com/produce/。2017年8月10日查詢。

40 同上，財團法人吉星福張振芳伉儷文教基金會網站，網址 http://rosalind.webnode.com/produce/。2017年8月10日查詢。

41 這些山東名人，跨足各行各業，除學者屈萬里、孫震、張玉法等，也有作家朱西甯，警政署長顏世錫等，參見孫震、于宗先、張玉法、李瞻等主編，《山東人在臺灣——人名錄（上）》、《山東人在臺灣——人名錄（下）》。

在「外省人」與「臺胞」之間的擺盪、矛盾和痛苦，是否可以因為「山東人在臺灣」或「在臺灣的山東人」的身分重構，而稍微平衡、解套？這似乎不是本章可以代為回答的。但是我們可以理解的是，藉由同鄉會、同鄉刊物，固然建構也鞏固了集體記憶，但隨著時移事往，外省族群對於自身所承襲的文化傳統，也會有流失、遺忘的憂慮，特別是在臺灣出生的第二代外省人，他們背負的家族情感和家鄉想像，很可能因為時日久遠、現實情況而逐漸淡忘，就好像前引屈萬里的話：「五十歲以上的人，還能記得先人廬墓的情況，還能記得先人德業的概略……而三十歲以下的青年，對於這些，就不免印象模糊，甚至默不關心了。」因此除了書寫自身的經驗外，更需要以治史的精神，確立歷史的典範，以避免遭受後代以及世人遺忘的下場。如是，《山東文獻》的發行乃具有承載記憶與歷史的企圖，為我們提供了一種理解的途徑或範例，了解外省人如何在時代裂變中銜接自身歷史的過去與未來。

六　結語

　　1987年解嚴之後，臺灣社會面臨巨大的變動，對於外省人的研究，一度掀起熱潮。2004年，允晨文化公司出版法國學者高格孚的《風和日暖──臺灣外省人與國家認同的轉變》中文譯本，引起熱烈回響，有蕭阿勤等學者撰寫書評[42]；2010年，群學出版社出版張茂桂

---

42 例如梁裕康，〈外省人的認同探索──評高格孚著《風和日暖──臺灣外省人與國家認同的轉變》〉，《政治與社會哲學評論》8期（2004年3月），頁213-219；蔡明燁，〈爭議的共識，共識的爭議──評介〔高格孚〕《風和日暖：臺灣外省人與國家認同的轉變》〉，《全國新書資訊月刊》67期（2004年7月），頁14-16；蕭阿勤，〈評高格孚著《風和日暖：臺灣外省人與國家認同的轉變》〉，臺灣社會學刊33期（2004年12月），頁239-247；林世煜，〈風和日暖──一個法國學者對臺灣外省人的國家認同調查〉，《財訊》292期（2006年7月），頁288-289；直到2011年，仍有二文，陳怡靜，

主編之《國家與認同：一些外省人的觀點》，該書收錄九篇文章，各自從不同立場、題材去挖掘外省人的國家認同與情感、意識等問題，呈現外省人的異質性與複雜性，也受到學者重視[43]。而伴隨外省族群的研究，「老兵」、「眷村」這兩個名詞與概念始終受到社會大眾的注意，2004年，齊邦媛與王德威合編《最後的黃埔：老兵與離散的故事》（臺北：麥田），收錄與老兵、眷村、探親有關的散文或小說[44]；又如2007年，中央研究院社會學研究所規劃主持的「臺灣外省人生命記憶與敘事資料庫」即展開了一系列的史料蒐集與研究。該資料庫的導言云：「本計畫立基於對『過度政治化』的族群政治反省，選擇採取常民觀點，廣泛納入被國族政治所排除的敘事與記憶，呈現人的情感與認同世界及其多面向」。其所蒐集的資料包括口述歷史影音資料、書信、日記、文物、照片以及寫作工作坊的文章[45]。

〈書評：《風和日暖——臺灣外省人與國家認同的轉變》〉，《多元文化交流》3期（2011年6月），頁241-243及林呈蓉，〈評介：高格孚氏《台灣外省人の現在：容する国家とそのアイデンティティ》〉，《臺灣史料研究》38期（2011年12月），頁182-186。

43 例如中央研究院研究員蔡明璋評介本書：「本書的作者們，提供了一個深刻的反省與有力的挑戰，將來到臺灣的外省人的生命經驗在本書中展開來⋯⋯對理解外省人的國家意識、身分與認同的根源，這個族群面對本土化勢力，所採取的可能身分迴避、轉化、修正策略，這本書有一定的貢獻⋯⋯但是各章提供的歷史與質化經驗材料，是族群政治研究者可以再度使用的。社會科學研究者，特別是量化取向的研究者，應該注意這個複雜性，設計更適當的族群分類工具，以便能更細緻地區分這個被誤解很久的外省人概念。」蔡明璋，〈評介《國家與認同：一些外省人的觀點》〉，《研究臺灣》6期（2010年12月），頁131-138。

44 作者包括朱天心、張啟疆、白先勇、桑品載、李黎、李渝、袁瓊瓊等，內容則涵蓋老兵從軍的心路歷程、眷村族群故事、開放大陸探親以後兩岸人民互動的故事、反映了外外省人戰後遷臺的心境以及外省人兩代之間的代溝問題等。相關書評，見高大威，〈集體解構的「想當年」——我讀《最後的黃埔：老兵與離散的故事》〉，《文訊》223期（2004年5月），頁24-25。

45 計畫主持人為張茂桂，共同主持人為林崇偉、吳叡人，臺灣外省人生命記憶與敘事資料庫，網址http://twm.ios.sinica.edu.tw/index.html，2017年8月18日查詢。

以上列舉的研究論著、創作集與資料庫，所注重與收集的，都是有別於政治史、大歷史敘事，而以個人或家族生命史、小歷史的敘事與書寫為重點，以文學、庶民記憶、個人書寫來呼應、記錄時代的變貌。可見對於戰後外省族群的研究，日益趨向於個別經驗、差異性的研究，以求達到多元的觀照。

同樣的，《山東文獻》自1975年6月創刊，到2003年3月出版第28卷第4期宣布休刊，共發行112期，累積相當豐富的資料。本章以《山東文獻》為研究範圍，也是著眼於一個族群的共相與殊相，每一個個體的記憶，都和社會框架下的集體記憶互相關涉。而前人視《山東文獻》為口述歷史、回憶錄等歷史材料的性質，本章從更具有庶民風格的地方風土、習俗傳說等民俗敘寫入手，肯定其建構民俗知識的意義，並挖掘其建構集體記憶的模式，而後給予整體性的觀照，理解《山東文獻》的編者、作者與讀者，如何面對1987年返鄉探親以後的身分認同矛盾，並以「山東人在臺灣」來重構自身的身分認同。

自1987年至今（2019），解嚴已超過30年，臺灣外省人在歷經政治解嚴、政黨輪替、臺灣主體意識高漲之後，他們的國家認同、身分認同仍然是很複雜的。借用高格孚《風和日暖：臺灣外省人的國家認同與身分的轉變》的研究，高格孚認為外省人中，有的傾向與現實的中國統一，有的認同臺灣，但卻是「包含在中國底下的臺灣」，也有主張臺灣獨立的外省人。然而高格孚強調外省人在臺灣的生活經驗、與臺灣社會連結的「臺灣趨向性」，卻是不可抹滅或者忽視，且是一個已經內化的特質，他希望外省人可以「自由地發現、承受及接受，他們也認同臺灣，最終感受到臺灣的風和日暖。」[46]

如是，「山東人在臺灣」的命題，試圖凸顯的是「在臺灣的」山東人，「在臺灣」是過去的歷史因緣際會，也是既定的事實。歷史還

---

46 高格孚，《風和日暖：臺灣外省人的國家認同與身分的轉變》，「第四章　外省人的認同之旅」（臺北：允晨文化公司，2004年），頁136-149。

在演進，本章重點不在於政治立場的解讀，而是基於理解、人性、文化的考量之下，在解嚴逾30年後的今天，重新解讀《山東文獻》所留存、創造的集體記憶以及「山東人在臺灣」的種種事蹟與經驗，也許可以為這群「在臺灣的山東人」保存歷史的見證，使他們不至於有「二度漂流」的遺憾[47]。

---

47 「二度漂流」，參見齊邦媛，〈二度漂流的文學〉，她認為渡海來臺的「外省」作家，如果「在大陸和臺灣的文學史都找不到有尊嚴的地位，將只有作一九四九年辭鄉後的第二度漂流了」，見齊邦媛、余秋雨等著：《評論十家》（臺北：爾雅出版社，1993年），頁29-50。又，齊邦媛在〈老芋仔，我為你寫下〉，對於外省作家筆下的生命故事，也有深刻的理解與同情，見其與王德威合編，《最後的黃埔：老兵與離散的故事‧序》（臺北：麥田出版社，2004年）。

附錄 徵引《山東文獻》篇目一覽表（依卷期、頁碼順序）

編號	作者	篇名	卷期	出版年月	頁碼
1	屈萬里	〈發起山東文獻啟事〉	1卷1期	1975年6月	3
2	屈萬里	〈發刊詞〉	1卷1期	1975年6月	6-7
3	魏懋傑	〈黃縣抗戰勘亂史〉	1卷1期	1975年6月	94-108
4	侯統照	〈故城掖縣〉	1卷1期	1975年6月	151-155
5	魏懋傑	黃縣抗戰勘亂史〈二〉	1卷2期	1975年9月	138-144
6	于寶麟	〈閒話濰縣〉	1卷3期	1975年12月	33-37
7	王豫民	〈膠萊河畔（一）〉（註：一共27篇，以下省略（二）到（廿六））	1卷3期	1975年12月	64-67
8	于寶麟	〈濰縣朝天鍋〉	1卷4期	1976年3月	60
9	顧黃建華	〈逃亡回憶（一）〉（註：一共15篇，以下省略（二）到（十四））	1卷4期	1976年3月	86-136
10	屈萬里	〈曲阜的聖蹟〉	2卷1期	1976年6月	8-14
11	吳鳴鑾	〈「閒話濰縣」續貂〉	2卷1期	1976年6月	54-62
12	編者	〈編輯後記〉	2卷1期	1976年6月	64
13	曹景雲	〈裂痕記——煙臺流亡學生的生活記〉	2卷3期	1976年12月	92-107
14	編者	〈本刊徵求流亡學生史料〉	2卷3期	1976年12月	58
15	于寶麟	〈漫談濰縣婚嫁習俗〉	2卷4期	1977年3月	89-93
16	陳祚龍輯	〈魯省民間流行的歌謠詞章小集（上）〉	3卷2期	1977年9月	144-151
17	王雨時	〈回憶德縣剿匪戰爭〉	3卷2期	1977年9月	42-52
18	魏懋傑	〈漫談黃縣特產〉	3卷3期	1977年12月	90-93

編號	作者	篇名	卷期	出版年月	頁碼
19	于寶麟	〈憶濰縣小吃〉	3卷3期	1977年12月	105-106
20	趙書堂	〈故鄉的喪葬習俗〉	3卷3期	1977年12月	129-139
21	路協普	〈糰與糝〉	3卷3期	1977年12月	107-108
22	陳祚龍輯	〈魯省民間流行的歌謠詞章小集（中）〉	3卷3期	1977年12月	150-157
23	陳祚龍輯	〈魯省民間流行的歌謠詞章小集（下）〉	3卷4期	1978年3月	152-159
24	姜振鐸	〈荷澤風土文物談〉	4卷2期	1978年9月	71-78
25	厲玉嚴	〈漫談俺們家鄉的婚俗〉	4卷2期	1978年9月	101-104
26	鄭陶菴	〈天下第一村——周村的元宵風光〉	4卷2期	1978年9月	105-113
27	于寶麟	〈濰縣年景瑣憶〉	4卷3期	1978年12月	159-162
28	胡士方	〈食在北方〉	4卷3期	1978年12月	127-132
29	于寶麟	〈漫談山東毛驢〉	5卷1期	1979年6月	145-148
30	趙書堂	〈即墨老酒與高粱酒〉	5卷1期	1979年6月	149-151
31	顧黃建華	〈逃亡回憶（續完）〉	5卷2期	1979年9月	112-127
32	曲拯民	〈吃在煙臺〉	5卷2期	1979年9月	155-159
33	曹繼曾輯	〈流行在臨沂一帶的兒歌〉	5卷4期	1980年3月	48-51
34	金鄉張子雨	〈憶金鄉嘉魚地區年俗〉	5卷4期	1980年3月	95-97
35	趙書堂	〈故鄉的婚姻習俗〉	5卷4期	1980年3月	100-105
36	傅培梅	〈山東人過年的習俗〉	6卷4期	1981年3月	149-150
37	劉蔭懷	〈故鄉的名勝古蹟〉	7卷2期	1981年9月	123-125
38	劉紹曾	〈漫談故鄉的中元節〉	7卷3期	1981年12月	112-113
39	李玉珍	〈濰縣的「月」〉	9卷1期	1983年6月	106

編號	作者	篇名	卷期	出版年月	頁碼
40	王豫民	〈膠萊河畔（廿七）〉	9卷2期	1983年9月	64-67
41	王敬軒	〈漫談臨沂縣習俗〉	9卷2期	1983年9月	146-152
42	于寶麟	〈再話濰縣〉	12卷1期	1986年6月	124-128
	王子常	〈濰縣朝天鍋〉	10卷1期	1984年6月	19
43	黑水逸叟	〈山東黃縣的肉盒〉	10卷1期	1984年6月	39
44	朱良耕	〈憶黃縣〉	10卷3期	1984年12月	83-85
45	朱良耕	〈憶黃縣（二）〉	11卷1期	1985年6月	85-86
46	朱良耕、朱月英集成	〈黃縣的諺語……憶黃縣之三〉	11卷4期	1986年3月	124-128
47	朱良耕	〈黃縣點滴 ── 憶黃縣之（四）〉	12卷2期	1986年9月	137-139
48	張亮明	〈故鄉黃縣的回憶〉	12卷3期	1986年12月	116-117
49	朱良耕	黃縣鄉村青少年遊戲 ── 憶黃縣之（五）	12卷3期	1986年12月	118-120
50	朱良耕	〈憶黃縣（六）── 村中小學〉	13卷2期	1987年9月	95-96
51	王文賢	〈香港會親記〉	13卷3期	1987年12月	119-121
52	張玉忱	〈探親記〉	13卷3期	1987年12月	34-141
53	魏懋傑	〈返鄉歸來話今日黃縣〉	13卷4期	1988年3月	78
54	李容之	〈返鄉記〉	13卷4期	1988年3月	90
55	王梨五	〈細述四十四日探親行〉	14卷3期	1988年12月	33-47
56	李雨亭	〈兩次大陸探親紀實〉	15卷3期	1998年12月	90-105
57	朱良耕	〈憶黃縣之八 ── 萊山〉（註：缺（七））	15卷2期	1989年9月	128
58	王振東	〈大陸行〉	15卷3期	1998年12月	66-89

編號	作者	篇名	卷期	出版年月	頁碼
59	朱良耕	〈黃縣話（一）〉	15卷4期	1990年3月	87-94
60	朱良耕	黃縣話（二）	16卷1期	1990年6月	86-93
61	魏懋傑	〈返鄉歸來話今日黃縣〉	16卷2期	1990年9月	73-78
62	朱良耕	黃縣話（三）	16卷2期	1990年9月	123-129
63	朱良耕	黃縣話（四）	16卷3期	1990年12月	123-230
64	朱良耕	黃縣話（五）	16卷4期	1991年3月	157-158
65	朱良耕	黃縣話（六）	17卷1期	1991年6月	141-147
66	朱良耕	黃縣話（七）	17卷2期	1991年9月	107-112
65	朱良耕	黃縣話（八）	17卷3期	1991年12月	130-139
68	朱良耕	黃縣話（九）	17卷4期	1992年3月	90-100
69	魯風	〈今日山東報導——九一世界旅遊日在山東・臨朐縣九一紅葉節〉	17卷4期	1992年3	121-124
70	耿殿棟	〈山東醫科大學〉	17卷4期	1992年3月	124-126
71	鮑家驄	〈山東業餘食雕家鮑希寧〉	17卷4期	1992年3月	127-129
72	李瞻	〈關懷學術，熱愛青年——吉星福張振芳伉儷文教基金會〉	17卷4期	1992年3月	130
73	本社	〈中華齊魯工商文教協會成立紀要〉	17卷4期	1992年3月	（封底）
74	朱良耕	黃縣話（十）	18卷1期	1992年6月	40-50
75	于愷駿	〈警界泰斗于春豔先生〉，	18卷1期	1992年6月	63-64
76	編者	〈增闢「今日山東」欄啟事〉	18卷1期	1992年6月	88
77	編者	〈增闢「山東人在臺灣」欄啟事〉	18卷1期	1992年6月	95
78	朱良耕	黃縣話（十一）	18卷2期	1992年9月	98-107

編號	作者	篇名	卷期	出版年月	頁碼
79	于愷駿	〈山東才子張騰蛟先生〉	18卷3期	1992年12月	107-111
80	魏懋傑	〈故鄉黃縣清明節日及掃墓舊俗追憶記〉	18卷4期	1993年3月	144-146
81	尹德民	〈山東人在高雄：齊河縣劉維誥先生〉	20卷3期	1994年12月	38-39
82	孫震	〈為編印《山東人在臺灣》叢書敬致山東鄉長的一封信〉	20卷4期	1995年3月	152-153
83	尹德民	〈山東人在高雄（二）〉	21卷1期	1995年6月	124-130
84	尹德民	〈山東人在高雄（三）〉	21卷3期	1995年12月	131-137
85	尹德民	〈山東人在高雄（五）〉（註：缺（四））	22卷4期	1997年3月	118-122
86	編者	〈「山東人在臺灣」叢書出版情形〉	26卷2期	2000年9月	43
87	王鳳棲	〈簡述山東濰縣的三寶〉	28卷4期	2003年12月	140-142

（附記：本章係依據國家圖書館所藏《山東文獻》紙本資料而整理、研究，而北京社會科學文獻出版社於2016年9月起，推出「臺灣大陸同鄉會文獻數據庫」，收有《山東文獻》等刊物之數位檔案。該數據庫採付費制，網址 https://www.tongxianghuicn.com/。2018年6月10日查詢。）

第四章

月老信仰與現代社會

——以新北市萬里情月老廟、桃園市中壢月老宮為例

一　前言

　　俗話說：「姻緣天注定」，主掌姻緣的月下老人，也因此受到庶民百姓的崇信。不過我們也會發現，月老的神位經常設置於大廟的後殿，少有獨立或醒目的位置。這好像暗示祈求姻緣畢竟是隱私的事情，不宜堂而皇之地公開。然而隨著近年來月老信仰愈加興盛，臺灣也開始出現以月老信仰或是祈求姻緣為主的宮廟。在講究自由戀愛、婚姻自主的現代社會，這類現象，究竟具有什麼意義呢？這些新興的月老廟，是以什麼樣的方式在經營？這些都是耐人尋味的問題。

二　傳統型的月老信仰——從臺北霞海城隍廟月老祠談起

　　月老故事源自唐代李復言的傳奇小說〈定婚店〉，故事中的韋固遇到一個老人指點他未來的婚配對象，韋固起初不信，最後還是和那個命中注定的女孩結婚[1]。故事中那位老人也就是傳說中的月下老人，他手中握有姻緣簿和姻緣線，可以把男女雙方聯繫在一起。這樣

1　唐代李復言，〈定婚店〉，原出自《續玄怪錄》，《太平廣記》卷159收錄此則，但多有闕文。此處參見本社編註，《唐人傳奇小說》（臺北：文史哲出版社，1981年），頁223-225。又參馬書田，〈十四　月下老人〉，《華夏諸神‧俗神卷》（臺北：雲龍出版社，1993年），頁61-64。

的傳說和信仰幾經流傳，成為人們對於婚姻的美好想像，也相信透過月老的加持，可以找到自己的真命天子、天女。

在臺灣，南、北有名的月老祠，例如臺南武廟的月老殿、大觀音亭祀典興濟宮月老公和臺北大稻埕霞海城隍廟的月老祠等。就筆者較為熟悉的霞海城隍廟來說，它位於迪化街商圈，也是昔日移民聚集的大稻埕，霞海城隍廟扮演的正是移民信仰的中心，尤其農曆五月十三日是城隍爺生日祭典，信眾集聚，因而產生了「五月十三，人看人」的俗諺，恰恰說明了城隍信仰的盛況。而月老祠附屬於此，便也成為遠近居民信奉的神祇，月老的傳奇與靈驗，經過口耳相傳，更是吸引有所求的民眾[2]。更令人訝異的是，國外的觀光客也慕名而來，形成熱門的觀光景點。

如果以霞海城隍廟的月老祠當作傳統型月老信仰的範式，我們可以看到幾個現象：

1. 以鉛錢、紅絲線、喜糖作為供品，向月老祭拜。
2. 祭拜後，鉛錢、紅絲線可以帶走，並隨身攜帶（放在皮夾裡），而喜糖則留下交給廟方，廟方會用來煮平安茶，給信眾分享。
3. 祭拜完畢，吃前人分享的喜餅、喜糖，以及喝平安茶，沾沾喜氣。
4. 覓得良緣訂婚時，必須將喜餅送來廟中祭拜，以感謝月老。
這些規矩，廟方也做成說明書，中日文對照，以便本地信眾和日籍觀光客參看。印製說明書，代表廟方已注意到現代社會對於資訊的需求，因此突破口耳相傳的模式，用文字仔細說明「拜拜的方法」等事項。

---

2 據廟方印製的說明單，廟方所供奉的月老神像，係於1971年，由王道瑞雕塑，高43公分。

　　筆者多次帶學生戶外教學走訪大稻埕，來到霞海城隍廟時，年輕的學子大多對月老充滿好奇，但他們常常是拿了說明書就往書包裡放，然後四處觀望，並沒有人趕快拿香去拜。經筆者追問，他們才說拜月老還是下次自己悄悄的來比較好！原來，祈求姻緣還是不宜大張旗鼓，自己或是三兩好友結伴而來，可能會比較靈驗吧。

三　信仰、網路與文創——走訪新北市萬里情月老廟

　　從霞海城隍廟的例子，可知傳統的月老信仰有它固定的一套儀式與祭拜的物品。但是隨著時代的風氣，我們也可發現一些新增的儀式或物品，甚至是新造的宮廟，而且是專門祭拜月老。

　　在一個很偶然的機會下，筆者注意到一則中央通訊社發出的新聞，時間是2014年12月20日，標題是「萬里情月老廟心型杯筊香爐招桃花」，內容則是：

　　　　（中央社記者黃旭昇新北市20日電）萬里情月老廟今天成立，
　　　　除獨創七彩姻緣線提供情人、夫妻感情甜蜜恩愛，還有愛情郵
　　　　局寄送「愛情限時批」與心型杯筊、香爐。[3]

這引起筆者的好奇，很想了解這座新造的月老廟究竟有何創新之處，於是趁著暑假前往探訪[4]。

　　這座「萬里情月老廟」位於新北市萬里區，從大道進入廟之所在的公館崙路，頗有一段距離，它的斜對面即是金山財神廟[5]。此廟設

3　網址http://www.cna.com.tw/news/asoc/201412200288-1.aspx，2015年6月22日查詢。

4　筆者於2015年7月14日，偕同家人一起到該廟探訪。

5　地址：新北市萬里區礦潭里公館崙55之2號。開放時間：08:00-20:00全年無休（除公告停班停課之颱風、天然災害外）。

有官網[6]、臉書[7]及專屬 APP，可了解建廟緣起與相關訊息。從官網、臉書的自我介紹的文宣，以及筆者實地訪查，可知萬里情月老廟的建廟宗旨與各種設計理念：

（一）建廟宗旨、祭儀設計構想

瀏覽廟方官網，可發現廟方強調這是為年輕人的愛情、婚姻服務的宮廟：

> 求財、求愛一向是年輕人生活打拚的目標，知名的⋯⋯團隊，繼成功打造北臺灣求財聖地後，該廟主要成員為進一步服務新世代青年軍，耗時3年於財神廟旁新建一座號稱全臺牽紅線最專業的「萬里情月老廟」。[8]

然而年輕的團隊如何創建、經營一座專業的月老廟？從神像供奉、祭儀的設計，可看出廟方試圖結合宗教與創意，藉此凸顯該廟的特色。例如在祭儀方面，此廟一樓稱「真心殿」，供奉月老與和合二仙[9]；二樓則供奉送子觀音。除了傳統的燒香拜拜、燒金紙、求籤詩

6　「萬里情月老廟」官方網站http://www.matchable.tw/，「關於月老」欄，2015年7月1日查詢。

7　「萬里情月老廟」官方臉書，https://www.facebook.com/萬里情月老廟-597149223706904/timeline?ref=page_interna，2015年7月1日查詢。

8　參見「萬里情月老廟」官方網站http://www.matchable.tw/，2015年7月1日查詢。團隊名稱略去，有意了解者請自行上網查詢。

9　據《事物會原》：「和合神乃天臺山僧寒山與拾得也」，和合一詞，出自《周禮・地官》「媒氏」疏：「使媒求婦，和合二姓」，即意謂主婚姻媒合之意。唐代僧人寒山與拾得在寺廟修行時曾是患難之交，兩人好友；民間傳說二人同時喜歡上一位姑娘，寒山欲往迎娶，始知拾得亦中意其女，於是寒山棄家至蘇州楓橋，削髮為僧，結庵修行。拾得聞訊，亦前往相尋。兩人相見時，拾得持一朵盛開荷花、寒山持一盒齋飯會面，兩人樂極而舞。後拾得亦出家，二人共同開山立廟，即今之寒山寺。後世以二人象徵情感和睦、喜樂團圓，崇拜之為和合二仙；神像造型都是拾得持荷，荷者，和也，和諧之意；寒山捧盒，盒者，合也，取和好之意。參見馬書田，

之外，獨創心型杯筊、心型香爐，以符合「心心相印」的象徵。香爐的兩側是以龍、鳳盤踞，和一般廟裡是兩隻龍護守的造型不同。主殿兩側設有和合感情燈（左）、月老姻緣燈（右），供人點燈祈求心願[10]。

　　由此看來，從一樓到二樓所供奉的神像，不僅可以吸引未婚者來祈求姻緣，也可以讓新婚者、已婚者來祈求子嗣，彷彿「一貫作業」的現代化流程。而獨創的心型器物和龍鳳香爐則是以創意來突破傳統的寺廟祭拜文化，試圖加深其專業又年輕化的特色。

（二）文創構想下的結緣品

　　在結緣品方面，廟方設計了多款現代文創商品。這些結緣品有「七彩姻緣線」、「愛情限時批」、「心心相印立體郵票護情符」、「愛神郵筒小吊飾」以及與中華郵政公司合作開發的客製化郵票，開辦「愛神快遞」。

　　「七彩姻緣線」可說是其他月老祠所用的紅線、姻緣線的進化版，已考慮到現代社會感情多樣化的情況而有不同的搭配方式，據其官網所述：

> 1. 紅線＋紅線：月老姻緣線──無對象者，男找女、女找男配對。

　　《華夏諸神·俗神卷》，頁54-56。又，「萬里情月老廟」官方網站介紹：和合二仙，指唐代僧人寒山、拾得，二人相交和睦；二人曾是文殊菩薩、普賢菩薩的化身，清朝雍正帝冊封寒山為「妙覺普度和聖寒山大士」簡稱「和聖」，拾得為「妙覺普度合聖拾得大士」，簡稱「合聖」，故稱和合二聖、和合二仙；後經長期的流傳及演變，現今已成為象徵男女相親相愛的神仙。參見該廟官方網站http://www.matchable.tw/indexplates/intro.php?id=wanlimatchmaker&lan=TW，「關於月老」欄，2015年7月19日查詢。

10　每盞燈NT$ 500／年；月老燈：祈求良緣早成；左右逢「緣」。和合燈：祈求心相印、意相同；意綿綿。平安燈：祈求平安健康、賜子賜福。「萬里情月老廟」官方臉書，http://www.matchable.tw/indexplates/multispecial.php?id=wanlimatchmaker&lan=TW#call_sub2，「點燈方式」欄，2015年7月19日查詢。

2. 粉紅＋橙線：和合感情線──已有對象者，祈求男女感情
甜蜜堅如磐石。

3. 藍線＋黃線：男女雙方求婚結婚（含第二春），祈求晉階佳
偶順利完婚者。

4. 綠線＋紫線：祈求夫妻能鰜鰈情深，百年好合、白頭偕老。[11]

「愛情限時批」則是向月老祈求之後，可得信封信紙一套，可帶回家
寫上自己的心願和告白，購買特製的「愛神郵票」貼上，然後郵寄給
心儀之人；或是當場書寫，向月老呈奏，並在心型香爐上順時鐘繞三
圈加持，然後投入廟埕上的大紅色復古郵筒「限時專送之愛神快遞」
焚化，就可傳達心願。這個「愛神快遞」大郵筒也就是個焚燒金紙的
金爐。其他「心心相印立體郵票護情符」、「愛神郵筒小吊飾」則是飾
品[12]。

從傳統的「紅絲線」變成「七彩姻線」，又把傳統的情書變成與
愛神、月老有關的「愛情限時專送」，加上各色創新飾品，的確具有
「文創」精神，把「愛情」和「月老信仰」結合，當作文化創意產業
來經營。

（三）從景觀加強「愛情」意象與象徵

這座新廟的外觀和傳統宮廟有相同之處，也有迥異之處。白牆、
紅瓦、飛簷、拱橋，這都和傳統宮廟類似，但是飛簷上還豎立了白色
的邱比特雕像，拱橋兩端也立著邱比特塑像，拾級而上，兩邊則以喜
鵲鎮守。而正殿入口上方有書寫「心心相印」的匾額，正門的造型也

---

11 「萬里情月老廟」官方網站http://www.matchable.tw/indexplates/multispecial.php?id=
wanlimatchmaker&lan=TW#call_sub3，「緣定月老」欄，2015年7月19日查詢。

12 「七彩姻緣線」、「愛情限時批」和這些飾品都是「隨緣」，即自由捐獻、投錢到功
德箱內。

是心型，進入正殿，天花板的吊燈、圖繪，都是心型圖案。連窗戶都是心型，由內往外可以看到「愛神快遞」大郵筒正落在心型窗戶的正中央。在庭園景觀上，走出正殿的右手邊，有「永結銅心許願池」和「愛神快遞」大郵筒；「永結銅心許願池」旁還有一面布告欄，讓香客可以把許願牌掛在上面。再沿著小路向前走，有「情比石堅雙心立正石」和一對大型的持弓箭的邱比特塑像。心型圖案、許願池、愛神邱比特和許願牌，共同構成了這是個「愛情之廟」的氣氛。就如同其官方「臉書」所云：

> 本廟特祈求眾神福眾生締結良緣，正所謂：咫尺天涯一線牽、相逢何必曾相識、有緣萬里來相會，希望人人都能到萬里來一圓良緣！[13]

俗謂「有緣千里來相會」，在此因應地名「萬里」而改為「有緣萬里來相會」，頗有巧思。但是鵲橋所代表的「喜鵲搭橋」的傳統意涵，如今和西方的「邱比特之箭」的愛神意象並置，這樣的「創意」，能否被大眾接受，有待觀察。

（四）現場訪查與網路媒體分析

這座月老廟於2014年創辦，許多設施都還很新穎。筆者到訪當日並非假日，所以訪客稀少，除了我們一行六人，就只有兩、三組遊客來訪，看上去大概是年輕的情侶。在一樓休息區的牆面，貼有不少廟方活動的剪報，內容看起來很豐富、熱鬧。筆者請教在「愛神快遞」的櫃檯工作人員有無固定祭祀時間，今年七夕會辦活動嗎，工作人員

---

13 「萬里情月老廟」官方臉書https://www.facebook.com/pages/%E8%90%AC%E9%87%8C%E6%83%85%E6%9C%88%E8%80%81%E5%BB%9F/597149223706904?sk=info&tab=overview，2015年7月1日查詢。

表示會的，但是還不確定。而其他的遊客則大多在「永結銅心許願池」、「愛神快遞」大郵筒和那對大型持弓箭的邱比特塑像前面拍照，也有一組遊客買了許願卡，掛在許願池旁的布告欄。

　　參訪回來之後，筆者又再次上網搜尋該廟的官網與臉書，發現除了詳細的圖文說明，該廟網站、臉書更顯現傳播、互動的特色。也就是說經常放上「最新消息」，也鼓勵香客回應，尤其是情侶訂婚，若有因此而締結良緣者，廟方非常歡迎贈送喜餅回廟中拜拜，與大眾分享喜悅。分享喜餅除了是答謝神明與分享喜悅之外，應該也有告訴旁人這間廟很靈的意味。除了送喜餅到廟中，廟方還希望他們也上傳訂婚照或結婚照。「有圖為證」，新人喜氣氣洋洋的照片不啻是最好的例證，證明這間宮廟的月老非常靈驗，保佑他們好事成雙，覓得終身伴侶。

　　綜合上述可知，新式的月老廟除了實地景觀、結緣物走向文創、新潮之外，在這個數位的時代，網站、臉書以及專屬APP更是不可或缺的經營條件。

四　立神像、補桃花金與網路文宣──走訪桃園市的中壢月老宮

　　透過萬里情人廟的案例，使筆者深感現代科技對信仰形式的改造，於是也從網路上看到桃園市中壢區的「中壢月老宮」的網站與臉書，對它所強調的「臺灣月老祖廟」感到好奇，而決定前往訪查。

（一）月老宮的環境

　　上文討論的萬里情月老廟位於小山丘，離市街有一段距離；但中壢市普忠路上的中壢月老宮則是在工業區的大馬路旁，第一次訪查當天（2015年7月14日）接近17：00下班時間，大卡車、小汽車、機車

連續呼嘯而過，可以親身感受車水馬龍、喧鬧不止的狀況，使人不禁對這「結廬在人境」的宮廟更加好奇。因為已近閉館時間，我們快速觀察四周擺設與環境。

此宮面臨大馬路，為平房式，大門掛有對聯「月老紅緣線牽千里人緣到　老君造緣乾坤和合佳緣成」；左右兩邊牆面都有顯眼的彩繪，左邊牆面，對聯是「月下赤繩千里定姻緣　老人結緣天祝百業開」，而中間繪著月老神像，兩旁斗大的字寫著「求姻緣補桃花造財運」、「求貴人段桃花求和合」；右邊牆面則是一尊月下老人像，其餘則是書寫開放時間與聯絡電話等。這兩面牆，彷彿非常搶眼的招牌。一進門，即是正廳，中間為供桌，兩旁則是擺設香燭、金紙與各種斗燈的長桌，上置桃花燈、貴人燈等。正廳左手邊有一間廂房，作為辦公室之用；右手邊有一個出口，可到後院去燒金紙[14]。

（二）月老宮的起源

為進一步訪查，筆者委託洪翠雯女士於七夕（8月20日）當天前往訪問，以下敘述至第（四）點為所提問題和得到的說明[15]。

據月老宮的執行長陳德盛先生說明，1992年，中壢受鎮宮弘道院成立。2003年，羅法道長[16]取得玄天上帝全國慶典的主辦權。隨後，玄天上帝託夢，因臺灣社會中男女婚姻狀況多變，指示須奉祀月老星君，並立之為主祀神；後，玄天上帝又指示道長前去杭州迎接月老星

14　本章初稿發表於「月老信仰國際學術研討會」，為搜集論文資料，筆者於2015年7月14日，探訪萬里情月老廟後，轉往該廟；因到達時已近閉館時間，僅能匆忙觀察。後因故無法於會議論文繳交期限內再訪，乃委託當地中學教師洪翠雯女士於8月20日七夕當天代為訪查，並提供問題交由她代為詢問。而後，筆者亦在會議舉行前的9月19日，親自再往拜訪一次，對相關資料補充與修正。感謝洪女士協助拍照與訪問。地址：桃園市中壢區普忠路332號；開放時間：8:00-17:00（例假日無休）。

15　訪查時間為2015年8月20日，上午9:00-11:00。

16　羅法道長，本名陳勝俊，其名片上載：中國混玄文化道教會分會長，中壢受鎮月老宮住持。

君香火回臺。於是2004年8月，羅法道長將杭州祖廟月老星君的分靈金身迎回臺灣；此即是高三尺六（108公分）、坐姿的月老星君神像。又因中國道教總會之故，也迎回萬回祖師[17]及祖鴻鈞老祖[18]分別陪祀左右，因此獲得中國道教總會的認可，成為「杭州月老，在臺灣祖廟」的代表。同時，他們也採用杭州月老廟的籤詩，以歷代詩詞為籤詩內容，和一般寺廟的籤文不同，更適合於來此祭拜的信眾。中壢月老宮以月老為主祀神，和其他宮廟將月老供奉在陪祀神的位置很不相同。陳先生又說明，他們是正派的道教宮廟，會以月老為主神，主要是看到現代社會有很多宅男宅女，需要月老牽線或是幫忙解決婚姻問題，所以奉祀月老來為信眾服務。

（三）桃花燈、七夕的祭典與「補桃花金」

月老宮有點燈服務，其中的「桃花燈」專為單身男女所設，有「增加個人魅力，招好人緣」的作用，也就是能夠「祈求人緣增長，增異性緣，整理本命桃花」，使祈求者的姻緣之路更為順利。由於採訪當天（8月20日）是七夕，因此很好奇會不會有特別的祭典或活動，因先前從網路上有看到七夕的活動很盛大。陳先生回答，七夕、

---

17 據《酉陽雜俎》，萬回老祖，姓張，生於唐朝貞觀六年，虢州閿（聞）鄉（今屬河南）人氏，因見母親思兄，日行萬里，取回兄長之家書與衣物，安慰母親，後世人信奉張萬回，以為此神可以使在萬里外的親人回家團圓。又，《談賓錄》載，萬回是菩薩轉世，唐玄宗時人，得玄宗寵信，張天師驅疫鬼，教和合二仙顯道法，其中即有萬回；唐玄宗並賜封其為萬回聖僧。此後，萬回有有了「和合」的名目，被視為「團圓之神」；到後代又分為二，以寒山、拾得為和合二仙。馬書田，〈十三萬回哥哥、和合二仙（寒山、拾得）〉，《華夏諸神・俗神卷》，頁52-54。中壢月老宮以萬回祖師來主導和合之事，凡夫妻、兄弟不和，可向萬回祖師祈求。

18 鴻鈞祖師，道教元祖，又稱混元老祖，是先天地而生的「道」幻化而來的人格化的神，不僅是眾神之中的最高神，也是世界萬物的創造者。參見任繼愈主編，《中國道教史》（上海：上海人民書版社，1990年），頁727-728。中壢月老宮以鴻鈞祖師主貴人之職，凡事業不順、欲求發達者，可向鴻鈞祖師祈求。

中秋是該廟祭祀的重要日期，今年七夕雖沒有特別活動，但可以在農曆七月初七到二十一日到廟裡來「補桃花金」，可以增加自己的好人緣，也比較容易實現願望。「補桃花金」也是為單身男女而設，除了平日來點「桃花燈」外，在七夕這段時間來補一份桃花金，就像加強「補運」一樣，可以早日覓到良緣，或是「有情人終成眷屬」，早日修成正果。「補桃花金」就是購買一份專門祈祝「桃花」好運的金紙禮盒，向月老祭拜後焚化，以求姻緣或是增強好的異性緣，促進兩人交往順利[19]。

（四）祈求姻緣的祭拜儀式

　　月老宮的祈求姻緣儀式，有一定的步驟和用品。據陳先生說，先購買月老金、投緣金、和疏文，在疏文上填寫好姓名、住址和出生年月日，然後到以三炷香向月老拜拜。拜拜後，若要求紅線，必須先擲筊，得到一聖杯才能取紅線。神桌上的紅線有五條，要請示月老是哪一條，包括方位、長度（有22、40、48、67、88公分等長度），然後由廟方人員取下，交給祭拜者裝入香火袋中，過爐，然後隨身攜帶，至少配戴七天，以求姻緣早日到來。至於為什麼是這一條紅線，以及長度的意義，都可以請廟中的住持羅法法師（陳俊勝）講解。而陳先

---

19 月老宮的官方臉書上有七夕的動態消息：「七夕找月老補桃花。牛郎一年守望在七夕，織女四季遐想在七夕；喜鵲搭橋為愛來相會，銀河流淌深情在七夕。農曆七月七日，七夕情人節是所有渴望愛情的男女，從相望、相識、相聚，到相知、相愛、相守……趕緊把握這個好時機，趕緊到桃花源之稱的桃園中壢月老廟為自己補份桃花金，為自己補足桃花，增桃花緣。祝福天下有情人終成眷屬，夢想早日成真。凡是七月七日起至七月二十一日止，凡到中壢月老宮補桃花金一份，贈粉色晶鑽筆（桃花）一支。」網址https://www.facebook.com/moongod，2015年8月26日查詢。但「增桃花緣」很容易讓人誤以為是增加和更多位異性交往的能量，經筆者於9月19日請教羅法道長，他表示絕對不可如此，那就會變成爛桃花，自找麻煩。「補桃花金」是指讓正在交往中的單身男女，如果是有好的緣分，就會促進他們更進一步交往，使感情之路更順利；或是還沒有對象者，可以增加他的魅力，增強正面的異性緣，讓他早日找到好的對象。

生也說到，凡祈求姻緣成功者，訂婚時都會送喜糖喜餅給月老，嗣後結婚生子，小孩滿月時也會送油飯來謝神。

有關拜月老求姻緣的信仰，陳先生經常強調他們是正統道教，以服務的精神為信眾服務，也希望用比較現代化的方式來經營這座宮廟。譬如為了幫助未婚男女祈求好姻緣，他們最初也會辦聯誼活動，約集20名男女，安排他們見面交談，合意者可彼此索取電話號碼，繼續聯絡，看看他們有沒有緣分結成連理。不過，這項活動後來因人手不足，也就暫時停辦了[20]。

（五）強化「順其自然」的姻緣觀

9月19日，筆者再度驅車至月老宮，適逢羅法道長在廟中，他首先問明筆者的來意，並表示只有單身者可以拜月老，已婚者可以拜萬回（和合）祖師。上班族要求事業順利，也可以拜鴻鈞老祖。筆者便購買一份「貴人金」（600元），向鴻鈞老祖祈祝。隨後即詢問月老宮與拜月老事宜，以下根據羅法道長的解說而記錄[21]。

羅法道長認為姻緣不可強求，順其自然最好。因此他總是告訴來此拜月老的信徒，無法跟月老指定對象，不能設定身高、年齡、長相等條件，也不能指定要跟哪一位先生／小姐開始談戀愛或結婚；只能祈求月老幫助你早日找到好的緣分，或是祈求月老給你的好緣分加持一下，讓你的感情路走得更順。羅法道長舉例，先前透過月老加持而締結良緣者，有身高、體重及不相稱的兩個人，但因為彼此互相照顧，互相體貼，日久生情，所以不知不覺情投意合，最後結為連理。

---

20 但月老宮對自身撮合姻緣的功績，仍然非常引以為傲。見李容婷，〈中壢月老宮 12 年促成萬對佳偶〉專題報導，北部新聞版，2015年2月12日。網址http://news.ltn.com.tw/news/local/paper/855946，2015年8月26日查詢。又，本章曾收入會議論文集，感謝當時一位論文審查人提醒，「12年萬對佳偶」之說，不免有為宣傳而誇大之虞，應姑且保留其說。

21 訪談時間：2015年9月19日下午4:00-6:00。

羅法道長強調，這就是「緣」，不是你事先祈求什麼條件就會給你，只有合乎自然的，才會成功。也有一對青年男女，女方是身障者，男方因為經常幫忙她上下車，久了也就產生感情；但男方的母親反對，希望他幫忙作法，斬斷二人姻緣。羅法道長勸這位母親不要這麼想，他也不會幫忙做這種法事，因為勸合不勸離，讓他們自然交往，會結婚就是會結婚，不會就不會，旁人不能強制。

　　有關回答、處理信徒的姻緣問題，羅法道長很強調「正派」。他說坊間有些命理師會給信徒一些符咒，叫他們到月老宮來「化」掉；或是叫信徒到月老宮來找羅法道長幫忙作法事解決。但羅法道長說，他都會問清楚事由，不隨便幫人作法事，他都會以勸導的方式，讓當事人（或其父母）了解事情的輕重，讓他自己做決定，不能靠神明來解決所有的問題。特別是涉及法律、道德等問題，他絕不會盲從，一定會提醒當事人這些願望是不能祈求和實現的[22]。

　　在這天上午，恰巧有一對情侶前來拜拜，羅法道長就在旁教導如何進行儀式，同時要求大聲念出心中的祝願。然後由道長協助完成儀式。另有一位婦人，她是代替兒子來祈願的，並表示上次來拜拜之後，好像沒有成效。道長問她是否有遵照上次的提示，也就是改變穿著，以求好姻緣。但婦人表示兒子都沒有改變。於是，道長告訴她要勸兒子遵守指示才會有效，並繼續為她主持儀式。

　　旁觀信徒的祈願儀式之後，筆者注意到月老宮的牆上貼有許多「還願書」，上面分別寫著還願者的姓名資料。經羅道長解說，這是來此祈願而成功者的證明，分為答謝和還願兩種；答謝，泛指一般有求於神明，神明幫忙已經達成所願者，例如：原本沒對象因而祈求而

---

22 譬如有人和有夫之婦來往，祈求兩人戀愛成功，羅法道長會告訴他此事萬萬不可，也無須向月老祈求。又如，有年輕人玩弄女子的感情，導致女方懷孕，其母認為這是爛桃花，請羅法道長幫忙斬斷孽緣；羅法道長回答，此言非真，究其原因是你兒子缺德，應該讓你兒子自己反省、解決，不然就是等待法律判決。

已有交往者；還願則是指順利訂婚、結婚或夫妻和合者。看還願書上註記的時間，有1年、3年，甚至5年者，代表他們是祈求月老之後，經過多久的時間才成功；由此也可看出信眾對月老星君的信仰熱忱。

從以上兩次的訪談紀錄，可知中壢月老宮偏向現代化、服務這樣的想法；而對於信徒的祈求，也有類似心理輔導的勸說。但也看得出來，受限於人力，今年七夕就沒有大規模的祭典，改為「補桃花金」的活動，鼓勵信眾自由參拜。從「補桃花金」和求貴人等儀式，也可看出此宮的多角化經營，除了有屬於男女感情的祝禱，也有屬於人緣、人脈、貴人的祈求，相信可以符合更多信眾的需求。

（六）月老宮之影片、網站、臉書分析

除親自訪查外，拜網路資源之賜，筆者亦得以更了解中壢月老宮的活動紀錄。月老宮本身設有官方網站、臉書，而且也有介紹的影片流傳，可謂相當齊全。

首先看影片介紹，有兩則，一是長3分27秒的簡介[23]，另一則是長達一小時以上的長片，重點為迎接杭州月老的分靈金身到月老宮，平安繞境、安座儀式。

片中陳德盛先生、羅法道長都曾受訪，解說相關狀況[24]。

其次，從網站、臉書來看，也都一直保持動態活力，顯現其特色。網站「中壢月老宮」，2008年建置，分為宮務介紹、祭祠服務[25]、

---

23 標題「TVSOEZ」跟著節目去旅行——中壢月老宮」，長度3:27，內容：月老宮簡介及穿插道長陳俊勝的說明。網址：https://www.youtube.com/watch?v=pd9k5r8xq3c，創意互動有限公司製作，2011年8月21日，由YI HU TUNG CHUANG上傳。2015年8月26日查詢。

24 標題「TVSOEZ_2012中壢月老宮歡喜迎杭州月老」，片長1:19:35，內容：迎杭州月老分靈金身安座及平安繞境儀式。網址：https://www.youtube.com/watch?v=t_oqpg1G9hc，2013年1月10日，TVSOEZ101發布。2015年8月26日查詢。

25 「祠」疑為錯字，應是祭「祀」服務。

部落格、月老商城、地理位置、聯絡我們等欄位。宮務介紹欄，包含此宮的簡介、活動訊息、線上求籤等；祭祠服務欄，包含還願及答謝、如何拜月老、見證感言、代呈還願、線上抽籤；部落格欄，有百合聯誼會、昊天太子會，但無法連結；月老商城欄，列出各種點燈、金紙及其所需的費用；地理位置與聯絡我們兩欄為指示地址與聯絡之用[26]。

值得注意的是，官網的兩個欄位都有線上求籤，可見這是他們亟欲標榜的特色，也是將民俗信仰科技化的一個例證。經筆者嘗試上網求籤，籤詩為七言四句，依健康、愛情、事業、財運四項說明詩中含意與運途，而後則是建議點燈祈福，再連結進去，例如桃花燈、姻緣燈、貴人燈，而各燈的價格亦不同。此外，也可以「線上點燈」，亦即透過網路填寫祈福者、被祈福者、事項等資料後，直接匯款即可。而「見證感言」網頁，列出16筆婚姻見證，但係以旁觀者的角度敘述當事人的姻緣歷程，而且這16個故事類型都不同，如〈七年之戀終成眷屬〉，講的是雙方父母反對，但兩人潛心祈求月老幫忙，父母終於化解情結，兩人得以締結連理；〈南非移民第二代的戀曲〉，講的是一個移民南非的女孩，因為回臺灣探親旅遊，順道到月老宮拜拜，也因此覓得良緣；而女孩的姊姊在南非已成家，此時婚姻卻亮起紅燈，經妹妹建議回臺灣來月老宮祈求月老幫助，果然挽回婚姻；〈麻雀變鳳凰〉，工廠女作業員阿君，參拜月老三個星期後，得一相親機會，與男方的感情順利發展，後來才知對方是跨國企業的少東，婚後即將帶著她回加拿大共同經營事業；其餘的故事，有涉及同志、在臺的外籍勞工、身障者……等各類身分的信眾，因為虔誠膜拜所以獲得好姻緣的見證。這些有如「新聞報導」的札記，無疑是為了宣傳、加強此宮廟的靈驗，以吸引更多信眾來參拜。

---

26 站名「中壢月老宮」，http://www.yuelu.idv.tw/，2015年8月26日查詢。

　　官網首頁還有一欄「影像消息」，最新貼出的影片片名是《專屬我們的愛情微電影》，內容敘述男女主角本都是因為失戀、單身而去到中壢月老宮祈福，偶然的邂逅使他們有「同是天涯淪落人」的共鳴。但他們沒有互相留下聯絡電話，以為彼此只不過是對方生命裡的過客。孰知，命運巧安排，他們又見面了，並且成為男女朋友。故事的氣氛就像字幕顯示的，「從奇遇，到遇見美好的愛情」，但也是一種包裝手法，把中壢月老宮的信仰及其靈驗的地方藉影片、故事來傳播[27]。

　　中壢月老宮的臉書於2012年成立，依臉書格式，設有動態消息、關於、相片、影片、說讚的粉絲等欄位，也有訪客貼文。從動態消息來看，該臉書的管理十分快速，可以但最新的活動宣傳。更特別的是，除了和宮廟的活動相關外，動態消息也常發文，敘述愛情之道、宣講倫理道德、提醒信眾注意健康、祝福信眾母親節快樂……等等，五花八門，應有盡有，就好像是一般團體經營粉絲團一樣，讓人感覺閒話家常、很親切，而且備有美麗的插圖或是新聞圖片，從信眾的留言，可看出互動性極高[28]。譬如8月18日的貼文：

　　　　緣，是人間一種看不見的引力，把我們與某些人拉進，也與某些人疏遠。據說，有緣的人是拆不散的，無緣的人是撮不合的。而人生的困擾往往在於──我們希望有緣的，偏無緣或緣淺，我們不希望有緣的，那個緣卻綿延流長。

這則貼文，除柔美的文字，還配有一幅少女站在畫架前，長髮長裙隨風飛舞的樣子。給人夢幻的感覺，好像是言情小說、或是浪漫小語之類的作品，反而不像宗教的勸導文。而「相片」欄，更提供我們回顧

27　陳奇威導演，《專屬我們的愛情微電影》，片長5:42，網址https://www.youtube.com/watch?v=Wr55uY0JZuk，2015年3月12日，中壢月老宮發布。2015年8月26日查詢。

28　https://www.facebook.com/moongod，2015年7月20日查詢。

其活動歷史的機會。

　　從其2012年的相片來看，當年度曾舉辦盛大的法會，活動總稱為「101年月老姻緣文化祭」，並以「緣定七夕，幸福中壢」為主標語，於2012年8月22至26日舉行[29]。此活動由「百合聯誼會」提案通過，獲桃園縣政府、桃園縣議會、中壢市民代表會、中壢市公所、中華道教總會、中華混玄道教總會等單位列名指導／贊助，由中壢月老宮主辦、受鎮月老弘道院協辦，地點在桃園縣中壢市興仁一段（內壢興仁夜市廣場），活動分為法會與表演活動[30]。以一個私人宮廟而能獲取官方文藝活動的主辦權，可見該廟的人脈極廣，人力、資源充足，也很有推廣宗教信仰的熱忱，才能舉辦這樣大型的活動。

　　以上，對於中壢月老宮的觀察與敘述，可以指出其特點：一是先立一尊高達108公分的坐姿月老神像，以「全臺唯一」打造自身的特性；二是和杭州月老廟連結，從神明分靈的模式，來奠定自己是「臺灣月老祖廟」的地位；三是結合地方各種人脈資源，以促進其知名度與優勢；四是靈活運用網路科技，以宣傳、加強月老宮的靈驗性，和信眾維持良好的互動關係。

五　新式月老信仰的特色與反思

（一）新北市萬里情月老廟的特色

　　如果以臺北市霞海城隍廟為傳統型的月老祠，則新北市萬里情月老廟正是個不折不扣的新式月老廟。它是憑空而起的一座月老廟，從

---

29 但因為颱風，所以實際上延後到9月19-23日舉行。

30 連續五天的法會分別是七夕增緣大法會、消災補運法會、安奉斗燈法會、月老增緣法會、桃花緣法會及貴人緣法會；表演節目的名稱則是勁歌熱舞之夜、七夕情歌之夜、爵士國樂之夜、舞戀桃花緣、感恩緣圓滿。

它的建廟緣起來看，可說是以文創概念來經營的一座宮廟。在傳統／新式的對比之下，有這樣的異同：

1 它設計了很多文創「結緣品」，以新式的語言來解說其意涵

當從前的男男女女以私下的祝禱對月老訴說心願時，新式的文創觀念要人們把心願說出來、寫下來，所以「愛情限時批」可以實地郵寄給心儀的對象，也可以寫下來之後焚燒給月老鑒察。而心中對愛的渴望、祈禱等，也可以寫在許願牌、吊掛出來，以祈求月老的庇佑。

2 用各種象徵符號來加強愛情的意象

例如心型杯筊、心型香爐、心型門窗、心型吊燈，這是用紅色的「心」型來加強心心相印的意義；而各種姿態的邱比特，無疑是取自西洋神話——將邱比特視為愛神，以凸顯這是個和愛情有關的廟的意義。而鵲橋的設計構想應來自牛郎織女七夕相會的故事，以「喜鵲搭橋」象徵有緣的男女都能成為眷屬之意。香爐上除了有心型的浮雕，香爐耳是以龍、鳳來配對，突破了傳統香爐是雙龍的造型，也是要加強陰陽相合的意義。

3 網路、數位文化的經營與管理，成為新式月老廟的一大強項

從前的傳播模式是「口耳相傳」，或者更進步一點是靠著視聽媒體電臺、電視、報紙的報導宣傳，但現代快速進展的數位時代，臉書、網站和專屬APP缺一不可，藉由快速更替、互動交流以及視覺化的效果，使得新式月老廟的知名度可以迅速打開，而遊客到訪後，在自己的臉書、部落格加以記錄，經過網路傳播，也可以加速傳播，吸引更多遊客前往。

（二）桃園市中壢月老宮的特色

若是以中壢月老宮和霞海城隍廟為對照，中壢月老宮本是一座私人道壇，因為抓住了「月老信仰」來打造自己的品牌，在實際的祭拜之外，又努力於網路世界推廣，它的經營模式也是一種新的型式。中壢月老宮給予我們這樣的印象和思考：

1 在眾多月老廟力求脫穎而出、受到注目

如果真是玄天上帝託夢，指示其由道院改為建立月老宮，但如何突破難以計數的月老祠以及其他具有媒合神意義的神明信仰，卻是個難題。而觀其策略，無疑是以「臺灣唯一」來強調它的獨特與價值，因此月老宮不僅要以108公分的神像取勝，更要上溯歷史淵源，和月老祖廟結盟，以提高自己是個新興廟宇的地位。此外，它還將月老「拔擢」為主祀神，並大力宣傳，使一般人接受「中壢月老宮是唯一以月老為主神的宮廟」；這三個策略（高度、分靈、主神），使它具有專業、獨特與權威性。

2 在短時間內試圖締造聲勢、打開知名度

在傳媒、網路尚未發達之前，傳統型的月老廟，依賴的是移民、聚落的力量，逐漸累積出知名度和可信度，其後才可能吸引媒體的注意加以報導，直到當今的網路時代，傳播更快速，才形成傳統月老廟的另一番氣象。但新造的月老廟，它可以用什麼方式來吸收信眾，達到遠近皆知呢？我們知道，民間宮廟、道壇的運作，本來就需要有信徒組成香火會、聯誼會乃至於管理委員會，這一方符合政府的法規，另一方面其實也就是在聚集人脈，累積資源，方便宮廟辦事。因此，我們看到中壢月老宮的信眾組織是很齊全的，而且發展良好，原先陳

德威先生只是擔任總幹事，今已升格為執行長[31]，可見其聯誼會、管委會的功能顯著。其次，我們看到無論是2004年迎接杭州祖廟分靈金身，或是2012年主辦大型祭典活動，其贊助、協助的單位、企業公司、個人等都相當的多，可見其經營有方。這應是其快速崛起的原因之一。

3 積極運用現代影像與網路科技，達到宣傳效果

在當今數位時代，網站、臉書已是人人必備的工具，因此中壢月老宮也善於利用這兩個數位工具，在網路上說明、行銷自己。而強調與讀者互動的情形下，臉書的經營尤其重要，因此它的臉書在發布動態貼文時，除了張貼廟方的活動公告，更多的是小品文章，企圖挑動信眾的溫馨情感，不知不覺接納它一再陳述的「萬事莫非一個緣字」的觀念。而後，在三五則貼文之後，還是會跳出自家供品（商品）的「廣告」，指點讀者，要化解惡緣或是締結良緣，就必須到中壢月老宮參拜，或是點燈祈福。這似乎是相當有效，因此在留言板經常有讀者留言詢問如何參拜、如何參加祭典。也因為這樣的成效，它不像萬里情月老廟，研發那麼多種文創商品，因為它不是從視覺上或短時間的消費快感裡去吸引信眾，它比較像是慢慢和信眾建立關係，讓信眾產生信賴感，然後引導其信仰。

再者，中壢月老宮也很注重影像的傳播和影響。網路上很容易看到的兩段介紹影片，都是出自 TVSOEZ（臺灣美食旅遊網）的節目介紹，youtube 也可搜尋得到。這使得它可以被更多人看到和了解。更引人注目的是今（2015）年掛上去的《專屬我們的愛情微電影》，這是一部走清新路線的愛情故事微電影；懂得利用「微電影」來行銷，代表中壢月老宮真的是跟得上時代，應該可以滿足「視覺系」的新新世代的需求。

---

31 在2004年的影片中，他的身分是總幹事，但如今的名片上印的頭銜是執行長。

（三）比較與反思

以上就兩座月老廟的特點申論[32]。這兩座新式的月老廟，相同之處在於善用網路科技與商業展售的宣傳模式，它們創造了自己的祭拜儀式，也利用信徒的回應、回饋加強廟的靈驗性；這種現代化的經營管理方式，確實衝擊到傳統的宮廟運作方式。不同之處則在於新北市萬里情月老廟是由商業團隊打造，呈現文創概念，具有走向風景名勝的訴求；中壢月老宮則是道教宮廟的創新，加入社區文教的成分，但主要還是要依靠住持道長的修為（法力）與詮說能力。兩座月老廟都曾經藉由造勢活動、法會與藝文活動創造香火鼎盛、信徒眾多的盛況，後續的發展則有待觀察。但，我們更要追問，新式月老廟的經營模式果真是十全十美，效果萬能嗎？

先看萬里情月老廟的優缺點。

就民間信仰的層面來說，「山不在高，有仙則靈」，宮廟所供奉的主神是否具有靈驗性，並可以此吸引更多的信眾，這恐怕不是現代商業、文創經營就可以說得清楚的，更需要長期的觀察。

就民俗文化層面來看，一個供奉傳統神祇的宮廟，它除了以傳統的宗教意象來構成廟的氛圍外，還可以容許哪些新的元素呢？傳統文化對於婚姻愛情的聯想與象徵，大約都是成雙成對的意象，比如鴛鴦、龍鳳、花開並蒂等，或是以牛郎織女為象徵人物；至於西洋的愛神邱比特，是否可以和傳統的月老信仰融合呢？或者，邱比特和年輕人更親近，更可以吸引他們來此祈福參拜？這也需要重新思考和評估。

就觀光與民俗的關聯來看，有良好的民俗文化，確實可以成為觀光的重要資源。以一個區域最為規劃範圍，有古蹟、老街、美食，加上不同功能的宮廟，求財者、求姻緣者、求平安者皆各有所需各有所

---

32 筆者訪查中壢月老宮時曾與執行長、住持訪談，但訪查萬里情月老廟時，則未能與創立團隊訪談，希望另有機會可進行訪談。感謝會議論文集審查人之一的提醒。

取，應該是相當不錯的規劃。那麼，增加一座新的宮廟，以提高觀光效能，再以獨創的文創結緣品來凸顯自家的特色似，似乎也是可以接受的。

其次，談中壢月老宮。

宮廟、道壇以崇拜道教神明如玄天上帝、王母娘娘為主，月老信仰本是其中的附屬地位，但突出月老信仰，顯然是看到現代人感情的乾枯、複雜和多變，因此不只是未婚者求姻緣，已婚者也要祈求夫婦好合，不要有第三者、爛桃花的出現。這些愛情、婚姻的問題，在現代社會也有各種機制可以應付有需要者之索求。拜神之外，心理諮商、未婚男女聯誼會、徵信社等，但月老的信仰仍然有足夠的吸引力，所以才能擁有廣大的信眾。這代表即使是現代、後現代的社會，傳統的信仰還是具有一定的文化積澱，可以撫慰人心。

然而，從其七夕活動不如前幾年興盛、但中元節普度仍維持盛況的情形來看，可見月老信仰的興盛，也是有高低起伏。以月老為主神的信仰型態，能不能維持不墜？事實上，我們也看到中壢月老宮藉著七夕是情人節的時間點，召喚單身者在七夕期間都可以來進行「補桃花金」儀式，可說是藉由七夕的文化資源——牛郎織女的愛情故事和信仰，亦即「中國情人節」[33]的氛圍來吸引更多信眾；又，陪祀鴻鈞老祖與萬回老祖，在尋找「伴侶」外，另增尋找「貴人」的祈福功能以及姻緣「和合」的祈福功能，以切合大多數人在愛情、事業與婚姻等各個人生階段都渴望有人扶持的願望；此外，月老宮也供有道濟和

---

33 七夕固然有牛郎織女的愛情故事這個傳統元素，但真正被打造成「中國情人節」，可說是個「被發明的傳統」，其根源可溯自1979年臺灣的國華廣告公司所策劃的一系列「中國情人節」的活動，該系列活動最主要的著眼點是2月14日是西洋情人節，則「中國情人節」非七夕莫屬。有關「被發明的民俗——中國情人節的起源」之研究分析，以及對臺南七夕活動的觀察與探討，參見筆者〈臺灣七夕習俗與七娘媽信仰〉，收入筆者，《臺灣民間文學女性視角論》第五章（臺北：博揚文化事業公司，2013年），頁204-225。

尚（濟公）、財神，都是為了增加可祈求的對象，以便符合信眾的各種需求。可見，此類新型月老廟欲求發展，還是必須兼顧各方需求，不能真正成為只崇拜愛神的愛神之廟。

至於網站、臉書、影像的經營和推廣，似乎印證了我們的確進入e化的時代，打開電腦、手機螢幕即可膜拜、抽籤，甚至祈願、還願，都有方便的（螢幕）按鈕，可以點開、進入，那是個既虛擬又如真的世界。但也莫輕忽，這些免費的「小遊戲」之外，還有更多需要付費的補運、改運、點燈等項目，而且看來都不便宜。點燈至少600元以上，姻緣燈甚至高達3600元。我們無法預估從網路上和神明信仰接觸的感染力，比實際到宮廟中參拜的效力到底高或低多少，但金錢和效力之間的拉鋸，則是無論哪一個世代的信眾都會有的內心交戰，也是信仰／功能帶來的迷思。

六　結語

從以上兩個新型宮廟來看，它們顯現了四個意義：一是代表求姻緣的儀式已從月下焚香祝禱的私密性轉變為公開化，這個公開化包含儀式步驟的解說透明清晰（藉由網路、紙本或是宮廟住持、大眾媒體的傳播），以及利用既有的節日如七夕來舉辦公開的祭典；二是借重現代科技的力量，網站、臉書、影片等產物，拉近宮廟與信眾的距離，使以往神明的靈驗性倚賴口耳相傳，現在則更倚賴數位化的「經營」；三是透過科技與行銷觀念，傳統的供品、祭物已轉型為文創商品，富有視覺性、商業化的色彩；四是因應現代人情感的複雜多變，祈祝心願、相關儀式也變得多元。如此一來，科技、商業對民俗信仰的影響，似乎已經觸及了信仰本質上的轉變，有待繼續深入探究。

從社會層面來看，現代社會固然是講究自由戀愛、婚姻自主，但晚婚、失婚、再婚、不婚的情形越來越明顯的情形下，有關愛情與婚

姻的信仰與活動，似乎也是很多人的需求，除了傳統中式的算命卜卦、拜月老，西式的塔羅牌、星座等，也都是人們祈求好姻緣的管道之一。月老信仰再度興盛，甚至有新式的月老廟興建起來，在在代表「姻緣」這個場域的能量是源源不絕的，在供與需之間，始終有人在尋尋覓覓，所以需要月老加持，讓有情人終於相遇，終成眷屬。只要理性、不傷害人與過度耗費錢財，可以維持內心的平穩，增加正面能量的，我們都樂觀其成。姻緣，應該也像世間萬事一樣，謀事在人，成事在天，凡是莫強求，順其自然最好。

附錄　臺北霞海城隍廟、新北市萬里情月老廟與桃園市中壢月老宮相
關照片

攝影：洪淑苓

（一）臺北霞海城隍廟（2015年7月19日攝）

圖一　霞海城隍廟的說明書（正面：中文）

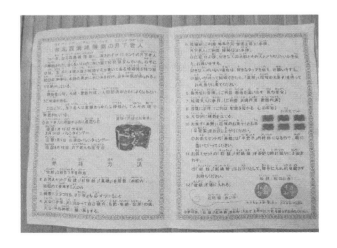

圖二　霞海城隍廟的說明書（內面：日文）

（二）新北市萬里情月老廟（2015年7月14日攝）

圖三　小山坡上的萬里情月老廟

圖四　萬里情月老廟正殿入口

圖五　萬里情月老廟主祀月老與陪祀和合二仙

圖六　萬里情月老廟正殿香爐與兩旁點燈牆

圖七　萬里情月老廟心型杯笅　　圖八　萬里情月老廟「愛情快遞」
　　　　　　　　　　　　　　　　　　　　與周邊結緣品

圖九　從心型窗看「愛情快遞」大　圖十　萬里情月老廟籤詩
　　　　郵筒

（三）桃園市中壢月老宮（2015年9月19日攝）

圖十一　大馬路旁的中壢月老宮

圖十二　正廳神像供桌與兩邊斗燈長桌

圖十三　供奉之神像（後排中者，108公分坐姿月老；前排中者，杭州
　　　　月老廟分靈金身）

圖十四　祭拜月老之金紙、香火袋、符籙與表文

圖十五　貼滿還願書的牆面　　　　圖十六　桃花燈

圖十七　代表五方位的五條姻緣線

圖十八　月老籤詩第一、二首

第五章
城市、創意與傳統節日文化
──臺北、仙台的七夕活動觀察與比較

一　前言

在傳統的民俗節日中，七夕（農曆七月七日）相傳是牛郎織女相會的日子，觀星祈願、乞巧會等傳統習俗流傳已久，閩南一帶甚至衍生「做十六歲」成年禮的習俗[1]。但進入現代社會，七夕卻已被視為「中國情人節[2]」，各地的活動逐漸偏向以愛情為主題，和傳統習俗已有若干差別。從乞巧會、成年禮到情人節，七夕習俗的演變，趣味迭生，但也引發我們對傳統節日的思考，究竟什麼樣的節日習俗才符合當代人的需求？在傳統與現代之間，要如何取得平衡？新興的習俗活動，對於現代生活具有什麼意義和價值？這些問題不只是民俗學者所關心，相信也是所有文化研究者共同關注的課題。

本章將以亞洲的兩個城市──臺灣的臺北、日本的仙台為例，對其七夕活動進行觀察與比較。因為渡海移民的關係，臺灣保有十分豐富的傳統節日文化，七夕更是臺灣民眾所熟悉的，但高度現代化的臺北市如何度過七夕，則是個有趣的議題。而七夕節日習俗流傳到日本，與中國七夕習俗有何異同；以「七夕祭」為觀光號召的仙台市，

1　詳見筆者，《牛郎織女研究》第五章「有關七夕風俗之考釋」（臺北：臺灣學生書局，1988年）。

2　「七夕是中國情人節」的起源，係來自臺灣的國華廣告公司於1979年所創辦的活動，詳見筆者，〈臺灣七夕習俗與七娘媽信仰〉，收入《臺灣民間文學女性視角論》（臺北：博揚文化事業公司，2013年），頁204-225。

又展現怎樣的七夕習俗呢？若問城市化進程中，節慶文化的變遷與發展，這兩地的七夕習俗恰恰可以提供借鏡；也可藉由臺北與仙台的七夕習俗，探索現代城市生活與傳統節日習俗的關係。

二　臺北七夕：融合月老信仰，加強情人節主題

自1990年代起，臺灣各縣市非常注重打造自己縣市的特色，而且大多選取某一個傳統民俗節日或是創造 xx 文化節，作為推廣觀光休閒的項目。以七夕來看，臺南、宜蘭兩個縣市都致力於推動七夕文化節，以至形成「臺南七夕文化節」、「宜蘭七夕情人節」的印象；臺南的七夕活動有兩個脈絡，一個是十六歲成年禮，另一個是情人節；而宜蘭則以情人節為焦點[3]。至於高度現代化的臺北市，歷來的七夕並沒有特別的主題訴求，大都是家庭、寺廟的個別活動，或是百貨公司、餐廳極力鼓吹情人節送禮物、吃大餐的商業氣氛；但近幾年，因為大稻埕地區的相關活動，也逐漸形成臺北七夕的新氣象。

大稻埕是臺北的老市區，在清代、日治時期已是繁榮的商業區，布店、米舖、茶葉行等，都匯聚在此區，加上戲院、城隍廟，可說構成一幅繁榮富樂的庶民生活圖像。

大稻埕指的是現在臺北市大同區迪化街一帶。當地的霞海城隍廟有月老祠[4]，不僅城隍信仰靈驗，連月老信仰也十分興盛，近年來，無論是廟方或是民間，都鼓勵信眾在七夕這天去拜月老。因此，霞海城隍廟暨其月老星君逐漸成為焦點，以祂為中心，擴展了七夕的活

3　詳見筆者曾長期觀察臺南七夕文化節，也拿它和宜蘭的七夕情人節作比較，詳見筆者，〈臺灣七夕習俗與七娘媽信仰〉，同註2。

4　霞海城隍廟位於臺北市迪化街一段61號。由福建同安臨海門分香而來，建於道光元年（1821）。月老星君則於1971年開始供奉，參見官方網站http://tpecitygod.org/hot-news.html，2015年10月18日查詢。

動。這個網絡有兩條線索，一是板橋林家花園藉此和月老信仰連結，自2006年起，每年七夕都有霞海城隍廟月老到林家花園作客，供遊客參拜以及舉辦相關活；另一則是在七夕前後幾天，大同區舉行大稻埕音樂節、煙火節和浴衣節，這些活動也都和霞海城隍廟的月老信仰結合，形成七夕到大稻埕聽音樂、看煙火和拜月老的一連串活動。以下分別敘述。

（一）霞海城隍廟與林家花園的七夕連結活動

位於新北市板橋區的林家花園是清代臺灣望族林氏的宅第，眾人習稱林家花園。二戰後，逐漸荒廢，林氏家族遂捐贈給政府，希望由政府重建修復。1986年，林家花園修復完成，開放民眾參觀遊覽。花園占地1200餘坪，亭、臺、樓閣、花園、戲臺俱全，令人想見昔日望族富貴生活的圖像，修復後更成為推廣傳統文化的觀光景點。因此，該園的管理委員會，每每設計各類文教活動，以吸引觀光人潮，讓民眾親近傳統禮儀、民俗文化[5]。

自2006年起，林家花園的管委會設計了七夕活動，且是和霞海城隍廟連結，在七夕前幾天，由霞海城隍廟的霞海城隍爺、城隍夫人與月老星君等神明出巡到林家花園，駐駕幾天，由民眾前來參拜，祈求眾神明加持，尤其是拜月老，以求得好姻緣。此外，亦搭配相關的活動，如2013年主要活動是「古禮迎親行動劇」，而8月1日至8月18日則有「愛情方程式——當月老的紅線碰上丘比特的箭」特展[6]。而2015年的活動更加盛大，以「舊情綿綿‧新繫林園——2015霞海月老來新

5　林本源園邸，俗稱林家花園，位於新北市板橋區西門街，創建於西元1847年，是林本源家族北上屯租的地方，在林國華和林國芳兄弟擴建後成為林本源家族居住地，分為園（林家花園）和邸（林家住所）兩部分。官方網站http://www.linfamily.ntpc.gov.tw/，2015年10月5日查詢。

6　參見「情牽七夕，愛在林園」的報導，活動網址http://www.loveinlinfamily2013.com.tw/index.html，2015年10月5日查詢。

北市」為主標語,包含[7]:

1 喜迎眾神

本(2015)年的七夕在陽曆8月20日,因此在此前的8月16日,邀請城隍老爺、城隍夫人、月老、魁星爺及臨水夫人五尊神明出巡駐駕在林家花園[8],讓遊園民眾膜拜及祈福。城隍老爺、城隍夫人、月老駐駕在開軒一笑,供民眾自由參拜祈求姻緣及家庭和睦;臨水夫人供奉於定靜堂,於供桌前放置紅棗、花生、桂圓與瓜子,象徵「早生貴子」;將魁星爺供奉於汲古書屋,於供桌前放置芹菜及青蔥,象徵勤學及聰明,以及提供祈福卡給參加考試的學子祈求金榜題名,或是上班族祈求升官運。

2 七夕夜間特別活動與表演

特別活動指的是以民間俗諺「偷挽蔥,嫁好尪」,而設計在星期五夜間開放時間,規劃此體驗活動;夜間表演則有歌仔戲、民謠演唱等。

---

7 參見「舊情綿綿・新繫林園──2015霞海月老來新北市」林園七夕系列展演活動公告, 網址 http://chweb.culture.ntpc.gov.tw/classreg/detail.aspx?Node=3680&key=4238&wid=c5ad5187-55ef-4811-8219-e946fe04f725&Index=1,2015年10月5日查詢。

8 據霞海城隍廟官方網站,城隍夫人神龕內主祀城隍夫人,同祀天上聖母與註生娘娘。但本次與林家花園的七夕連結活動,據新聞報導,出巡的是城隍老爺、城隍夫人、月老、魁星爺及臨水夫人五尊神明。臨水夫人,據《八閩通志》,本名陳靖姑,唐代人,修習道法,死後成神,有助產、護嬰的神職,生日為正月十五日。而《封神榜》則說註生娘娘是雲霄、碧霄、瓊霄三位仙姑的合稱,有保佑生育的神職,生日為三月二十日。因註生娘娘、陳靖姑的神職神能相近,故臺灣民間常有將陳靖姑等同註生娘娘的說法。參見王雅儀,《臨水夫人信仰與故事研究》「第五章 台南市臨水夫人廟 第一節 臨水夫人與註生娘娘關係之探討」(臺南:成功大學中文所碩士論文,2002年),頁125-140。而霞海城隍廟也以神明生日的不同,說明該廟所祀為註生娘娘而非臨水夫人。是故,出巡的為何不是註生娘娘而是臨水夫人?其中或許有混淆的情形,此處暫時依據新聞報導之敘述。霞海城隍廟官方網站對該廟註生娘娘之介紹,參見網址:http://www.tpecitygod.org/about-god-02.html#god0203。2019年7月1日修訂時查詢。

3 傳統女紅工藝展

以「林園七夕【懷舊手作．新脈絡】」為主題，在園區舉辦傳統女紅工藝美術展覽暨體驗活動，以此呼應七夕祭拜織女，向織女乞求手藝的「乞巧」傳統[9]。

4 林園「愛之船」旅遊活動

本活動為結合板橋林家花園與臺北大稻埕老街走踏的活動，參加者上午先至林園參拜月老及體驗傳統燈籠製作，中午享用府中商圈及黃石市場美食，下午搭乘水上巴士至大稻埕，參訪相親聖地臺灣最老的西餐廳「波麗路」、食安尖兵臺灣老字號第一家「義美食品」、茶香飄然的「王有記茶行」與求子成功祕境「霞公真人廟」等充滿懷舊感的景點。

5 扮裝體驗活動

開放一般民眾嘗試穿著傳統婚俗服飾，以鳳冠霞帔、長袍馬褂的裝扮體驗傳統婚儀的氛圍，加上「月老大仙尪仔」[10]在旁牽線，祝福有情人終成眷屬。此外，民眾也可以自行裝扮為霞海城隍廟的月老、城隍爺、魁星爺等神明，報名參加扮裝比賽；而情侶則可以兩人為一組，以古今中外之知名情侶檔為主要裝扮對象之人物，例如：牛郎和織女、羅密歐與茱麗葉、周杰倫和昆凌、布萊德彼特和安潔莉裘莉、小龍女和楊過、周瑜和小喬等，報名參加比賽。

6 新式抓周古禮

仿古代孩童周歲時舉行的抓周儀式，為1至3歲的兒童舉行新式的

9　展覽日期為2015年8月15日至11月1日；展覽地點在定靜堂兩側廊道。手作工藝體驗活動為「十字繡」，於11月6日舉辦。

10　指由工作人員套上月下老人的布偶裝扮。

儀式。活動命名為「抓周古禮新玩意」，指的是抓周的物品更換為現代抓周物品，與林家花園有關的當代或歷史人物作結合，以呈現新意。

除上述活動外，也有中西算命、占卜攤位，為民眾解說運途；又有拍照上傳等活動，可謂琳瑯滿目，活潑生動，詳情可參見活動網站[11]。

在這些活動中，和霞海城隍廟有多種連結，除了第1項的迎神參拜活動外，也有「早生貴子‧求子袋」的活動，即在8月16日至8月23日每日14:00開始發送由霞海城隍廟提供經由臨水夫人加持過的求子袋，內含紅棗（早）、花生（生）、桂圓（貴）、瓜子（子），取「早生貴子」之意。而七夕當天（8月20日，星期四）則發送限量版的求子袋，為精美細緻、小巧可愛的中式傳統兒童棉襖樣式。林家花園把臨水夫人（具有註生娘娘色彩的神祇）和求子習俗納進這個系列活動，其用意應是將愛情與婚姻連成一線，讓單身者可以求良緣，而已婚者可以求子嗣，讓七夕活動更加多元化。若再加上專門為幼兒打造的「新式抓周古禮」，更可了解其用心。

（二）霞海城隍廟與大稻埕地區的七夕連結活動

霞海城隍廟與大稻埕地區的七夕連結活動有四個類別。

1 大稻埕煙火節的連結

大稻埕地區鄰近淡水碼頭，連結幾條重要的商業街道。煙火節起源於2005年10月22日，在光復節前夕與碼頭施放煙火，供民眾欣賞；次年（2006）改在農曆閏七月的七夕前施放，此後即將日期訂在農曆七夕或前一兩天，變成臺北七夕頗受歡迎的活動[12]。這一晚，會施放

---

11 林本源園邸網站‧活動公告，同註7。

12 參見「意遊未盡──大稻埕」網站，網址http://library.taiwanschoolnet.org/cyberfair 2012/bluereallyone/index0.htm，2015/10/18查詢。但2010年未配合北市舉行花卉博覽會，改為11月6日施放煙火。

煙火約20分鐘，並有音樂或戲劇表演[13]。煙火的主題與花樣年年更新，為與七夕情人節搭配，往往有愛心造型的煙火出現，令人陶醉其中。後來，為加強其中的音樂元素，自2013年起，名稱改為「臺北大稻埕音樂煙火節」；2015年，又改為「臺北大稻埕音樂情人節」[14]。

大稻埕煙火節的時間落在七夕，形成臺北七夕的創新活動；而此時的臺北猶是炎熱的天氣，七夕欣賞煙火，乃成為夏夜賞心悅目的活動。煙火節也和周邊的商店街如迪化街商圈、臺北地下街及寧夏夜市推出美食優惠、情人節特餐，可說精采熱鬧。

霞海城隍廟位於大稻埕，因此也都是大稻埕煙火節的協辦單位，在七夕這一天廟前更是人潮聚集，比平日更為擁擠。而霞海城隍廟和這些創新的七夕活動的連結，更明顯的例證尚有：

2 2011年「第一屆夏日花火浴衣祭」的連結

2011年七夕，結合煙火節，臺北地下街商店管理會於8月6日舉行「第一屆夏日花火浴衣祭」，將部分街區藉由日式造景、布置及小販，營造出如同日式祭典般的活動。現場除了在日式祭典看到的點心、遊戲小販以外，更有浴衣裝扮的美少女歌舞表演，也鼓勵民眾穿上浴衣前來參加活動（可免費獲得夏日和風小提袋一個）[15]；這些著日式浴衣的民眾，也會沿著大稻埕散步到城隍廟拜月老，形成大稻埕七夕的特殊景觀。是故，在2014年的七夕活動紀錄有言：「此活動結合求姻緣、煙火、浴衣，在大稻埕的老街氛圍裡，晴空下穿著浴衣優閒漫步在大稻埕裡，沿路欣賞老屋故事，在七夕前到臺北霞海城隍廟

---

13 大多是音樂表演，但2011年以「2011偶遇‧永樂町」為主題，邀請知名劇團李天祿布袋戲團等來表演。

14 無論名稱為何，煙火、音樂、情人節三者都是此系列活動的重要元素。

15 林宥錡，〈2011臺北大稻埕煙火節，邀你看偶戲、憶童趣、賞煙火〉，蕃薯藤新聞網，http://history.n.yam.com/suntravel/travel/201108/20110802778714.html，2015年10月18日查詢。

拜月老祈求好姻緣！！！」[16]。

3 「2011FU大同——月老繫情吃喝玩樂FU大同」系列活動的連結

由大同區公所主辦的「吃喝玩樂 FU 大同」系列活動始於2009年，但自2011年起，加重和霞海城隍廟的連結。「2011FU 大同——月老繫情吃喝玩樂 FU 大同」系列活動，在霞海城隍廟前設有「月老戀戀巴士逍遙遊」的行程；這是限未婚男女報名參加的旅遊活動，在八月份的週末舉辦四次，每一次限9男9女參加，共同搭乘小型巴士，由霞海城隍廟出發，遊逛周邊景點，藉此促進聯誼[17]。

在這些活動中，霞海城隍廟除了占地利之便，更主要的原因是它的月老信仰遠近馳名，深孚眾望。而七夕這樣的日期，既已被認定為情人節，則諸多的活動，莫不希望有月老來加持，以達到天時、地利、人和的圓滿境界，吸引更多未婚男女來參與節活動，使祈求良緣的男男女女都能如願以償。譬如2013年臺北大稻埕煙火節文宣：配合七夕情人節，現場發放2999朵玫瑰與霞海城隍廟祝福紅線；2015年，發送「早生貴子求子袋」，強調是經過霞海城隍廟註生娘娘加持；發放「幸福姻緣罐」，內有枸杞、紅棗、霞海城隍廟的月老紅線，強調大稻埕情人節限定版，需用擲筊方式取得。而周邊的百貨公司，也有利用這樣的氛圍來舉辦活動，如2013年，位於此區的新光三越百貨公司（臺北南西店）即舉辦了「鵲定幸福霞海月老來牽成」的展覽與體驗活動：1. 喝紅棗茶，2. 月老傳情，3. 月老送愛，4. DJ 傳情，5. 霞海月老來牽成。活動期間為7月26日至8月23日，百貨公司準備了到臺北霞海城隍廟必喝的「枸杞紅棗平安茶」，以便民眾都能早日找到好的

---

16 參見霞海城隍廟官方粉絲團臉書之照片，ttps://www.facebook.com/tpecitygod，以及 http://bravecat.dnaxcat.net/my/2014cat/。2015年10月18日查詢。

17 參見活動官網，網址http://cm.cdtv.com.tw/active/FuDatong/index.asp，2015年10月18日查詢。

對象。此外，也邀請霞海城隍廟聯中的「月下老人」尊駕，蒞臨現場，見證小情人互綁姻緣紅線、宣示愛情宣言；又，配合活動還提供了霞海城隍廟開光加持的「幸福月老公仔」以及告白小卡片，免費幫顧客宅配給心儀的對象，讓可愛的月下老人公仔促進兩人的情感。而所謂 DJ 傳情，係指8月10日特別與「Hit FM 臺北之音」知名 DJ-SOWHAT 合作，於店內設置 LIVE 廣播電臺，供顧客點唱情歌送給心儀的人[18]。

藉由以上的資料，我們看到霞海城隍廟在七夕節日活動的重要地位。它的月老信仰本來就是未婚男女的崇祀對象，廟中的城隍夫人和註生娘娘，也都具有高超神力，因此在七夕裡，這些神祇都「發揮」神力，賜福給群眾，甚至被請出來到廟外接受民眾參拜，遠一點去了鄰近縣市的板橋林家花園，近一點則是在大稻埕區域內。而月老分身──大型的月老人偶、小型的公仔也都上場，增添臨場感和親切感；代表姻緣紅線、可以祈求良緣的「枸杞紅棗平安茶」等，更是不或缺的物品。這些「月老意象群」和「偷挽蔥」、「愛之船」等活動（林家花園），或者是音樂表演、煙火節等（大稻埕）加在一起，構成了臺北的七夕活動，代表創新的節日文化。

三　仙台七夕：以商業聯手創造節日文化

（一）仙台七夕的發展歷史

近來，仙台七夕祭已成為觀光客眼中的日本東北三大祭典[19]，其

---

18 當然，這個系列活動也搭配推出七夕情人節禮品、服飾等特惠商品。見大成報記者林瑞明報導，〈2013 七夕情人節結合臺北霞海城隍廟月老〉，蕃薯藤新聞網，http://history.n.yam.com/greatnews/life/20130725/20130725638715.html，2015 年 8 月 18 日查詢。

19 仙台七夕祭外，另二個是青森睡魔祭（8月2日至8月7日）、秋田竿燈祭（8月3日至8

發展歷史，據仙台七夕祭的官方網站所示要點有六[20]：

1 日本古代的七夕

中國的七夕傳到日本，除了原先的牛郎織女傳說外，也融合了《古事記》的「棚機津女」傳說。而在奈良、平安時代（710-1191），七夕只是朝廷貴族的祭祀活動，稱為「乞巧奠」。從江戶時代（1603-1867）起，才成為民間普遍慶祝的節日活動。而自明治維新（1868）之後，改用陽曆，但仙台七夕祭仍依循舊曆節氣，在每年農曆7月7日舉行[21]。

2 江戶時代的仙台七夕

江戶時代初期，當時仙台藩主伊達政宗（1567-1636）對七夕節日活動頗有興趣，留下8首歌詠七夕的和歌。而當地居民就是在農曆7月7日慶祝七夕，並在隔天8日的早上將掛滿許願紙籤的竹飾放入河中，讓流水將願望一起帶走。沿襲日久，不知何時開始，又變成在6日寫許願籤、裝飾七夕竹飾，並在七夕當天將竹飾放流。但明治維新採用新曆之後，七夕祭又漸被遺忘[22]。

月6日）。參見楊銀平，〈日本東北三大傳統節日〉，《日語知識》2005年9月號，大連外語學院編印，頁35-36。

20 參考仙台七夕祭官方網站「仙台七夕まつり公式サイト」，其中兩個欄位「七夕まつりの起こり」、「仙台七夕を知る」，網址http://www.sendaitanabata.com/outline/history，2015年10月2日查詢，網站有日文、中文、英文版本。本次修訂稿亦參考其他相關研究論文，將於相關處註明。

21 另外參考馬興國，《千里同風錄──中日習俗交流》（瀋陽：遼寧人民出版社，1988年），頁219-222。邊冬梅，〈源于中國的日本「七夕」〉，《美與時代（下半月）》2009年第7期（2009年7月），頁24-25。

22 參考仙台七夕祭官方網站，「江戶時代の仙台七夕」，網址http://www.sendaitanabata.com/outline/history，2015年10月2日查詢。

3　1927年8月6至8日舉辦仙台七夕祭的由來

第一次世界大戰後，日本經濟不景氣，為了振興經濟，昭和2年（1927），仙台的商家組成「大町五丁目共同會」，由會長佐佐木重兵衛主導，一起在商店區裝飾許多七夕竹飾，以重建慶典的方式，號召當地民眾一起投入，也吸引其他地區的民眾慕名而來。而翌年（1928），當地的民眾將農曆7月7日的慶典轉換成新曆日期，定在8月6至8日，將為期三天的七夕祭列為「東北產業博覽會」的年度節慶，並擴大舉辦盛大的「許願竹飾裝飾競賽」。這個規劃，使仙台七夕祭重新復活過來，且繼續壯大[23]。

4　二戰後再次振興

二次大戰期間，日本國內受戰火襲擊，各地災情慘嚴重。大戰結束後翌年，即昭和21年（1946），仙台居民在焦黑一片的一番町通，樹立了52支竹飾品，勾起民眾對七夕祭典的記憶。隔年（1947），昭和天皇來到此地巡視時，民眾在沿途以5000枝的竹飾裝飾，宛如一座五彩繽紛的隧道迎接天皇的到來。此後，在當地商店街熱情的支持下，仙台七夕祭再度復甦[24]。

5　華麗的竹飾與「七大飾」

傳統的七夕竹飾上會懸掛七種物品，仙台七夕祭也特別加強這個，商店街的各個店家都會在門口、通道掛上巨型竹飾，且都使用和紙來發揮。包括：

23　另外參考邱麗君，〈中國傳統的七夕節文化在日本的傳播與演變〉，《中州學刊》246期（2017年6月），頁85-89。文中「日本近代以來的七夕文化」一點，對仙台七夕加強介紹，見頁86-87。

24　參考仙台七夕祭官方網站，「戰後復活した仙台七夕まつり」，網址https://www.sendaitanabata.com/outline/history，2015年10月2日查詢。

（1）短籤（短冊）：用鮮豔的色紙寫下祈求課業進步、愛情進展、生意興隆或祈求好運等祈願籤。

（2）紙衣（紙衣）：以紙摺出和服形狀，用來祈求消災解厄、驅除病痛和裁縫的技巧的進步。

（3）紙鶴（折鶴）：祈求平安、健康長壽。

（4）錢包（巾著）：紙摺的錢包，用以祈求生意興隆。

（5）紙籠（屑篭）：紙摺的竹簍，象徵清潔及儉約。

（6）紙網（投網）：紙摺的網狀物，代表作物及漁撈的豐收。

（7）流蘇（吹流し）：長條形的剪紙，代表織女的縫線[25]。

6 必備的大型彩球（くす玉）

　　仙台七夕的竹飾，上有一大特色，即使用「彩球」來裝飾。以前的彩球本是用來安慰故人亡靈的，但仙台七夕時商店懸掛的彩球，卻是由一番町「森天佑堂」的老闆──森權五郎創造的。昭和21年的某天，庭院中盛開的大理花吸引了森權五郎的目光，他開始思考是否能把大理花裝飾在七夕竹飾上。後來，他利用美麗的和紙，將紙貼在由兩個竹籠組成的圓球上，製成精美的球型飾品。此後仙台地區便開始流行製作彩球，並在彩球下加上流蘇增加彩球的華美度[26]。

（二）2014年仙台七夕的觀察與體驗

　　透過網站瀏覽，對於仙台七夕可有概略的印象。2014年8月5至7日，筆者與三位研究生[27]一同到仙台，實地觀察和體驗這聞名已久的

25　參考仙台七夕祭官方網站，「豪華絢爛な笹飾り」，網址https://www.sendaitanabata.com/outline/feature，2015年10月2日查詢。

26　參考仙台七夕祭官方網站，「戰後復活した仙台七夕まつり」，網址https://www.sendaitanabata.com/outline/history，2015年10月2日查詢。

27　臺大臺文所碩士生盛浩偉、廖胤任與王喆。

仙台七夕祭。

　　我們在8月5日上午自東京搭乘新幹線往仙台。中午，一到仙台車站，入眼便是布置得鮮豔耀眼的七夕竹飾，大型的彩球更是視覺的焦點，令人驚嘆連連。而車站內外的各個商店、攤位也都有張貼七夕祭的海報，或是吊掛小型的竹飾，共同響應節日氣氛。從車站往旅館走去，沿途的街道更是到處張掛七夕竹飾，不僅中央車站的空橋、廣場與周邊的街道，連次要的道路、小巷裡，也都是「彩球飄飄」，整個城市變成彩球之海般，美麗燦爛。更特別的是，主要街道的商店前，大都有擺設七夕竹飾的盆栽，走近細看，上面都掛著說明牌，寫著由某單位贊助、由某國小的學生集體製作。小學生的作品雖然不如商業成品華麗，但卻另有童稚、質樸的趣味。這個活動和成果也令我們印象深刻。

　　按照慣例，8月5日是前夜祭，將會施放煙火。我們辦好入住手續後，便往舉辦活動的廣場等候。在途中，已經有民眾、觀光客從四面八方向廣場匯聚，看得出來，穿浴衣的是當地民眾，而像我們這樣 T恤、長褲休閒打扮的，大多是觀光客。穿浴衣不只是女性，也有不少男性作此打扮。女性的標準妝扮是輕便的浴衣，花色有鮮艷者也有清雅者，挽起髮髻、頭戴花飾，手上拎著小包包，腳下是人字拖鞋，或是白襪加上木屐；而男性則是黑、咖啡、青色的浴衣，腳下都是木屐，走起路來喀喀作響。由於浴衣打扮的人數頗多，不禁使我們猜想，這也已形成了當地的傳統，而且年輕人也願意參與，以行動表示支持地方上的傳統祭典。煙火是在廣元河邊施放，因此沿河一帶都可以觀賞，而活動的主廣場，則是以園遊會的形式，有各種小吃攤位，供人一邊賞煙火，一邊品嘗美食。我們約下午五點入場，已經是人滿為患，好不容易找到草地上一小塊地方坐下來，等候煙火秀開始。煙火的規模並不太大，但是配合現場熱鬧的氣氛和流動的人潮，令人也感受到夏夜特有的情調，那就是喝啤酒、吃燒烤、看煙火的悠閒氣氛。

　　煙火結束後，我們又搭公車上小山丘的頂端，那裡有瑞鳳殿，是紀念從前的藩主伊達政宗的地方。而山頂的廣場，也樹立一座伊達政宗的騎馬像；廣場上有表演團體在此演出伊達政宗時代的歷史故事，可見此地居民對此藩主的追念。

　　翌日（8月6日），我們前往商店區觀七夕竹飾。這是以中央區的兩條商業大道為主的展示活動，也就是從仙台車站前到「中央通」、「一番町通」這兩條拱廊商店街，所謂拱廊就是在街道的上空搭建固定的頂棚，做生意、各種活動都不受晴雨影響。一走進入口，便使我們讚歎連連，一道道密集張掛的七夕竹飾、彩球，可說爭奇鬥艷，各有風姿，令人目不暇給。有的走典雅路線，以古典的民俗繪畫或是具有日本風味的圖案為主；有的以一組彩球展現四季風物，而飄墜的流蘇長條，則是寫著俳句；有的則是以無數的紙鶴串成流蘇；有的以新潮為表現主題，有的是新穎的造型或是以流行影視的影像、人物為主題，也有別出心裁的，譬如印表機公司貢獻的，就是一組以彩虹顏色排列的彩球和流蘇……種類繁多，應有盡有，一旦走進去，就好像走進花海、紙海的迷宮一樣，每一道七夕竹飾都叫人忍不住輕拂、照相留念；而因為人潮一直湧進，想要多停留一兩分鐘，好像也不可能，後頭的人不斷在推擁著你。更不能忽視的是，兩旁商店也使出奇招來招徠客人，或者用音響、叫賣聲，或者用搶眼的海報、新奇小物招攬客人，你若偶爾岔出去看個小商品，就很可能被吸進去商店裡，逗留老半天。

　　穿越街道，另一端的商店街也是這麼熱鬧的布置。而仔細觀賞下，這些掛飾，其實也有競賽的意味，由當地的公會評選，分別頒以金賞、銀賞、銅賞等名次。有個商店前的掛飾得到銀賞，店裡還貼著剪報說明，告訴大家他們歷年來的努力，從來沒有放棄參加這個比賽，而且經常有獲獎的紀錄；換言之，對這樣的傳統，他們是頗引為傲的。

　　除了這些掛飾，在街道的另一端也有活動廣場，海報上列出一連串的節目，都是當地的學校、社團參與，有音樂、舞蹈、戲劇表演等。我們前往參觀的下午時間，正好是幼稚園的小朋友聚集，他們一方面欣賞卡通人偶皮卡丘等的演出，一方面也參加有獎徵答，現場十分熱絡。

　　另一個令我們意外的是，我們所住的旅館附近，即是當地的傳統市場「朝市」，據說，七夕張掛竹飾是從這個市場開始的[28]。因此8月6日我們也就近前往探查。這是個早市，因此一大早就有不少來買菜的民眾。可注意的是，市場的入口，就用一根長長彎彎的竹子掛著七夕「七大飾」，它的風格和商店街的完全不同，不以華麗取勝，反而用魚蝦類的裝飾來取代花團錦簇的彩球。而往裡走去，每一個店家、攤販，也都張掛、擺出或大或小的七夕竹飾，即使是賣小點心的老婆婆，都摺了一籃子的紙鶴，供人自取，代表她為大家祈福。走訪時，正好有一家商店拿出竹子準備張掛，我們趁便和老闆交談，他告訴我們，這個竹飾，一年前就開始構思了，然後慢慢找材料，集中精神做了幾個月才做好；而且每年都要想點不一樣的，才有趣。這組竹飾，真的充滿手工製造的趣味，要掛上去時還掉了零件，老闆連說不好意思，等一下修理好再掛上。但是當他把竹子掛好，臉上是欣喜又驕傲的，彷彿他完成了一件偉大的作品。平民、手作、祈求物產豐收的海鮮、蔬菜、水果模型與造型，構成了這個市場七夕竹飾的特有風格。

　　「朝市」的庶民風格和商店街的華麗風格呈現鮮明的對比，但也使我們充分感受到整個仙台市都在為七夕祭而努力表現節日的氣氛，而無論是外客或本地人都沉醉在這樣的氣氛。

　　仙台七夕祭由古老的習俗增加新的元素，保留了七夕的竹飾，但更加擴大，和商業連結在一起。若說昔日的竹飾偏向個人的祈願，或

---

28 據研究生盛浩偉告知。盛同學曾在當地的東北大學擔任交換生一年，對當地風土人情頗為熟悉。感謝盛同學協助日文翻譯。

是到寺廟中祈福的模式，現代的仙台七夕則傾向商業與觀光，竹飾的祈福功能被視覺性的文化取代，煙火節、表演節目則增加了節慶的熱鬧氣氛。

四 比較與結語

透過當代臺北七夕與仙台七夕的活動，我們發現傳統七夕裡的牛郎織女故事幾乎已經被淡忘，乞巧會、鵲橋相會、七娘媽信仰等元素，則被轉化為其他的模式。但除了仙台七夕的竹飾——紙衣和流蘇（吹流し）尚有縫紉、織布的聯想外，乞巧的影子可說已經被遺忘。「鵲橋相會」雖然沒有特別被提及，但因此而衍生的「情人節」，則在臺北的七夕被大肆運用，然而奇特的是，並不是向牛郎織女祈求良緣，而是請出月下老人來加持；「七夕是情人節」變成一種背景，能夠產生作用的是月下老人。至於七娘媽信仰——保護產育的神職，在臺北七夕可以看到的是，以向註生娘娘或臨水夫人祈求生子的模式來替代。而人們也不再在七夕這夜仰望星空，因為七夕在夏季，是觀賞煙火的好時機，所以放煙火是臺北、仙台兩地七夕的重要活動，再搭配各種表演，形成熱鬧的節慶氣氛。

如果節日文化是「被發明的傳統」，那麼當代七夕文化其實已經產生新的創發。在臺南，七夕文化節還保持祭拜七娘媽、做十六歲成年禮的古代禮俗，但自2012年起，也逐漸削弱這個部分，而加強情人節的意象，也請出了月下老人來加持。[29]如是，七夕請月老、拜月老，似乎可能成為新的七夕習俗，這可能是出人意料，但又似乎在意料之內。

總結而言，臺北、仙台的七夕活動充分展現了現代都市的活力，

---

29 2012年的臺南七夕文化節，以打造「愛的城市」為主標語，系列活動中也設計了漫步月老廟的活動。參見筆者，〈臺灣七夕習俗與七娘媽信仰〉，同註2。

把傳統的民俗節日活動賦予新的形式，以適應現代人的生活。仙台七夕祭已經成熟穩定，每年吸引無數人潮；而臺北的七夕，也以大稻埕區域的活動為主軸，其中霞海城隍廟更扮演吃重的角色。而每年調動活動形式，所企盼的，也是吸引觀光人潮[30]。這顯示，現代都市對傳統節日的改造，其訴求往往和觀光、商業結合在一起，因此信仰儀式、舊有習俗都不是首要的考量，反而是現代人的娛樂需求才是最需考慮的。在現代都市繁忙的生活步調下，節日文化確實在改變，而這些琳瑯滿目的活動若能夠持續下去，不啻代表已被人接受與期待，也形成了新的節日文化。

[30] 例如2018年的七夕，除仍然由霞海城隍廟和板橋林家花園合作，擺設月老神座外，在大稻埕區則是以「臺北河岸音樂節」為主題，白天是「愛戀文創區」的展覽與商業活動，晚上有音樂會和施放煙火，於8月17-19日舉行。參見本章附錄之照片，由研究助理涂書瑋於8月18日七夕當天拍攝。

附錄　臺北七夕與仙台七夕相關照片

（一）仙台七夕活動（2014年8月5、6日攝）

攝影：洪淑苓

圖一　仙台車站的七夕竹飾

圖二　民眾扶老攜幼，或穿著夏季浴衣參加花火節

圖三　廣場上等待欣賞煙火秀的民眾

圖四　商場入口處的七夕竹飾

圖五　獲得銀賞的竹飾作品

圖六　以俳句書寫的古典風格竹飾

圖七　「朝市」市場內的攤販也共襄盛舉

圖八　「廟市」市場內某攤位自製的七夕竹飾

（二）臺北七夕活動（2018年8月16日攝）

攝影：涂書瑋

圖九　板橋林家花園七夕活動

圖十　霞海城隍廟月老移駕林家花園，供奉神座

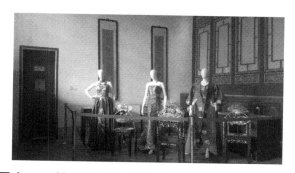

圖十一　林家花園定靜堂內的創意婚紗禮服特展

圖十二　大稻埕碼頭區七夕活動「臺北河岸音樂節」

圖十三　「愛戀文創區」之霞海城隍廟展區

圖十四　「愛戀文創區」各攤位展區

圖十五　民眾聚集等待欣賞大稻埕煙火秀

圖十六　大稻埕七夕煙火秀

結論

　　臺灣民俗學的發展，清代的府志、筆記可說是雛形，而後日治時期官方與學者的調查研究，開啟民俗學研究的扉頁，也奠立基礎。在這時期內，日籍與本土學者、作家，以協力的方式創辦《民俗臺灣》，或許滲入異國情調、殖民色彩，但終究不失為記錄、保存臺灣民俗的珍貴資料庫。而戰後初期，本土學人努力延續民俗研究的脈絡，加上遷臺學者的融入，共同振興了民俗研究的力量，《公論報》「臺灣風土」副刊、《臺灣風物》是雙方交流的園地，而婁子匡主編出版的民俗叢刊，也收納臺灣學人的臺灣民間故事集、民俗研究集[1]。

　　1960-1970年代，在以中華文化道統為主流的思想下，加上「改善民俗」、「節約祭典」的現代化改革，民俗文化固然受到限制，但仍然有其強韌的生命力。尤可貴者，政府開始施行「本土化」政策，民間的本土意識亦逐漸強大，而能在1980年代，政治解嚴之後，本土的民俗文化更加多采多姿，而促使相關科系的學者投入學術研究，提升民俗學的水準與成果。

　　民俗學研究方法頗多，本書嘗試提出三種進路，分別為論述民俗學者的研究論著、民俗文獻資料的應用研究以及當代民俗現象研究。對於民俗學者的研究，常見對個別學者的研究，或是口述歷史、訪談

1　例如江肖梅（1899-1966），新竹人，古典文學家。1950年，開始在《竹風日報》專欄撰寫臺灣民間故事，後編輯出版，共有七集，140則故事。婁子匡推崇江肖梅為「臺灣風土之守護人」以及「俗文學的守護人」，並將其著作編為《臺灣故事》三冊（臺北：東方文化書局，1974年）。參見黃郁綺，《江肖梅所編民間故事集之研究》（臺北：中國文化大學中文所碩士論文，2009年）。

稿的專書出版,但以人類學系的學者受訪居多,如陳奇祿、劉枝萬、阮昌銳等。然而自1920年代的歌謠運動以來,中文系、歷史系學者對民俗學的關注與成就,不遑多讓,亦有其他專業人士對民俗有所偏好而投入研究。

是以本書上編擇取五位民俗學者,楊雲萍、郭立誠出身歷史系,黃得時出身中文系,婁子匡專攻民俗學,朱介凡則是軍職、記者與編輯背景,他們都是出於對民俗的愛護之心,而以各種撰作、研究的模式,展開民俗研究。這五位學者,不僅具有跨時代或跨地遷移的特色,也代表不同學科背景而共同挹注民俗學。而他們的民俗研究成果所具有的本土性、在地化特色,以及不因政治潮流、社會文化的變化而放棄民俗研究,更可印證民俗學者對民俗的愛護之心與「以民俗為本位」的治學態度。

譬如第一章,黃得時以新文學作家的身分研究民俗,對於歌謠的研究卻十分全面而有見地,其《臺灣歌謠之研究》歷經十餘年的蒐集研究,詳論民間歌的源流、體式和類型,並探討其中所反映的懷胎、生子、結婚、治家與蓋棺的習俗與觀念,勾勒出臺灣民間的生活,充分顯現出他對本土民俗的熱愛,以及對於臺灣歌謠研究的開創性貢獻。而第二章中,楊雲萍因為不了解《民俗臺灣》的創刊宗旨,故勇於質疑,而後經金關丈夫回函解釋,楊雲萍才接受他的說法,但仍強調「理解、愛與謙遜」的研究態度,可見他富於獨立思考的精神。而戰後的文化重建時期,楊雲萍在自身的史學專業上以南明史、臺灣史研究為重心,在民俗研究上依然秉持本土立場,對於改善民俗等政令,不惜撰文批評。這在在凸顯楊雲萍身為知識分子的風骨,以及對臺灣民俗的愛護之心。

婁子匡、朱介凡、郭立誠自大陸來臺,即與本土民俗學者往來切磋。例如第三章評述婁子匡《臺灣俗文學叢話》的內容部分,可看到該書題辭「悼念/臺灣俗文學人/江肖梅先生逝世五年」,次頁則刊

登婁子匡與江肖梅等臺灣本土學人的合照。婁子匡更在書的〈前言〉中感念:「我年來多承臺灣的民俗學和民俗文藝的學人們的協助,致力於臺灣民間文學資料的蒐集、整理、迻譯和研究」,可見他和江肖梅等人的學術交流情誼。又如第四章提及朱介凡回憶往事,「恨不能起陳紹馨、吳瀛濤、廖漢臣、呂訴上、陳漢光兄於地下,復有當年討論臺灣謠俗事務的情趣。」可見當時民俗學者的交流,彼此都以真性情相待。這些民俗學者彼此間的交遊網絡,他們以相近的理念,回應整個時代、社會的變遷,為民俗學留下可貴的紀錄。而在第五章對郭立誠的研究中,也可發覺郭立誠自述:「由前人所寫有關臺灣風土的書,使我了解閩粵習俗隨著明末清初的移民來到臺灣的情況,甚至還有更古老的名詞和語彙仍被人們使用著,這些更引起我的研究興趣,於是改變研究方向從溯源開始。」郭立誠以溯源方式,把臺灣民俗和古代典籍的記載連接在一起,又時時注意到古代民俗在臺灣本地的變貌,譬如古代的「五祀」變成「家堂神」、「社樹」崇拜演變成「大樹公」等例,都可發現民俗研究的在地性特質,促使郭立誠找到民俗研究的新方向,也灌注了她對臺灣民俗的理解與欣賞。

民俗文獻資料雜多,如何選取可用之材料?本書下編第一章,擇取了當代學者、作家的筆記雜談,如婁子匡《神話叢話》中的鄭成功傳說故事、林衡道《臺灣夜譚》與《鯤島探源》、黃文博《臺灣掌故與傳說》、林藜《臺灣民間傳奇》等,這些「民俗筆記」,雖不符合科學化的調查研究,但保存了撰寫者個人的民俗經驗與記憶,最重要的是找到研究方法與視角切入,傳說圈、地域性、在地化,是為本書對於這些「民俗筆記」之內容研究提出的創新視角。

下編第二章選取《臺灣風物》為研究主題,案,近來對《臺灣風物》的研究不少,但都以時代背景、社群脈絡為研究重點;《臺灣風物》雜誌社本身也整理了該刊成立五十周年的資料,並舉辦座談會,回顧創刊歷程。但針對各期雜誌的內容與主題詳加探討的,則以本章

為首先之舉，使這份刊物的實質貢獻，更能被學術界看見。第三章以
《山東文獻》為題材，對同鄉會的組成與發行的刊物，一般研究者或
許只注意其中的回憶錄、口述歷史，而把它當作是現代史上的一個註
腳。但本章挖掘了同鄉刊物的珍貴材料，研究其中載錄的民俗文化，
分析戰後遷臺族群的民俗記憶與身分認同問題。這使得民俗研究也可
以和時代的變遷密切關聯，是故，因為本章的獨特視角，也挖掘了為
人忽視的民俗研究的材料。

　　民俗向來不是藏在故紙堆裡，而是日常中不斷演練與流傳的生活
方式。時代進步，民俗也有變異創新的可能。因此本書下編第四、五
兩章，便是對當代臺灣民俗現象的觀察和評議。月老信仰的強化、儀
式創新、網路化行銷，反映現代人對愛情、婚姻仍然有所渴求，但因
應現代生活的快速節奏，月老信仰更需要及時的應驗，才能符合信仰
者的需求。而七夕節日習俗的傳統與創新，一直是個令人注目的議
題，從祭拜七娘媽，做十六歲成年禮，到賦予情人節的意義，以至於
成為夏季煙火會、音樂節等觀光活動，充分說明七夕節日文化的豐富
性與可變性。臺灣當代民俗的變異和創新，於此可見一斑。

　　本書在時間軸上，以五位民俗學者的治學歷程，貫串了日治時期
到戰後中期的民俗學發展，藉由他們所參與的學術社群、民俗議題以
及相關的時代背景，使得本書上編具有史論的性質。在民俗學的橫剖
面上，本書以民俗刊物、民俗現象作為展現民俗圖像的方式，意在挖
掘受人忽視的民俗文獻資料，以方法論、社群脈絡、集體記憶的觀
點，賦予其社會文化意義。而有鑒於當代民俗現象的繽紛多變，以月
老信仰和七夕節日習俗為觀察樣本，恰可掌握當代民俗文化的新異特
質，可一起反思「傳統」如何維持，又如何「被發明」。

　　民俗是活潑的，也是與時俱進的，則民俗學又怎能畫地自限？本
書從民俗學者、民俗文獻與民俗現象三個進路進行研究，希藉此對民
俗學的前輩學者致敬，也挖掘為人忽視的研究材料、並開發民俗研究

的諸多議題。而對當代民俗活動的觀察與解析，無疑也是民俗學者對
建構社會文化最好的參與方式。

引用書目

一 臺灣文獻叢刊

清‧高拱乾，《臺灣府志》，康熙35（1696）年編纂，臺灣文獻叢刊65，臺北：臺灣銀行經濟室編印，1960年。

清‧余文儀，《續修臺灣府志》，乾隆29（1764）年編修，臺灣文獻叢刊121，臺北：臺灣銀行經濟室編印，1962年。

清‧郁永河，《裨海紀遊》，康熙36（1697）年撰成，臺灣文獻叢刊44，臺北：臺灣銀行經濟室編印，1959年。

清‧黃叔璥，《臺海使槎錄》，康熙62（1722）年撰成，臺灣文獻叢刊4，臺北：臺灣銀行經濟室編印，1957年。

二 專書

丁肇琴，《五嶽民間傳說之研究》，臺北：國家出版社，2015年。

王文寶，《中國民俗學發展史》，瀋陽：遼寧大學出版社，1987年。

王見川，《漢人宗教民間信仰與預言書的探索》，臺北：博揚文化事業公司，2008年。

本社，《山東文獻》1-112期，臺北：山東文獻雜誌社，1975年6月至2003年3月。

江寶釵編，《嘉義市閩南語歌謠集》，嘉義：嘉義縣立文化中心，1998年。

江寶釵主編，《黃得時全集》，臺南：國立臺灣文學館，2012年。

仰山文教基金會編，《全國社區總體營造博覽會紀事》，宜蘭：宜蘭縣
　　　立文化中心，1997年。

朱介凡，《我歌且謠》，臺北：天一出版社，1959年。

────，《中國諺語論》，臺北：新興書局，1964年。

────，《諺話甲編》，臺北：天一出版社（再版），1974年。

────，《中國兒歌》，臺北：純文學出版社（再版），1977年。

────，《中國謠俗論叢》，臺北：聯經出版公司，1978年。

────，《朱介凡自選集》，臺北：黎明文化公司，1983年。

────，《中國歌謠論》，臺北：正中書局，1984年。

────，《中國謠俗論叢》，臺北：聯經出版公司，1984年。

────，《俗文學論集》，臺北：聯經出版公司，1984年。

────，《中華諺語志》，臺北：臺灣商務印書館，1989年。

────，《中國民俗學歷史發微》，臺北：渤海堂公司，1995年。

────，《壽堂雜憶》，臺北：文史哲出版社，1999年。

李秀娥，《圖解臺灣民俗節慶》，臺中：晨星出版公司，2015年。

李世偉，《臺灣宗教閱覽》，臺北：博揚文化事業公司，2002年。

李豐楙，《臺灣節慶之美》，宜蘭：傳統藝術中心，2004年。

────，《臺南縣地區王船祭典保存計畫──台江內海迎王祭》，宜
　　　蘭：傳統藝術中心，2006年。

吳瀛濤，《臺灣民俗》，臺北：古亭書屋，1970年。

────，《臺灣諺語》，臺北：臺灣英文出版社，1975年。

吳明德，《臺灣布袋戲的表演‧敘事與審美》，臺北：臺灣學生書局，
　　　2018年。

阮昌銳，《臺灣民間信仰》，臺北：交通部觀光局，1998年。

────，《中國婚姻習俗之研究》，臺北：臺灣省立博物館，1989年。

阮昌銳口述，陳迪華、黃淑惠、許淑容著，《將學術還原社會：阮昌
　　　銳教授的臺灣民俗與原住民研究》，南投：國史館臺灣文獻
　　　館，2013年。

林明德，《味在酸鹹之外：臺灣飲食踏查》，臺北：中華飲食文化基金會，2016年。

———，《多音交響美麗島：臺灣民俗文化的入門書》，臺北：五南圖書出版公司，2019年。

林美容，《祭祀圈與信仰圈——臺灣的民間信仰與社會組織》，臺北：聯經出版公司，1998年。

林美容、李家愷，《魔神仔的人類學想像》，臺北：五南圖書出版公司，2014年。

林承緯，《臺灣民俗學的建構：行為傳承、信仰傳承、文化資產》，臺北：玉山社，2018年。

林茂賢，《歌仔戲表演型態研究》，臺北：前衛出版社，2006年。

林瑞明、鄭梓，《楊雲萍全集》編譯、出版計畫報告書，臺南：成功大學，2003-2004年。

林衡道，《臺灣公路史蹟名勝之導遊》，臺北：青文出版社，1975年。

———，《臺灣史蹟源流》，臺北：文化建設委員會，1984年。

林衡道口述，卓遵宏、林秋敏編，《林衡道先生訪談錄》，國史館口述歷史第10冊，臺北：國史館，1986年。

林衡道口述、宋晶宜筆記，《臺灣夜譚》，臺北：眾文圖書公司，1980年改訂版。

林衡道口述、楊鴻博整理，《鯤島探源（三）》，臺北：稻田出版社，1996年。

林　藜，《臺灣民間傳奇》，臺北：稻田出版社，1995年。

林鶴宜，《從田野出發：歷史視角下的臺灣戲曲》，臺北：稻鄉出版社，2007年。

———，《東方即興劇場歌仔戲「做活戲」（上、下編）》，臺北：臺大出版中心，2016年。

金榮華，《台灣桃竹苗地區民間故事》，臺北：中國口傳文學學會，2000年。

———,《台灣漢族民間故事》,臺北:中國口傳文學學會,2011年。

胡萬川,《民間文學的理論與實際》,新竹:國立清華大學出版中心,
　　　2004年。

———,《台灣民間故事類型》,臺北:里仁書局,2008年。

邱坤良,《舊劇與新劇——日治時期臺灣戲劇之研究(1895-1945)》,
　　　臺北:自立晚報文化出版部,1992年。

———,《昨自海上來:許常惠的生命之歌》,臺北:時報文化出版公
　　　司,1997年。

———,《飄浪舞臺——臺灣大眾劇場年代》,臺北:遠景出版公司,
　　　2008年。

洪淑苓,《牛郎織女研究》,臺北:臺灣學生書局,1988年。

———,《關公民間造型之研究》,臺北:臺灣大學出版委員會,1995
　　　年。

———,《臺灣民間文學女性視角論》,臺北:博揚文化事業公司,
　　　2013年。

柯榮三,《時事題材之臺灣歌仔冊研究》,臺北:國立編譯館,2008
　　　年。

唐蕙韻,《金門城邱家文書》,金門縣:金門縣文化局,2014年。

馬興國,《千里同風錄——中日習俗交流》,瀋陽:遼寧人民出版社,
　　　1988年。

徐福全,《福全臺諺語典》,臺北:自印,1998年。

———,《臺灣民間傳統喪葬儀節研究》,臺北:自印,1999年。

施翠峰,《風土與生活》,臺中:中央書局,1966年。

———,《思古幽情集(神話傳說篇)》,臺北:時報文化出版公司,
　　　1975年。

———,《臺北市寺廟神祇流源》,臺北:臺北市政府民政局,1985
　　　年。

———，《施翠峰回憶錄》，新北市：新北市文化局，2010年。

夏鑄九、王志弘編譯，《空間的文化形式與社會理論讀本》，臺北：明文書局，1999年。

高國藩、陳益源主編，《東亞文化研究第八輯・紀念婁子匡先生百年冥誕之民俗學國際學術研討會專號》，香港：東亞文化出版社，2006年。

高莉芬，《蓬萊神話——神山、海洋與洲島的神聖敘事》，臺北：里仁書局，2008年。

連　橫，《臺灣語典》，臺北：中華叢書委員會，1957年。

郭立誠，《北平東嶽廟調查》，臺北：東方文化書局，1960年。

———，《豐年拾穗談民俗》，臺北：年鑑出版社，1966年。

———，《行神研究》，臺北：中華叢書編審委員會，1967年。

———，《中國生育禮俗考》，臺北：文史哲出版社，1971年。

———，《大拜拜的背後》，臺北：出版家出版社，1979年。

———，《中國民俗史話》，臺北：漢光文化公司，1983年。

———，《中國婦女生活史話》，臺北：漢光文化公司，1983年

———，《中國藝文與民俗》，臺北：漢光文化公司，1984年。

———，《問耕一得》，臺北：漢光文化公司，1985年。

———，《中國人的鬼神觀》，臺北：台視文化公司，1992年。

———，《郭立誠的學術論著——藝術、醫學、人文》，臺北：文史哲出版社，1993年。

鹿憶鹿，《臺灣民間文學》，臺北：里仁書局，2009年。

程　薔，《中國民間傳說》，杭州：浙江教育出版社，1995年。

黃得時，《臺灣遊記》，臺北：臺灣商務印書館，1967年臺一版。

———，《臺灣的孔廟》，臺中：臺灣省政府新聞處，1980年。

———，《評論集》，新北市：新北市立文化中心，1993年。

黃文博，《臺灣風土傳奇》，臺北：臺原出版社，1989年。

———,《臺灣掌故與傳說》,臺北:臺原出版社,1992年。

黃文車,《閩南信仰與地方文化》,高雄:春暉出版社,2013年。

黃英哲,《「去日本化」「再中國化」:戰後臺灣文化重建(1945-1947)》,臺北:麥田出版社,2007年。

黃煌雄、郭石吉、林時機,《社區總體營造總體檢調查報告書》,臺北:遠流出版社,2001年。

黃美英,《臺灣媽祖的香火與儀式》,臺北:自立晚報文化出版部,1994年。

婁子匡、朱介凡合編,《五十年來的中國俗文學》,臺北:正中書局,1963年5月臺初版。

婁子匡、許常樂同撰,《臺灣民俗源流》,臺中:臺灣省政府新聞處,1971年。

婁子匡,《臺灣俗文學叢話》,《北大民俗叢書》52冊,臺北:東方書局,1970年。

———,《臺灣人物傳說II》,《亞洲民俗・社會生活專刊》66,臺北:東方書局,1970年。

———,《臺灣人物傳說》,《亞洲民俗・社會生活專刊》10,臺北:東方書局,1975年。

陳奇祿,《臺灣土著文化研究》,臺北:聯經出版公司,1996年。

———,《臺灣排灣群諸族木彫標本圖錄》,臺北:南天書局,1996年。

陳奇祿口述、陳怡真撰,《澄懷觀道:陳奇祿先生訪談錄》,臺北:允晨文化公司,2004年。

陳芳明,《臺灣新文學史》,臺北:聯經出版公司,2011年。

陳益源,《臺灣民間文學採錄》,臺北:里仁書局,1999年。

———,編,《臺灣與各地保生大帝之信仰研究》,臺北:里仁書局,2019年。

陳龍廷，《臺灣布袋戲發展史》，臺北：前衛出版社，2007年。

陳慶浩、王秋桂編，《中國民間故事全集》，臺北：遠流出版公司，
　　　1989年。

───、───編，《台灣民間故事》（電子書，《中國民間故事全
　　　集》第1冊），臺北：遠流出版公司，1989年。

國立臺灣大學中國文學系主編，《國立臺灣大學中國文學系系史稿
　　　（1929-2014）》，臺北：國立臺灣大學中國文學系編印，2014
　　　年。

許雪姬主編，《楊雲萍全集》，臺南：國立臺灣文學館，2011年。

曾永義，《說俗文學》，臺北：聯經出版公司，1980年。

───，《臺灣歌仔戲的發展與變遷》，臺北：聯經出版公司，1988
　　　年。

───，《俗文學概論》，臺北：三民書局，2003年。

曾子良，《臺灣歌仔四論》（增訂版），臺北：國家出版社，2009年。

齊如山，《諺語錄》，《齊如山全集》第7冊，臺北：齊如山先生遺著編
　　　印委員會，1964年。

陶立璠，《民俗學概論》，北京：中央民族學院出版社，1987年。

張　珣，《文化媽祖：臺灣媽祖信仰研究論文集》，臺北：中央研究院
　　　民族學研究所，2003年。

彭衍綸，《風傳人間‧物說春秋──臺灣地方風物傳說的踏查與闡
　　　述》，臺北：里仁書局，2017年。

楊麗祝，《歌謠與生活──日治時期臺灣的歌謠採集及其意義》，新北
　　　市：稻鄉出版社，2000年。

楊雲萍，《臺灣的文獻與文化》，臺北：臺灣風物雜誌社，1980年。

───，《臺灣史上的人物》，臺北：成文出版社，1981年。

劉惠萍，《圖像與神話──日、月神話之研究》，臺北：文津出版社，
　　　2010年。

謝貴文,《神、鬼與地方:臺南民間信仰與傳說研究論集》,高雄:春
　　暉出版社,2017年。

謝宗榮,《臺灣的民俗信仰與文化資產》,臺北:博揚文化事業公司,
　　2015年。

齊邦媛、王德威合編,《最後的黃埔:老兵與離散的故事》,臺北:麥
　　田出版社,2004年。

孫　震,《寧靜致遠的舵手:孫震校長口述歷史》,臺北:臺大出版中
　　心,2016年。

張茂桂主編,《國家與認同:一些外省人的觀點》,臺北:群學出版
　　社,2010年。

董作賓,《看見她》(北京:北京歌謠學會,1924年),臺北:東方書
　　局,1970年複印。

傅培梅,《傅培梅:五味八珍的歲月》,臺北:四塊玉文創公司,2014
　　年。

臺靜農,《淮南民歌集》,臺北:東方書局,1970年。

蔡欣欣,《臺灣歌仔戲史論與演出評述》,臺北:里仁書局,2005年。

───,《臺灣歌仔戲史論──文本、傳播與展演》,臺北:政大出版
　　中心,2018年。

劉枝萬,《中國民間信仰論集》,中央研究院民族學研究專刊22,臺
　　北:中央研究院民族學研究所,1974年。

───,《臺灣民間信仰論集》,臺北:聯經出版公司,1983年。

劉枝萬口述、林美容、丁世傑、林承毅訪問紀錄,《學海悠遊──劉
　　枝萬先生訪談錄》,臺北:國史館,2008年。

劉還月,《臺灣民間信仰小百科》(共五冊),臺北:臺原出版社,
　　1994年。

謝明勳,《古典小說與民間文學──故事研究論集》,臺北:大安出版
　　社,2004年。

鍾宗憲，《現代視野下的生活民俗研究》，臺北：洪葉文化公司，2018年。

魏淑貞總編輯，《臺灣廟宇文化大系（貳）天上聖母卷》，臺北：自立晚報社文化出版部，1994年。

戴文鋒，《永康的歷史遺跡與民間信仰文化》，臺南：永康市公所，2010年。

簡齊儒，《民間風景：臺灣傳說故事的地方敘述》，臺北：里仁書局，2014年。

（日）片岡巖著、林金田譯，《臺灣風俗志》，臺北：眾文圖書公司，1994年。

（日）伊能嘉矩著、國史館臺灣文獻館編，《臺灣文化志》（修訂版），臺北：台灣書房，2011年。

（日）鈴木清一郎著、馮作民譯，《增訂臺灣舊慣習俗信仰》，臺北：眾文圖書公司，1989年。

（日）柳田國男著、連湘譯、張紫晨校，《傳說論》，北京：中國民間文藝出版社，1987年。

（美）班納迪克・安德森（Benedict R. O'Gorman Anderson）著，吳叡人譯：《想像的共同體：民族主義的起源與散布》，臺北：時報文化公司，1999年。

（法）莫里斯・哈布瓦赫（Maurice Halbwachs）著，畢然、郭金華譯，《論集體記憶》，上海：上海人民出版社，2002年。

（法）高格孚（Stéphane Corcuff），《風和日暖──臺灣外省人與國家認同的轉變》，臺北：允晨文化公司，2004年。

三　單篇論文（期刊與專書論文）

王光榮，〈論朱介凡民俗研究的視野〉，《中南民族大學學報（人文社會科學版）》22卷1期，2002年1月，頁107-109。

王秋桂,〈元宵節補考〉,《民俗曲藝》65期,1990年5月,頁5-33。

本社同人,〈關於民俗改善〉,《臺灣風物》2卷6期,1952年9月,頁2-3。

本社同人,〈臺灣歌謠的整理〉,《臺灣風物》2卷7期,1952年10月,頁4。

任繼愈主編,〈鴻鈞祖師〉,《中國道教史》,上海:上海人民書版社,1990年,頁727-728。

江寶釵,〈開闢一片活水田──訪胡萬川先生,談民間文學〉,《文訊》155期,1998年9月,頁69-72。

江寶釵主編,〈《黃得時全集》整理編輯計畫91年度期末報告〉,臺南:國立臺灣文學館,2002年12月。

───,〈黃得時的二三事(一九三七以前)〉,《北縣文化》83期,2004年12月,頁22-30。

李復言,〈訂婚店〉,本社編註,《唐人傳奇小說》,臺北:文史哲出版社,1981年,頁223-225。

李棟明,〈居臺外省籍人口之組成與分布〉,《臺北文獻》第11期12期合刊,1970年2日,頁62-86。

呂興昌,〈黃得時生平年表〉,《文學臺灣》31期,1999年7月,頁39-43。

───,〈重新發現黃得時〉,《文學臺灣》31期,1999年7月,頁23-28。

宋雅姿,〈浮生若夢盡付笑談──專訪朱介凡〉,《文訊》263期,2007年9月,頁14-22。

何仲祥,〈客家中元祭典的神豬〉,《臺灣風物》2卷2期,1952年2月,頁9-10。

何聖芬,〈《民俗曲藝》之分析〉,《文訊》37期,1988年,頁104-113。

林瑞明,〈楊雲萍及其小說〉,《楊雲萍、張我軍、蔡秋桐合集》,臺北:前衛出版社,1991年,頁65-66。

———，〈楊雲萍的文學與歷史〉，《文學臺灣》45期，2003年1月，頁298-335。

———，〈《楊雲萍全集》編譯、出版計畫期中報告書〉，臺南：成功大學，2003年6月。

———，〈《楊雲萍全集》編譯、出版計畫期末報告書〉，臺南：成功大學，2004年6月。

林美容，〈臺灣民俗學史料研究〉，中央圖書館臺灣分館編：《慶祝建館八十週年論文集》，臺北：中央圖書館臺灣分館，1995年，頁625-643。

林茂賢，〈臺灣媽祖傳說及其本土化現象〉，《國家與教育》1期，2007年3月，頁86-123。

林承緯，〈民俗學與無形文化資產——從學科理論到保存實務的考察〉，《文化資產保存學刊》20期，2012年，頁69-88。

林培雅，〈四十年來臺灣民間文學的調查、研究情況〉，《臺灣文學研究學報》3期，2006年10月，頁33-52。

林瑋嬪，〈臺灣廟宇的發展：從一個地方庄廟的神明信仰、企業化經營以及國家文化政策的影響談起〉，《國立臺灣大學考古人類學刊》62期，2005年，頁56-92。

邱麗君，〈中國傳統的七夕節文化在日本的傳播與演變〉，《中州學刊》246期，2017年6月，頁85-89。

屈萬里，〈「偷青」和「摸秋」〉，《臺灣風物》2卷3期，1952年5月，頁2-3。

姚儀敏，〈我歌且謠——諺語、歌謠伴朱介凡一甲子〉，《中央月刊》24卷8期，1991年8月，頁95-98。

胡萬川，〈黃得時先生與民間文學〉，《文學臺灣》31期，1999年7月，頁35-36。

吳密察，〈《民俗臺灣》發刊的時代背景及其性質〉，收入吳密察策

畫，石婉舜、柳書琴、許佩賢編，《帝國裡的「地方文化」──皇民化時期的臺灣文化狀況》，臺北：播種者出版公司，2008年，頁49-82。

柯榮三，〈公論報「臺灣風土副刊」──婁子匡抵臺後首次發表民俗學研究的刊物〉，陳益源、高國藩主編，《東亞文化研究》第八輯，香港：東亞文化出版社，2006年，頁351-389。

洪淑苓，〈孟姜女歌仔冊的敘事特點與孟姜女形象──以臺大楊雲萍所藏資料為範疇〉，《民間文化論壇》2006年第5期，北京：學苑出版社，2006年12月，頁54-62。

───，〈楊雲萍的民俗文化觀與民俗研究之特色〉，《民間文學年刊》2期，2009年2月，頁73-100。

───，〈一九五〇年代臺灣民俗刊物的內容取向及其意涵──以《臺灣風物》雜誌暨其卷一至卷九為例〉，《東華漢學》2011年夏季增刊，2011年7月，頁261-294。

───，〈論郭立誠的民俗研究及其對女性民俗的關注〉，《第12屆國際亞細亞民俗學會年會暨東亞端午文化國際學術研討會論文集》，臺北：樂學書局，2013年4月，頁481-510。

───，〈論朱介凡及其諺語研究〉，《成大中文學報》46期，2013年12月，頁211-248。

───，〈曾永義的民俗藝術文化之調查與研究〉，王安祈、李惠綿主編，《醉月春風翠谷裏──曾永義院士之學術薪傳與研究》，臺北：萬卷樓圖書公司，2017年，頁61-70。

馬書田，〈十四　月下老人〉，《華夏諸神・俗神卷》，臺北：雲龍出版社，1993年，頁61-64。

───，〈十三　萬回哥哥、和合二仙（寒山、拾得）〉，《華夏諸神・俗神卷》，頁52-54。

烏丙安，〈論中國風物傳說圈〉，《民間文學論壇》，1985年2期，頁26-27。

婁子匡，〈鄭成功〉，《神話叢話》，《北京大學民俗叢書》冊15，臺
　　北：東方文化書局，1969年複印。

郭立誠，〈走上民俗史研究的這條路〉，《文訊》37期，1988年8月，頁
　　124-126。

郭嗣汾，〈千秋萬世名，寂寞身後事——哭悼介凡大哥〉《文訊》314
　　期，2011年12月，頁48-51。

許雪姬，〈楊雲萍教授與臺灣史研究〉，《臺大歷史學報》39期，2007
　　年6月，頁1-75。

陳芳明，〈黃得時的臺灣文學史書寫及其意義〉，《殖民地摩登，現代
　　性與臺灣史觀》，臺北：麥田出版社，2004年，頁161-187。

陳益源，〈中國民俗研究論著的守護神〉，《民俗文化與民間文學》，臺
　　北：里仁書局，1997年。

張　放，〈時代浪潮的作家風範——讀朱介凡《壽堂雜憶》雜感〉，
　　《文訊》173期，2000年3月，頁35-36。

———，〈讀朱介凡先生新書〉，《文訊》261期，2007年7月，頁19。

張玉芳，〈道地的諺語研究家——專訪朱介凡先生〉，《文訊》37期，
　　1988年8月，頁119-122。

張耀錡，〈府縣志所載臺灣正月之風俗〉，《臺灣風物》2卷1期，1952
　　年1月，頁9-11。

張炎憲，〈《臺灣風物》五十年——從草創到茁壯〉，《臺灣風物》50卷
　　4期，2000年12月，頁19-40。

———，〈臺灣史研究與臺灣主體性〉，張炎憲、陳美蓉、黎中光編，
　　《臺灣近百年史論文集》，臺北：吳三連臺灣史料基金會，
　　1996年，頁431-452。

張圍東，〈記錄臺灣——地方文獻刊物發展概述〉，《全國新書資訊月
　　刊》105期，2007年9日，頁41-46。

張　力，〈齊魯過臺灣：從《山東文獻》雜誌看內戰新移民的鄉土關

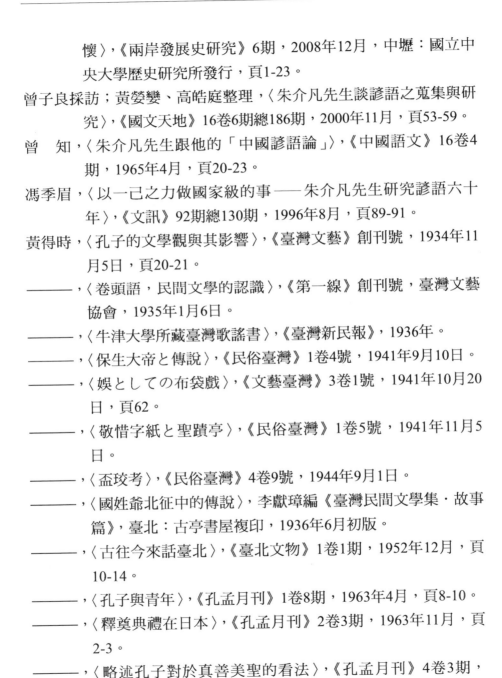
懷〉,《兩岸發展史研究》6期,2008年12月,中壢:國立中
央大學歷史研究所發行,頁1-23。

曾子良採訪;黃鎣鑾、高皓庭整理,〈朱介凡先生談諺語之蒐集與研
究〉,《國文天地》16卷6期總186期,2000年11月,頁53-59。

曾　知,〈朱介凡先生跟他的「中國諺語論」〉,《中國語文》16卷4
期,1965年4月,頁20-23。

馮季眉,〈以一己之力做國家級的事——朱介凡先生研究諺語六十
年〉,《文訊》92期總130期,1996年8月,頁89-91。

黃得時,〈孔子的文學觀與其影響〉,《臺灣文藝》創刊號,1934年11
月5日,頁20-21。

———,〈卷頭語,民間文學的認識〉,《第一線》創刊號,臺灣文藝
協會,1935年1月6日。

———,〈牛津大學所藏臺灣歌謠書〉,《臺灣新民報》,1936年。

———,〈保生大帝と傳說〉,《民俗臺灣》1卷4號,1941年9月10日。

———,〈娛としての布袋戲〉,《文藝臺灣》3卷1號,1941年10月20
日,頁62。

———,〈敬惜字紙と聖蹟亭〉,《民俗臺灣》1卷5號,1941年11月5
日。

———,〈盃珓考〉,《民俗臺灣》4卷9號,1944年9月1日。

———,〈國姓爺北征中的傳說〉,李獻璋編《臺灣民間文學集‧故事
篇》,臺北:古亭書屋複印,1936年6月初版。

———,〈古往今來話臺北〉,《臺北文物》1卷1期,1952年12月,頁
10-14。

———,〈孔子與青年〉,《孔孟月刊》1卷8期,1963年4月,頁8-10。

———,〈釋奠典禮在日本〉,《孔孟月刊》2卷3期,1963年11月,頁
2-3。

———,〈略述孔子對於真善美聖的看法〉,《孔孟月刊》4卷3期,
1965年11月,頁1-4。

———，〈從論語看孔子的教學法〉，《孔孟月刊》4卷3期，1965年11月，頁23-26。

———，〈臺北孔子廟與其釋奠儀式〉，《孔孟月刊》3卷9期，1965年5月，頁11-14。

———，〈清代教育與臺灣之儒學〉，《孔孟月刊》4卷9期，1966年5月，頁13-16。

———，〈日本江戶之儒學與其派系〉，《孔孟月刊》8卷8期-9卷2期，1970年4月-10月。

———，〈儒學在日本思想史上之地位〉，《孔孟月刊》9卷4期，1970年12月，頁14-15。

———，〈斯文會與湯島聖堂〉，收入陳立夫編，《孔子學說對世界之影響》第二輯，臺北：復興書局，1972年11月，頁390-428。

———，〈日本江戶之儒學與其派系〉，收入陳立夫編，《孔子學說對世界之影響》第二輯，臺北：復興書局，1972年11月，頁84-163。

———，〈臺北孔子廟碑文彙釋〉，《臺灣風物》26卷3期，1976年9月，頁150-160

———，〈白蛇傳之形成及人蛇相戀在日本〉，《漢學研究》8卷1期，1990年6月，頁743-749。

———，〈光復前之臺灣研究（代序）〉，見片岡巖著、陳金田譯《臺灣風俗誌》，臺北：眾文圖書公司，1994年複印版，頁1-23。

董作賓，〈福州歲時記〉，《臺灣風物》2卷2期，1952年2月，頁2-3。

楊雲萍，〈「臺灣風物」創刊前後〉，《臺灣風物》35卷1期，1985年3月，頁13。

———，〈藍鹿洲的臺灣民俗改善論〉《臺灣風物》2卷6期，1952年9月，頁4-6。

楊玉君，〈「歌仔」的飲食主題與修辭〉，《成大中文學報》45期，2014年6月，頁339-371。

楊　明，〈不問收穫，只問耕耘——郭立誠以民俗研究為畢生志業〉，
　　　《文訊》70期，1991年8月，頁114-117。

楊銀平，〈日本東北三大傳統節日〉，《日語知識》2005年9月號，大連
　　　外語學院編印，頁35-36。

葉　笛，〈臺灣文學史的拓荒者——黃得時〉，《文學臺灣》31期，
　　　1999年7月，頁31-33。

葉言都，〈抄稿的日子——我的母親郭立誠〉，《文訊》277期，2008年
　　　11月，頁87-89。

趙天儀：〈日治時期臺灣新詩——以楊雲萍與《山河》詩集為例〉，
　　　《笠》250期，2005年12月，頁108-122。

齊邦媛，〈二度漂流的文學〉，收入齊邦媛、余秋雨等著：《評論十
　　　家》，臺北：爾雅出版社，1993年，頁29-50。

劉惠萍，〈戰後臺灣民俗研究的回顧與省思〉，陳益源、高國藩主編：
　　　《東亞文化研究》第八輯，2006年，頁189-218。

劉兆祐，〈屈萬里先生著述年表〉，《書目季刊》18卷4期，1985年3
　　　月，頁212-238。

劉韋廷，〈陳奇祿與〈臺灣風土〉副刊——戰後（1948-1955）臺灣本
　　　土民俗知識出現與延續〉，《成大歷史學報》52期，2017年6
　　　月，頁139-170。

劉秀美，〈民間文學家——金榮華教授及其學術研究〉，《全國新書資
　　　訊月刊》26期，2001年2月，頁34-38。

蔡錦堂，〈日據末期臺灣人宗教信仰之變遷——以「家庭正廳改善運
　　　動」為中心〉，《思與言》29卷2期（1991年12月），頁65-
　　　83。

蔡蕙如，〈從建構到評述——試論黃得時的歌謠觀〉，《臺灣民間文學
　　　學術研討會暨說唱傳承表演論文集》，臺南：國立臺灣文學
　　　館，2004年，頁93-113。

蔡明璋,〈評介《國家與認同：一些外省人的觀點》〉,《研究臺灣》6
　　期,2010年12月,頁131-138。

隱　　地,〈百年諺語第一人——朱介凡的三個心願〉,《文訊》314期,
　　2011年12月,頁52-54。

編輯部,〈《臺灣風物》歷任編輯社群〉,《臺灣風物》50卷4期,頁39-
　　40。

編輯部,〈臺灣風物五十週年紀念座談會會議紀錄〉,《臺灣風物》50
　　卷4期,2000年12月,頁41-68

編輯部,〈《臺灣風物》歷任編輯社群〉,《臺灣風物》50卷4期,頁39-
　　40。

編輯部,〈臺灣風物五十週年紀念座談會會議紀錄〉,《臺灣風物》50
　　卷4期,2000年12月,頁41-68

應鳳凰,〈五○年代文藝雜誌與臺灣文學主潮〉,《文學傳媒與文化視
　　界國際學術研討會論文集》,中正大學中文系編,臺北：文
　　建會,2004年。

羅景文,〈穩重而又聰慧的實踐者——陳益源教授的治學主張與行政
　　服務理念〉,《國文天地》309期,2011年2月,頁106-110。

邊冬梅,〈源於中國的日本「七夕」〉,《美與時代（下半月）》2009年
　　第7期,2009年7月,頁24-25。

四　學位論文

李泰德,《文化變遷下的臺灣傳統文人——黃得時評傳》,臺北：臺灣
　　師大國文所碩士論文,1999年。

李玉雯,《格林兄弟的民族意識》,臺中：中興大學歷史所碩士論文,
　　2008年。

卓英燕,《王詩琅臺灣民間文學作品之研究》,花蓮：花蓮教育大學民
　　間文學所碩士論文,2005年。

林春蘭,《楊雲萍的文化活動及其精神歷程》,臺南:成功大學歷史所
　　　碩士論文,1995年;臺南市立圖書館出版,2002年。

林正儒,《伊能嘉矩的臺灣研究與知識建構》,臺北:臺灣師大臺灣史
　　　研究所,2014年。

曾子良,《臺灣閩南語說唱文學「歌仔」之研究及閩臺歌仔敘錄與存
　　　目》,臺北:東吳大學中文所博士論文,1990年。

郭英三,《婁子匡先生及其民俗學論著之研究》,嘉義:中正大學中文
　　　所碩士論文,2008年。

彭衍綸,《臺灣民間故事〈臺灣白賊七趣話〉及其相關問題研究》,臺
　　　北:政治大學中文所碩士論文,1997年。

劉祐成,《戰後臺灣「改善民俗運動」之探討（1945-1990）》,臺中:
　　　逢甲大學歷史與文物管理所碩士論文,2010年。

蔡蕙如,《與鄭成功有關的傳說之研究》,臺南:成功大學歷史所碩士
　　　論文,1991年;臺南市立文化中心出版,1998年。

戴文鋒,《日治晚期的民俗議題與臺灣民俗學——以《民俗臺灣》為
　　　分析場域》,嘉義:中正大學歷史所博士論文,1998年。

羅雅如,《《公論報》「臺灣風土」副刊與戰後初期臺灣研究》,臺北:
　　　臺灣師大歷史系碩士論文,2008年。

五　報紙

黃武忠,〈臺灣文學活字典,懷念黃得時教授〉,《聯合報》副刊,
　　　1999年4月12日。

鍾肇政,〈臺灣文學研究的先驅,黃得時〉,《自由時報》,1999年4月
　　　12日。

六　電子資料

「文化資產保存法」，全國法規資料庫，https://law.moj.gov.tw/Law
　　　Class/LawAll.aspx?PCode=H0170001

中研院近史所檔案館　http://archives.sinica.edu.tw/main/directory56-1.
　　　html

中壢月老宮官方網站 http://www.yuelu.idv.tw/

中壢月老宮官方臉書 https://www.facebook.com/moongod

仙台七夕まつり公式サイト網址 http://www.sendaitanabata.com/outline/
　　　history

呂興昌，〈黃得時生平著作年表初編〉，呂氏主持，臺灣文學研究工作
　　　室網站 http://ws.twl.ncku.edu.tw/

李容婷，〈中壢月老宮12年促成萬對佳偶〉，北部新聞版，2015年2月
　　　12日，網址 http：//news.ltn.com.tw/news/local/paper/855946

林瑞明報導，〈2013七夕情人節結合臺北霞海城隍廟月老〉，2015年8
　　　月18日蕃薯藤新聞網，http://history.n.yam.com/greatnews/life/
　　　20130725/20130725638715.html

林宥鉶，〈2011臺北大稻埕煙火節，邀你看偶戲、憶童趣、賞煙火〉，
　　　蕃薯藤新聞，http://history.n.yam.com/suntravel/travel/201108/
　　　20110802778714.html

林家花園官方網站：http://www.linfamily.ntpc.gov.tw/

「情牽七夕，愛在林園」報導之活動網址 http://www.loveinlinfamily
　　　2013.com.tw/index.html

財團法人吉星福張振芳伉儷文教基金會網站，網址 http://rosalind.
　　　webnode.com /produce/

張茂桂主持，臺灣外省人生命記憶與敘事資料庫，網址 http://twm.ios.
　　　sinica.edu.tw/index.html

陳奇威導演,《專屬我們的愛情微電影》,網址 https://www.youtube.
　　　com/watch?v=Wr55Uy0JZuk

創意互動有限公司製作,「TVSOEZ 跟著節目去旅行——中壢月老
　　　宮」,網址 https://www.youtube.com/watch?v=pd9k5r8xq3c

創意互動有限公司製作,「TVSOEZ_2012中壢月老宮歡喜迎杭州月
　　　老」,網址 https://www.youtube.com/watch?v=t_oqpg1G9hc

「意遊未盡——大稻埕」網站,網址 http://library.taiwanschoolnet.org/
　　　cyberfair2012/bluereallyone/index0.htm

臺灣大百科全書,網址 http://nrch.culture.tw

臺灣風物資料庫——吳三連臺灣史料基金會
　　　http://folkways.twcenter.org.tw/

「舊情綿綿‧新繫林園——2015霞海月老來新北市」林園七夕系列展
　　　演活動網址
　　　http://chweb.culture.ntpc.gov.tw/classreg/detail.aspx?
　　　Node=3680&key=4238&wid=c5ad5187-55ef-4811-8219-
　　　e946fe04f725&Index=1

霞海城隍廟官方粉絲團臉書之照片 https://www.facebook.com/tpecity
　　　god,以及 http://bravecat.dnaxcat.net/my/2014cat/

霞海城隍廟見官方網站 http://tpecitygod.org/hot-news.html

萬里情月老廟官方網站 http://www.matchable.tw/

萬里情月老廟官方臉書 https://www.facebook.com/萬里情月老廟-5971
　　　49223706904/timeline?ref=page_interna

本書各章出處與說明

上編

第一章　黃得時先生對民間文學與古蹟文化之研究與貢獻

——本文為臺灣大學95年度邁向頂尖研究計畫，臺文所子計畫「從民間文學到新文學——黃得時先生的文學事業及其轉折之研究」之研究成果。原題〈論黃得時先生對民間文學與古蹟文化之研究與貢獻〉，載於《大同大學通識教育年報》第5期，2009年6月，頁110-132，臺北：大同大學編印。初稿宣讀於「第二屆俗文學與通識教育學術研討會」，2008年11月7日，臺北：大同大學主辦。

第二章　楊雲萍的民俗文化觀與民俗研究之特色

——本文為臺灣大學96年度邁向頂尖研究計畫，臺文所子計畫「楊雲萍先生的俗文學與新文學之成就」之研究成果。載於《民間文學年刊》2期，花蓮：東華大學（美崙校區）民間文學所，2009年2月，頁73-100。初稿宣讀於「2008民俗暨民間文學國際學術研討會」，2008年11月14-15日，花蓮：東華大學（美崙校區）民間文學所主辦。

第三章　戰後遷臺學人對臺灣民俗之研究及其相關著作成果——以婁子匡、朱介凡為例

——本文為99年度國科會專題研究計畫「戰後臺灣民俗研究的學人流動與觀念轉型」之部分研究成果。計畫編號NSC99-2410-H-002-115。原題〈試論戰後遷臺學人對臺灣民俗之研究及其相關著作成果——以婁子匡、朱介凡為例〉，收入《2011口傳文學會議論文選集》，臺北：中國口傳文學學會，2012年7月，頁249-270。初稿宣讀於「2011海峽兩岸民俗暨民間文學學術研討會」，2011年12月17-18日，桃園：南亞技術學院，口傳學會、南亞技術學會主辦。

第四章　朱介凡及其對諺語的研究

——本文為99年度國科會專題研究計畫「戰後臺灣民俗研究的學人流動與觀念轉型」之部分研究成果。計畫編號NSC99-2410-H-002-115。原題〈論朱介凡及其對諺語的研究〉，載於《成大中文學報》46期，2013年12月，頁211-248，臺南：成功大學中文系編印。初稿宣讀於「第九屆民間文化青年論壇」，2011年7月20-24日，呼和浩特：內蒙古師範大學、中國民俗學會主辦。

第五章　郭立誠的治學進路及其對女性、臺灣民俗的關注

——本文為99年度國科會專題研究計畫「戰後臺灣民俗研究的學人流動與觀念轉型」之部分研究成果。計畫編號NSC99-2410-H-002-115。原題〈論郭立誠的民俗研究及其對女性民俗的關注〉，收入《第12屆國際亞細亞民俗學會年會暨東亞端午文化國際學術研討會論文集》，臺北：樂學書局，2013年4月，頁481-510。本次修

訂稿增加「五、對臺灣民俗的重視與研究」及修改「六、結
語」，2019年3月修訂。初稿宣讀於「第12屆國際亞細亞民俗學會
年會暨東亞端午文化國際學術研討會」，2011年6月4日，臺南：
成功大學中文系主辦。

下編

第一章　臺灣民間傳說的傳說圈、區域性與在地化

——本文為88年度國科會專題研究計畫「臺灣地方風物傳說研究」之
研究成果。計畫編號 NSC88-2411-H-002-005。原題〈試論臺灣
民間傳說的傳說圈、區域性與在地化〉，收入《2006民俗暨民間
文學學術研討會論文集》，臺北：文津出版社，2011年6月，頁
321-346。初稿宣讀於「2006民俗暨民間文學學術研討會」，2006
年5月12日，花蓮：花蓮教育大學民間文學研究所主辦。

第二章　一九五〇年代臺灣民俗刊物的內容取向及其意涵——以
　　　　　《臺灣風物》雜誌暨其卷一至卷九為例

——本文為98年度國科會專題研究計畫「戰後臺灣民俗刊物的承傳與
新拓——以《公論報》臺灣風土副刊、《臺灣風物》、《民俗曲藝》
為例」之研究成果。計畫編號 NSC98-2410-H-002-200。原載《東
華漢學》2011年夏季特刊，2011年7月，頁261-294，花蓮：東華
大學中文系編印。初稿宣讀於「2010海峽兩岸民俗暨民間文學研
討會」，2010年10月15-16日，花蓮：東華大學中文系主辦。

第三章　民俗、記憶與認同──從《山東文獻》看外省族群的懷鄉意識與身分認同

──本文為科技部103年度專題研究計畫「同鄉會文獻中的庶民記憶與民俗書寫──以《山東文獻》雜誌為例」之研究成果，計畫編號MOST103-2410-H-002-135。原載《東華漢學》第27期，2016年8月，頁163-210，花蓮：東華大學中文系編印。初稿宣讀於「全美中國研究學會第57屆年會學術研討會」（American Association of Chinese Studies 57th Annual Conference Program），2015年10月9-11日，美國休士頓 University of St. Thomas in Houston、全美中國研究學會主辦。

第四章　月老信仰與現代社會──以新北市萬里情月老廟與桃園市中壢月老宮為例1.7

──本文原收入於陳益源主編，《府城四大月老與月老信仰研究》，臺北：里仁書局，2016年4月，頁165-198。初稿宣讀於「月老信仰國際學術研討會」，2015年9月23日，臺南：成功大學人社中心主辦。

第五章　城市、創意與傳統節日文化──臺北與仙台的七夕活動觀察與比較

──本文原載《文化遺產》2016年1期，2016年1月，頁1-8，廣州：中山大學編印。2019年3月修訂稿。初稿曾宣讀於「城市化進程中節慶文化的變遷與發展學術研討會」，2015年10月20-23日，北京：北京城市大學北京學研究基地主辦。

文學研究叢書·俗文學研究叢刊 0814003

在地與新異——臺灣民俗學與當代民俗現象研究

作　　者	洪淑苓	
責任編輯	廖宜家	
特約校稿	林秋芬	
發 行 人	陳滿銘	
總 經 理	梁錦興	
總 編 輯	陳滿銘	
副總編輯	張晏瑞	
編 輯 所	萬卷樓圖書股份有限公司	
排　　版	林曉敏	
印　　刷	百通科技股份有限公司	
封面設計	斐類設計工作室	

發　　行　萬卷樓圖書股份有限公司

　　　臺北市羅斯福路二段 41 號 6 樓之 3

　　　電話 (02)23216565

　　　傳真 (02)23218698

　　　電郵 SERVICE@WANJUAN.COM.TW

香港經銷　香港聯合書刊物流有限公司

　　　電話 (852)21502100

　　　傳真 (852)23560735

ISBN 978-986-478-297-0

2019 年 12 月初版

定價：新臺幣 600 元

如何購買本書：

1. 劃撥購書，請透過以下郵政劃撥帳號：

　　帳號：15624015

　　戶名：萬卷樓圖書股份有限公司

2. 轉帳購書，請透過以下帳戶

　　合作金庫銀行　古亭分行

　　戶名：萬卷樓圖書股份有限公司

　　帳號：0877717092596

3. 網路購書，請透過萬卷樓網站

　　網址 WWW.WANJUAN.COM.TW

大量購書，請直接聯繫我們，將有專人為您服務。客服：(02)23216565 分機 610

如有缺頁、破損或裝訂錯誤，請寄回更換

版權所有·翻印必究

國家圖書館出版品預行編目資料

在地與新異 ：臺灣民俗學與當代民俗現象研究 / 洪淑苓著. -- 初版. -- 臺北市 ：萬卷樓, 2019.12　面 ；　公分. -- (文學研究叢書 ; 0814003)

ISBN 978-986-478-297-0(平裝)

1.民俗　2.風俗　3.臺灣文化

538.833　　　　　　　　　　　108010096